新编现代公共关系实用教程

张岩松　主　编

清华大学出版社
北京

内 容 简 介

本教材是"任务驱动"型高等学校实用型教材编写的有益尝试。它以实际工作和职业能力作为圈定教材范围的标准,全书包括认识公共关系、公共关系传播、公共关系调查、公共关系策划、公共关系实施与评估、公共关系专题活动、公共关系危机管理七项"任务"。每项"任务"首先确立了"学习目标"和"案例导入",然后阐述完成任务的基本过程与方法等"知识储备",之后重点设计了"拓展阅读"、实践训练(包括"案例分析"和"情境模拟")和"课后练习"等训练内容。便于学生在做中学、在学中练,从而不断提高公共关系实务操作能力。

本书可作为本科以及高职高专院校各专业学生的"公共关系"这门公共必修课的教材,也可作为管理类、营销类、贸易类、传播类、文秘类专业"公共关系"这门主干课程的教材,还可作为市场营销人员、商业服务人员、对外贸易人员、公共关系人员及广大的基层公务员等各界人士提高公共关系能力的良好读物和训练手册。

图书在版编目(CIP)数据

新编现代公共关系实用教程/张岩松主编. —北京:清华大学出版社,2015(2018.2 重印)
ISBN 978-7-302-39244-6

Ⅰ. ①新⋯ Ⅱ. ①张⋯ Ⅲ. ①公共关系学－高等学校－教材 Ⅳ. ①C912.3

中国版本图书馆 CIP 数据核字(2015)第 024253 号

责任编辑:张龙卿
封面设计:徐日强
责任校对:刘 静
责任印制:李红英

出版发行:清华大学出版社
　　网　　址:http://www.tup.com.cn,http://www.wqbook.com
　　地　　址:北京清华大学学研大厦 A 座　　　　邮　编:100084
　　社 总 机:010-62770175　　　　　　　　　　邮　购:010-62786544
　　投稿与读者服务:010-62776969,c-service@tup.tsinghua.edu.cn
　　质量反馈:010-62772015,zhiliang@tup.tsinghua.edu.cn
　　课件下载:http://www.tup.com.cn,010-62795764
印 装 者:清华大学印刷厂
经　销:全国新华书店
开　本:185mm×260mm　　　　印 张:18　　　　字　数:413 千字
版　次:2015 年 2 月第 1 版　　　　　　　　　　印　次:2018 年 2 月第 2 次印刷
印　数:2501~3500
定　价:34.00 元

产品编号:060536-01

前言

FOREWORD

公共关系是一门交叉性、边缘性的新型管理科学,是一门理论性与实践性、系统性与实用性相结合的科学与艺术。同时,现代公共关系又是一项青春的事业、智慧的事业、富有的事业、未来的事业! 公共关系的时代性决定了它已成为当今社会经济、政治、科学与文化发展的重要组成部分。有人把公共关系同人才、资金、设备一起,并称为现代企业的支柱;有人把以现代公共关系为代表的科学管理效能,同以计算机为代表的科学技术水平、以旅游为代表的生活富裕程度,并称为衡量一个国家与地区发达程度的标志,这是有一定道理的。世界经济与社会的发展必然呼唤大市场的拓展,而挺进中的大市场必然召唤大公共关系的出现,大公共关系必然与大市场并肩前进!

鉴于此,我们下功夫编写了本书。本书是多年来"公共关系原理与实务"课程教学成果的结晶。作为一种满足应用型本科、职业教育本科以及高职高专院校教学需要的"应用型特色规划教材",它具有如下特点。

(1) 体系独到。本教材的内容是根据企业所涉及的日常公共关系的"实际工作"而设定的,经过多年的总结提炼,现已形成独到的七大任务的现代公共关系课程体系。"七大任务"包括认识公共关系、公共关系传播、公共关系调查、公共关系策划、公共关系实施与评估、公共关系专题活动和公共关系危机管理等方面内容。这种内容编排便于教师在讲授过程中能够以实际工作为载体进行教学,突出能力培养,更有利于学生对各项工作任务的理解和把握。

(2) 任务驱动。本书是"任务驱动"型教材编写的有益尝试。它以实际工作和职业能力作为圈定教材范围的标准,每个"任务"首先确立了"学习目标"和"案例导入",然后阐述完成任务的基本过程与方法等"知识储备",之后重点设计了"拓展阅读"、实践训练(包括"案例分析"和"情境模拟")和"课后练习"等训练内容。基于这种设计,教师可以在课堂上组织学生进行案例分析讨论和实施"情境模拟"中的各个训练项目,"基本知识"是学生为参加案例讨论和实施训练项目必须事先掌握的内容,因为如果事先不掌握基本理论要点,就不能很好地参与讨论和进行实践训练。通过案例讨论,学生发表自己的看法或与同学辩论,可以大大促进对公共关系任务的掌握和现代公共关系意识的确立,也有利于提高其逻辑思维能力和语言表达能力;通过情境模拟训练,学生进行现场操作后,互相纠错,教师讲评,使其在做中学、在学中练,实务操作能力自然而然地得到了增强。为了便于学生全面掌握每项公共关系工作任务的内容,教师要布置学生课后有选择地做"课后练习"中的各类练习题,或要求学生课后撰写"训练心得",写出接受每个"情景模拟"训练后的体会、感悟与收获,篇幅一般在千字以内,这样既可以巩固单元学习效果,真正实现课程教学目标,又可以锻炼学生的表达能力,可谓一举多得。

(3)激发兴趣。"不与实用结合的理论是肤浅的,不与实用结合的理论是盲目的,理论的价值全在于实用。"本教材的内容与学生核心能力培养密切相关,具有较好的实用性和易用性,改变了一些教材理论与实际工作脱节、学生不知道所学何用的缺陷,其丰富的内容使学生们在不断完成与未来职业有关任务的过程中,能保持较高的学习兴趣,唤起其极大的自我成就感。

(4)内容丰富。本教材的内容翔实、丰富,信息量大,便于教师选取其中内容有针对性地组织教学,也便于学生自学和参考,还是相关人士提高公共关系操作技能的指导读物。为了方便学生利用网络资源,本书还列举了公共关系相关网站,这对强化学生自主学习能力有极大的帮助。

本书由大连职业技术学院张岩松主编并统稿。包红君、王艳洁、张国桐、张言刚、刘桂华、宋英波、马琼、孟杰、穆秀英、蔡颖颖、潘丽、刘晓燕、李晓明、王允、刘志敏、杨帆、何勇、白冰、张铭、赵静、王芳、凌云、李文强、祁玉红、张铭编写了课后练习。

没有哪一个事业成功者不具备现代公共关系意识,也没有哪一个获得成功的社会组织不谙熟公共关系之真谛。本书可作为应用型本科以及职业教育院校各专业学生的公共关系课程的教材,也是管理类、营销类、贸易类、传播类、文秘类等专业公共关系必修课程的教材,还可作为市场营销人员、商业服务人员、对外贸易人员、公共关系人员,以及广大的基层公务员等各界人士提高公共关系能力的良好读物和训练手册。

本书编写过程中,参考了大量报刊文献以及相关网站,吸收了国内学者最新的研究成果,在此向各位专家、学者表示衷心的感谢。本书的出版也得到了清华大学出版社的大力支持与帮助,在此一并致谢。

本书是尝试之作,加之编者学识有限,对书中的疏漏之处,敬请读者批评指正。

编　者

2015 年 1 月

目　录
CONTENTS

任务 1

认识公共关系

公共关系是这样一种管理职能,它能建立和维持组织与公众之间互利互惠的关系,而一个组织的成功或失败取决于公众。

——[美]斯各特·卡特里普

公共关系是一种运用科学的艺术——社会科学,其中首先要考虑的是公众利益,而不是金钱方面的东西。

——[美]爱德华·伯内斯

学习目标

- 深刻把握公共关系的本质含义;
- 明确公共关系的基本要素;
- 明确公共关系的职能和工作程序;
- 运用公共关系基本观念和工作原则解决问题;
- 了解三大类公共关系组织机构;
- 按照公共关系人员的标准全面提高个人素质和能力。

案例导入

法国白兰地的精彩"亮相"

1957 年某日,美国首都华盛顿主要干道上竖立着巨型彩色标牌:"欢迎您,尊贵的法国客人!""美法友谊令人心醉!"整洁的售报亭悬挂着一长列美、法两国的小国旗,它们精致玲珑,在微风中轻柔地飘拂,传递着温馨的情意。"今日各报"的广告牌上,最鲜艳夺目的是美国鹰和法国鸡干杯的画面,以及"总统华诞日,贵宾驾临时"及"美国人醉了!"等大标题,它们吸引着络绎不绝的路人光顾。

马路上,许多轿车、摩托车、自行车涌向白宫……

白宫周围已是人山人海,人们满面笑容,挥动法兰西小国旗,期待着贵宾的出场。

贵宾是谁呢?不是政府要员,不是社会名流,在美国总统艾森豪威尔诞辰日,光临华盛顿的法国特使却是两桶法国白兰地!

这是怎么回事?原来,这是法国公共关系专家精心策划的一幕公共关系杰作。

白兰地当时在法国国内已享盛誉,畅销不衰,厂商的目光开始瞄向美国市场。为此,他们邀请了几位公共关系专家,慎重研讨公共关系方案。

受聘的专家们通过调查,搜集了有关美国的大量信息,并经仔细斟酌,提出了一项颇具新意的设计,其要点如下。

公共关系宣传的基点是法美人民的友谊,整个策划的主题是"礼轻情义重,酒少情意浓"。择定的宣传时机是美国总统艾森豪威尔 67 岁寿辰日。要求公共关系活动尽可能广泛地利用法美两国的新闻媒介,赠送的是两桶窖藏长达 67 年的白兰地酒。贺礼由专机送往美国,酒桶特邀法国著名艺术家设计制作。然后于总统寿辰日,在白宫的花园里举行隆重的赠送仪式,由四名英俊的法国青年身穿法兰西传统的宫廷侍卫服装抬着这两桶白兰地正步前行,进入白宫。

这项公共关系设计方案立即得到公司最高决策者的批准,并且获得法国政府的赞赏和支持,外交渠道也亮了绿灯。这样,美国公众在总统寿辰一个月之前就分别从不同的传播媒介获得了上述信息。一时间,法国白兰地成了新闻报道、街谈巷议的热门话题,千百万人都翘盼着这两桶名贵白兰地的光临。

于是,便出现了前面所述的万人空巷的盛况。当这两桶仪态不凡的美酒亮相时,群情沸腾,欢声四起,有些人甚至大声唱起了法国国歌《马赛曲》。此刻,美国公众似乎已经闻到了清醇芬芳的酒香,更由此而品尝到了友谊佳酿的美味。

从此,法国白兰地就昂首阔步地迈进了美国市场,国家宴会和家庭餐桌上几乎都少不了它的倩影!

法国"白兰地"顺利地打入美国市场是公共关系运用的成功典范。公共关系是一种科学的现代管理方法,是协调处理现代社会组织与公众之间的各种关系,保证事业成功的一门不可缺少的学问。国外学者将以计算机为代表的科学技术水平,以旅游业为代表的生活富裕程度,以公共关系为代表的经营管理效能,并列为衡量一个国家发达程度的三大标志。公共关系作为一种管理职能、经营策略、传播行为和现代交往方式,被广泛地应用于整个社会的各个领域,在企业经营管理中更是得到了普遍的应用。公共关系具有特定的理论和实务操作程序。这里我们在探讨现代公共关系礼仪之前,首先必须对公共关系最基本的理论问题有个全面的把握,这样才能自觉开展各类公共关系活动,为塑造良好的组织形象,实现组织的公共关系目标服务。

1.1　知识储备

1.1.1　公共关系的含义

"公共关系"一词来自英语 Public Relations,简称"P. R."。由于它是由两个英文词汇组成的,所以它包括两层含义:一层是 Public;另一层是 Relations。Public 以两种词性表现出来:一种是形容词,意为公众的、公共的、公众事务的,与 Private(私人)相对应,表明它是非私人的、非秘密性的;另一种是名词,意为公众、大众,表明它不是个体,而是集团、群体。Relations 为名词,意为关系、交往等。一般说来,简单的关系是以个体与个体的形式联系在一起并进行交往的,是一种简单的、直接的交往,这种关系我们称为"人际关系"。由于 Relations 以特定的形式出现,其内涵更丰富,意义更深远。

首先,这种关系被复数所限定,表明它只能是在复杂的交往中体现出的多种关系。这种关系可能是直接关系,也可能是间接关系;可能是单向关系,也可能是双向乃至多向关系。

其次,这种关系用英语词汇 Public 所限定,表明它只能是社会组织在复杂的社会交往中与其各类公众及公众群体之间所建立起来的非个体、非秘密、非私人的关系,这种关系具有公众性、公开性、群体性、社会性等特点。

综合两个英语词汇的内涵和特点进行分析,将 Public Relations 译为"公众关系"更为确切,因为它是站在一个固定的角度——社会组织来分析其所面临的各种关系。不同的社会组织,由于其业务特点不同,因而会面临不同的公众对象,从而形成不同的公众关系。同一个社会组织,由于不同时期工作的重点不同,也会面临不同的公众,形成不同的公众关系。这说明"公众关系"并不具有"公共"性,它不可能像"公共电话"、"公共汽车"、"公共图书馆"、"公共浴室"、"公共厕所"那样具有普遍意义,但是因"公共关系"已经约定俗成并广为流传,这里也将其叫做"公共关系",以便容易被更多的读者所接受。

1. 公共关系的表现形式

关于对"公共关系"概念的理解,还可以从不同的角度去分析,使其表现出不同的形式。

(1)公共关系状态。从静态公共关系的角度来看,公共关系首先是一种社会状态,即一个组织所处的公众关系状态和社会舆论状态。社会组织的公共关系状态是无形的,但又是客观的,无论是有意、无意,任何社会组织都处在一定的公共关系状态之中,这种状态是与任何社会组织相伴的一种客观存在,是不以社会组织的意志为转移的。因此,就任何社会组织而言,都不存在有无公共关系状态的问题,而只有良好的或不良的、自觉的或自然的公共关系状态的区别。这种客观存在着的公共关系状态,形成社会组织有利的或不利的内外环境,对组织的生存和发展起着积极或消极的作用。

(2)公共关系活动。从动态公共关系的角度来看,公共关系又是一种活动或工作。当一个组织通过自己的努力来改善自身的公共关系状态时,就是在从事公共关系活动和开展公共关系工作,这是主观见诸客观的一种实践过程。其实,任何一个组织,为了生存和发展,为了实现自己的目标和责任,总要处理方方面面的关系,这实际上就是进行公共关系活动和开展公共关系工作。在这方面同样不存在有无的差别,而只是可以区分为自觉的或自发的、出色的或不力的、有效的或无效的、专门的或兼及的罢了。当然,只有自觉地、有计划地、创造性地开展有效的公共关系活动,才能积极构建组织良好的公共关系状态。一个组织也只有自觉地、有计划地进行公共关系活动,才能出手不凡、有所创造、事半功倍。因此,公共关系活动又被称为"公共关系艺术"。另外,随着公共关系活动专业化的需要,公共关系成为一项职业,有其专门的组织、机构及人员。

(3) 公共关系意识。公共关系也是一种意识、观念,它是现代组织及其人员对公共关系客观状态的自觉认识和理解,是对公共关系活动经验的能动反映和概括。例如,塑造形象意识、服务公众意识、传播沟通意识、诚信互惠意识、广结良缘意识、立足长远意识、创新审美意识、危机忧患意识等。公共关系意识来源于公共关系实践活动,因而对后者有明显的依赖性。公共关系意识一经形成,就具有相对的独立性和能动性,从而对公共关系实践活动具有指导意义。对任何组织来说,构建良好的公共关系状态,必须开展有效的公共关系活动,而这些活动又必然是在一定的公共关系意识指导下进行的。反之,没有正确的公共关系意识,就不可能自觉地进行公共关系活动,因而也不会形成良好的公共关系状态。可以说,公共关系意识是自觉构建良好的公共关系状态的思想基础和开展有效的公共关系活动的行动指南,是现代组织及其人员的必备素质。不同的社会组织及人员有无自觉的和正确的公共关系意识,的确有天壤之别,而且其结果也大不一样。人们谈论公共关系,往往津津乐道那些匠心独具的各种手段和技巧,而忽视其中包含的公共关系意识和思想,这是公共关系不能上层次、上水平的关键所在。其实,公共关系本质上是一种思想、文化,是一种战略,只有在正确的思想和战略的基础之上,公共关系才能有精彩的运作和闪光的创造。

(4) 公共关系学。公共关系学是一门新兴的软管理学科,它以公共关系活动及其规律性为研究对象,既是一门多学科交叉并具有自己的概念、范畴及其系统的理论科学,又是一门具有明显的可操作特征的应用科学。这门学科在公共关系实践活动上受到社会重视,客观上需要在系统总结和理论升华的基础上建立和发展起来,同时又成为强化公共关系意识和推动公共关系实践的指南。学习和普及公共关系学,增加社会组织及其人员的公共关系意识,并且研究和应用公共关系学的基本理论指导企业和其他各类社会组织的公共关系工作,对企业经营管理水平的全面提高乃至整个社会的和谐与发展都具有重要的意义。当今世界计算机技术的发展和在社会各个领域的广泛普及,已经极大地推进了整个社会物质和精神的文明与进步,公共关系学理论的发展和为各类社会组织的普遍应用,同样造就整个社会物质和精神的文明与进步。

上述公共关系的主要层次是互相区别又互相联系的,这些层次是在认识和说明公共关系概念时应当弄清的。

2. 公共关系的内在含义

公共关系是社会关系的一种管理职能,反映的是事物之间的相互联系、相互作用的机制和状态。所谓公共关系,就是社会组织为了适应并改变环境、树立良好的社会形象,通过开展传播沟通活动,使与其相关的公众彼此真诚合作、互惠互利、相互适应的一种状态。公共关系的基本含义应从以下几个方面加以把握。

(1) 公共关系——塑造形象的艺术。形象就是某一事物或人在公众心目中的印象,或者说是公众对某一事物或人的总体评价。"形象"一词的内涵和外延都很大。从构成社会的主体来说,有国家形象、城市形象、地区形象、组织形象、个人形象;就一个具体的企业来说,有企业形象、产品形象、商标形象、环境形象、领导形象、员工形象等。形象有好坏优劣之分。影响形象的因素纷繁复杂,一个不利的因素就可能导致形象不佳,而最佳形象的获得容不得任何不利的因素。因此,公共关系特别强调:组织必须时刻注意建立和维护良好的社会形象,否则将会直接影响到目标的实现。

今天形象已引起了人们的重视,我们常说"维护祖国尊严"、"珍视企业信誉"、"创建文明城市"、"给人留下美好的'第一印象'"等,都是要求人们注重形象。1960年和1968年,尼克松两次竞选美国总统,由不注重形象到注重形象,结果一败一胜,其经验教训告诉我们:注重形象是十分重要的,它关系到组织的生存与发展,关系到事业的成败,关系到目标的实现。

(2) 公共关系——建立和谐友善的关系。关系是人和人之间或事物之间通过人的相互作用、相互影响而形成的具有某种联系的状态。公共关系的定义强调公共关系是组织与其相关公众相互适应的状态,这种相互适应的状态就是指要形成一种和谐友善的关系状态。

人类自诞生开始就与自然界产生了一定的联系,人与人进行交往就产生了关系。随着人类的增多,关系愈加复杂。人们由于共同目标的需要聚集在一起,形成一定的群体或组织时,因人的作用和影响,这个群体或组织之间也产生了关系,进而形成了邻里关系、组织与组织的关系、社会关系、城乡关系、国际关系等。关系也具有双重特性:一方面,关系具有客观性;另一方面,关系又具有动态性。正是基于关系的双重特性,公共关系强调要利用传播沟通、相互协调、真诚合作、互惠互利等改善组织与公众之间的关系。公共关系界有一句俗话:"公共关系不能树立敌人。"公共关系要广结善缘、广交朋友,只有与社会公众形成一种和谐友善的关系,组织才能与公众相互适应、协调发展。

(3) 公共关系——强调真情的沟通。所谓"沟通"是指社会组织、公众运用信息符号进行的思想、观念、情感或信息交流的过程。一个组织要想在公众中树立良好的形象,首先必须把组织的有关信息告诉公众,让公众了解组织;同时,组织还必须了解公众的想法、意见、建议等。此外,组织必须与公众进行沟通,否则就会出现信息阻塞,造成误解、偏见,出现矛盾,从而影响到组织与公众之间建立良好的关系。

以生产炸药起家的杜邦公司曾经有过一次沟通上的障碍。在生产炸药之初,由于公司管理不善,时而发生爆炸事故。当时的公众对炸药比较陌生,不知其生产流程,用途如何,进而想探究一下爆炸原因和实况。但是,杜邦采取了封锁信息的做法,不许新闻记者采访。其结果是爆炸消息仍不胫而走,人们在猜测中无形夸大了爆炸的事实,谣言四起,乃至把杜邦跟"杀人"联系在一起,杜邦异常困惑。为了摆脱这种不利的局面,他专门请教了一位在报界工作的老朋友。老朋友告诉杜邦:"流言止于智者。"公众之所以传说杜邦公司的流言,是由于他们不了解公司的内部情况。他建议杜邦:第一,实行"门户开放"政策,允许新闻记者采访,告诉大家真相;第二,请公众提出建议、意见或批评;第三,虚心接受公众的建议、意见或批评,努力改进工作。杜邦采纳了老朋友的建议,使杜邦公司与各界公众有了广泛的沟通,增进了相互了解。没过多久,谣言止住了,杜邦公司从此在公众中树立了可信赖的形象。今天杜邦公司已成为全球第一大化工公司。杜邦公司的"化学工业使你的生活更美好"的口号早已深入人心。

这一事例告诉我们：真情的沟通能获得公众的理解、信任、支持与合作。在现实社会中解决矛盾和冲突的方法只有两个，要么战争，要么和平。当人们选择和平时，唯一的解决方法就是通过真情的沟通。公共关系强调运用真情的沟通改善组织的对内、对外关系，为组织创造一个友善和谐的生存与发展的环境。

（4）公共关系——利用传播媒介开展有效的传播。西方学者强调公共关系是90%靠自己做得好，10%靠宣传。公共关系不仅要求社会组织自身要努力工作，还要善于宣传自己及其已有的成果。这一点似乎与中国传统的价值观念相悖，实际上这是个观念问题。中国的改革开放政策正是转变传统观念的结果。我国的各行各业，尤其是企业必须尽快转变观念，学会传播并善于推销自己，否则必然在竞争中被淘汰；同时，还要利用传播媒介探究传播技巧，进行有效的传播。因为，积极主动地开展有效的传播才是提升组织形象的重要手段。

（5）公共关系——建立一流的信誉。信誉，通常指信用、名声。公共关系强调建立一流信誉，就是要为组织争取得到公众的信任、赞美和支持，提高组织的美誉度。组织良好信誉的建立，一方面需要组织所有员工在日常性公共关系活动中遵章守纪，讲究社会公德，说到做到，善待公众；另一方面需要组织在开展专门性公共关系活动中有意识地为组织树立一个可信任的形象，在出现突发事件、意外事故的情况下更要坚持组织的基本宗旨，这是对组织信誉的考验。信誉就是财富，信誉就是资源，建立一流信誉就是公共关系追求的目标和努力的方向。

3. 公共关系形成的原因与条件

公共关系不是凭空产生的，它的形成需要有深刻的社会基础与必备条件。

（1）公共关系产生的社会基础。当社会发展到一定阶段，过去那种组织程度比较低的初级社会群体已不能适应需要，形式多样的社会组织应运而生。一个社会必须从外界环境得到支持，才能生存和发展，社会组织有意识地与环境互动，同环境相互依赖、相互作用，公共关系就产生了。所以，社会组织的建立和分化，是公共关系产生的社会基础。

（2）公共关系形成的内存机制。社会组织与公众之所以能建立关系，最根本的原因是相互之间在利益上能够互补。企业用产品或服务从消费者那里获取利润，消费者用货币从市场上得到企业提供的自己所需的产品和服务。如果没有各自利益的实现和满足，双方就不会建立良好的关系。各自利益需求的驱动，使社会组织与公众发生接触、形成协作、建立起关系。利益的互补、合作的需要是公共关系形成的内存机制。

（3）公共关系产生的思想条件。在现代社会，良好的社会关系是一种资源、是生存和发展的必要条件已被人们深刻地认识到。从强调以个人为中心到提倡团队合作精神，从重视个人间的竞争到重视组织成员间的协作，从强调对抗斗争到注重和平与发展，这些都表明，人类开始增强相互帮助、相互合作的意识。在相互合作的思想指导下，人类之间的相互关系越来越密切。人类协调、合作意识的增强是公共关系产生和发展的思想条件。

（4）公共关系产生的经济条件。商品经济发展导致社会分工越来越细，竞争越来越剧烈。分工越细越需要协作，竞争加剧的同时合作的要求也在增加。所以，商品经济的发展促使社会组织必须与公众加强联系和合作。

（5）公共关系产生的政治条件。社会政治生活的民主化发展，是公共关系产生和发展的政治条件。公众被认可，公众权益被尊重，使公众在社会政治生活中的地位大大提高了。公众参与意识的增强、参与实践的增多，对社会组织产生了重要影响。公众的信任和支持，已成为社会组织生存和发展的重要条件。

（6）公共关系产生的物质技术条件。传播媒体的发达和技术手段的现代化是公共关系产生与发展的重要的物质技术条件。尤其是计算机网络的发展，使我们当今的社会联系得更加紧密。社会组织的信息可以在瞬间通过计算机网络图文并茂地传送到世界各地，迅速而又广泛地影响着公众。物质技术条件的现代化使社会组织与公众相互作用的范围、程度和节奏等都发生了很大的变化。

4. 公共关系概念辨析

公共关系这一概念的内涵极为丰富，人们对其理解自然也各种各样，但是公共关系最基本的含义，人们已形成共识。公共关系作为一个新"事物"，在传播过程中，一些人对这一概念产生异议，甚至陷入误区。比如把公共关系与"公共关系小姐"相提并论，把公共关系看成是人际关系，把公共关系与推销术、广告相混淆，更有甚者视公共关系为拉关系走后门、以权谋私的奇招妙计。澄清对公共关系的错误认识，走出误区，有助于公共关系事业的健康发展。

（1）公共关系与"公共关系小姐"。"公共关系小姐"一词是中国的特产，意指从事公共关系工作的年轻女性。目前，对"公共关系小姐"这一称谓，国内有褒、贬两层含义。有人认为"公共关系小姐"是对从事公共关系工作年轻女性的尊称，这主要是基于在改革开放之初，当公共关系传入中国不久，广州、深圳等东南沿海一带的三资企业曾聘请国外及中国香港等地一些受过公共关系传播等专业训练的年轻女性来从事公共关系工作，她们出色的公共关系工作，赢得大家的赞许。因此，人们当初便把那些从事公共关系工作的年轻女性尊称为"公共关系小姐"。至今，公共关系界仍有许多人赞同这一称谓。"公共关系小姐"的另一种歧义是有人将那些利用色情或是利用公共关系幌子搞不正之风的女性戏称为"公共关系小姐"，这是对公共关系的亵渎。

许多对公共关系陌生的人常把"公共关系小姐"所做的事看成是公共关系，这是极其片面的，公共关系不等于"公共关系小姐"。公共关系工作是一项集科学性、技术性、艺术性、服务性于一体的工作。公共关系工作包括三个层次：一是接待型公共关系，其主要内容是一般性的接待工作和宣传工作；二是传播型的公共关系，其主要内容是通过传播、沟通等手段，协调和改善组织的内外关系，为组织树立良好的社会形象；三是策划型公共关系，其主要内容是设计、策划、组织、实施公共关系活动，为某一组织或部门开展咨询服务出谋划策等。这些工作是通常意义上的"公共关系小姐"无法胜任的（这里并不否认真正从事公共关系实际业务工作的女性）。公共关系与"公共关系小姐"是两个完全不同的概念，是不可比拟的。

（2）公共关系与人际关系。人际关系是指人与人之间的关系。人际关系包括夫妻关系、父子（女）关系、母子（女）关系、朋友关系、同事关系等。人际关系是以个人为支点，研究个人与个人之间的线性关系。公共关系是指社会组织与公众之间的关系，它以社会组织为支点,研究社会组织与其相关公众之间的网状关系。公共关系以良好的人际关系为基础,但研究对象不是单一的个人,而是形成群体的社会公众。在公共关系学界,持此观点者占多数,持不同观点者认为:公共关系就是研究人的关系,公共关系的主体是社会组织的个人。1994年由中国公共关系协会学术委员会组织编写的《中国公共关系教程》特别强调公共关系的主体是人。

公共关系和人际关系都从属于社会关系,一切社会关系归根结底都是研究人的关系。如果把公共关系的主体定为"个人",那么,公共关系这一名称就无存在的必要,因为人际关系早已是家喻户晓的概念了。

公共关系与人际关系确实存在着密切的关系,二者互相包容、互相交叉。作为公共关系主体的社会组织,在开展公共关系工作时,其执行者是人,工作对象也是人。必须强调的是,在公共关系实践中的"人"已不是代表自己,而是代表"社会组织",其行为实际上是组织行为。在实践中,作为组织的"人"在开展公共关系工作时,必须运用各种有效的人际交往手段。正如有人描述的"公共关系是利用良好的人际关系来辅助事业的成功",但这并不等于公共关系就是人际关系。

此外,二者在运作内容、方式方法上也互相包容、交叉。公共关系的内容比人际关系要广泛得多,但在运作的方式方法上,公共关系时常要运用人际关系中的情感传播、态度传播、行为传播等方式。公共关系强调要利用人际传播、大众传播等手段进行信息的传播沟通,把人际传播作为传播的一种方式。而人际交往中,则主要利用语言、文字、表情、动作、书信、电话、电报等进行直接或间接的信息交流。目前有人利用大众传播媒介制作祝贺广告、致歉广告等,这实际上已超出了人际传播的范畴。总之,公共关系不等于人际关系。

(3) 公共关系与庸俗关系。所谓庸俗关系指的是人们在交往中运用"拉关系"、"走后门"、"以权谋私"等手段,彼此互相利用而形成的关系。提起公共关系,有人自然而然地联想到"拉关系"、"走后门"、"以权谋私",不择手段地索取不正当的利益。这是对公共关系的亵渎、诽谤、诬陷,也是对公共关系的无知。公共关系与庸俗关系存在着本质的区别。

① 产生条件不同。公共关系是在商品经济高度发达、信息传播量迅速膨胀、现代经济活动空前复杂的社会条件下生产的。而庸俗关系则是在社会生产力水平低下,商品经济不发达、信息闭塞的社会条件下产生的。

② 使用手段不同。公共关系借助于人际传播、大众传播等手段,与公众进行真情的沟通,一切都是光明正大、公开地进行。而庸俗关系则是一种以人情、礼物、金钱等为筹码的利益交换,一切都是在暗地里、私下偷偷摸摸地进行。

③ 目的内容不同。公共关系的目的是为本组织树立良好形象的同时,兼顾公众利益和社会整体利益,其内容则是研究如何建立信誉、树立形象、传播沟通,如何与社会公众相互适应等。而庸俗关系则是为了谋取私利,其内容无非是通过地缘关系、亲缘关系、业缘关系等谋取一些在正常情况下不应得到的利益和实惠。

④ 产生效果不同。公共关系产生的实际效果是优化了环境,提高了组织的知名度、美誉度,树立了良好的社会形象,组织、公众、社会共同获益,共同发展。而庸俗关系产生的实际效果是个别人中饱私囊,国家、社会、组织、公众的利益受到损害,污染社会风气,滋

生社会矛盾,致使人际关系紧张,社会文明程度下降,影响社会稳定和经济发展等。

总之,公共关系不等于庸俗关系。公共关系实践表明,开展健康有益的公共关系活动,是遏制庸俗关系的有效途径,只有大力发展市场经济,加强物质文明和精神文明建设,才能从根本上杜绝庸俗关系。

(4) 公共关系与推销、市场营销。一般意义的推销是指企业通过各种方式向消费者介绍产品。市场营销就是研究企业如何发现并满足消费者现实的和潜在的需求,从产品的最初酝酿、市场调研、原材料的采集、产品的生产,到产品的推销等一系列过程。推销只是市场过程的一个环节。

有人认为公共关系的最终目的就是要把企业的产品推销出去,或者说公共关系就是为了促进市场营销。这一观点混淆了公共关系与推销、公共关系与市场营销之间的区别。这两组概念有着本质区别,也存在一定的联系。

首先,公共关系的主体是社会组织,客体是广大的社会公众。推销、市场营销的主体是企业,客体是广大的消费者。

其次,公共关系是为了树立组织良好形象而开展的传播沟通活动。而推销只是针对企业的产品而展开的宣传,市场营销也是企业围绕着产品的开发、生产、销售而展开的一系列宣传推广活动。

再次,公共关系追求的是组织的长远利益和社会效益。推销、市场营销追求的是组织的近期利益和经济效益。

最后,公共关系与推销、市场营销也存在着一定的联系。其一,三者都遵循真诚求实、互惠互利的原则。其二,三者虽然具有不同的管理功能,但却互相补充、互相促进。公共关系可作为市场营销或推销的一种手段,市场营销也可作为公共关系活动的一种契机或载体。其实在企业公共关系中,公共关系、市场营销或推销活动常常是紧密结合在一起进行的,有时难以区分。但是,这并不意味着公共关系和市场营销、推销可以画等号。

(5) 公共关系与广告。广告即广而告之。广告是指为了传播某一产品或事物而进行的宣传说服活动。广告最初起源于经济、商业活动领域,其后逐步扩展到社会生活的各个领域。通常情况下,人们一提起广告,多指商业性广告,即介绍或宣传某一产品性能、用途、特点等的广告。公共关系常常要借助广告的形式传播信息,因而产生了公共关系广告。公共关系与广告都具有传播信息的功能。但二者存在着明显的差异:首先,通常情况下,广告以传播产品、服务信息为主,而公共关系则以传播组织的形象信息为主。有人做了形象的比喻:"广告是要大家买我,而公共关系是要大家爱我。"其次,广告的使用范围大多局限于工商企业,而公共关系的使用范围相对较广,各类社会组织都要开展公共关系活动。再次,广告的商业色彩很浓,主要注重经济效益,而公共关系强调淡化商业色彩,注重的是组织社会效益。最后,广告的宣传手法通常具有夸张性,而公共关系则具有客观真实性。

总之,公共关系与广告既有联系又有区别,不能简单地将二者等同起来。

5. 公共关系的构成要素

公共关系是社会组织通过开展传播沟通活动协调和改善组织机构与其他相关公众的

关系,是社会组织与公众真诚合作、互惠互利、彼此相互适应而形成的一种关系状态。由此,我们可以看出公共关系有三个构成要素:社会组织、公众、传播。社会组织是公共关系的主体要素,是公共关系工作的策动者、承担者、发起者;公众是公共关系的客体要素,是公共关系的对象和接受者;传播是公共关系的中介要素,是连接主体和客体的桥梁,也是开展公共关系工作的重要手段。

(1) 公共关系的主体——组织。组织,指各种类型的社会组织,包括政治组织、经济组织(企业)、文化组织、军事组织、宗教组织等,这些组织都是公共关系的活动主体。组织在自身的经济运行中,为树立良好的形象而直接进行着公共关系的操作工作。其操作内容主要有日常公共关系工作和专项公共关系活动。

组织要想在市场经济的大潮中立于不败之地,必须树立一种正确的公共关系观念,培养一支德才兼备的公共关系工作人员队伍,并根据组织目标的需要,踏踏实实地开展各项公共关系活动,使组织的全体员工共同为实现组织的目标而奋斗,使社会公众真正地热爱组织、支持组织的发展、接纳组织的一切。

组织目标的实现,尤其是公共关系战略目标的实现,主要依赖于组织内部公众的配合与支持和组织外部公众对组织各项方针、政策与行为的认可与接纳。没有组织内部全体员工的共同努力,组织就不会有凝聚力,各项公共关系工作也无法正常地开展,组织的公共关系目标就难以把握。为实现组织目标而建立的良好内部条件和外部环境以及它们之间的相互联系和相互影响,构成了组织的战略三角。如果这三者之间能在动态中求得平衡,就能保证组织的公共关系战略目标得以实现。

组织的公共关系战略目标,在一定时期内表现为公共关系战略目标体系。其主要内容有:保证组织不断发展壮大的经济利益目标和为承担社会责任、保持组织与社会生态平衡的社会效益目标。这两种目标的关系是利益目标的实现要依赖于社会效益目标的实现,社会效益目标的实现可以带动经济效益目标的实现,二者不具有可逆性。

任何一种类型的社会组织都是社会的细胞,尤其是经济组织——企业,不仅为社会提供物质财富,而且还必须承担各种社会责任,在对社会公众负责、有利于社会发展的前提下谋求企业的经济利益,从而保证企业的社会性与经济性的统一。

组织社会责任的承担与实现,依赖于各项公共关系工作的开展,争取社会公众的了解、支持与爱戴,把组织的行为置于公众的监督之下,并以此为契机,为社会公众提供满意的产品和优良的服务。只有这样,才能创造一个有利于组织发展的社会环境。

(2) 公共关系的客体——公众。公共关系的"公众"是一个特定的概念,它并非是指人们头脑中所想象的那些"广大人民群众"、"普通老百姓"等,而是具有特殊意义的"公众"。首先,它是因面临某个共同问题而形成的社会群体。同生产企业发生往来关系的公众,有企业原材料的供应者,面临的是向企业供应原材料的共同问题;有产品的购买者,面临的是购买企业产品这一共同问题;同商业企业打交道的公众,有商品的供应者,面临着向商业企业提供商品的问题;同高级宾馆打交道的公众是各种中外宾客,面临着如何向他们提供满意服务的问题;同医院打交道的公众是各类患者,面临的是如何医治他们病症的问题……其次,这些公众有着共同的利益。当今的社会组织在生存与发展过程中面临着许许多多的社会问题,这使公共关系从性质上来看不仅要为组织的目标服务,还要照顾到公众的利益。组织必须在力所能及的范围内保证特定公众的利益得以实现,如企业满足服务用户和消费者的利益、宾馆饭店满足宾客的利益、政府机关满足民众某一方面的利益、医院满足患者的利益等。只有公众的利益得到满足,组织的利益才能得以实现。再次,这些公众与某一特定组织的工作产生互动的效应。组织机构的各项方针、政策、行为影响着某些特定公众,而这些特定公众的需求也对组织产生重要的影响。比如:企业的方针、政策对职工、技术人员、领导干部有影响,可能激发也可能阻碍他们积极性和创造性的发挥;反之,这些人员自身利益的要求和行为也影响着企业制定下一步的方针、政策和计划。企业采取不同的经营方针对顾客公众、原材料供应者公众及其他各类公众都有着重要的影响,而这些公众的态度及他们所采取的行为对企业也起着制约的作用。这说明组织和公众时时刻刻都互相影响,从而产生一种互动效应。不能产生互动效应的社会群体就不能成为组织的特定公众。

综上所述,我们可将"公众"定义为:公众是任何因面临某个共同问题而形成的、有着某种共同利益并与某一特定组织的工作产生互动效应的社会群体。作为公共关系对象的公众,一般来讲,具有下述三个方面的明显特征。

① 整体性。公众不是单个人的任意组合,而是与特定组织运行有关的整体环境。任何组织的生存和发展都离不开一定的公众环境。所谓"公众环境",是指特定组织运行过程中必须面对的社会关系和社会舆论环境。这些社会关系和社会舆论环境的范围很广,涉及组织外部及社会的各个方面,而且相互关联,极其复杂。从一个经济组织来看,既有组织内部的员工公众、股东公众,又有组织外部的消费者、供应商、经销商、社区、政府、新闻界等有关的团体、组织或个人。公共关系工作不可厚此薄彼。组织面对任何一类公众或其中任何一部分人或一个人时,都应视为面对着一个完整的公众整体,否则会导致整个公众环境的恶化。

美国埃克森石油公司油轮触礁,造成原油泄漏,附近海域的生态环境遭到破坏。然而,该公司对事件无动于衷,对问题的解决采取消极的态度,轻视海域附近渔民及环境保持组织的合理要求,于是公众环境恶化,公共关系危机出现了。美国政府以及当地政府、新闻界、环境保护组织、社会各界公众纷纷谴责该公司无视公众的行为。该公司的业务范围遍布全世界,但由于该公司的企业形象受到破坏,新老客户纷纷抵制其产品,使该公司遭到巨大的经济损失。因此,我们认为应将组织面临的公众视作一个完整的环境,要用全面、系统的观点来分析和研究。

② 同质性。公众是由共同的问题引起的,这些问题对公众成员产生了很大的影响,使得原本不属于某一社会群体和社会组织的若干人成为一个组织的公众。不同组织有不同的公众。一个组织可能有许多问题同时出现,从而涉及各种不同的公众,所以将形成若干类不同质的公众。这些不同质的公众是相对不同问题而言的,而由某一问题所引起的公众本身却是同质的。因此,没有这种同质的内在基础,便无所谓公众。

③ 变化性。公众不是封闭僵化、一成不变的对象,而是一个开放的系统,处于不断变化和发展的过程之中。任何组织的公众对象的性质、形式、数量、范围等均会随着主体条件、客观环境的变化而变化,有的关系产生了,有的关系消失了,有的关系不断扩大,有的关系可能缩小,有的关系越来越稳固,有的关系越来越动荡,有的关系甚至发生性质上的

变化——竞争关系转化为协作关系,友好关系转变成敌对关系,如此等等。公众环境的变化,必将导致公共关系工作目标、方针、策略、手段的变化;反过来,组织自身的变化也会导致公众环境的变化,如组织的政策、行为、产品的变化使公众的意见、评价、态度或行为发生相应的变化,这种变化的结果又可能反过来对组织产生影响、制约作用。可见必须以动态的、发展的眼光来认识自己的公众对象。

(3) 公共关系的中介——传播。从词源上来说,"传播"(communication)与"社区"(community)来自共同的拉丁文词根(communis,意为"使共享"或"共享"),这绝非偶然,这是因为:如果没有人类的传播行为,就不会有社区;同样,没有社区,也就不会有传播。

中国人把衣、食、住、行称为"人生的四大需要"。实际上,人类对传播的需要既是普通的,又是迫切的。我们通常说人是社会性动物,实质上就是强调人的社会交往、交流的普遍性和重要性。一般说来,在现实生活中,一个人无论是学习和工作,都需要与周围的人和物打交道,都在进行着某种形式的传播活动,如听、说、读、写、看等。即使是默默不语,在他人看来,也传达了确切的含义。

那么,什么是传播呢? 关于这个问题,由于研究者的角度不同,对传播作出的解释也存在着某种程度上的差异。传播学理论家威尔伯·施拉姆认为传播就是"对一组先知性符号采取同一意向";西奥多森认为"传播是个人或团体主要通过符号向其他个人或团体传递信息、观念、态度或情感";沃伦·韦弗则认为传播是"一个心灵影响另一个心灵的全部程序";查尔斯·科利认为传播是"全人类关系赖以存在和发展的机制,是一切智能的象征和通过空间传达它们和通过时间保存它们的手段"。这些定义揭示着传播要领的丰富内涵。在这里,我们并不奢望给出一个综合各种解释的传播定义,只指出传播的基本内涵是信息的传递和交换过程,由传播者、接收者和传播媒介等要素构成。人们常说的交流、对话、宣传、沟通、交际等,都是传播的具体形式。为了便于研究,人们又根据传播者、接收者和传播媒介的相互关系和特点,把传播分为五个基本类型。

① 人际传播。人际传播又称"人际沟通",是指人们之间直接传播或交换知识、意见、感情等社会行为,一般无须专门的传播媒介,并有机会立即得到反馈。例如:在公共关系活动中,公共关系人员在很多场合下需要与顾客、专家、记者等进行直接的、小范围的接触。因此,它是开展公共关系活动的重要方式之一。

② 组织传播。组织传播是指在一个正式的组织或机构内其成员之间进行信息或思想交流的过程,目的是使全体成员达成共识,提高工作的效率。在公共关系学中常称之为"内部公共关系工作"。

③ 群体传播。群体传播是指某一社会组织或个人对具有一定数量、有共同目标和兴趣的公众在特定时间和场合进行的传播活动。如公共关系活动中的新闻发布会、展览会等。

④ 大众传播。大众传播是指特定的社会组织通过报刊、广播和电视等大众传播媒介,向广大而不确定的公众传播信息的过程。它越来越受到社会组织的重视,不少组织利用它树立形象和提高知名度,成为社会组织开展公共关系活动最为有效的方式之一。

⑤ 网络传播。网络传播就是指在互联网上的传播。在新经济时代,网络传播作为一种新的传播模式,正逐步成为公共关系工作中最重要的传播工具之一。今天的互联网已经延伸到世界的每个角落,信息在互联网上流通已经不再受到时空的限制。互联网将全

世界的计算机网络连接起来,从而形成一个巨大无比的数据库。任何组织和个人,都可以通过互联网去发现自己有用的信息。互联网还可以综合大众传播媒介中不同媒介的优势,可以集中文字、图形、声音和图像于一体,起到"多种媒体"整合的传播效果。网络传播还可以克服大众传播"单向性"的局限性,可以采用多种形式的互动,更有利于公共关系信息传播和信息收集。

总之,公共关系的三个基本构成要素是相互依存、缺一不可的。没有组织这个主体,就没有公共关系的对象。这里不存在没有主体的客体,同样不存在没有客体的主体,二者是对立统一的。传播是连接主体和客体的媒介,没有主体与客体之间的双向信息传播,公共关系的目标和计划就不可能实现和实施。因此,公共关系又是组织与其公众之间存在的传播关系和传播活动。

1.1.2 公共关系职能与工作程序

1. 公共关系的主要职能

公共关系的职能是公共关系在组织中所发挥的作用和应承担的职责。对公共关系职能的概括,长期以来存在着不同的表述。我们认为:从广义上讲,公共关系的职能就是调动一切可以调动的力量,运用各种手段,塑造良好的组织形象,赢得良好的生存环境,促进组织的生存与发展,使组织在激烈的竞争中取胜。公共关系专家李兴国将公共关系的职能概括为以下几个方面。

(1) 采集信息,监测环境。采集信息是公共关系工作的必要前提。在信息社会中,信息已成为公认的巨大资源。公共关系是信息产业。不采集信息,公共关系就成了无米之炊。因此,无论是内部公共关系还是外部公共关系,任何策划都应从采集信息开始,这样才能做到"知己知彼,百战不殆"。采集信息的职能要求公共关系人员具备信息意识,注意随时采集有关组织的信息。

所谓监测环境,是指观察和预测影响组织目标实现的公众情况和各种社会环境的情况,使组织对环境的发展和变化保持清醒的头脑和敏锐的感觉以及灵敏的反应,从而保证科学地塑造组织形象,实现组织目标。

(2) 咨询建议,参与决策。这是公共关系最有价值的职能,因此公共关系也称"咨询业"、"智业"。1978 年在墨西哥召开的世界公共关系大会上提出的公共关系定义,郑重强调了公共关系咨询建设、参与决策的职能。人们经常把公共关系人员当做"智囊"、"开方专家",把公共关系部当做"思想库",就是从这个角度讲的。公共关系的咨询建议就是指组织公共关系人员向决策层和各管理部门提供公共关系方面的意见和建议,使决策更加科学化、系统化,并照顾到社会公众的利益。

组织公共关系咨询建议的主要内容有:

① 对本组织内方针、政策和行动提供咨询意见,发挥公共关系对组织的五个导向作用,参与决策,制定出合乎组织发展的目标。

② 对本组织公共关系战略、经营销售战略和广告宣传战略、CIS 战略、组织文化战略

提供咨询意见,使原来由几个部门负责的工作发展成一个系统,并制定出科学的实施方案供决策者参考。

③ 对组织生存环境的有关发展和变化进行预测和咨询,使组织决策者拥有一套乃至几套可以选择的方案,以适应这些变化。

(3) 传播沟通,塑造形象。这是公共关系与其他传播在目的与技巧方面不同的特有职能。公共关系的传播沟通职能主要体现在两个方面:一是组织运用传播沟通的手段同公众进行双向交流,与公众交心,赢得公众的信任和支持;二是顺时造势,实现舆论导向,通过策划新闻、公共关系广告、专题活动等手段,制造声势,提高组织的知名度和美誉度,为组织创造良好的舆论环境。很多组织的公共关系部均有专人撰稿、专人负责媒介关系,就是为了保证这一职能的有效实现。从某种意义上说,丧失了传播沟通的职能,公共关系将一事无成。

公共关系工作为建立组织形象,首先要为形象定位,要设计形象、传播形象,还要对形象进行评估反馈和修正;其次要突出品牌意识,从创名牌产品到创名牌组织,实行名牌战略,为组织创造和积累无形资产。

(4) 平衡利益,协调关系。马克思说过,人们奋斗的一切都同他们的利益有关。公共关系也是以利益为基础的。“公共关系第一人”艾维·李以成功地通过平衡利益、协调关系来解决了大罢工,从而确立了职业公共关系的重要性。社会进入市场经济以后,许多过去用武力、行政手段调节的关系,现在需要按经济规律来调节组织利益、员工利益、股东利益的矛盾日益尖锐。组织作为一个开放系统,面对各类公众和他们各自的利益要求,要想为组织创造一个良好的内外部环境,协调各种关系,就必须本着真诚互惠的原则,首先承认这些利益,然后按公共关系双向对称原则来尽量满足这些利益;当各种利益发生矛盾时,应本着公平对待的原则加以协调、平衡,既不能无视正当要求,也不能厚此薄彼。

协调既是目的,又是手段,具有双重性。协调是与传播平行的一种手段,甚至有人认为协调是公共关系的基础,足见其重要性。我们认为:协调主要表现在公共关系的功能与职能上。作为目的,协调指的是一种关系的良好状态;作为手段,协调指的是一种调整工作,通过协调使关系达到良好状态。协调在公共关系中主要是一种手段,目的是使组织更好地生存与发展。公共关系能够发挥平衡、协调关系职能的领域主要有三个:①协调组织内部领导与职工之间的利益与关系。②协调组织内部各部门、各环节之间的利益与关系。③协调组织与外部公众之间的利益与关系。

(5) 社会交往,组建网络。公共关系被誉为“广交朋友的艺术”。社会交往、组建网络是对沟通、协调的细化。随着现代化的发展,组织需要不断同外界进行物质、能量和信息的交流。公共关系追求长期效益,因此要加强社会交往。公共关系的对外交往主要是建立在利益一致基础上的沟通信息和互相帮助。公共关系要建立的网络是一种信息网络、互助网络,绝不是有些人理解的结交公款吃喝的酒肉朋友,更不是以个人利益结党营私。有些人借公共关系的社会交往职能为请客送礼、不正之风戴上“公共关系”的帽子,这是对公共关系的歪曲和误解。

(6) 教育引导,培育市场。公共关系要完成其社会职能、促进社会发展,就需要加强教育引导,提高美誉度,更需要教育引导。组织公共关系的教育引导职能主要表现在对内、对外两个方面。对内,公共关系的主要职能是传播公共关系意识,传播公共关系的思想和技巧,进行知识更新,不仅要对每个员工进行教育引导,也要说服组织领导接受公共关系思想;对外,组织公共关系主要是对公众进行教育引导。人们常说"公众永远是对的",这是从服务的角度将"正确"让给对方。但是,客观地讲,公众不可能永远正确,而是需要加以引导,使消费群体与组织认同。

(7) 科学预警,危机管理。组织危机是组织生存与发展的大敌,处理不好往往给组织造成重大损失,甚至断送组织的"生命",因而组织公共关系将危机处理作为公共关系的主要职能和工作重点之一。随着公共关系理论和实践的发展,事前预测管理危机已成为公共关系对待危机的主流方法,这是组织公共关系的新发展。

2. 公共关系的工作程序

公共关系工作的目标是要在公众中树立良好的组织形象。为此,公共关系工作,尤其是企业的公共关系工作,必须要有周密的计划,必须制定基本的步骤,遵循一定的程序。虽说组织公共关系活动的形式千差万别,而且是一项不停歇的事业,但公共关系工作大体上可以分为四个阶段,即公共关系调查、公共关系策划、公共关系实施和公共关系评估。这四个阶段构成一个完整的公共关系工作程序。

(1) 公共关系调查。调查研究是公共关系工作程序中一项重要的基础工作。此阶段的工作主要是为了了解并掌握与组织各项行为和政策相关的认识、观点、态度和行为,了解事实真相,掌握第一手资料,为有的放矢地开展公共关系工作奠定基础。

(2) 公共关系策划。所谓"公共关系策划",就是公共关系人员根据组织形象的现状和目标要求,分析现有条件、设计最佳行动方案的过程。它是根据现存问题和差距确定组织的公共关系目标,并据此设计公共关系活动的主题。然后,通过分析组织内外的人、财、物等具体条件,提出若干可行的活动方案,并对这些活动方案比较、择优,最后确定出能够达到公共关系目标要求的最适当、最有效的活动方案。公共关系策划是公共关系工作中的重要环节,它可以增强组织形象管理的目的性、计划性和有效性。

(3) 公共关系实施。公共关系策划方案一经制定,一系列的传播活动就开始出台了。要及时、准确、充分地把信息传递给公众,包括向所有可能受到影响和能够提供重要支持的人解释和宣传所选定的方案。这是因为,这一环节乃是组织与公众之间交换意见、看法、态度甚至情感的过程,是组织与公众进行沟通以及达到相互理解、相互支持和争取舆论配合的过程。

(4) 公共关系评估。公共关系评估是公共关系工作程序的最后一个阶段,它是对整个过程的全面总结。此阶段的工作是确定公共关系活动的结果,对具体公共关系计划贯彻与实施的效果进行评估,并通过对公共关系工作过程的总结为下一阶段的公共关系工作计划的制订提供翔实的资料。

在公共关系工作程序中,以上四个阶段组成一个有机的整体,它们相互联系、不可分割。这是因为,没有调查就没有策划的依据;没有策划方案的制订就没有信息传播的内容;没有公共关系评估就不可能掌握公共关系工作的具体成效,就无法进行下一步的公共关系工作。

公共关系工作程序具体内容将在本书的任务 2～任务 5 中分别予以介绍。

1.1.3　公共关系的组织机构

公共关系组织机构是指发挥公共关系的职能、专门从事公共关系工作的各类组织或部门。根据公共关系实践的历史和现状,公共关系组织可分为四类:一是组织内部的公共关系职能机构,即公共关系部(或称公共关系处、公共关系科);二是社会上的各类公共关系专业组织,如:公共关系公司、公共关系事务所、公共关系广告公司、公共关系咨询服务公司、公共关系策划公司等;三是公共关系社团组织,如:公共关系协会、公共关系学会、公共关系教学研究会、公共关系专业委员会等;四是具有一定公共关系职能的其他各类组织或机构,如:宣传部、外交部、工会、广告部、外联处、交际处、信访办等。就我国目前的公共关系现状来看,首先,组织内部的公共关系职能机构是公共关系事业的基层组织,它发挥的作用最大,也是公共关系事业的主体部分。其次,公共关系专业公司和各级各类公共关系社团组织,在社会主义物质文明和精神文明建设中也发挥了重要作用,也是公共关系事业发展的重要力量。下面我们着重介绍以下三类公共关系组织。

1.　公共关系部

公共关系部,简称公关部,是组织内部设置的专门从事公共关系业务工作的职能机构。其称谓多种多样,有的叫公共关系处、公共关系科,有的叫公共关系信息部、公共关系销售部、公共关系广告部、公共关系事务部。

在现代公共关系发展史上,第一个公共关系部设立于 1908 年美国电话电报公司。著名的新闻关系专家威尔担任该部的第一任经理,他出色的工作使该公司公共关系部闻名遐迩。此后,许多公司、政府等各类组织纷纷效仿,公共关系部的作用便得到充分发挥,地位也随之逐步提高。公共关系传入中国后,广东及东南沿海的一些三资企业率先成立公共关系部。这些组织的公共关系部门以其出色的公共关系工作赢得了社会公众的一致好评,提高了组织的知名度和美誉度。

(1) 公共关系部的设置。公共关系部如何设置,涉及组织的结构设计和职责分工,也直接影响到公共关系部在组织中的地位及其作用的发挥。

① 从公共关系部的隶属关系来看,公共关系部的设置有以下四种模式。

- 总经理直接负责型(见图 1-1)。这种类型的公共关系部,其领导人由总经理担任,明确了公共关系部在组织中的特殊地位,具有一定的权威性,有利于公共关系部充分发挥组织的整体效应,全面、及时、有效地开展公共关系工作。这是一种较为理想的公共关系部的设置模式。
- 部门并列型(见图 1-2)。这种类型的公共关系部作为组织的二层机构,与其他职能机构地位平等,各司其职。
- 部门所属型(见图 1-3)。这种类型的公共关系部设在某个职能机构(如办公室)之下,属三级机构,地位较低。

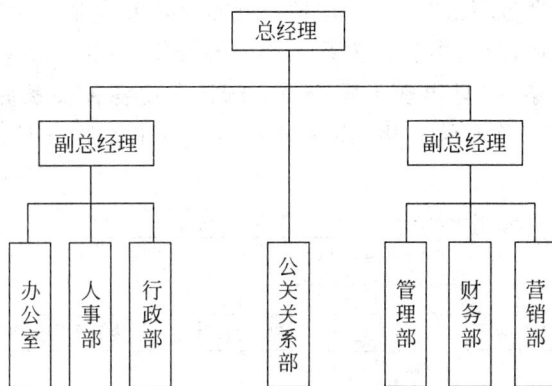

图 1-1 总经理直接负责型

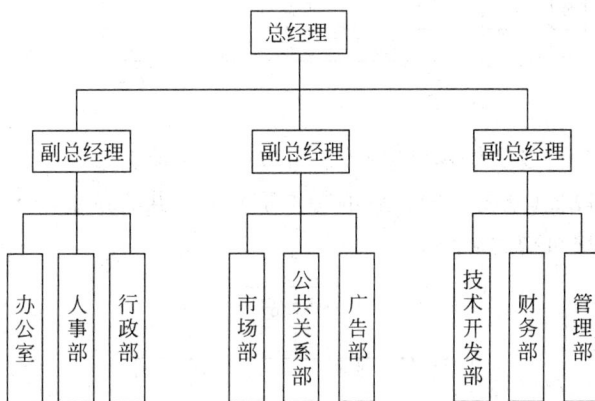

图 1-2 部门并列型

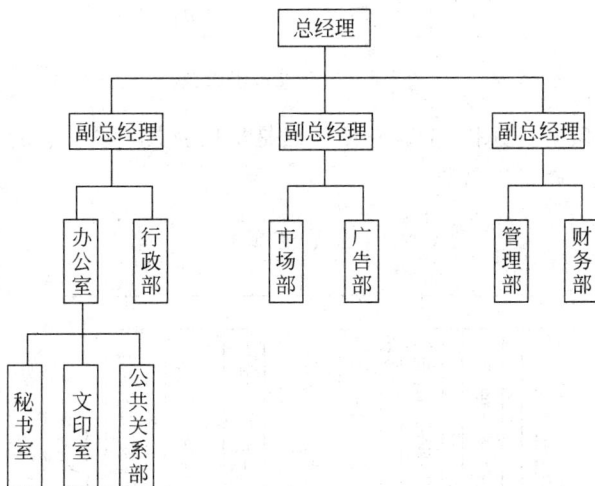

图 1-3 部门所属型

- 公共关系委员会型(见图1-4)。这种类型的公共关系部由组织的领导人和各职能部门负责人组成,对各项公共关系工作统筹安排,分工负责,其权威性较大,但各种关系较为复杂,一旦出现矛盾,不易协调,会使各种关系变得更为复杂。它相当于组织的一个临时性机构,往往对公共关系工作缺乏长远规划,不能保持一贯性。

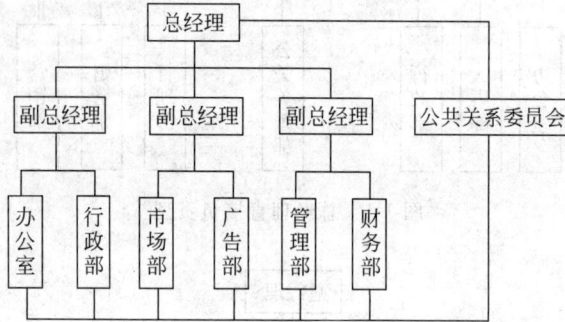

图 1-4   公共关系委员会型

② 从公共关系部自身的机构设置来看,可以分为三种类型。

- 公共关系手段型(见图1-5)。它的特点是根据公共关系工作运用的手段来确定公共关系部所属机构的名称。

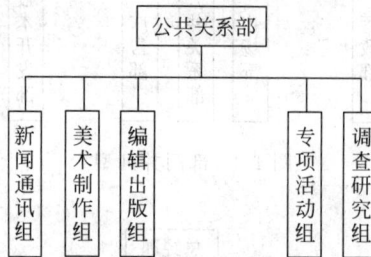

图 1-5   公共关系手段型

- 公共关系对象型(见图1-6)。它的特点是根据公共关系工作的主要对象来确定公共关系部的所属机构名称。

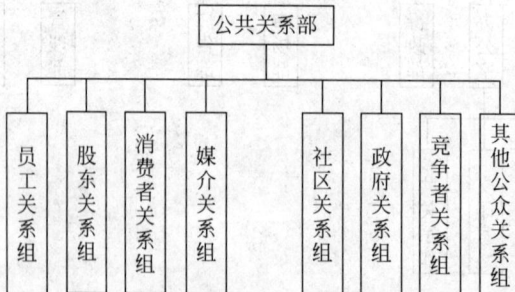

图 1-6   公共关系对象型

- 复合型(见图 1-7)。它的特点是根据公共关系工作所运用的手段和对象来确定所属机构的名称。这是基于公共关系工作实际需要而采取的一种行之有效的方法。

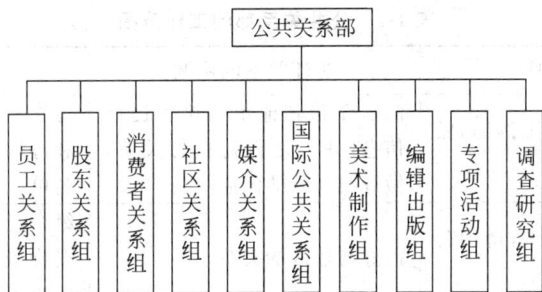

图 1-7 复合型

（2）组建公共关系部的原则。主要有以下四个原则。

① 必要性原则。任何一个社会组织都不可避免地要面对各种公共关系问题,是否一定要设置一个专门的部门来处理公共关系事务,这要视组织本身的规模和经济实力的大小、组织对公共关系部门作用的认识程度、组织现有的人才状况以及公共关系活动的业务量和复杂程度等问题来决定。如果组织的规模较大,设计公共关系活动量大,领导层对公共关系部门的作用充分重视和肯定,组织又有主持这项工作的合适人选,则组织就有必要成立公共关系部门。如果条件不成熟,则不必急于设立一个专门的公共关系部,可暂由其他职能部门(如办公室、宣传部等)监管,或聘请一家公共关系公司或几名兼职公共关系顾问来帮忙处理日常事务,如果遇到大型公共关系活动,则委托给某些专业公共关系公司代理。比如随着改革开放的进行,上海的涉外活动逐渐频繁、旅游业日益兴盛、餐饮旅店竞争加剧,锦江饭店的进一步发展越来越依赖于有效的公共关系工作,公共关系部的设立成为必然。

② 机构精简原则。一个组织的公共关系工作在业务量和复杂程度上通常具有很大弹性,而且维持一个较大公共关系部门也是一笔不小的费用支出,所以机构的精简是必须的。机构精简的关键是精,组织要尽可能聘请精干的专业人员到公共关系部门任职,努力做到将提高工作效率作为公共关系的首要任务。精简的主要标志为:部门员工精干、高效和经验丰富,配备的人员数量与所承担的任务相适应,机构内部分工适当,职责明确并有足够的工作量。

③ 专业性原则。第一,公共关系部要有清楚的专业化职能,它是组织为开展公共关系工作而设立的专业化机构,它的每一项工作都涉及组织的声誉和影响。因此,在组织上和工作分工上都要保证其专业化特性。第二,公共关系部的工作人员要有专业化素质。注重建立和培养一支专业化队伍,即公共关系部的全体人员应具有强烈的公共关系意识、受到一定的专业训练、具有一定的专业水准和能力、具有开拓创新精神等。

④ 权利与职责相适应原则。权利与职责相适应是一项组织分工的基本原则。公共关系部及其人员均应具有在规定的职能范围内从事某项工作的权利,同时承担相应的责任。责任是权利的基础,权利是责任的保障。公共关系部不仅在组织内要有与之相对称的职能和权利,而且在人员配备的过程中也要做到责权明晰。

（3）公共关系部的工作范围。公共关系部的工作范围主要有三方面的内容：对内关系协调、对外关系协调和专业技术。它们的工作范围见表1-1。

表 1-1 公共关系部的工作范围

内部关系的协调	对外关系的协调	专业技术
利用各种内部媒介与员工沟通，做好内部宣传	向媒介和其他出版机构提供信息，并与之保持良好关系，做好与公众的沟通	写作并向报刊发布新闻、照片和特写、发布前编好报刊的名单
教育引导组织的全体员工，增加公共关系意识	搞好与社区的关系	组织记者招待会，为管理部门安排接见报刊、广播和电视记者的访问
编辑、出版内部刊物，搭建内部交流平台	负责协调与政府各个部门之间的关系	策划各种纪念活动
随时搜集企业员工的各种意见，做好信息反馈	搞好与消费者的关系，策划促销活动，处理各种投诉等	组织展览会、参观活动
参加董事会和其他主要部门负责人的会议	做好各种接待来宾的礼仪工作	编辑出版企业内外部的各种刊物
协助企业领导确定公共关系目标，为领导层提供方案、数据，并对其他决策提供参考意见和建议	代表企业出席行业性会议	负责民意调查和产品调研活动等
定期召开股东大会，发布企业经营信息，收集意见和建议		制作视听材料
编制年度报告		制作企业的识别系统
培训公共关系工作人员等		从外界媒介的报告中获取信息，进行信息整理
		分析反馈，评定计划的实现情况

（资料来源：沈杰，方四平.公共关系与礼仪.北京：清华大学出版社，2006）

2. 公共关系公司

公共关系公司是指依法存在的、由熟谙公共关系业务的公共关系专家和业务人员组成、专门从事客户委托的各种公共关系业务的服务性社会组织。公共关系公司的种类较多，有公共关系顾问公司、公共关系咨询公司、公共关系广告公司、公共关系形象策划公司、公共关系事务所等。公共关系公司最早诞生于 1903 年，美国的艾维·李首创了具有公共关系性质的公共关系事务所。1920 年，N. W. 艾尔正式开办了公共关系公司。由于他们出色的公共关系工作，赢得了客户的信赖，公共关系公司便逐渐发展壮大起来。公共关系公司的出现，不仅促进了公共关系职业化的发展，提高了公共关系的专业化水准，推动了公共关系事业的发展，而且还优化了社会环境，协调了社会关系和社会行为，提高了社会效益。

（1）公共关系公司的优势。公共关系公司作为社会的经济实体，具有社会性、服务性、营利性等特征。它向客户提供信息、咨询服务、中介服务、制作广告、策划专题性公共关系活动等。公共关系公司之所以能在竞争激烈的市场中站稳脚跟,赢得客户的信赖与支持,主要是由于其自身存在着比公共关系部及其他类似组织机构难以比拟的优势。

信息比较灵通。公共关系公司的客户来自各行各业,其需求也多种多样,因此,公共关系公司要为客户提供服务,必须拥有各种信息。现代的公共关系公司大多利用计算机存储和处理信息,建立完善的信息网络。公共关系公司耳目灵敏,信息来源广泛、及时,因此,任何新的情况、新的消息的出现以及信息的微小变化,公共关系公司都能随时整理归档,这样就能及时高效地满足客户的需要。

观察分析问题比较客观。公共关系公司是受客户委托来从事或代理公共关系业务,因此,它往往站在公正客观的立场上来观察分析处理问题,而不必像公共关系部那样顾及组织内部的各种错综复杂的矛盾或利害关系。这就是为什么有的组织已设立公共关系部,还要聘请公共关系公司为其代理公共关系业务的重要原因。

趋势判断比较准确。公共关系公司大多是由熟谙公共关系业务、具有丰富社会实践的公共关系专家和业务人员组成,他们占有大量的信息,加之强烈的公共关系意识,凭借现代科学技术和方法,因此,对客观事物的发展趋势判断一般比较准确。

职业水准比较高。公共关系公司不仅要向客户提供信息服务,而且还要向客户提供咨询服务和大型的高层次的公共关系活动策划等。这样其工作人员职业素养、技术水平、策划能力必须有高人之处,否则,公共关系公司就没有存在的必要。

(2) 公共关系公司的经营方式。从目前国际国内的实际情况来看,公共关系公司的经营方式大致有三种:与广告公司合营;单独经营,综合服务;单独经营,专项服务。

公共关系公司与广告公司合营。这是目前最为流行的经营方式。公共关系公司兼做广告业务,广告公司兼做公共关系业务,这类公司业务范围较广,生存能力较强,也符合各类客户的实际需要。

单独经营,综合服务。这类公司属专业公共关系公司,承担公共关系方面的各种业务,包括提供信息、咨询服务、策划活动、培训员工、设计制作、市场调研等。这类公司对公共关系人员素质的要求比较高,公司内必须具有各方面的专家,否则,有些业务则无法承接或完成。

单独经营,专项服务。这类公司一般是专门从事某一单项公共关系业务的公司,其规模一般都比较小。如形象策划公司、信息公司、CIS策划公司、公共关系广告公司、公共关系培训公司、公共关系礼仪公司等。这类公司由于具有某项公共关系业务专长,因此,优势比较明显,工作经验比较丰富,服务质量也容易得到保证。

(3) 公共关系公司的工作内容。公共关系公司的工作内容因其经营方式和经营范围的不同而有所不同。一般说来,公共关系公司的工作内容可归纳为如下方面:调查研究,确立目标;策划公共关系活动;处理突发性事件和公众关系纠纷;提供信息服务,咨询服务;制订各种公共关系计划;代理各种公共关系业务,如新闻代理、广告代理等;技术性业务工作服务;中介服务;礼宾服务;培训服务。

(4) 公共关系公司的收费方式。公共关系公司在向委托人收取费用时,应该平等待客,控制成本并把握合理的收费标准。公共关系公司收费的方式主要有两种。一种是项目收费;另一种是计时收费。

① 项目收费。包括：a. 咨询服务费，包括委托项目期间工作小组全体成员的工资和与项目有关的高级管理人员、专家的工资；b. 行政管理费，包括公共关系公司在承担项目期间所需的房租费、水电费、取暖费、电话费等；c. 报酬，指扣除各种税收后公共关系公司应得到的纯利润；d. 项目开支，指承担项目期间所需要的印刷费、邮费、差旅费等。这些全部由委托人实报实销。项目收费既可一次性收取综合费用的总额，也可根据项目需要分项收费。

② 计时收费。计时收费即按参加工作的各级各类人员的不同标准，按工作时间收费。一般来说，每小时收取的费用是该人员每小时基本工资的 2.5～3 倍。有的公司为了方便起见，采取每小时收取固定费用的办法。

3. 公共关系社团

公共关系社团是指专门从事公共关系工作的群众性社会团体。它一般是由具有共同意愿的热心公共关系事业的社会公众自发组织起来的。它不以营利为目的，专门从事公共关系理论研究、教育培训、宣传普及推广、咨询服务、组织开展公共关系专题活动、奖励评优、开展国际交往与合作。公共关系社团主要包括公共关系协会、公共关系学会、公共关系研究会、公共关系专业委员会、公共关系联谊会等，其中公共关系协会数量最多、影响力最大。

现代公共关系发展史上，第一个公共关系社团组织于 1915 年 7 月成立于美国的芝加哥，类属于世界广告协会。20 世纪初期，公共关系社团都属于某一行业社团组织，成立于金融界、教育界、新闻界等，逐步发展成为全社会的由各行各业人士参加的社团组织。我国第一个公共关系社团组织——中山大学公共关系研究会于 1986 年 1 月成立；同年 12月，上海市公共关系协会成立；1987 年 5 月，中国公共关系协会成立。目前我国公共关系协会遍布于各大中小城市，甚至在高校等组织内也有公共关系协会。公共关系协会在中国公共关系事业发展史上功勋卓著，对推动中国公共关系事业的发展做出了突出贡献。

(1) 公共关系社团类型。公共关系社团类型主要有如下几种类型：①综合型社团，包括国家和地方成立的各级公共关系协会；②学术型社团，包括公共关系学会、研究会、教学研究会、研究所等学术团体；③行业型社团，包括各行各业、各部门、各系统成立的公共关系社团；④联谊型社团，包括公共关系联谊会、公共关系俱乐部、公共关系沙龙等各种形式松散、以联谊为主的社团。

(2) 公共关系社团的工作内容。各种类型的社团在成立时都明确了各自的任务或工作内容，如中国公共关系协会在章程中明确规定了其任务：①联络全国各地区、各企事业单位的公共关系组织和工作者，组织学术交流和经验交流，研究社会主义公共关系的理论与实践，推动社会主义公共关系事业健康深入发展；②制定和实践社会主义公共关系的职业道德准则；③培养、训练和造就公共关系的专业人才；④编辑出版有关公共关系的书籍、报刊，宣传普及公共关系学知识；⑤加强与海内外公共关系界的交流合作；⑥开展国内外公共关系事业的咨询服务工作；⑦维护公共关系组织和工作者的正当权益；⑧协调国内外公共关系组织的关系。

归结起来，公共关系社团的工作内容主要包括：联络发展会员；制定行业规范和职业道德准则；宣传普及公共关系知识；开展公共关系理论与技术的研究；培训专业人才；开展国内、国际各项交流与合作；参与公共关系专题活动的策划、组织；编辑、印刷公共关系出版物等。

1.1.4 公共关系人员素质与能力

公共关系活动是一项复杂、艰巨的系统工程。公共关系从业人员的舞台是全方位、多角度的，能否在纷繁复杂的社会关系网络中应付自如，创造性地开展公共关系工作，在很大程度上取决于公共关系人员的职业素质。"向阳花木易为春"，只有具有较高的素质，才能更好地开展公共关系活动，实现公共关系目标。

1. 公共关系人员的基本素质

所谓素质，单从字面上讲，素即本来、原有的意思，指构成事物的基本成分；质是指一事物区别于他事物的内存规定性，是由事物内部特殊矛盾规定的。而对人的素质的理解，一般来说又有两种解释：一种是从纯粹生理角度去理解，把人的素质归纳为天赋的生理现象；另一种认为素质是人的性格、魄力、兴趣、精神、气质、水平、能力、学识、经验、风度和文化等后天修养的综合反映。公共关系人员的素质则基本上属于后一种，主要包括：政治思想素质、品德素质、科学知识素质以及心理素质等。

（1）强烈的公共关系意识。公共关系意识是组织公共关系工作的思想基础，只有在明确而又正确的公共关系意识指导下，组织才能有效地、顺利地开展公共关系工作，它作为一种动力促使组织的公共关系行为走向自觉化。而有效的公共关系工作，又是正确的公共关系意识的具体体现。众所周知，公共关系工作是一项系统工程，指导这一系统工程的公共关系意识也是一个系统，主要的公共关系意识包括信誉意识、形象意识、公众意识、互惠意识、协调意识、参与意识、目标意识、信息意识、整体意识、效益意识等。

（2）良好的政治思想素质。我国是一个社会主义国家，目前我国人民正在党中央的领导下深化改革、扩大开放，为实现中华民族伟大复兴的中国梦而奋斗。在这样的大背景下，发展我国的公共关系事业，就要求公共关系人员必须具备良好的政治思想素质。良好的政治思想素质表现为如下方面。

① 高度的政治觉悟。公共关系从业人员必须具备坚定正确的思想信念，要自觉地坚持党的基本路线，坚持四项基本原则，坚持改革开放，坚持科学的发展观；要自觉地以服务于社会主义建设，服务于人民大众为己任；要自觉地为社会主义物质文明和精神文明建设做出应有的贡献。公共关系人员能够自觉地用辩证唯物主义和历史唯物主义的观点去观察世界，观察社会和观察各类事物；在各项工作中，他们能自觉地抵制各种打着公共关系的旗号而和社会主义格格不入的腐朽、丑恶和庸俗的做法和手段，他们能自觉地在兼顾国家利益、集体利益和个人利益的前提下追求本组织的经济效益和社会效益。

② 较强的政治敏锐性。所谓较强的政治敏锐性，是指公共关系人员思维敏捷，判断准确，见微知著。公共关系人员应善于学习，善于分析，善于时时、处处捕捉各种信息，做到从纷繁的信息中梳理出经纬，能从普通的资料和数据中看出趋势，这样才能站得高、看

得远,才能高屋建瓴、胜人一筹。一次,欧洲某国准备派员出任驻日本大使,朝野猜测将选何人。一天,一家报纸的记者偶然在书店看到外交部的一位官员成捆地买有关日本的政治、历史、文化和经济等方面的书籍。记者敏锐地感到,派员很可能是此人,他立即跑到外交部证实,是否派此人出使日本,这样,一条独家新闻就到手了。1971年夏天,美国著名记者赖斯顿根据中美"乒乓外交"以来的动向,预感到白宫的对华政策在变,便立即申请到中国旅行。果然,就在他到达广州的时候,我国外交部正在秘密地安排对美国总统特使基辛格的接待工作。赖斯顿的这种"人未知而先知,人未到而先到"的见微知著能力正是我们公共关系人员应具备的政治敏锐性。只有具备了这种较强的政治敏锐性,才能为组织的决策者提供高质量的咨询建议,才能把握公共关系的时机,才能使组织立于不败之地。

③ 良好的政策水平和法制观念。"政策和策略是党的生命",也是我国当今社会组织赖以存在和发展的生命。因此,公共关系人员必须不断地学习和掌握党和国家的有关方针、政策,认清形势,把握机遇。一方面,从公共关系的角度配合国家各项方针政策的落实;另一方面,又善于把国家政策具体化,结合本组织工作的目标和需要,制定具体政策,利用国家的政策发展本组织。法律是由国家权力机关制定认可,并由国家强制力保证实施的行为规范。法律对公共关系具有制约和保障作用。因此,公共关系人员必须具备较好的法制观念,主动争取法律的保护。一个从公众利益出发,最后取得公众信任、尊敬,并得到公众配合的组织,往往都是在法律允许的范围内开展活动的组织。例如,在公共关系活动中,采用馈赠提高知名度,树立良好组织形象,加强联系与合作是可以的,但必须恰当,如果涉嫌法律明文禁止的行贿受贿,就会受到制裁。有的人误以为公共关系是一条绕过法制的"捷径",是为达到本不该追求的目的的"特殊手段",什么"美人外交"、"金钱往来"等违法勾当也打着公共关系的旗号,这是对公共关系的玷污,也为法律所不容。公共关系人员必须知法、守法和护法,熟悉与本组织业务有直接联系的法规法令,认真地依法办事,恪守法令,维护法律尊严,坚决抵制和揭露违法行为。

(3) 优秀的品德素质。良好的道德品质也是公共关系人员必须具备的基本素质之一。公共关系工作是一项塑造形象、建立信誉的崇高事业,它要求它的从业人员必须具备优秀的道德品质和高尚的情操。

① 诚实、守信、公道正派的工作作风。诚实,就是说公共关系工作要实事求是,忠诚老实,这是公共关系工作职业道德准则,也是公共关系工作的生命。公共关系人员是通过传播的手段协调组织和公众关系的。因此,公共关系人员一方面无论在何时何地、何种情况下都要以事实为依据,认真准确地进行公共关系调查,收集各方面公共关系信息,为组织提供真实、准确的信息。另一方面,也要真实地向各方面公众反映组织的情况,决不能不顾事实真相进行"讨好式的宣传",夸大其词、故弄玄虚,甚至捏造事实散布假信息,这样只能适得其反,造成被动局面,给组织和公共关系人员今后的工作造成恶劣影响。曾经有人讲了这样一件事情:一位在饭店就餐的顾客发现三鲜汤里有只苍蝇,气愤地责问服务员,公共关系人员闻声而来,二话没说拿起汤勺就把苍蝇舀起来吃了下去,并对顾客说:"先生,大概您看错了吧?这只是一片葱花。"然后让服务员换了一碗汤了事。这位公共关系人员为了维护声誉敢于吃苍蝇,精神固然令人"钦佩",但颠倒黑白、消灭证据、反诬的做法委实不可取。这样不仅伤害了顾客的感情,而且会损害组织的形象。正如最早为我国

培训公共关系人员的美国公共关系专家露易·布朗所说："歪曲、耍花招和掩盖事实，是公共关系之大敌。"守信，指讲信誉、守信用。简单来说，就是说话要算数，说到做到。公共关系人员是组织的代言人，他们自身的信誉直接影响公众对组织的信任度。我们现在有些厂家，在推销商品、做广告时，说得天花乱坠，什么售后服务、保修期、维修站等，而后来实际上并未真正兑现和实施。这样必然会引起公众的不满，甚至会严重地影响组织的形象和声誉。因此，公共关系人员一定要注意自己的言行，要一言九鼎，要恪守信用。公道正派的工作作风是指公共关系人员在面对公众及与公众打交道时，不论职位高低、不论单位大小，都应一视同仁、平等相待。对人不能以成败论英雄，对事不能以荣辱定是非。比如举办记者招待会，对到会记者，无论是大报记者还是小报记者，无论是本地记者还是外地记者，无论是国内记者还是国外记者，都应热情相待，一视同仁，这样才能使公众对其组织有信任感，才能有利于公共关系工作的开展。

②恪尽职守的工作态度和廉洁奉公的敬业精神。现实生活中，很多人以为公共关系工作轻松潇洒，公共关系人员经常是鲜花、美酒陪伴，出入酒吧、饭店等高级娱乐场所。其实，公共关系工作除了日常繁杂的事务性工作外，更多的是难度比较大，需要花相当多的精力、心力和时间的工作。比如一些高层次的策划工作、危机公共关系等，有时甚至是一连几个晚上都没有时间闭一下眼的工作。因此，就要求公共关系人员必须具有恪尽职守的工作态度，尽心尽责做好每一项工作。同时，公共关系工作又要求公共关系人员严格遵守职业道德，廉洁奉公。美国公共关系协会《职业规范守则》第十条规定："公共关系人员在向客户或雇主提供服务时，在没有充分说明情况取得有关方面同意的情况下，不得因这种服务与其他方面有关而接受任何其他人给予的服务费、佣金或其他报酬。"之所以做这样的规定，显然是因为这种情况是会经常发生的。随着经济活动的频繁展开，这种情况在我国也会越来越多地出现。因此，要求我们的公共关系人员必须要有一种拒腐蚀、不谋划私利、不徇私情、廉洁奉公的敬业精神。事实上，有些公共关系人员正是因为抵不住这种诱惑，私欲膨胀，做出了有损组织形象和利益的事情，甚至触犯了法律，从而也葬送了自己的前途。

③高度的社会责任感和道德感。公共关系人员是一只脚在组织内，另一只脚在组织外，一方面要代表组织和各类公众交往；另一方面还要及时把公众的意见、看法、要求及各种信息反馈给组织。这就需要他们具有高度的社会责任感和道德观念，要把组织的利益和公众的利益很好地结合起来，要把组织的经济效益和社会的整体效益结合起来，当组织的利益和社会的整体利益发生矛盾时，要自觉、无条件地使组织的利益服从于社会整体利益。我们有许多企业，当他们的产品达不到国际或国内质量要求标准时，尽管他们的产品可以畅销无阻，但他们仍以高度的事业心和社会责任感，以及对顾客这位"上帝"的负责精神，毅然收回所有已销出的产品，并予以全部销毁或重新检修，即使自己蒙受巨大损失，也决不坑害公众，这是公共关系道德准则的最高体现。

（4）广博的科学知识素质。现代公共关系工作是一项在现代科学技术指导下的有意识的复杂活动，是一项科学性和艺术性相结合的工作。要胜任这项工作，凭经验和热情是远远不够的，必须具备扎实的科学基础和丰富的知识素养。

①广博的基础知识。公共关系活动涉及的面广，接触的领域宽，因此，公共关系人员

要具备多方面的基础知识。如社会科学方面,要掌握哲学、政治经济学、伦理学、美学、生态学、社会学等知识;管理学方面,要了解行为科学、领导科学、管理心理学、市场学、营销学等方面的知识;传播学方面,要学习新闻学、传播学、广告学、符号学等方面的知识。公共关系学本身就是一门综合性、边缘性的社会应用学科,所以,公共关系人员的基础知识越牢固,知识面越宽,干起工作来就越得心应手,就越有利于公共关系工作的开展。

　　② 公共关系的专业知识。公共关系的专业知识包括公共关系的基本理论、基本原则、基本要素及公共关系发展的历史,公共关系调研、策划、公共关系案例分析等知识。

　　③ 公共关系实务等方面的知识和技巧。如一些文学写作、编辑、摄影、广告设计与技巧等方面的知识。还要熟练地掌握迎来送往的一些基本礼仪和要求,同时,还要对一些国家和地方的风土、民情、民俗、礼仪有所了解。据说,曾有一位美国客人当着中国主人的面赞扬对方的妻子如何美丽动人,并赠送她一个精美的维纳斯塑像作为礼物,最后还以亲吻告别,结果中国主人大为生气,骂洋鬼子不正经,双方不欢而散。如果旁边有一位了解美国风土人情、美国文化背景的公共关系人员加以协调,事情就会好办得多。可见,掌握一定的礼俗和风土人情也是公共关系人员不可缺少的知识之一。

　　(5) 健康的心理素质。公共关系人员要胜任公共关系工作,还必须具备全面健康的心理素质。全面健康的心理素质主要体现在如下方面。

　　① 执著的自信心和坚强的意志。自信是取得事业成功的基石,自信也是公共关系人员健康的心理素质的基本要求。一个公共关系人员只有相信自己的能力和力量,才能敢于去竞争,敢于去拼搏,敢于去追求卓越。我们中国人出于谦虚,当取得成就时,往往说"我不行"、"还差得很远"。而美国人却往往非常自信,认为:自己是世上唯一的,所做的事是最好的。正如著名学者卡耐基所说:"你应庆幸自己是世上独一无二的。"法国哲学家卢梭也曾说过:"自信心对事业简直是奇迹,有了它,你的才智可以取之不尽、用之不竭。一个没有自信心的人,无论他有多大才能,也不会有成功的机会。"可见,培养自信心是十分重要的。

　　建立自信心首先要清楚地认识"自我"。认识"自我"主要应把握好与社会的距离,与他人的心理距离,清楚自己所处的位置、所扮演角色的价值及其可达到相应目的程度;其次要清楚地认识到所奋斗的目标与现实条件之间的距离,这要通过详细的调查分析,掌握第一手资料。离开对客观现实的了解和掌握,就不会有自信。

　　意志是克服困难以实现预定目标的一种心理素质,它与自信心是相辅相成的。自信心会培养出坚强的意志,坚强的意志又会强化自信。公共关系工作是开拓性、创造性的工作,必然伴随着一系列的困难,要想获得成功,必须磨炼自己百折不挠、勇往直前的韧劲儿,在困难、挫折、枯燥、孤寂面前毫无惧色,勇于战斗,最终才能完成艰巨复杂的任务。郑板桥曾写诗一首:"咬定青山不放松,立根原在破岩中,千磨万击还坚韧,任尔东西南北风。"这正是对意志最形象的描述。公共关系人员若意志薄弱、知难而退或任凭感情支配,是不会做好工作的。

　　② 广泛的兴趣与好奇心。兴趣是人们力求认识某种事物或爱好某种活动的倾向,它影响人们对事情的注意、选择和态度。好奇心较强的人也是易于对人和事产生兴趣的人,好奇心强,才能萌发想象力和创造意识,感兴趣才能使这种想象力和创造性持续下去,进

而导致公共关系活动的展开,取得公共关系效应。公共关系人员的好奇心和兴趣是与公共关系职业紧密相连的。

公共关系人员需要与各行各业、各种公众、各种人物打交道,因此,公共关系人员要有广泛健康的兴趣,才能与各类公众有共同的语言区域和接近点,从而产生认同感和亲近感,才能和公众建立密切的关系和友情。兴趣不仅会影响一个人的工作态度,影响他对问题的钻研,甚至会影响他的敏感性。一个人对其所从事活动的兴趣越浓厚,事业心就越强,就越能排除一切干扰,全身心地投入创造性的活动中去。广泛的兴趣还可以使人博采众长,见多识广,善于在复杂的形势和关系中随机应变,使自己的组织立于不败之地。同时,也能团结不同特点的公众,创造一种和谐、愉快的气氛,顺利开展工作。相反,一个对什么也不感兴趣的人,性情木讷、反应迟钝,他的信息必然枯竭,思想必然僵化,他的生活必然乏味,他的工作也必然毫无生气。

③ 良好的情绪与宽广的胸怀。良好的情绪是指乐观向上稳定的情绪,这种情绪往往受人喜爱。公共关系人员在与公众交往时要像一团火,要富于感染力,要保持充沛的精力和热情,这样,使人们因为有了你而感到愉悦、兴奋、安定,充满生机和活力。同时,在保持这种乐观向上的情绪时,还要学会善于控制情绪,即使在自己受到委屈和痛苦时,也不能因此而给别人带来不快。如果不善于控制自己的情感,动辄狂喜、暴怒或极度忧伤,情绪波动,就会使自己的言行失去理智控制,造成失误,甚至使长期的努力毁于一旦,即使再花十倍的努力也难以挽回局面。

胸怀与情绪在心理素质上是相通的。良好的情绪往往和宽广的胸怀有关。豁达大度,与人交往不计较一时一事的得失,能容忍别人与自己不同的意见、看法和风俗习惯,不仅是良好的交友之道,也是公共关系人员必备的素质之一。大千世界,无奇不有,公共关系人员要同各类公众交往,要为组织建立和协调上下左右、四通八达的关系网络,就必须具备这种"大肚能容,容天下难容之事;笑口常开,笑天下可笑之人"的容人之道和宽广的胸怀。老子曾说过:海不择细流,故能成其大;山不拒细壤,方能就其高。我们公共关系人员必须具备这种宽广的胸怀,在与公众交往时,善于关怀别人、体谅别人,求大同、存小异,遇事多为别人着想,多从别人的角度考虑问题,这样才能加强与公众的理解和谅解,才能朋友遍天下,才能做好公共关系工作。

④ 高雅的气质和开朗的性格。气质是人的一种典型的、稳定的心理特点,这些特点以同样的方式表现在各种活动中,有人称气质为"固态表情"。气质是一个人一生经历的凝固,是岁月流逝的痕迹和记录。《三国志》上曾记载,一次曹操要接见匈奴使者,自认为容貌丑陋而不能扬威国外,而让别人代替他。他自己则执刀于王坐榻旁站立守护。接见完之后,他派密探到匈奴使节那里去探听反映,匈奴使者说:"魏王确实貌相非常,但是气宇轩昂的是站在旁边执刀守护的那个卫士,他才是真正的英雄气度啊!"可见,气质是长期社会实践的一种凝练,在交际中具有非常重要的作用。公共关系人员在长期的公共关系实践中,应注意不断克服自己气质中的弱点,注意发挥培养类似于热情、高雅、敏捷、坚定、整洁、稳定、落落大方、善解人意等气质方面的优点。

性格也是人的个性心理特征的重要方面,是人们对待他人和外界事物的态度和行为方式上所表现出来的特点,它和气质往往是相通的。心理学家一般把气质分为多血质、胆汁质、黏液质和抑郁质四种类型。认为多血质和胆汁质为外向型性格,黏液质和抑郁质都多为内向型性格。一般认为,外向型性格较适宜于搞公共关系工作。不过,性格本身都具有互补性,外向型的公众未必都喜欢外向型的公共关系人员,关键是要把握分寸,一方面要积极交往;另一方面又善于控制,切忌举止咄咄逼人,言语夸夸其谈。总之,要注意让自己的性格服从于工作的需要,而不是工作服从你的性格,这样才能开展好公共关系工作。

2. 全面能力结构

能力,是人们通常所说的"才能"或"本事",即人们运用知识和智力成功地进行实际活动的本领,是人的基本素质和智力因素在各种不同条件下的综合表现。公共关系人员应具备多方面的综合能力。

(1) 组织协调能力。公共关系工作是一项有计划、有步骤的活动。公共关系人员在从事每项公共关系活动时,需要做大量的事务性工作;搜集整理有关信息;协调各方面人员;负责实施相应的计划;组织领导每一项具体活动;随时控制整个工作过程;及时进行调整和修正;处理应急事件……诸多千头万绪的繁杂工作,要求公共关系人员必须具备较强的组织协调能力,尤其是一些重大的专题活动更需要做到计划周全、安排合理,以保证活动有条不紊地进行。

组织领导及协调能力的培养是多方面的。首先,要掌握与人合作的工作方法,善于听取别人的意见,注重调动和激发下属的积极性,人尽其用,充分发挥各自的才能。其次,判断和决策必须果断明确、指挥有方,同时善于协调各方面的关系,同心协力,共同致力于公共关系目标的实现。最后,应熟知一些常见活动的组织方法,比如,主持会议的程序;搞专题活动应做的筹备工作;处理应急事件应注意的事项……只有熟练掌握公共关系的工作技巧与方法,才有可能充分发挥组织协调能力,否则将事倍功半、效率低下。

(2) 表达传播能力。表达传播能力主要是指口头表达与书面表达两大能力。能写会道是公共关系人员应该掌握的两项最基本的传播技巧。

公共关系人员在工作中,常常要编写通讯、新闻稿件,拟订工作计划与活动方案,编纂企业简报和年鉴,编写公文、贺词、柬帖、通知等公共关系文书,因此,公共关系人员必须具备良好的文字功底和写作技巧。这就需要熟练地掌握一些常用文体的书写形式和编写技巧,文字表达的准确性、简洁性、生动性等规律,力求在全面、客观、真实的基础上,突出重点,加强趣味性和可读性,吸引各类社会公众,达到传播的目的。

口头语言表达能力要求公共关系人员必须掌握说话的艺术。公共关系人员与公众接触的机会较多,应充分利用一切交际场合,发表适时适地的演说,向社会公众传播信息、沟通感情、施加影响,使公众建立起对本组织良好的信誉和形象,为组织发展创造有利的舆论环境。为此,公共关系人员应充分掌握说话技巧,注意语词、语气、节奏的运用,把握好说话的分寸和时机,并利用"动作语言"传达感情、表露心绪,从而提高自身表达能力和传播效果。

一句唐诗减税千金的例子可以说明口头语言表达能力的重要性。法国是盛产葡萄酒的国家,有较高的酿酒技术和鉴别能力,因此想打入法国的葡萄酒市场是很困难的。前些年,四川农学院留法研究生李华博士经过几年的努力,终于使中国的葡萄酒奇迹般地打入法国市场。可是,当国产葡萄酒从中国香港地区转口时,港方说:土酒征80%的关税,洋酒征300%的关税,他们认为葡萄酒要按洋酒征税。面对这种艰难的局面,李华博士吟出"葡萄美酒夜光杯,欲饮琵琶马上催"的唐诗诗句,并解释说,这说明中国唐朝就能生产葡萄酒了,唐朝距今已有1000多年,英国和法国生产葡萄酒的历史恐怕要比中国晚几个世纪。相关人员无言以对,只好承认国产的葡萄酒是土酒(即自己国家生产的),只交80%的关税。

(3) 社会交往能力。这个事实告诉我们:企业公共关系人员必须从一点一滴做起,不断培养和提高自己的社交活动能力,注意自己的仪容仪表和言谈举止。为此,公共关系人员要善于理解、宽容他人,细心体察不同公众的行为及心理特征,能在尴尬的场合中保持愉快幽默的心境,并能主动打破僵局,化干戈为玉帛。充满自信、友好、轻松的微笑,是公共关系人员良好形象的外在体现,也是人际吸引的重要因素。同时,熟知人际交往中基本的礼仪常识和社交技巧,如接待客人、赴宴、出席会议等礼节,也是公共关系人员社交能力形成的必备知识。另外,公共关系人员还应培养自己多方面的爱好和特长,包括书法、桥牌、交谊舞、棋类、烹调、集邮等,这不仅有利于公共关系人员陶冶性情,而且有助于在交际场合充当与各类公众沟通的"桥梁"。

(4) 策划创新能力。公共关系活动讲究借势、造势、融势。公共关系人员要根据环境的态势、企业的要求设计出新颖独到、令人耳目一新的公共关系活动,才能引起公众对企业及其产品的关注。这就需要公共关系人员具有较强的策划创新能力。

"创新"原意是指首创前所未有的事物,但对于公共关系人员来说,主要是指能设计,或提出有助于组织塑造形象的活动,使公共关系工作充满"生机与活力"。在公共关系活动中,公共关系人员要敢于想别人没有想过的事,敢于做别人没有做过的事,要敢于突破常规,大胆设想;要勤于思索、刻意求新。

有一次,一个企业参加产品展销订货会。在展销订货会上,这家企业被安排在四楼最右角的展厅里,而且该展销楼没有电梯,楼层越高,参观展览的顾客就越少,更何况在一个旮旯儿,怎么办?该公司的公共关系人员勤于思索,刻意求新,巧妙地运用了公共关系创新艺术,结果打开了销路。展销会开幕那天,当顾客纷纷拥进展销大厅时,发现地上有许多精致的小纸片,上面写着"亲爱的朋友,如果您光临四楼最右边的展厅,将会有意外的收获"。这些纸片驱使了很多人的好奇心,人们争先恐后地拥到四楼右边展厅,那里除了美观的布置、微笑的服务和精美的产品外,还贴了一张告示:"凭本公司发放的纸片,九折优惠供应本展厅的一切商品。"结果,不但该公司零售、订货额居所有展销企业之首,而且当地公众纷纷传播着该公司的公共关系"新招",该公司的知名度也大大提高。可见,有无创新能力,对公共关系活动及目标的实现是大不一样的。

公共关系人员所应具备的策划创新能力,一般表现在两方面:一是善于思索。公共关系人员应养成勤于思索的习惯,善于寻找开展公共关系活动的最佳时机,选择公共关系活动的最佳形式。二是刻意求新。公共关系活动最忌讳因循守旧、墨守成规、照葫芦画瓢。因为,公共关系人员要经常同社会各行各业公众打交道,而公众又是最易于变化的因素,所以,在开展公共关系活动时,决不能只踏着别人的脚印亦步亦趋,更不能仅仅做一个组织的"传声筒"。他必须具备较强的创新能力,以自己丰富的想象力和创造力去影响组织的决策层,并感染公众,这样才能有所创新,闯出自己的路子。

(5) 应变与自控能力。应变能力是指应付情况突然变化的能力。公共关系人员在工作中,常常会遇到一些令人尴尬的事件和场合,甚至可能发生意外。当这种情况发生时,能否使自己处乱不惊,能否使自己在不利的形势下扭转局势,以自己的语言或行动挽救可能出现的,甚至已经出现的失误,这就看公共关系人员是否有灵活的头脑、冷静的思考和果断的措施以及技高一筹的应变能力。

有一个餐馆素以代办喜庆宴席享有盛名。某个夜晚,正值餐馆内十分热闹之时突然停电,屋内顿时漆黑一片。宾客正觉惊愕和扫兴之时,只听得餐馆经理高声道:"各位来宾,下一个节目,新郎与新娘为大家点燃蜡烛,让我们鼓掌,感谢新郎、新娘,感谢他俩亲手为大家献上一片光明!"话毕,服务员呈上烛台十余盏,全场欢声如雷,胜似当初。自此之后,这家餐馆喜庆宴席上,便真的有点蜡烛这一节目。可见,这位经理是具备了很强的应变能力。

自控能力是指一个人控制自己情绪和感情的能力。公共关系人员在与公众打交道时,特别是当有的公众平白无故地指责你和你的组织时,你能否做到心平气和、宽容大度地听取公众的指责、批评和建议,这就看你是否有很强的自我控制能力。据说,有一家宾馆来了几位美国客人,或许是因为不了解中国,或许是对中国抱有某种偏见,他们无论对宾馆的客房设备还是对宾馆的饭菜质量都过于挑剔,在 5 天的住宿时间内,他们几乎每天都要打电话给宾馆的公共关系部,反映这个问题或那个问题。开始时,该宾馆对反映的问题做出回答和解释,可是,接二连三的电话以及毫不客气的指责语言,终于使宾馆公共关系部的接待人员耐不住性子了。当那几位美国客人要离开宾馆回国时,他们又拿起了电话打给公共关系部说:"我们这几天要求您解决的问题,您一件也没解决,真是太遗憾了。"听到这句话,那位公共关系部的接待人员也反唇相讥:"倘若你们以后再来中国,就请到别的饭店去体验一下吧!"于是一场舌战在电话里爆发了。当那些美国客人离开这家宾馆以后,客房服务员在他们住过的写字台上发现了一张纸条,上面用英文写着:"世界第一差。"由于这位公共关系部接待人员缺乏自控能力,使该宾馆的形象受到了损害。后来,这位接待人员离开了公共关系部,该宾馆的领导对他的评价是:"毫无自控能力,不适合从事公共关系工作。"

可见,合格的公共关系人员必须具备良好的自控能力,必须时刻意识到自己是组织的代表,自己的一举一动关系到组织的声誉,自己的责任就是以自己真诚的服务来树立组织的良好形象,这样,才能做到以自己的冷静平息对方的不冷静,以自己的和颜悦色和微笑服务消除对方的指责和怒气。

应变和自我控制的能力不是与生俱来的,而是在实践中不断培养的。首先,公共关系人员要注意培养自己博大的胸怀、高瞻远瞩的精神境界,做到凡事冷静观察、细致分析、从长计议,不为小事所扰,不为小利所诱,不为小人所恼,其自控和应变能力就会随之提高。其次,要培养自己临危不惧、临变不惊的心理素质。公共关系人员应该懂得,万事万物之中,变是绝对的,不变是相对的,巨变是必然的,微变是随时的。懂得了这一点,在接触到某件事情时就会做好承受各种变化,甚至是突然的、灾难性变故的思想准备。当变化真的发生时,就会将变化引起的心理震荡降到最低限度,就会冷静地在变化中做出最佳的前景选择。最后,要多进行发散性思维训练,这种思维训练的要点就是给自己提出一个问题,然后随意探索与之相关的可能性答案,由此得出的答案愈多、愈特、愈好。坚持进行类似的思维变通训练,就会为公共关系活动中迅速反应突然变故、妥善解决突然变故打下良好的基础。

(6)专业技术操作能力。公共关系人员除了应具备上述能力外,还应该相应的具备一些具体的专业技术操作能力。比如,美工、摄影、编辑、采访、翻译、印刷、广告设计、录音、录像、市场调查与预测及民意测验等。对于一个公共关系人员来说,虽然不可能完全精通所有的专业技术,但应大体上有所了解,并精于一项或几项。这样,在开展公共关系活动时,才能使公共关系人员在发挥各自优势基础上实现多种技能的互补,从而使公共关系机构正常、高效地运转起来。

1.2　拓展阅读

1.2.1　公共关系是一种管理职能

下面通过英国著名危机管理专家迈克尔·雷吉斯特(Michaek Regester)在北京讲学期间所作的精彩演讲来理解公共关系是一种管理职能的含义。

女士们、先生们,早上好!

很高兴来到中国,感谢你们邀请我来北京讲学。我所介绍的是我熟悉的西方环境里的典型公共关系活动,希望能对你们有所帮助。

在正式讲课前,我想先讲一个我是如何步入公共关系界的不同寻常的小故事。中学毕业后,我没有上大学,对自己应从事什么职业也一无所知。17岁起我开始在伦敦的公共汽车上当售票员。一天,我的汽车驶入车站,有一位老人等在那里,却不急于上车,于是我请他赶快上车,因为我们还得赶时间。他问我下班车到这儿还有多长时间。由于误解了他的意思,我告诉他我们的车长30英尺。老人很生气,认为我是故意对他粗鲁,并报告了我的公司老板。老板说我没做好公共关系工作,把我解雇了。于是,我失业了。我开始问自己:使我失去工作的公共关系究竟是怎么一回事?

我在图书馆里拜读了萨姆·布莱克先生的公共关系著作后找到了答案,并由此决心将公共关系作为我终生的职业。我很感激在公共汽车上工作的这段经历,也感激萨姆·布莱克先生,因为是他使我走上了公共关系之路。如今,我已在公共关系领域工作了20多年。

公共关系工作在企业管理中的作用最终是要帮助企业赢利,因为与各类公众保持良好的联络与交流将有助于企业成功地为消费者服务。许多人认为公共关系最基本的职能是促进组织及其产品和服务的发展。我认为,除此之外,公共关系还有一个保护组织的重要职能,公共关系在管理活动中应是组织的触角。

就公共关系保护组织的作用,下面将从三个方面予以细述。

1. 充分了解掌握与组织有关的公众情况

这里,首先是股东——这类公众在西方社会到处存在,在中国随着市场经济的发展也已出现,他们是企业的投资者,他们拥有企业。其次是消费者,他们购买企业的产品与服务，他们使企业赢利。另外还有原料供应商、产品销售商、雇员等各方面公众。作为公共关系管理人员，我们必须充分掌握这些不同的公众对企业以及产品和服务的意见。如果没有这些认识，我们无法在管理工作中保护组织，并纠正所出现的错误。

为了掌握公众的情况，我们要进行各种调查活动，如通过至少一年一次的定期调查，了解股东、雇员、顾客等对组织的意见，以便制定今后的工作方向。调查的方式是多种多样的，可以同有关公众进行面谈或打电话请他们谈谈对组织的看法，也可采取别的方式。这样，我们既能掌握公众对自己组织的意见，也能了解公众对竞争者的意见，从而使组织在竞争中立于不败之地。

2. 掌握组织运行的政治、经济、社会环境情况

为讲清这个问题，我举几个例子。

现在欧洲企业生产所造成的污染、事故伤亡等情况受到新闻媒介及公众的严厉批评。这些批评常常阻碍企业的发展，更严重的甚至会导致企业倒闭。这种对环境问题的关注，已从欧美扩展到了世界其他地区。我曾经有一个从事黄金开采的南非客户，这家客户邀请我去南非，帮助处理与媒介的关系，以便万一在矿场出现矿工人员伤亡事故时，媒介报道不至于使企业完全陷入被动的境地。这个例子是组织关心环境，对可能发生的危害组织声誉的事故进行预防性公共关系的典型。

另一个例子是，麦当劳公司在莫斯科开设了一家连锁店，店里配有纸板做的盘子，当人们买汉堡包时，同时配给一个这种一次性使用的盘子。麦当劳公司原设想这些盘子使用后，就用机器对它们进行处理而不至于污染环境。但莫斯科居民却把这些盘子全部拿回家去了。处理盘子的机器根本用不上，白白浪费了很多钱。这反映了公司不了解它们所在地区的具体情况。

在英国，保证产品质量很重要。日本等国的高质量产品已威胁到英国的各个行业。作为公共关系人员，必须及时发现企业产品和服务中的质量问题，并采取措施以防止因产品质量下降而损害企业的声誉。

我有个客户，是专门生产系列产品的大公司。它的一个子公司想吞并一个与其现有生产产品完全不同的公司。当公司老板向我谈起这宗买卖时，我根据自己的经验判断，股东、顾客、雇员都不会相信该公司有能力管理好这一完全陌生的新企业。若这么做了，会影响现有公司的形象。所以我说服他放弃了这笔生意。

有一段时期，我为海湾一家大石油公司处理公共关系事务，这家公司经营状况一直很好。有一天公司董事长突发奇想，像个有钱的孩子想买一件他一直想要的玩具那样，非要买下一个马戏团。我帮他分析结果：若石油公司买下马戏团，在公众的眼里，它的形象会变得很古怪，并被周围环境所排斥。最终他也放弃了这一想法。

3. 设计针对有关公众的传播信息

在做第三个方面工作之前，掌握、了解有关公众情况和组织运行的社会、政治、经济情况，这两项工作缺一不可。另外它还要求我们了解企业的战略计划和目标，只有这样，我们才能设计出有的放矢的传播信息，并使组织达到目标。

我曾为一个已有150年历史的英国公司提供公共关系服务。该公司专门生产公共汽车、火车，并提供运输服务。他们的经营一向很出色，有着巨大的利润。后来，英国政府决

定将该企业国有化,从而使公司陷入了一个窘困的境地,不知该将其资本再投入何种行业。公司原有投资糖果业的意向,但却不知公众意见。我们所做的工作是征求所有股东的意见,以讨论企业发展方向。股东们认为,以前公司提供的是服务性业务,所以应继续在有一定基础和经验的服务业进行发展,而并非涉足一个完全陌生的行业。于是通过了解公众的意见,决定了企业的未来投资方向。通过这些例子我们可以看到,公共关系是如何帮助企业决策与管理的,当然最终要设计传播信息,以使企业的决策能为公众所接受。

最后我想强调一点,那就是我们所设计的针对有关公众的传播信息要有连续性与统一性。一个公司一方面对股东与媒介说企业经营状况很好;另一方面却对雇员说企业面临困境,要裁员。这种不统一的信息传播会严重损害公司的信誉。

在我离开英国前,英国采矿业的管理人员对外声称该行业很有发展前途,要工人们努力工作,可几乎就在两周前,英国政府指出采矿业前景并不乐观,并解雇了30000名矿工。这就错误地理解了工人的心理,并错误地设计了传播信息,从而造成错误的公共关系。这一情况使得30000名矿工走上街头抗议,迫使政府改变计划。这是个典型的政府处理传播信息不当而造成公共关系失误的例子。

思考题:

(1) 为什么说公共关系是一种管理职能?对此你是怎样理解的?

(2) 这篇演讲给你哪些启发?

(资料来源:郭惠民.当代国际公共关系.上海:复旦大学出版社,1995)

1.2.2　国内外公共关系行为准则

1. 国际公共关系道德准则

(1) 国际公共关系协会成员必须竭诚做到以下各条

第一条　为建设应有的道德、文化条件,保证人类得以享受《联合国人权宣言》所规定的诸种不可剥夺的权利作贡献。

第二条　建立各种传播网络与渠道以促进基本信息自由流通,使社会的每一成员都有被告知感,从而产生归属感、责任感、与社会合一感。

第三条　牢记由于职业与公众的密切联系,个人的行动——即使是私人方面的——也会对事业的声誉产生影响。

第四条　在自己的职业活动中尊重《联合国人权宣言》的道德原则与规定。

第五条　尊重并维护人权的尊严,确认各人均有自己作判断的权利。

第六条　促成为真正进行思想交流所必需的道德、心理、智能条件,确认参与的各方都有申述情况与表达意见的权利。

(2) 所有成员都应保证

第七条　在任何时候、任何场合,自己的行为都应赢得有关方面的信赖。

第八条　在任何场合,自己均应在行动中表现出对他所服务的机构和公众双方的正当权益的尊重。

第九条 忠于职守,避免使用含糊或可能引起误解的语言,对目前及以往的客户或雇主都始终忠诚如一。

(3) 所有成员都应力戒以下各条

第十条 因某种需要而违背真理。

第十一条 传播没有确凿依据的信息。

第十二条 参与任何冒险行动或承揽不道德、不忠实、有损于人类尊严与诚实的业务。

第十三条 使用任何操纵性方法与技术来引发对方无法以其意志控制因而也无法对之负责的潜意识动机。

2. 中国公共关系职业道德准则

总 则

中国公共关系事业的发展是中国改革开放的必然趋势,它以新型的管理科学协调社会各方面的关系,密切党和广大人民群众的联系,调动各种积极因素,维护安定团结,促进社会主义建设。因此公共关系工作者肩负着时代的使命。公共关系工作者必须具有高尚的职业道德作为完善自身形象的行为准则。

条 款

(1) 公共关系工作者应当坚持社会主义方向,自觉地遵守我国的宪法、法律和社会道德规范。

(2) 公共关系工作者开展公关活动首先要注重社会效益,努力维护公关职业的整体形象。

(3) 公共关系工作者在公共关系活动中,应当力求真实、准确、公正和对公众负责。

(4) 公共关系工作者应当努力提高自己的政治水平、文化修养和公关的专业技能。

(5) 公共关系工作者应当将公关理论联系中国的实际,以严肃认真、诚实的态度来从事公共关系学教育。

(6) 公共关系工作者应当注意传播信息的真实性和准确性,防止和避免使人误解的信息。

(7) 公共关系工作者不能有意损害其他公关工作者的信誉和公关实务。对不道德、不守法的公关组织及个人予以制止并通过有关组织采取相应的措施。

(8) 公共关系工作者不得借用公关名义从事任何有损公关信誉的活动。

(9) 公共关系工作者应当对公关事业具有高度的责任感。不得利用贿赂或其他不正当手段影响传播媒介人员真实、客观的报道。

(10) 公共关系工作者在国内外公共关系实务中应该严守国家和各自组织的有关机密。

附　　则

本准则将根据实际情况予以调整和修改。其解释、修改、终止权属全国各省市公关组织所有。

思考题：

(1) 加强公共关系人员的职业道德建设的意义何在？

(2) 我国公共关系职业化发展经历了怎样的历程？其职业化发展趋势是什么？

1.3　实践训练

1.3.1　案例分析：郑州日产帅客巡展

1. 项目背景

(1) 行业背景："微客"(微型客车)市场下滑，消费者期待升级车型

"微客"作为最先进入中国基层消费者家庭的汽车产品，伴随着中国汽车行业一起经历了属于自己的黄金十年。作为中国汽车消费市场的早期产品，"微客"具有便宜但是安全性、舒适性、燃油经济性都尚不成熟的特点。随着消费者对汽车产品品质要求越来越高，曾经一路狂飙的"微客"市场，不可避免地进入了下滑阶段，未来中国 800 万的"微客"车主将作何选择？谁能赢得他们新的青睐，或许是众多车企都在关注和思考的问题。

(2) 项目的初衷：精准传递产品信息，给"微客"消费者升级最佳选择

作为中国轻型商用车的领军企业，郑州日产敏锐地洞察到了"微客"升级这一细分化市场，并且迅速地推出了"微客"升级的最佳产品——CDV(Car Derived Van，基于轿车平台的厢式车)车型帅客。帅客这一 CDV 车型基于轿车底盘，但是具有宽大厢式车身，比"微客"更舒适、更安全、更省油，同时也能满足"微客"消费者的商用、家用甚至商务用途等多方面用车需求。但是如何使这款更符合目标消费者需求的产品知名度迅速得以提升，如何让目标消费者快速了解帅客对比"微客"的优势，就成为策划此次巡展项目的初衷。

(3) 项目亮点：轻型商用车领域内的突破性尝试

① 项目策划层面：踏出了此领域企业主要依靠行业大宗客户达到销售目的的门槛，以及所采用的上门一对一等常规营销手段，转而面向众多的二、三、四线城市甚至是县城、乡镇的普通消费群体，并策划了这些消费者喜闻乐见的活动与传播形式。

② 活动策划层面：打破此领域常规，为了直观展示，直击消费者，采取整车解剖对比的方式，将帅客与高端"微客"的内部结构做对比展示，并用通俗易懂的语言将对比信息传递给受众。

③ 传播策划层面：明星娱乐营销＋搭载地方大型节庆盛事＋大公关体系建立。

明星娱乐营销结合地方大型节日盛事，迅速引发关注：中国好声音人气学员金志文加盟，其亲民顾家的形象与帅客气质完美契合，并依托"青岛国际啤酒节"等地方大型节日盛事，以及依赖于"企业主动传播＋节日盛事"的官方传播，迅速引发大众关注。

　　建立大公关体系,公关传播平台结合地方广告宣传平台,实现项目信息的全国广度和地方深度的立体式传播;同时传统媒体平台结合新媒体平台(微博、微信、手机报)等,将项目信息灵活传递给目标消费者。

　　(4)策划要旨:确立直观亲民的营销策略,找准突破口,让目标消费者迅速了解帅客这一产品的特点和优势,从而成为他们更新换代的首选。

　　在"微客"市场逐渐下滑的局面之下,郑州日产顺势推出帅客巡展活动,通过在同级别车型中具有开创性意义的整车解剖对比手段,将帅客的以轿车底盘、前置前驱为首的相对于"微客"的显著优点生动直观展现,让消费者看得明白、用得放心,将拥有高性价比的高级紧凑型商务车带到了消费者面前……

　　(5)问题及解决方案:"微客"市场进入下行通道,"微转乘"大势所趋,CDV车型必将成为"微客"升级消费的最佳选择。但是面临以下问题:

　　① 目标消费者工作繁忙,触媒有限,如何告知并吸引他们主动参与体验项目。

　　② 面对知识层次普遍不高且对汽车知识缺乏深入了解的目标用户,如何让他们了解CDV车型"帅客"的产品优势。

　　③ 由于潜在用户对于产品价格极度敏感,如何打破价格壁垒,为"高出预期"的产品售价买单。

　　针对如上客观存在的问题,郑州日产开启了此次巡展,同时也在巡展策划中给出了解决答案。

　　项目主题:"好声音金志文,好幸福帅客人"——郑州日产帅客巡展

　　执行时间:2013年5~9月

　　执行地域:山东济南、青岛

　　亮点:

- 与产品品牌契合度高的人气明星加盟:通过"好声音金志文,好幸福帅客人"的概念组合,将明星关键词完美契合产品感受,体现郑州日产品牌的独特差异化与独特性,提高了帅客产品辨识度和记忆度。
- 搭载地方大型节庆盛事:巡展搭载"青岛国际啤酒节"等地方节庆盛事,让更多普通消费者通过巡展而了解了产品,传递了品牌概念,并搭载节庆本身的传播平台进行了有效传播。
- 加入整车解剖对比环节直击竞品:打破传统用字面上的数据配置说产品优势的形式,通过现场解剖车的对比展示,以通俗易懂、看得见摸得着的事实贴近消费者,证明了产品优势。
- 开启产品免费体验直击目标消费者:在提高消费者参与热情的同时,通过后续的"帅客天天乐"活动,让消费者有机会免费体验帅客,从而更直接地通过消费者的亲身体验来影响他们的购买意向。

2. 项目调研

(1)要旨:分析消费者与市场诉求,对症下药

我们在策划此项目之初,给自己提出了几个问题:我们在哪儿?我们去哪儿?我们

为什么去？我们怎么去？

我们在哪儿——我们的环境："微客"市场近几年连续呈现下滑态势,而CDV市场呈现出强劲生命力;我们自身:我们拥有"微客"升级最佳选择的CDV车型,我们的成熟市场中也拥有"微客"消费大省。

我们去哪儿——将帅客推广给广大有升级需求的"微客"车主并使之感受到这是最佳选择。

我们为什么去——在"微客"下滑和CDV增长的局面中,我们看到了它们的关联点,目标消费者对车型的安全性、空间性、舒适性和节油性等方面有了更多要求,因此我们将帅客带到了他们面前。

我们怎么去——采用目标消费者喜闻乐见的娱乐营销手段,通过亲民的巡展活动,搭载将实车进行剖析对比的平台去触动目标消费者。

（2）市场环境分析

下滑的"微客"市场与增长的CDV市场:2013年1～3月份,"微客"市场累计销量48.2万辆,累计同比增长20.2%,2012年CDV市场容量达到55万辆,今年继续保持高速增长,增长率达79%。

消费者期待性能更加优良的"微客"升级产品。随着社会的进步和汽车市场的发展,人们对汽车认识加深,对舒适性、安全性等"硬件"要求越来越高,而不再单纯注重车辆的外观和价格。

（3）自身分析

帅客是比"微客"性价比更好的产品:帅客采用前置前驱B级轿车底盘平台、日产的区域车身结构设计,在舒适性、安全性方面胜其他"微客"一筹,同时比其他"微客"有整体空间使用方面的优势,并且帅客1.5L全能版拥有6.38万元的超值价格,在性价比方面全面胜出。

CDV保有量低而"微客"保有量大的重点市场——山东:在郑州日产帅客车型的六大重点销售区域中,山东CDV保有量较低,同时其"微客"保有量最大,因此郑州日产需要在这块市场多做功课,同时作为沿海省份,市场经济活跃度高,比较有发展潜力。

（4）项目分析

① 制订周详的计划,保证项目顺利落地。

专业工程师参与的解剖实操:专业工程师参与解说、试驾等环节准备工作,保证了最终现场良好的展示效果。

随机应变的集客式营销手段:通过前期超长时间的公关加广告宣传手段预热,到活动期间的现场多样化,包括道旗、海报、传单等,使现场活动人气与整体传播效果达到最优。

总部与区域联动的安保机制:通过活动前期与区域经销商以及其他第三方安保机构的联动合作,将现场安全风险降至最低。

② 项目效果达成分析。

目标销售区域与人气并重的活动选址——济南万达广场与青岛国际啤酒节。

选择与项目契合度高的明星——"中国好声音"选手金志文。

制订多样化的公关与广宣策略与媒体选择策略,保证传播效果。

3. 项目策划

（1）要旨

构建公众认知金字塔，建立"大公关"概念。为了让消费者通过活动对帅客与"微客"的本质区别产生直观认识并最终形成直观有效的市场反应，继而扩大活动影响力和产品品牌认知度，郑州日产构建了建立公众认知标准的三级金字塔，通过全国广告、重点区域公关活动与区域体验下沉三个层级由高到低地全方位传递活动核心信息，并在公关活动层面建立"大公关"概念。第一通过邀请人气娱乐明星加盟助阵；第二在活动中加入解剖对比、免费体验环节；第三在公关传播中采取了公关、广宣手段严密配合，利用新媒体的影响力、媒体分层、分阶段、全方位地传递活动信息的传播方式，这三点共同作用，让活动在区域、全国的影响力达到最大。

（2）目标

直击竞争产品，直观传递产品卖点；形成直观有效的市场反应；使活动影响力和产品认知度达到最大化。

（3）策略

人气娱乐明星与产品形象完美融合；以实车剖析对比的形式将产品性能直观呈现；借活动开启消费者免费试用产品的体验。

（4）目标公众

"微客"保有车主；个体商户及小型公司企业主；追求车型多功能的消费者。

（5）主要信息

活动层面：明星效应＋区域影响力平台＋拆车展示＋免费体验全方位贴近消费者。

行业层面：打造轻型商用车领域中娱乐营销成功典范并开辟移动巡展新模式。

市场层面：引领消费者理性购车理念，掀起小型商务车市场的波澜。

（6）传播策略

建立"大公关"概念，公关＋广宣平台有效结合。

公关平台：多阶段、多层面、全方位解读活动信息，以及巧妙结合明星与车型的高契合度。

广宣平台：选择目标受众接触率高的新媒介形式并做有针对性的传播。

（7）媒介选择

公关平台：传统媒体、新媒体及社会化媒体、活动搭载平台自有媒体。

广宣平台：地方经销店店面广告、车贴、户外墙体广告、保有客户短信、大型贸易区的滚动 LED 广告屏幕、公交车站台广告、公交移动电视广告等。

4. 项目执行

（1）要旨：公关与活动的无缝对接，流程的精密策划

整个项目公关传播和活动在筹备期分别进行，除了定期举行全活动的沟通之外，也随时通报筹备进度和重要信息，保证整个活动筹备期能顺利进行；活动前多次预演、调整，活动中根据突发情况随机应变，各个环节应无缝衔接、通力合作，保证活动的顺利进行。

（2）执行区域

山东济南、青岛。

（3）各城市的定制化方案

帅客巡展济南站（6月2日）：明星环节与巡展活动无缝对接＋娱乐媒体活动信息有效传播。

帅客巡展青岛站（8月23～24日）：将地方的民俗盛事即国际啤酒节与巡展活动结合，并通过啤酒节组委会有效传递信息。

（4）项目流程与管控

① 活动层面

关键技术环节提前调研与演练：对于活动关键技术环节（拆车对比）要与工程师进行多轮探讨，并对拆车展现形式进行周密设计，还要提前进行多次演练。

互动环节的合理制订：各种互动环节让消费者在娱乐放松的同时，轻松接受到品牌信息，拉近了品牌与消费者之间的距离。

活动平台与场地的精准选择：甄选活动执行区域，考察活动场地，设计具体的活动形式。

应急预案的制定：制定应急备案，如大雨备案、集客备案等，保证活动现场万无一失。

② 公关传播层面

各站差异化媒体选择：选择全国具有代表性以及当地口碑较好的各种形式的媒体，尽量做到无缝传播。

传播节奏的合理制订与把控：分预热阶段、活动阶段、后续深入阶段，把握每个时段重要信息点的传播，达到由浅入深、循序渐进的效果。

媒体采访的细分化安排：根据不同的传播切入点，对媒体进行分门别类的采访安排，以达到最好的传播效果。

应急预案的制定：制定应急备案，如确认备用酒店、茶歇室等，保证媒体活动顺利进行。

5. 项目评估

（1）要旨：媒体与用户关注度飙升，市场反应良好

在2013帅客巡展最后一站——青岛站活动落下帷幕后，通过百度指数分析，帅客月用户关注度增长37%，月媒体关注度增长126%；而郑州日产月媒体关注度增长228%，季度媒体关注度增长27%。在活动现场，据不完全统计，济南和青岛仅现场参与活动的受众就累计超过2万人次，再加上前、中、后期的公关和广宣平台释放的信息，影响力进一步放大至山东其他区域和全国，最终表现在市场上，活动过后山东经销店的消费者进店量都达到全年峰值，潜移默化地影响着终端销售……

（2）效果综述

市场：移动巡展助力渠道下沉。

品牌：产品与企业品牌辨识度和记忆度增强。

行业：引领"微客"商选择的新趋势。

（3）现场效果

① 济南站

到场参观人数：总计 1097 人。

精准影响人数：有效反馈表填写人数全天为 448 人。

影响人群数：按照 1 人获奖信息传递给家人朋友（按 2 人计算），当天各个区域共发放礼品 2979 件，共计人数为 8937 人次。

② 青岛站

到场参观人数：2 天参观人数为 1226 人。

精准影响人数：有效反馈表填写人数，2 天为 406 人。

郑州日产杯全球饮酒大赛：现场约 1 万人（含舞台区流动人口），电视直播辐射 6000 万人次。

影响人群数：按照 1 人获奖信息传递给家人朋友（按 2 人计算），当天各个区域共发放礼品 3271 件，共计人数为 9813 人次。

（4）受众反应

反馈表统计数据显示，57％的人表示目前没有车，证明山东汽车市场仍然未达到饱和，市场潜力仍然巨大；近 1/10 的参与者表示是"微客"用户，表示活动信息已经被"微客"用户接受，此活动可以影响到"微客"用户升级购车的选择；90％消费者表示听说过或者非常了解金志文，说明娱乐营销、明星加盟可以有效吸引消费者，提高活动的宣传力度，达到很好的集客效果；96％的消费者答对了帅客 1.5L 全能版的价格，证明帅客的口号"六万三千八买帅客，老婆满意，孩子高兴"比较深入人心，消费者已经充分了解帅客的高性价比；60％消费者在活动之后表示愿意继续关注帅客这款车，证明此次活动效果已经基本达到，大部分消费者已经对帅客对比"微客"有商务优势的特点有了一定的了解。

（5）市场反应

经过帅客齐鲁巡展活动，郑州日产山东各地 4S 店在活动月进店量环比增幅达 33.5％～186.5％，而从全国销售表现来看，巡展前后（6～9 月）郑州日产旗下 CDV 车型同比增长 46.4％（其中帅客同比增长 46.6％）。

（6）媒体统计

山东巡展共计与会媒体人数为 89 人，活动前、中、后期共参与媒体近两百家。

① 济南站：全国核心媒体、重点销售区域媒体和山东核心媒体到场人数共计 43 人，活动前、中、后期参与传播的媒体有近百家，包括《齐鲁晚报》等区域重点媒体、《经济观察报》等行业产经类媒体、《南方都市报》等重点区域媒体、《每日文娱播报》等有影响力的娱乐媒体以及《中国汽车报手机报》、企业与媒体官方微博等新媒体。

② 青岛站：全国核心媒体、重点销售区域媒体和山东核心媒体到场人数共计 46 人，活动前、中、后期参与传播的媒体有近百家，包括《半岛都市报》等区域重点媒体、《每日经济新闻》等行业产经类媒体、《新京报》等重点区域媒体、CCTV 等啤酒节组委会合作的权威媒体以及《中国电信手机报》、企业与媒体官方微博等新媒体。

（资料来源：①北京君信智达品牌管理顾问有限公司；②中国公共关系网；③中国公共关系网（17PR）编委会.最具公众影响力公共关系案例集.北京：企业管理出版社,2014）

思考题：

（1）郑州日产帅客巡展公共关系活动体现了公共关系的哪些特点？

（2）郑州日产帅客巡展公共关系活动的成功之处何在？

（3）本案例对你有哪些启示？

1.3.2 情境模拟：进行公共关系工作总结

1. 实训目的

通过总结某企业近三年来公共关系工作的开展情况，进一步把握公共关系的内涵、特征、构成要素、功能及作用。

2. 实训要求

（1）通过互联网、报纸、杂志等形式收集目标企业的资料。

（2）拟定调查提纲，用走访的方式进一步了解这家企业对公共关系的认识及公共关系工作开展情况的第一手资料，发现其公共关系的成功做法和案例。

（3）拟写《××企业公共关系工作总结》。

3. 实训组织

（1）将全班同学分成若干各小组，每组5～6人，并选出小组长，与组员一起做好分工写作工作。

（2）以小组为单位收集资料，讨论后完成调查提纲。

（3）以小组为单位拟写出《××企业公共关系工作总结》，并在全班交流。

（4）老师对各组进行指导。

4. 实训考核

（1）学生自我总结占30%。

（2）同学互相评价占30%。

（3）教师总结指导占40%。

5. 实训手记

通过训练，我的收获是_____。

课后练习

1. 什么是公共关系？请谈谈你的理解。

2. 应怎样把握公共关系的基本内涵？

3. 公共关系的表现形式是什么？如何把握公共关系的内在含义？

4. 请判断下列行为是否属于公共关系活动。

（1）本单位为了偷漏税，请税收征管人员吃饭。

（2）因孩子上重点学校给校长送礼。

（3）出资帮助社区建公园而通知报社报道。

（4）商场开展买一赠一活动。

（5）主动上门调解与客户的关系。

5. 请3～5位同学上台讲他（她）所认可的有关公共关系的故事。

6. 公共关系具有哪些特征？公共关系又有哪些主要职能？

7. 讲一讲公共关系的工作程序。

8. 公共关系的基本观念和工作原则有哪些？你准备在公共关系礼仪活动中怎样体现这些基本观念和工作原则？

9. 阿尔·里斯在《公共关系的崛起》一书里，引用了伊索寓言把广告比作北风，将公共关系业比作太阳。当想脱去一个人的衣服时，风用力地吹，人却将衣服裹得更紧；而太阳则用阳光照射使人自己脱去衣服。你认为妥当吗？

10. 有人说，拉关系、走后门也是为组织广交朋友，开拓生存空间，这与公共关系的目的是相同的，你认为呢？

11. 有一家企业与当地的公共关系公司比邻，却从来没有打过交道，这家企业的老总说："哼！我绝不会用到公共关系，根本没有必要与这家公司有任何往来！"你认为这位老总的话对吗？

12. 有条件的学生到企业采访一下，了解一下它们是从什么时候开始重视公共关系的。

13. 试举两个所见所闻的实例，说明当前我国公共关系"误区"仍未消除。

14. 在一些企业中，公共关系部是作为一个三级机构而存在的，你认为公共关系部应属于哪一个部门呢？是办公室、宣传部、营销部、人力资源部，还是市场开发部？为什么？

15. 如何把自己塑造成优秀的公共关系专业人才？

16. 有人说公共关系就是"美女＋知识＋技能"，有人说公共关系只适合女性，也有人说公共关系无性别，只是阴盛阳衰。请选择一个与你观点相同的人一起去说服意见相反的人。

17. 公共关系人员最主要的素质要求应该是什么？请谈谈你的看法。你觉得自己在哪一方面最需要努力，以达到公共关系人员的素质要求？

18. 公共关系从业人员是全才、能人还是复合型人才？请到企业了解一下，社会到底需要什么样的公共关系人才？

19. 假如你是一家生产化妆品的企业经理（或厂长），你认为应该树立哪些方面的公共关系意识？

20. 从报刊、书籍、网络上搜集有关公共关系的各种资料，结合所学专业，自编一期报纸，要求以班、组、室为单位，相互协作，设计的报头、刊名要鲜活、新颖、别致，内容要丰富多彩，版式要图文并茂、色彩缤纷。

21. 案例思考题。

案例1

美国人不吃这一套

上海飞机制造厂曾和美国麦道公司联合生产 MD-82 飞机,很快就领教了美国联邦航空局(FAA)检察官员的厉害。

FAA 在国际航空界颇有威望,FAA 颁发的生产许可证,是飞机厂家的金字招牌。上海飞机制造厂生产麦道飞机,首先要通过 FAA 检验关。

第一次接受检查,上海飞机制造厂按照迎接国内检查评比的经验,安排了一整套的接待,高级宾馆、丰盛的宴席……可是,这一套全是白费工夫。FAA 的官员们一不要厂家接送;二不住厂家预订的宾馆;三不听厂领导事先准备好的汇报。一切都是自己摸、自己看。休息时,吃一片面包,喝一杯咖啡,都是照价付现金。现场检查,铁面无私,而且严得令人心跳。他们发现厂里一名检验员印章的颜色不对,便提出对 100 多名掌用印章的检验员全部进行一次视力检查,果然查出两名色盲。第一次检查当然没有通过。厂方领教了 FAA 检查的严厉,真正在管理和生产质量上做了扎扎实实的努力。经过这样一丝不苟的四次检查之后,上海飞机制造厂才获得了 FAA 颁发的生产许可证。

思考讨论题:

(1) 通过本案例,请思考公共关系与庸俗关系的区别。

(2) 本案例对你有何启示?

案例2

于细微处见精神

日本东京一家贸易公司有一位秘书小姐专门负责为客商购买车票,客商中有一位德国大公司的商务经理经常请她购买来往于东京、大阪之间的车票。不久,这位经理发现每次去大阪,座位总在右窗口,返回东京时又总坐在左窗口。经理问小姐其中有什么缘故,秘书小姐笑着答道:"从东京去大阪时,富士山在您的右边;返回东京时,山又到了您的左边。我想,外国人都喜欢日本富士山的壮丽景色,所以我替您买了不同位置的车票。"就是这样一桩不起眼的小事,使这位德国经理大为感动。他想:"在这样一些微不足道的小事上,这家公司的职员都能做得这么周到,那么跟他们做生意有什么不放心的呢?"于是决定同日本公司的贸易额由 400 万马克提到 1200 万马克。无独有偶,法国巴黎有一家里兹大饭店,如果顾客在这家大饭店预订了房间,乘出租车去饭店时,车刚在饭店门口停下,就会有看门人及时帮助顾客打开车门,待客人下车后,又马上会记下出租车的号码。饭店看门人解释说:"巴黎共有 14500 辆出租车,如果客人有物品遗忘在车上,这是帮助客人找回遗失物品的最有效、最简捷的方法。"

思考讨论题:

(1) 请你分析以上事例反映出了这两家公司及其工作人员怎样的公共关系意识。

(2) 请结合案例说明公共关系意识的含义和作用。

案例 3

千年老龟引出的新闻

某保健品公司花 1400 元钱从福建购得一只大乌龟,该龟重达 9.2 公斤,呈椭圆形,黑褐色的龟背直径为 50 厘米,横径为 34 厘米。经专家鉴定,这只乌龟年龄已在千年以上,为国内罕见。该公司生产龟凤营养液以乌龟与白毛乌骨鸡为主要原料。当时正值生产旺季,急需原料,厂家准备杀了这只千年乌龟。

有好事者得知,通过省级一家报纸披露了这件事。报纸编辑加注了一句:"但愿有哪个动物园能尽快与这个公司联系,救救千年老龟。"文章见报后,引起了轰动。这家公司先后接到杭州、宁波、温州和建德等地很多个电话与信件。有询问情况的,有愿出万元高价购进的,也有责难性的电话,说千年乌龟既系国内罕见,杀了它是对国家动物保护法的挑战。公司王经理不知如何是好,职工更是议论纷纷:"这只老龟是我们花重金购买的,况且又不是国家保护动物,他们真是多管闲事。""我们正值生产旺季,急需原料,杀了它算了。"这只千年乌龟该不该杀?一时成了人们议论的热门话题。

王经理请教当地新闻界的一位朋友,这位朋友一拍大腿:"千万不能杀!要做好这只老乌龟的文章。"原来,这家营养保健品公司创建不久,企业的知名度还不高,有的消费者甚至怀疑龟凤营养液其原料是不是用价格昂贵的活乌龟制作的。公司何不以此为契机展开公共关系宣传呢?于是,王经理决定:不杀了。当地报刊此后以《千年老龟获救了》为题作了连续报道,并配发了大如脸盆的千年老龟的照片。这篇报道再次引起轰动,许多市民纷纷前去观看老龟,又大量购买了以龟为主要原料的龟凤营养液保健品。这只千年老龟成了公司的"福星"。

5 月 13 日,笔者来到该公司,看到这只不同寻常的老龟在一个特制的小房间里悠然自得地爬着。从杭大生物系毕业的该厂生产技术科黄科长告诉笔者,公司还准备再投资数千元为它建一个有池有树的"乐园",让它颐养天年,也让它为企业再创效益。

思考讨论题:

(1) 千年老龟引出了哪些新闻?

(2) 从案例中分析公共关系三要素之间的关系。

案例 4

一位服务员的"急中生智"

2011 年 2 月 5 日晚上,有四位客人在合肥某大酒店用餐。当他们在品尝该店的菜包子时,发现一只包子内有一根细小的鸡毛。于是,他们要求在一旁服务的餐厅服务员韩先生给予解释。这位服务员经仔细观察后,诚恳地说:"对不起,是我们没有把包子做好,我马上给你们调换。"然而,这四位客人对此回答并不满意,提出请餐厅的领班来做进一步的解释。由于此时餐厅领班正忙得不可开交,这位服务员便对客人说:"其实这只菜包里的东西并不是鸡毛,而是一片黄菜叶,不信,我吃给你们看。"话音刚落,他已一口吞下了这只包子。

目睹了这一幕的四位客人仍执意要见餐厅的领班。韩先生没辙了,只得怀着忐忑的心情,把餐厅领班从繁忙中拉来了。四位客人对领班说:"我们走南闯北十几年,在外吃饭是常事。其间,也时常会遇上菜肴、点心质量不好的事,但是,像今天这位服务员的处理方式,倒还是第一次遇见。尽管这种方法并不很妥当,但是你们店有这么好素质的服务员,我们相信你们店一定会成为一流的酒店。"

第二天,这四位客人又一次光临该店,并指定要韩先生为之服务。

事后,有人问韩先生:"你怎么会想到把鸡毛吞到肚中?"这位腼腆的服务员红着脸说:"当时,我实在也想不出其他更好的办法。吞下鸡毛,为的是维护企业声誉。"

思考讨论题:

(1)请你运用所学公共关系基本理论分析案例中韩先生的言行。

(2)假如处在韩先生的位置上,你将如何处置这一问题?

(3)假如你是这家酒店的总经理,将怎样看待并利用这一事件,以更好地塑造企业的形象?

案例5

难得的人才

一位公关业务员慕名拜访一家大公司的董事长。当秘书恭敬地把业务员的名片交给董事长时,一如预期,董事长厌烦地把名片丢回去。无奈,秘书把名片退还给站在门外满脸尴尬的业务员。业务员再把名片递给秘书:"没关系,我下次再来拜访,所以还是请董事长留下名片。"

拗不过业务员,秘书硬着头皮,再进办公室,董事长生气了,将名片一撕两半,丢回给秘书。秘书不知所措地愣在当场,董事长更气,从口袋拿出十块钱:"十块钱买他一张名片,够了吧!"

岂知当秘书递给业务员名片与钱后,业务员很开心地高声说:"请你跟董事长说,十块钱可以买两张我的名片,我还欠他一张。"随即再掏出一张名片交给秘书。

这时办公室里传来一阵大笑,董事长走了出来:"这样的业务员不跟他谈生意,我还找谁谈?"

(资料来源:孔庆新.公共关系学.北京:北京师范大学出版社,2012)

思考讨论题:

(1)试分析公共关系人员应具备哪些素质。

(2)本案例对你有何启示?

任务2

公共关系传播

对于文明的发展来说，人类的任何能力都无法比搜集、分享和应用知识的能力来得更基本了。文明的发展只有通过人类的传播过程才成为了可能。

——[美]弗雷德里克·威廉斯

传播不仅把信息从相互关系中的一方转运到另一方，而且界定了我们全部在其中运作的相互关系和社会环境：如公民、管理者和政策制定者。

——[美]斯各特·卡特里普

学习目标

- 把握传播媒介的特点，灵活运用各类传播媒介；
- 分析影响传播效果的因素；
- 拟写符合发表要求的新闻稿件；
- 适时投递新闻稿件；
- 成功举行新闻发布会或记者招待会；
- 善于制造新闻，增强传播效果；
- 开展整合营销传播；
- 开展网络公共关系，提高传播效果。

案例导入

"2005 快乐中国蒙牛酸酸乳超级女声"①大赛

蒙牛乳业、湖南卫视和天娱公司三家组成战略联盟，携手打造"2005 快乐中国蒙牛酸酸乳超级女声"，捆绑营销、整合营销传播模式使蒙牛乳业、湖南卫视及天娱公司成为

---

① 朱权.公共关系基础与实务.北京：机械工业出版社，2008

2005 年夏天最大的"赢家"。

在 2005 年超级女声活动中,蒙牛乳业集团曾印刷了一亿张宣传海报,将 20 亿个印有 "2005 快乐中国蒙牛酸酸乳超级女声"字样及比赛介绍的产品包装投入市场,同时联合湖 南卫视在成都、广州、郑州、杭州、长沙 5 个赛区的地方媒体以及《国际广告》等广告类、财 经类杂志上投放大量广告进行宣传。值得一提的是这些广告宣传还引起了其他报社、杂 志社的持续关注,纷纷进行跟踪报道。有关超级女声的书籍也随之相继问世,譬如《超级 女声宝典》、《我为超女当评委》、《李宇春真帅》等。

与此同时,湖南卫视和部分地方电视台现场直播比赛盛况,单单总决赛,湖南卫视的 观众就达到 4 亿,还不包括收看地方电视台转播的观众,再加上各级电视台对超级女声的 重播,介绍超女或邀请超女参加的节目竞相上映,有关 2004 超级女声季军张含韵代言的 蒙牛酸酸乳 TVC 广告片的多次播放,广播电台对选手、评委、"粉丝"的关注,甚至有关超 级女声电视剧的拍摄筹备,唱片超级女声《终极 PK》的出炉,铁杆"凉粉"把张靓颖在比赛 中唱过的歌曲制作成 VCD、DVD 送给为张靓颖投票的人……这一系列活动使超级女声 和蒙牛酸酸乳的品牌得到最大效应的传播。

新浪网是 2005 超级女声独家合作伙伴,众多超女和评委都曾做客新浪,引起众多网 民的关注。其实不只是新浪网,蒙牛乳业、湖南卫视都在其网站上开辟专版做宣传,包括 新闻、图片、视频、故事、评论及聊天等,内容丰富,吸引其他各类大小网站也纷纷加入,争 取更大的点击率。遍布全国各地的"粉丝"更是把 QQ 群等即时聊天工具作为主要的联系 方式。超级女声的"超级粉丝"为了支持自己喜欢的超女自愿买单,通过短信渠道,越来越 多的人开始了解超女,并积极发动亲朋好友等共同参与,为其投票。短信互动传播在营销 传播史上有着划时代意义。2005 超级女声已享誉国内外,为湖南卫视和短信营运商带来 了不菲的直接收入。

公共关系的基本目标是为组织树立良好的社会形象,是要扩大组织的知名度和美誉 度,这就离不开传播。所谓"公共关系传播",就是组织与公众之间信息的双向交流与共 享。它在公共关系工作中具有非常重要的地位和作用。

2.1 知识储备

2.1.1 公共关系传播媒介

公共关系传播媒介种类繁多,概括起来主要有以下几大类。

1. 语言媒介

语言既是人际传播的载体(如写信使用文字,面对面的交谈、打电话使用口语),又是 大众传播的载体(如报纸、杂志多使用文字,而电影、电视、广播多使用口语)。语言媒介是 现代社会运用最广泛的传播媒介,也是公共关系传播中最主要的媒介,被许多人称为"公 共关系的第一媒介"。语言媒介分为"有声—无声"和"语言—非语言"两个类别。

（1）有声语言媒介。有声语言即自然语言，是发出声音的口头语言。公共关系活动大量运用了有声语言媒介：答记者问、与员工谈心、电话沟通、内外谈判、各类演说、各类口头报告、为宾客致迎送词等。有声语言媒介的特点是信息反馈迅速，形式灵活多样，传播效果明显等。

（2）无声语言媒介。无声语言媒介在公共关系中，通过印刷文字进行信息传递：各种文字材料、报刊、书籍、照片、图画、商标、徽章、谈判决议、会议纪要、社交书信、调查报告、电文、通知、通讯、公共关系简报等。无声语言媒介的优势是能够超越时空，语言表达便于斟酌，便于保存，弱势是其信息反馈不及有声语言媒介迅速。

（3）有声非语言媒介。有声非语言媒介是传播过程中的一种有声不分音节的语言：说话时的重谈、语调、笑声、掌声等。其特点之一是无具体的音节可分，其信息要在一定的语言环境才得以传播。其特点之二是同一形式的语义不固定，比如笑声可以负载正面信息，也可以负载负面信息；再如掌声既可以传递欢迎、赞成、高兴等信息，也可以传递一种礼貌的否定等。

（4）无声非语言媒介。它是以人的动作、表情、界域等来传递信息，是公共关系广泛运用的沟通方式，可以分为动态、静态两类。动态无声非语言媒介以身体在某一场境中的动态姿势来表达信息：首语（点头和摇头）、手势语（握手、招手、手指和手掌动作）、目光（视线接触的长度、视线接触的向度、瞳孔的变化）、微笑等。静态无声非语言媒介以身体在某一场境中的静态姿势来表达信息，包括人的姿势、界域（位置界域和距离界域）等。在日常生活的人际传播中，我们可以感受到大量的无声非语言符号，如一个人的姿势、表情、眼神、以致某种气味、服饰、个人所处的空间等。据统计，大多数人实际上每天所讲的话仅仅只有 10～11 分钟。在一般的两人会话中，语言所表达的社会意义平均不到 35%，而 65% 的社会意义是用无声非语言符号传递的。我们在与他人沟通时获得的信息，很大一部分来自于暗示，而不是来自于字句。

2. 实物媒介

实物媒介是指以物体来传递某种语言和非语言信息。实物媒介包括产品、象征物、公共关系礼品等。

产品本身就是一种典型的实物媒介。它运载的信息要素有品牌、商标、包装、外表形态、内在质量、售后服务、广告设计等。

礼品媒介以物质作为载体。它不是用于等价交换的商品，而是带有浓厚感情色彩的社交工具。公共关系礼品具有以下四个特点。

（1）它具有非商品化。大多数公关礼品都是不进入或尚未进入市场流通的物品，有专门设置的物品，有名特产品的样品，也有宣传品，还有其他物品。

（2）它具有不等价性。公关礼品都是有价值的，但它的感情价值往往大于其物质价值，它的交际价值也大于其使用价值。它一般都是价格比较低廉的物品。如果用价格昂贵的物品送礼，就会成为一种变相的行贿，也就失去了感情交流的意义。

（3）它具有浓重的人情味。公关礼品是一种心意的表达，向公众传递着组织的深情厚谊，充满了人情味的色彩。

（4）它具有纪念意义。公关礼品大都具有纪念意义而不具有消费意义，其目的是使组织在公众心目中留下永久的美好的印象。开展公关活动，馈赠礼品的机会很多。适当送份礼品表达心意，会取得比较理想的效果。如果没有礼品，总有些美中不足。

实物媒介除了产品和公关礼品外，还有象征物（例如上海宝山钢铁总公司的不锈钢铸像，象征着中国钢铁工业的起飞）、购物袋、宾馆内的藏物袋、餐厅内的烟缸等。

3. 人体媒介

人体媒介借助人的体态、服饰、行为、社会影响等来作为传送信息的载体，它包括组织成员的形象、社会名流、新闻人物、能够影响社会舆论的其他公众等。人体媒介在公共关系传播中有其独特的形象影响力。

人体媒介的优点如下：①亲切直接，既便于沟通，又便于及时反馈公关信息；②不容易受时间、场合的限制，有较大的自由度，能充分发表意见；③利于发挥感情优势，利于拉近人们之间的距离；④传递信息的方式比较多，可以用表情传达喜怒哀乐；可以用目光表示爱憎亲疏；可以用语言传递情感；可以用动作表达态度。人体媒介的不足之处是：范围较小，影响面较窄，深受交往者距离的限制。人体媒介适用于解决员工思想问题，处理各种矛盾纠纷，进行社会联络、业务洽谈、社会对话、征求意见等公关活动。

人体媒介中的体语很重要。体语就是人体语言，包括动作、姿势、体态、表情等。体语在公共关系的人际传播中运用非常广泛。它具有有声语言的替代作用和辅佐作用，还具有表露作用。表露作用主要体现在面部表情上。公关人员对公众笑脸相迎，则有利于双方的交流合作。服务行业开展的微笑服务，能够给所有顾客带来良好服务的感受。

人体媒介中的服饰是人的第二皮肤。服饰的质料、款式、颜色具有亦大亦小的功能：大到可以传达出国民气质、国民精神风貌、时代风俗、文化特色、组织理念；小到可以传达出个人的文化素质、社会地位。服饰作为人体媒介，具有传递信息的功能，因此公关人员在一般社交场合应注意服饰与大众的协调，进而增强亲切感、认同感。

人体媒介中的员工形象，是组织形象的重要组成部分，包括员工的内在素质、外表行为（谈吐举止、面部表情、服饰等）、隐于其中的行为规范、交往技巧。比如一个商业公司让员工的服饰统一得体，这传递给公众的就不仅是一种整体的视觉识别，而更重要的是在向公众传播一种企业的精神。

4. 大众传播媒介

（1）大众传播媒介的功能。大众传播媒介主要指报纸、杂志、广播、电视。它们在公众生活中的主要功能有以下几方面。

① 报道的功能。大众传播媒介又称"新闻界"，负责将社会生活中发生的新闻事件及时、公正地告知公众。新闻报道是对事实的公正陈述，依靠其时效性和公正性来树立新闻传播界自身的信誉。公共关系运用新闻报道必须遵守这种时效性、公正性。

② 教育的功能。大众传播媒介承担了大量的社会教育任务，面向大众普及教育，将政治、经济、文化、科技、历史、生活等知识传播给公众。公共关系运用大众传递信息必须注意知识性、教育性。

③ 娱乐的功能。大众传播媒介为公众提供了大量的娱乐性服务。报纸的文体娱乐版，杂志上的小说、趣闻等，广播中的音乐，电视上的电视剧等，是公众日常文化娱乐的主要来源。因此，娱乐性越强的大众传播媒介，阅读率、收听率、收视率就越高。公共关系运用大众传播媒介向公众宣传时也必须注意趣味性和娱乐性。

④ 监督的功能。大众传播媒介及其所形成的公众舆论，对政府、企业及各类机构的政策、行为、人员、产品起着社会监督的作用。公共关系工作必须将这种公众信息的反馈作为传播工作的重要依据。

(2) 印刷类大众媒介。印刷类大众媒介主要指以文字、图片形式将信息印刷在纸张上进行传播的报纸、杂志和书籍。

① 报纸。报纸是受众面最大的一种印刷类大众传播媒介。报纸具有三大优点：一是可选择性。读者可按自己的需要、阅读习惯，在许多"并时性"排列的消息中迅速选取自己最感兴趣的阅读。二是周详性。同样一则消息，报纸报道要比电视报道深入细致、周密详尽，读者甚至可以反复阅读、细细琢磨。三是制作容易，成本较低，读者接受不需要特别设备。

② 杂志。杂志是受到普遍欢迎的一种印刷类大众传播媒介。按照内容，杂志可分为知识性、趣味性杂志和专业性杂志两大类。知识性、趣味性杂志以一般社会大众为读者对象；专业性杂志以特定专业人员为读者对象。杂志有三大优点：一是读者群比较稳定。二是内容比较灵活多样，伸缩性大。三是便于读者在不同的"单位时间"内阅读，也容易携带。

③ 书籍。图书是历史最为悠久的一种印刷类大众传播媒介。图书的容量大，除了以其规范化的形式便于人们阅读和保存外，还具有一定的权威性，在传播和积累人类知识、文化中起着重要的作用。

印刷类传播媒介，它的读者受到文化水平的限制。没有一定文化水平的人无法利用它。时间性极强和形象性极强的信息，都不宜依靠印刷类传播媒介来传递。在公共关系传播中应考虑印刷类传播媒介的局限性。

(3) 电子类大众传播媒介。电子类大众传播媒介是指以电波的形式传播声音、文字、图像，运用专门的电器设备来发送和接收信息的媒介。电子类大众传播媒介可分为广播和电视两大类。

① 广播。广播是覆盖面最广的一种电子类大众传播媒介。广播的优势表现在五个方面：一是及时。广播上的信息不受时间、空间的限制，通过电波可以在转瞬之间传遍地球的各个角落。二是机动性强。收听广播几乎不受空间和工作条件的限制，听众可以一边听广播一边工作，这更有利于信息的广泛、及时传播。三是感染力强。四是可普及率强。广播节目的制作成本低廉，接收广播的设备简单、廉价，使用长久，家家户户都能买得起。五是广播最大的优点是不受文化水平限制，只要有听觉就能接收，因此普及率最高。

广播的主要缺点是：不便检索、不便保存；广播的信息和效果稍纵即逝，难以把握，收听时稍不留意便无法追寻；其内容的生动性不如电视，信息的深度不如报纸。因此，广播适用于时间性强、涉及面广和普及性强的信息内容。

② 电视。电视是现代最强有力的一种新兴的大众传播媒介。电视的优势表现为：

第一,电视集音响、图像于一身,在传播信息过程中,能同时诉诸人的听觉和视觉,形象生动,真实感强,最易激发人的兴趣和抓住人的注意力。第二,电视的时效性较强。由于电视摄像、传播技术的发展和卫星接收电视技术的采用,电视台基本上可以做到随时传播新发生的事件实况,再加上电视新闻的整点滚动播出,都使电视传播更为迅速及时,其时效性直逼广播。

电视也有其局限性,主要表现在以下方面:一是缺乏深度。电视由于表现形式的限制,在内容上容易肤浅,深度不够,难以表达抽象思维、逻辑思维的内容。二是电视不便携带,观众在接收电视传播中还受到种种条件的限制,不便随时随地收看,选择余地较小。

公共关系常将大众传播媒介用于新闻宣传和公共关系广告方面,借以向大众提供信息,树立组织形象。

2.1.2 影响传播效果的因素

所谓"传播效果",是指传播发送者通过传播媒介对信息接收者心理、行为、态度和观念等所产生的影响程度。要提高公共关系传播的效果,必须把握其影响因素,从多角度入手,更好地发挥公共关系策划传播的职能。

1. 传播发送者因素

传播发送者是公共关系传播沟通的主体。从广义上看,它指的是社会组织。从公共关系的角度来看,它具体指的是组织的公共关系部门及公共关系人员。在实施传播沟通的过程当中,传播发送者本身的形象、态度、行为以及传播信息的内容真伪等都直接影响着传播的效果。

(1) 传播发送者的已有形象。一个诚实、人缘好的人所讲的话,人们会100％地接受;相反,一个"老奸巨猾"的人传出的消息,人们总是将信将疑。社会组织也是如此。如果某个社会组织形象颇佳,那么它所传播的信息,人们将不假思考地接受;反之,一个声誉不佳的组织所传播的消息,人们往往谨慎行事,以免受骗上当。

(2) 传播发送者的态度、行为。传播发送者若以诚恳的态度客观地宣传、介绍所要传播的信息内容,就会"诚招天下客"。盲目吹嘘、夸大其词,自称"世界第一"、"誉满全球"、"包医百病",甚至不择手段地欺骗公众,其结果只能是搬起石头砸了自己的脚。因此,传播信息时一定要诚实无欺、客观公正、留有余地。

(3) 传播发送者的"代言人"。受传者对传播发送者的印象和看法直接关系到传播效果。据此,社会组织可以选择"代言人"来提高传播效果。例如:组织可以请享有盛誉的专家、名流、权威人士等发布信息。这样,受传者会产生"认同感",认为是自己人在传播信息。这样做会缩短传播发送者与接收者的心理距离,因而比组织自己出面效果更好。

传播发送者对传播效果的影响,除了以上三点之外,还受到传播体制、经费等方面限制。因为大众传播媒介都从属于政党和政府机构,尤其是传播面广、有影响的传播媒介,其传播的内容大多是有条件限制的,并且费用昂贵,这对经济力量不雄厚、公共关系经费缺乏的传播沟通活动无疑设置了一些障碍,这些都或多或少地会直接影响到传播效果。

2. 传播接收者因素

从对传播效果理论的分析中,我们已得出一个这样的结论:传播接收者即公众并不是唯命是从、任意摆布的木偶,而是在传播沟通过程中起能动作用的客体。传播接收者由于是传播发送者的工作对象,他的心理活动以及表现出来的态度、行为等都与传播效果息息相关,因此传播接收者是影响传播效果的客观因素。

传播接收者的心理素质、文化素质、职业、个性等各不相同,使得传播接收者因素更加复杂。传播接收者影响传播效果的因素主要是由于公众对传播的信息具有选择性,这种选择性包括选择性接受、选择性理解和选择性记忆。

(1) 选择性接受。公众愿意接受与自己固有的立场、观点和行为相一致的自己关心和需要的信息。我们以收看电视为例:一个关心时事、关心政治的人,总是不愿错过新闻节目;足球迷常常为观看一场足球比赛实况而欣喜若狂;喜欢歌曲的人总愿意收看文艺节目。

(2) 选择性理解。公众总是用自己的世界观去解释某一信息,接收者不同,对信息内容的理解往往也不同。这主要是由于接受信息者受教育程度、知识结构、生活阅历等各不相同而形成的。例如:在现实生活中,如果你称某女性为"公共关系小姐",她也许不愿意接受,因为在公共关系仍然未被中国人正确理解和熟悉之前,"公共关系小姐"曾被人们误以为是那些以脸蛋和外表换取金钱或得到某些男士欢心的轻佻女子。如果你称电视剧《公共关系小姐》中的主人翁周颖为"公共关系小姐",她会觉得很自然,因为她的确称得上是一位真正出类拔萃的"公共关系小姐"。

(3) 选择性记忆。公众总是容易记住自己感兴趣的信息,忽视或忘记那些与自己兴趣相悖的信息。这与公众的个性、情趣、职业等无关。人们对自己关心、感兴趣的事总是记忆犹新,回味无穷,甚至终生难忘;对那些平平常常的小事总是忽略不记,时过境迁,自然失去记忆;尤其对自己不感兴趣的信息,不但容易忘记,而且不愿意记忆。

传播接收者的选择性因素又一次证明了传播效果有限的理论,它说明对传播发送者所传播的信息,公众总是有选择地加以接受、理解和记忆。传播的效果一般只是增强了公众的固有观念,而不是改变公众的固有观念。但是,传播发送者并不能因此而放弃传播,可以从接收者的其他因素中寻找突破口。

3. 传播功能性因素

功能性因素主要是指信息接收的时效性。功能性因素主要包括延缓性因素和即时性因素。

(1) 延缓性因素。延缓性因素是指信息能在受传者身上较长时间内发生作用的因素。由于传播接收者所处的社会环境不同,因而长期以来,不同的国家、地区,不同的民族,形成了各自的伦理道德、风俗习惯、宗教信仰,人们的心理素质、文化素质、道德水准等各不相同,这样就使不同区域的公众对某些信息已形成了固有观念。作为传播发送者,要想获得良好的传播效果,就必须注重延缓性因素的作用,否则容易陷入传播的误区。

例如,据路透社报道,美国一家伯格维里联号快餐馆利用闭着双眼、戴着耳机正打瞌睡的时任美国总统里根的照片作噱头,为餐馆的营养早餐做广告。照片下面有一句说明:"一个人没吃早餐,通常一眼就可以看出。"广告说,该连锁快餐馆卖一种营养早餐,吃了令人精神饱满、体力充沛。这张照片是里根出席波恩的一次会议时拍下的,被伯格维里快餐馆采用。这则广告引起了许多人的不满,人们纷纷指责这则广告损害了总统的形象,也损害了美国的形象,差劲得很。当这家快餐馆接到许多投诉后,取消了这个广告,并把刊于俄勒冈州、华盛顿州的4家报纸上的广告全部收回。又如:在西方国家,裸体广告并不稀奇,这是由其社会制度和生活方式决定的。在我国,由于不同于西方国家社会制度和文化传统,因此完全照搬西方的宣传方式是行不通的。前几年,国内有一家电扇厂,在电视上用一名女士为其做广告,由于该广告故意将这位女士的裙子用电扇风吹起,结果遭到了来自各方观众的非议,该广告不得不将此镜头删掉。

(2)即时性因素。即时性因素是指信息在短时间内及时满足受传者的需求并即刻发生作用的因素。这就需要传播发送者注意观察和分析公众的思想、感情和生活规律,抓住时机开展传播沟通活动。比如:当某一公司庆祝新产品问世或进行周年活动时,传播发送者便可以前去祝贺,并随身带去礼品或宣传品。由于此时环境氛围较好,因此几乎所有的礼品及宣传品公司都可能愿意接受,这就是即时性因素在起作用。

4. 传播结构性因素

按系统论观点,结构是诸要素在系统内部的恒定分布和排列并形成确定的相互关系。公共关系传播的结构因素是指传播者将具有相互作用和关联的信息传播要素采取不同的匹配和耦合方式影响接受者。结构性因素包括信息刺激的强度、对比度、重复率和新鲜度。

(1)信息刺激的强度。信息刺激的强度是指传播发送者运用一些超乎常规的做法来传播信息,以引起受传者的注意。比如:生产吉他的乐器厂,将厂房盖成吉他形状;在川流不息的车海中,突然出现了救护车的尖叫声;一些小品演员常运用小品里的声调为企业及产品做广告;挚友久别重逢时的紧紧握手、热烈拥抱等。这些做法都会引起公众的注意。可见,高强度的刺激容易引起受传者的注意。

(2)信息刺激的对比度。信息刺激的对比度是指传播发送者在传播信息过程中,运用类比的方法,强化传播效果,吸引公众的注意。比如,制作一幅宣传义务献血的公共关系广告,在以白色为其基调的整幅画面中,用几滴鲜红的"血"色加以渲染,增强对比度,使人们一下子就明白了其中的道理。

(3)信息刺激的重复率。信息刺激的重复率是指传播发送者将同一信息多次重复传播,以扩大接收面,增加公众对该信息的印象,引起人们的注意。信息的重复出现,势必增加其刺激强度,并且同出现频率低的信息形成鲜明对比。因此,信息刺激重复率是信息刺激强度和对比度的综合运用。比如,"可口可乐"、"松下"等公司广告的重复制作与传播,几乎无人不晓,这就是信息重复刺激的效果。

(4)信息刺激的新鲜度。信息刺激的新鲜度是指传播发送者将所传播的信息在内容形式上不断地调整、创新,给接收者以新鲜感。信息的传播方式如果总是一味地重复,久而久之会使公众厌倦、麻木。因此,在信息传播过程中应不断改变、调整和创新,以引起社会公众的注意。

2.1.3　公共关系传播手段

公共关系传播的手段很多,这里着重介绍一下编写新闻稿、举办新闻发布会和记者招待会、制造新闻三大公共关系传播手段。

1. 编写新闻稿

公共关系人员向新闻界提供新闻稿件,是当今社会组织与新闻界交往的一种重要形式和渠道,也是组织与新闻界保持密切联系的纽带。因此,公共关系人员必须学会编写新闻稿件,还要学会投递新闻稿件。

(1) 编写新闻稿件的一般要求。公共关系人员首先要明确编写新闻稿件的一般要求,这样才能运用好这一公共关系传播的基本方式。

① 明确主题。编写新闻稿件之前,首先明确所编写的新闻主题是什么,要做到意在笔先。一篇新闻稿件提出的问题和体现的中心思想,是选择和组织新闻素材的主要依据,同样也是写作过程的主要线索。选择主题要从新闻事实的特性出发,并注意当前形势迫切需要的、具有普遍意义的思想倾向和观点。在编写新闻稿件之前,还应考虑到新闻的由头,即新闻发布的依据和契机。新闻事件发生的时间或事实的出处是该事实成为新闻的依据,特别是对延续性的新闻,更要注意寻找新闻根据,如从何处获悉等。

② 写好新闻导语。导语是新闻的开头,是全文的概括,是新闻独有的结构语言。在新闻的首段,先用极简要的语言概括新闻的主要内容,揭示新闻的主题,唤起公众的注意,引起阅读全文。假如后面的内容不能发表,仅发表开头这一段也能达到传播信息的目的,这样的导语才是成功的。所以,导语的基本要求是简洁、凝练、生动、醒目、开门见山以及突出最新鲜、最重要的事实。例如《中国旅游报》上曾刊载了一条新闻,导语就写得非常简练。其结构与内容是这样安排的。

标题:峨眉山猴群面临严重生态危机,专家呼吁游人切勿喂食猴子

导语:在保护峨眉山灵猴的同时也保护游客的人身安全,一个最有效的办法是:上下峨眉山的游客切勿喂食猴子! 这是久居峨眉山以猴子为研究对象的"猴博士"赵其昆目前在峨眉山野生动植物保护协会举办的一个学术报告会上发表的看法。

具体事实紧承导语之后展开叙述,介绍了生物学家赵其昆5年来对峨眉山猴群所做的大量观察和深入研究:赵其昆以1700余人和猴子遭遇后的种种行为取样分析为依据,令人信服地指出,峨眉山猴群由于游客的喂食,近几年来使得它们在山林中觅食的本领已经在退化,惰性增长,猴子的数量也正在逐步减少。因此,专家呼吁:为了游客自身的安全,也为保护猴子的生态环境,切勿喂食猴子……

这篇新闻稿的标题只用一两句话提示文章主题,导语以集中、简洁的文字写出新闻的梗概,继而以比较具体的文字补充导语里未能提到的材料,使内容更加清晰完整。这种"倒金字塔"式的好处在于主题突出,方便阅读,能满足读者的愿望与兴趣。因为现代生活节奏快,报刊数量多,公众很少有充裕的时间去详细阅读每条新闻,一般都是先浏览一下

新闻标题,感兴趣的内容才往下面细读,并且急于知道结果如何,因此新闻的标题就是高潮,导语概括要点,只要一看标题、导语便知其梗概,这就是新闻的特点。这样可以适应公众心理要求,节省时间,给接收者以更大的便利。

导语的表达形式可根据新闻事实的特点,采用提问式、议论式、叙述式、描写式、摘要式、对比式等写作手法。开头要引人注目,并用简练的语言写明新闻事实发生的要素——何人、何事、何地、何时、何故及如何等。

③ 结构严谨,逻辑性强。新闻结构的主要内容是导语、主体和结尾。新闻主体是导语后面的主要部分,对导语中披露的新闻要素作进一步的解释、补充和叙述,是发挥和表现主题的最重要部分。要求:观点要鲜明,层次要清楚,精心选材,生动活泼。主体的顺序可以以时间为序,也可以以内在的逻辑为顺序。总之,结构要严谨,逻辑性要强。

新闻的结尾要简短,要言尽而意未尽,要发人深省或设置悬念,为以后的连续报道埋下伏笔。新闻往往采取"倒金字塔"式,就是以重要性递减的顺序来安排新闻中的各种事实,要把最新、最动人、最精彩的内容写在前面,这是纯新闻报道的基本结构特征,即头重脚轻。

④ 介绍背景材料。在编写新闻稿件的过程中,公共关系人员还应注意写好新闻背景,即要介绍新闻事件发生的历史、环境和原因,解释事件发生或人物言行的实际意义,主要是为烘托和发掘新闻主题服务。新闻事件的发生,既有纵向背景,即事件发生的来龙去脉,也有横向背景,即此事与周围事物的关系。因此,要介绍背景材料。介绍新闻背景材料的方式,有比较式、解释式和穿插式。背景材料有时是穿插于新闻导语、主体或结尾之中的。

⑤ 运用新闻语言。编写新闻稿件,必须运用新闻语言。其具体要求如下:第一,必须具体实在。因为新闻是在用事实说话,事实由时间、地点、人物、事件经过、事件起因、结果等因素构成,因而表达事实的新闻语言必须具体实在,不宜用空洞抽象的概念,而且应回避模糊性词语,尽量使用确切性词语。第二,必须简练精确。新闻要求迅速及时,决定新闻语言要简明扼要、开门见山、直截了当。新闻要做到真实,语言必须精确,即对事实的性质、程度、空间、时间的叙述或描写要准确无误,不能含糊其辞。第三,必须通俗易懂。新闻拥有最广泛的读者、听众和观念,而且层次复杂。人们都要读报纸、听广播、看电视,了解国内外大事。所以,新闻必须通俗易懂、浅显明白,使更多的人能够接受。第四,注意生动活泼。新闻的语言还要注意尽可能地生动活泼、饶有风趣。比如,适当地穿插些知识性、趣味性的背景材料,穿插些风俗、典故、逸事、常识等,使读者听之有声、视之有形、尝之有味、触之有感、呼之欲出,以增强新闻的感染力。

(2) 编写新闻稿件应注意的问题。组织的公共关系人员在编写新闻稿件时,除了要掌握一般的程序技巧以及遵循一定的原则要求外,还要注意以下问题。

① 公共关系人员在编写新闻稿件时,要考虑到为本组织树立良好的社会形象。作为新闻机构,发布信息是"中立"的,但公共关系人员不是为写新闻稿而写作,而是代表一定的组织或团体,扩大其社会知名度和美誉度,或为某些问题作明白的解释和说明。

② 公共关系人员在写新闻稿件时,应站在社会的高度,至少要站在社区的高度来分析问题,不能只局限于本单位的小圈子。因为有些事实在小范围内是轰动性的,但在全局

范围内却是微不足道的。因此,要善于研究那些正在萌芽的事物,发掘出真正的"新闻",还要设法在旧事物上翻新。一般说来,刚萌芽的新事物往往带有指导全局的意义。

③ 公共关系人员在编写新闻稿件时,要注意根据不同的新闻媒介,介绍不同类型的新闻,编写不同体裁的文章。有些高深、生疏的专业内容和技术术语要尽可能地用公众对象能接受的方式表达,还要注意避免用形容词的最高级,如"世界最好的"、"最著名的"、"领导世界最新潮流"等,以避免给人自吹自擂的感觉,也不要使用带命令口吻的语言,以免引起记者和公众的反感。

④ 公共关系人员在编写新闻稿件时,应注意标明新闻的来源,以利于记者能进行更深入详细的采访。同时,还要写明组织的名称、所在地和联系人姓名,最好还应附上新闻照片。这会对记者是否应该对该事件进行深入采访产生影响。另外,每张照片都应附上简短的说明,以便于参阅。

2. 举办新闻发布会和记者招待会

从政府工作部门来讲,现今中央政府及其所属各部门以及地方政府往往都设立专门的新闻发布机构和专门发布新闻的官员。发布新闻的机构一般称新闻局、处、办公室,发布新闻的官员称新闻发言人。新闻发布对政府来说,就是协调和加强政府各部门同新闻单位和公众的联系,沟通情况,传递信息;解释政府发布的法令、条例、规章及有关方针政策,传达政府的施政意图;协助新闻单位了解政府的各项工作,并从政治上、政策上予以准确地反映,为新闻单位更及时、更丰富、更活跃地宣传提供服务。新闻发布对社会组织来说,其目的在于协调和加强同新闻媒介和公众之间的关系和联系,沟通情况,传递信息;公布和解释本组织的重大决策、行为及有关的规章制度,传达本组织的施政意图,协助新闻单位及时了解本组织各方面的情况。新闻发布会和记者招待会都是当今社会组织新闻发布的一种重要形式,也是当今社会组织重要的公共关系活动。

(1) 新闻发布会和记者招待会的区别。新闻发布会是指由政府、企业、团体或个人把新闻记者、有关公众召集在一起,由专人发布消息、回答问题的一种会议形式。记者招待会是只召集新闻记者,而不包括一般社会公众,虽然也发布信息,但更多的是回答记者们问题的一种会议。新闻发布会和记者招待会虽然都是新闻发布的重要形式,但是两者还是有一定的区别。

新闻发布会的主要对象,既包括各大新闻媒体,也包括与新闻发布内容相关的组织和公众。新闻发布会可以只围绕一个主题或某项业务内容进行,如一种新产品的性能、研制、投产和销售,一项新技术的研究、应用和推广,一项计划的酝酿、制订和实施,一项活动的筹备和进行,也可以有综合、广泛的内容,以满足不同对象的需要。一般来说,新闻发布会是单向发布,举办者只是向新闻机构和公众发布新闻,不回答记者的任何提问,但有时可以例外。

记者招待会的对象范围要小一些,只包括新闻记者,没有一般社会公众。而且记者招待会的内容除了有新闻发布的内容外,还可以包括当组织受到公开批评而需要得到社会公众的理解并挽回影响、组织发生突发性事件需要向公众了解情况等方面的内容。特别突出的一点,记者招待会是双向沟通的,一方面,要有发言人的陈述;另一方面,记者可以自由提问,发言人必须给予回答。

新闻发布会和记者招待会虽然相互有一定的区别,但两者还有很多共同之处。比如:两者是组织与新闻界交往的重要形式,两者都要发布信息,人们往往对两种会议的程序以及形式方法上都有共同的要求。

(2)新闻发布会和记者招待会的基本要求。由于举办新闻发布会和记者招待会不仅是向社会发布某种信息,也是组织形象的一次"亮相"。因此,各类组织都重视新闻发布会和记者招待会的举办,都要经过周密的研究、精心的策划和准备。一般说来,举办新闻发布会和记者招待会有以下三个方面的要求。

① 准备阶段的基本要求。首先,确定会议主题和对会议进行可行性分析。要明确会议将宣传什么。是对一桩事情进行解释还是公布有关信息?如果是发布信息,则需要对发布的消息进行分析研究,看其是否具有广泛传播的新闻价值以及是否合乎时宜,然后决定是否召开。同时要对记者们将在会上提出哪些问题进行预测,在内部统一口径,以免说法不同而引起与会者的猜疑。其次,确定会议的时间和地点。为了获得良好的传播效果,召开会议一般要避开重大节日,也不宜与社会公众普遍关心的社会重大活动相重合。地点一般应选择在交通便利、场地较舒适的市中心某处,但有时也可选择主办单位或某一事件发生的现场。再次,准备好各种会议材料,包括口头材料、文字材料、实物材料等。必要时还可播放录像、展示实物、示范表演、图表解释,以增加记者的感性认识。最后,选好发言人和主持人及落实有关会务事项。发言人应具有一定的权威性。发言人应思维敏捷、口齿清楚,具有应变能力和较强的口头表达能力。主持人应稳重、大方,具有一定的组织能力、控制能力、应变能力和表达能力。有关会务事项包括发请柬、拟定会议程序、准备会议器材、确定工作人员、布置会场等。

② 会议进行过程中的基本要求。首先,搞好会议的签到工作,然后按事先的安排把与会者引到会场就座。其次,会议进程要严格遵守会议程序。主持人要充分发挥主持者和组织者的作用,宣布会议的主要内容、提问范围及会议进行的时间,一般不要超过两小时。再次,记者招待会应以记者提问为主,主持人及发言人讲话时间不宜过长,以便记者提问。对记者所提问题逐一予以解答,不可与记者发生冲突,如有外国记者参加,应配好翻译人员。最后,会议主持人要始终把握会议主题,维护好会场秩序。主持人和发言人会前不要单独会见记者或提供任何信息。

③ 会议结束阶段的要求。首先,尽快整理出会议记录材料,对会议的组织、布置、主持和回答问题等方面的工作进行回顾总结,从中吸取经验和找出不足。其次,收集与会者对会议的总体反映,检查在接待、安排、服务等方面的工作是否有欠妥之处,以便今后改进。最后,统计各到会记者在报刊上发表的稿件,进行归类分析,找出舆论倾向。同时,对各种报道进行检查,若出现不利于本组织的报道,应作出良好的应对策略;若发现不正确或歪曲事实的报道,应立即采取行动,说明真相;如果是由于自己失误所造成的问题,应通过新闻机构表示虚心接受并致歉意,以挽回声誉。

(3)新闻发布会和记者招待会应注意的问题。新闻发布会和记者招待会的举办,除了要符合上述各项要求外,还必须注意以下问题。

① 无论何种组织,在举办新闻发布会和记者招待会之前,都应征得所在地区新闻主

管部门的同意,办理好报批手续。

②　新闻发布会和记者招待会,无论发布什么新闻,都应充分地、慎重地考虑到它对社会的各种影响,不能违背国家的法规,避免出现偏差。

③　发布会和记者招待会自始至终都应坚持实事求是的原则。无论是会上发布信息,还是会后与记者交谈,组织所发布的信息内容必须客观、真实,若发现与事实不符应及时纠正。

④　举办新闻发布会和记者招待会还要注意经费预算,要考虑组织的经济承受能力,要视组织的财力、物力和人力而为,不可为追求规模和形式而不顾一切,否则适得其反。

3. 制造新闻

制造新闻也是与新闻界交往的一种重要形式和方法。所谓"制造新闻",是指制造具有新闻价值的事件和报道材料,即由公共关系人员以健康正当的手段,以组织内部发生的真实事件为基础,有计划地推动和整理出来既有利于组织,又使社会、公众受惠的新闻。

制造新闻虽然也是要以真实的事实为基础,但它带有浓厚的人为色彩。它需要公共关系人员具备广博的知识、丰富的想象力、一定的技巧和敏锐的观察力,即敏感的"新闻鼻",能在纷繁复杂的社会现象中迅速地发现新闻线索和发掘新闻素材。

(1) 发掘新闻。制造新闻的前提是发掘新闻,寻找带有新闻价值的事件,而发掘新闻的前提在于公共关系人员要有很强的新闻敏感性。

①　新闻敏感性。新闻敏感性是指对新事实中新信息的发现和辨别能力、对有价值的新闻敏锐的认识能力和准确迅速的反应能力。新闻敏感性是公共关系人员必备的素质,也是制造新闻的根本前提。新闻敏感性包括:第一,对政治形势的洞察力,即迅速判断客观事实的政治意义以及预见可能产生的政治作用的能力。政治洞察力强,就是善于从政治上考虑问题,善于鉴别和选择政治性强的事实进行报道,并能很好地体现党的政策。第二,对实际工作的关注力,即判断某项工作在全局中的地位以及对全局工作影响大小的能力。关注力强,就会努力深入实际,熟悉实际工作的发展,对全局情况了如指掌。第三,对公众兴趣的审视力,即判断某些事实能否引起公众兴趣的能力。对公众的审视力强,就能代表公众来观察,寻找他们欲知而未知的有趣材料,从而满足他们的新闻欲。

新闻敏感性并不是某些记者、某些公共关系人员的天赋灵感,只有经过长期的努力,刻苦的学习,不断积累和磨炼,才能逐步提高新闻意识,增强新闻敏感性。具备了新闻敏感性,并不等于就可以发掘新闻、制造新闻了,还必须广泛地搜集新闻素材。

②　收集新闻素材。在组织的生存和发展过程中,有可能成为新闻的事件很多,大致可以概括为以下几个方面:一是组织的经济效益和社会效益有明显的提高,工作成效显著,甚至在国内、国际、同行业、同地区处于领先地位,有可能成为新闻。二是组织在某一方面有了重大突破,比如某一企业产品质量提高、数量扩大、新的品种诞生,引用了新技术、新设备或者重要发明获取专利,新的科技成果通过鉴定,获得重要荣誉称号、重要奖励,或者为国家节约了大量能源,这些都有可能构成新闻。三是组织在深化内部改革、理顺关系、调动各方面积极性、提高劳动生产率方面有了新的经验、新的做法和新的措施;或是组织在人事方面有了重大变动,撤换了不称职干部,大胆重用了有能力的年轻人,顶

住了来自各方面的压力等。这些也有新闻价值。四是组织的职工对社会和组织作出了重大贡献,涌现出富有时代精神、高尚情操的先进人物等也是重要的新闻素材。五是组织在参与社会公益活动、热心社会福利及慈善事业、承担社会责任方面有良好的表现。例如,给残疾人捐款、捐赠生活用品,支持我国的体育事业、教育事业、希望工程、航天事业等,这些既能很好地塑造组织形象,也是很好的新闻素材。六是组织因被诬陷等原因导致组织形象受损,企业优质产品、名牌商标被假冒,或者由于其他原因使组织声誉受损也应作为新闻素材,通过新闻媒介传播予以澄清,恢复声誉。七是组织在经营管理上出现失误,在公众中造成不良影响,组织知错改过后也应及时通过新闻媒介向有关方面和社会公众表示歉意,并承担责任,赔偿损失,以挽回影响。八是组织举办各种专题活动,如奠基典礼、开业典礼以及各种有意义的纪念活动或庆祝活动。这些活动本身对组织的发展具有重要影响和深远意义,若能邀请知名人士参加则更能吸引新闻媒介的注意,从而达到提高组织知名度和美誉度的目的。

③ 挖掘新闻线索。在广泛收集新闻素材的基础上,公共关系人员还必须探寻、挖掘有价值、有意义的新闻线索。探寻和挖掘新闻线索,通常有以下途径:第一,认真学习党和国家的一系列文件和有关领导同志的讲话,吃透精神。因为这些文件和讲话一般都集中概括了当前的政治、经济和文化生活中的主要情况和问题以及政策动向和新的任务,既是我们进行新闻报道的思想依据,又直接预示着一个时期内将要发生的重要事情,能为我们提供大量的新闻线索。第二,积极参与组织内部的各项活动。组织内部的有关会议和活动,往往是情况、问题、意见和建议集中的场合,公共关系人员要尽量多参与,而参与的目的不能只是为了报道会议本身,而应通过会议中所反映的情况,集中各方面的意见以及会议从有关问题所作出的决定中去发现有意义的新闻线索。第三,掌握动态,善于研究。公共关系人员要通过查阅有关报刊,剪贴和复印有价值的部分,将其分类汇编成册,并注意收听和收看广播、电视节目,必要时还应录音、录像,以及时了解和研究各个特定时期新闻机构报道的动向、热点,从已掌握的各种情况中寻找线索,也可以根据报道的动向,有意识地去收集材料,取得更多的新闻线索。第四,广泛交往,开拓思路。我们每天都接触传播媒介,信息每天都像洪水一样涌来,稍加留意,就会受用无穷;随意放过,不但可惜,还可能给组织经营带来后患。所以,公共关系人员应在社会上广交朋友,并通过对周围的密切观察分析,从日常生活中挖掘素材,并在此基础上提出新问题、选择新角度、发现新线索。第五,丰富知识,积累经验。公共关系人员应尽可能地多掌握生产知识、经济知识、科技知识和其他业务知识。只有熟悉这些知识,才能更深入地了解从事这些活动的人,更敏锐地发现新闻线索。

④ 确认新闻价值。新闻价值是指某种事实得以实现传播从而产生效果的各种因素的总和。一般说来,无论是公共关系人员,还是新闻记者、编辑以及社会公众,他们衡量、确认、选择新闻价值的标准大致相同。确认新闻价值要注意以下问题。

第一,注重新奇性。新奇性是新闻价值构成的基本要素。它通常包含两个意思。一是指时间上要新。新闻报道与新闻事实发生的时间要尽可能接近,时间差越小,新闻价值越大;时间性越强,新闻价值越高。所以,新闻报道要有强烈的时间观念,才能增强新闻的可读性和可信性。二是指内容上要新。现实生活中有许多为广大群众欲知而未知的新鲜事,如新情况、新成就、新经验、新风貌、新问题等。

第二,讲究指导性。新闻是否具有指导性,也是衡量新闻价值的重要标准。在任何时候,新闻都要以指导性和思想性为尺度去衡量所观察到的一切事物,从而确定它的新价值,恰当地运用它。

第三,强调重要性。事物越重要、越显著,关心的人越多,新闻价值也就越大。有些事的重要性和显著性是一下子就能看出来的,有些却是淹没在大量的一般性事实之中,这就需要公共关系人员下工夫筛选、辨别。新闻事实与人们的利害关系越密切、涉及面越广、影响越大,重要性就越显著,也就必然引起人们的普遍关注。重要性与显著性常常是连在一起的。显著性是指那些著名的、非同一般的事物,比如邀请著名人士参加组织的重要纪念日活动等。这些事实知名度高、影响面广、吸引力强,最能激起人们的兴趣。

第四,考虑接近性。这是指新闻事实与公众在心理上、利益上、地理上、职业上的关联与接近。其关联接近程度越紧密、公众越关心,新闻价值也越高。如恰当地选择社区内的新闻事实予以报道,有助于引起社会公众的兴趣和改善组织形象。

第五,注意趣味性。趣味性也是衡量、确认新闻价值不可缺少的标准之一。搞新闻的人都知道一句话,叫做"狗咬人不是新闻,人咬狗才是新闻",说的就是这个意思。但是,对趣味性不能做庸俗理解,不能做片面理解。公共关系人员在做新闻宣传工作的时候,不能有片面猎奇的小市民心理,专门去追求怪招、选奇闻、耸人视听。所以,新闻除了"新"、"奇"外,还应该从社会生活中人们所关切的具有积极意义的事情中去寻找。

公共关系人员在广泛收集新闻素材、挖掘新闻线索、分析和确认了新闻价值之后,就可以通过健康正当的手段制造新闻了。

(2)制造新闻。我们这里所说的"制造新闻"是指以事实为根据,通过健康正当的手段,制造既有利于组织本身又有利于社会公众的新闻。它与那些利用不法手段肆意歪曲事实、哗众取宠的新闻有着根本的区别,它有助于推动社会公益事业和文化活动的发展,有助于推动社会主义精神文明建设的发展,有助于促进组织经营管理水平的改善与提高,对社会进步与发展有着积极的意义。

制造新闻需要有广博的知识、丰富的想象力和一定的实际工作经验,同时也要掌握如下普遍适用的技巧。

① 应该就公众在某段时期最关注的话题制造新闻。公众在不同的时期所关心的话题不同。对公众兴趣审视力较强的公共关系人员应该时刻关注这个问题,以便把握时机。比如,1988年在韩国举办奥运会期间,广州健力宝集团就抓住时机,成功地制造了一次很有影响的新闻。集团不仅向奥运会捐送、赠送产品,在奥运会结束后,总经理还专程向我国获奥运金牌的运动员赠送冠以"健力宝"名称的金罐。对这一活动,新闻界进行了大量报道。

② 要注意抓住"新、奇、特"这三点制造新闻。一个事件的新闻价值往往就在于它的"新、奇、特"上。在激烈的组织形象竞争中,要成功地制造新闻,公共关系人员必须独具匠心,使公共关系活动具备"新、奇、特"的条件。日本一家酒店在这方面就很有办法。这家酒店位于市郊的一个偏僻的山坡上,尽管环境幽雅,但游客较少。后来,该店想了一个主意,即在酒店的小山坡上划出一块地方专供旅客种各种纪念树,如结婚纪念树、生日纪念树等。这样做,既美化了酒店环境,又吸引了大批游客,还使那些在这里种下纪念树的旅

客每隔一段时间就跑回来看看自己亲手种下的树,浇水、培土,重温往日美好时光,成为一批稳定的回头客。这一做法吸引了大批记者前来采访、报道,该酒店也成功地制造了一则动人的新闻。

③ 为了强化新闻的效果,应事先制造一些热烈气氛,使公众心理上有所准备。例如前述的法国白兰地成功打入美国市场的案例中,法国白兰地公司就是通过给美国总统艾森豪威尔赠送两桶有 67 年酿造史的名贵白兰地,作为其 67 岁寿辰的贺礼,制造了有关白兰地酒的新闻。赠送仪式上白兰地酒的种种传说与趣闻成为华盛顿市民街谈巷议的话题,以致到总统寿辰那天出现了万人空巷的现象,人们都集中在白宫前面等待这一赠酒仪式,新闻机构更是纷纷报道,产生了强烈的轰动效应。

④ 应有意识地把组织和某些权威人士或社会名流联系在一起,利用他们的知名度吸引记者前来采访。比如:一家企业周年庆典活动既可以成为新闻,也可以办得默默无闻。如果这家企业在办庆典时,能请到几位知名人士为纪念活动剪彩,并同时举办记者招待会,那情形可能就大不一样,这样庆典就很可能成为新闻。

⑤ 制造新闻还要尽可能地与传统的盛大节日或纪念日联系在一起,每年的传统节日、纪念日往往都是新闻报道的重点。例如,某公司选择国庆日,代表全国人民将首批"好礼"赠送给国旗卫士,顺应民意地把企业和社会巧妙地结合,一举多得,既受到了社会各界的好评,又引起了新闻媒介的全面报道,成功地制造了一次新闻。

⑥ 应注意多与报社、电台和电视台等新闻机构联合举办各种活动,以增加本组织在传播媒介中亮相的机会。这是因为新闻机构自己举办的活动自然会在自己的新闻媒介上报道,组织也会因此得到与广大公众见面的机会。例如,某家企业和某电视台联合举办青年大辩论活动,这家电视台一定会全力将这次活动制作成节目在电视上播放,于是这家企业在整个辩论比赛和发奖仪式上露面。可见,与新闻单位联手也是制造新闻的一个极好机会。

公共关系本身既是一门科学,也是一门艺术。公共关系实务更是这样,其艺术性体现得更为明显。制造新闻同样如此,没有一套固定不变的原则和方法。上述介绍的也只是一般性的技巧,公共关系人员要成功地制造新闻还必须通过大量的实践,不断地总结经验,使自己的技巧日臻完善。

2.1.4 整合营销传播

前些年,在广告和营销界开始出现一个叫 IMC 的词汇。美国微软公司 1995 年在全球推销 Windows 95,成为全球关注的轰动有效的营销典型案例,在很大程度上是运用了 IMC 战略。

IMC 是英文 Integrated Marketing Communication 的缩写。目前对它的中文表述并不完全一致,可译"混合营(行)销沟通"等。就其主要含义而言,采用"整合营销传播"这一术语似乎更贴切。一般说来,在国际上,IMC 已成为 20 世纪 90 年代以来广告界的主流,成为营销界的热门话题,成为 21 世纪的大趋势。正如该理论的倡导者,美国的舒尔兹教授在其代表作《整合营销传播》一书的副标题所示,"IMC 是 21 世纪企业决胜关键"。

"整合营销传播"是一个正在发展中的概念,一时很难对其作出界定。但是,如果从其字面意义及实际操作中的含义来看,我们可以先给整合营销传播的含义做如下界定:整合营销传播是综合、协调地使用各种形式的传播形成,传递本质上一致的信息,以达到宣传目的的一种营销手段。这里的各种形式应该是一切手段,常用的主要是新闻、广告、公共关系活动、促销,其中公共关系传播要求智慧含量最高。整合营销传播是一个系统工程,追求 1+1>2 的效果。

1. 4Ps 理论和 4Cs 理论

(1) 4Ps 理论。所谓 4Ps 是由美国密歇根州立大学教授麦卡(Mcarthy)在 1960 年提出的,这是营销理论中占重要地位的概念,由此确定了营销四个组合因素,即产品(Product)、价格(Price)、渠道(Place)和促销(Promotion)。这四个因素的英文单词都以 P 开头,所以习惯上称其为 4Ps。4Ps 作为营销教育和实践的重要基石,其地位的稳定性长达 20 多年。

(2) 4Cs 理论。20 世纪 90 年代以来,营销领域越来越多的人转向劳特朋(Lauterborn)所提出的 4Cs 理论。

4Cs 是英文 Customer(消费者)、Cost(成本)、Convenience(便利)和 Communication(沟通)4 个单词首字母的组合。

4Cs 理论有其新颖性的特点,具体表述如下:

① 把产品先搁到一边,赶紧研究消费者(Customer)的需要和欲求,不要再卖你所能制造的产品,而要卖消费者想购买的产品。

② 暂时忘掉定价策略,着重了解消费者,要满足其需求所须付出的成本(Cost)。

③ 忘掉渠道策略,而考虑如何给消费者方便(Convenience)以购得商品。

④ 最后请忘掉促销,取而代之的是沟通(Communication)。

以上四个特征从表面上看是与传统的做法相对立,其实更重要的在于它从一个新的角度开拓了大家的视野。我们认为:4Ps 与 4Cs 不是取代关系,而是发展关系,两种方法都在发挥功能,因此 IMC 本身也存在争议,这主要在于 IMC 实践中的优点和缺点。实施 IMC 策略并不是简单地将营销工具进行组合。IMC 的执行过程包括对组织结构进行调整、建立资料库(datebase)以及选择 IMC 代理公司等几个主要部分。

由于科技、社会以及人类需求的相互作用,大众媒体由盛而衰,国际性电子传播系统取代地方媒体,人和组织间的立即传播代替了计划性、安排日程的媒体活动。以往的传播系统时空固定,现在却以消费者的需要和时间而机动调整。忽然之间,消费者比以往能获取更多信息,并开始要求特别的产品、特别的配销系统和特别的沟通渠道。一度单一化的大众市场分裂为成百上千的个别市场。不同生活形态、种族背景、地理因素、教育、收入、性别和其他可以显示个人与众不同的事物造就了成百上千个市场。

很明显,4Cs 理论把企业营销的重点放在消费者身上,即一切以消费者为中心。因此,凡是与消费者有关的一切活动都可以纳入营销的范围,这使得营销活动和传播活动有了更加广阔的空间,可以运用的传播方式大大增加了,整合营销传播随之被提上了议事日程。

2. 整合营销传播产生的依据

IMC 产生的主要依据是传播媒介发生了重大变化。传播媒介的变化主要表现在以下几个方面。

（1）图像传播的盛行与近似文盲的出现。从电视的发明开始,人类传播方式逐渐从以文字和口头传播为主向以电视、演讲、MTV 和口语为主的传播方式转化。这种传播方式具有直观生动、易懂、不需要受众多大程度参与的特点,使得现代人少有对信息的理性理解,于是造成了所谓的"近似文盲",越来越多的人只能读一些字,却无法理解简单的句子、片语或指示。由于社会越来越重视图像、声音和象征的运用,减少了对阅读的要求,近似文盲的人也能以他们自己的方式进行传播活动,组织将会更多地依赖符号、象征、图像、声音等传播形式将信息传达给实际的消费者和潜在的顾客,整合各种形式的传播媒介就变得越来越重要。

（2）媒介数量的增加和受众的细分化。由于媒介数量的空前增多,大众媒介一统天下的局面被打破,使得消费者可以从各种各样的媒介中获取信息,每个媒体的视听众越来越少,每个消费者或潜在消费者所接触的媒介越来越多。如何充分利用各种媒介有效地为某种品牌、公司或营销组织服务,成为日益重要的课题,整合营销传播也就显得日益重要了。

（3）消费者做出购买决定时越来越依赖主观认知而非客观事实。简单地说,消费者购买时决策的依据往往是他们自以为重要、真实、正确的主观认知,而不是来自具体事实的、进行理性思考后的客观认知。由于近年关于产品的信息越来越多,消费者没有时间和能力去仔细对各种信息进行处理。这种情况迫使组织的产品服务信息必须清晰、一致而且易于理解。因为消费者的认知对他们来说就是真实,所以组织通过各种形式的传播媒介所传递的认知信息也必须一致,否则就会被消费者所忽略。

正是在这种因素的作用下,整合营销传播出现了,它避免了传统营销方法由于忽视这些变化而造成的传播无效和浪费。

3. 整合营销传播的内涵

（1）以消费者为核心。在整合营销传播中,消费者处于中心地位,这应该说是公关意识在营销与传播中得到认同。一方面,唯有消费者才是组织生存的根本,因此必须以 4Cs 理论为基础,一切传播活动围绕消费者而展开。另一方面,消费者在处理组织所传递的信息上有很大的主动权。虽然消费者被各种各样的商业信息所包围似乎是无处逃脱,但是如果那些信息与已有的信息不相关或是互相冲突,那么他会拒绝这些信息,从而造成传播的失败。因此,传播者必须了解消费者已有的信息或经验领域如何,或是让消费者对信息有所了解。

实际上,整合营销中的每一个环节都在与消费者沟通。广告、公关、促销、直销、营销等都是不同形式的沟通和传播。店内商品陈列、店面促销以及为产品做的零售店头广告等也是传播。当产品售出之后,售后服务也是一种传播。总之,在 20 世纪 90 年代,营销即传播,传播即营销,二者密不可分。

（2）以资料库为基础。以消费者为核心，必须对消费者和潜在消费者有深刻而全面的了解，这是公共关系调研与信息管理在营销领域的延伸，并有赖于组织在长期的营销过程中所建立的资料库。消费者的方方面面，包括人口统计特征、心理统计特征、购买历史、购买行为、使用行为和习惯等，都是进行整合营销传播的基础。建立资料库之后，还必须不断地分析流入和持续加强的信息，从消费者的反应中分析走向、趋势变化和消费者的关心点。

（3）以建立消费者和品牌之间的关系为目的。整合营销传播的一个核心是培养真正的消费者价值，与那些最有价值的消费者保持长久的紧密联系。这意味着从消费者第一次接触品牌到品牌不能再为其服务为止，组织都必须整合运用各种传播手段，使其与品牌的关系越来越密切，彼此互相获利。

（4）以"一种声音"为内在支持点。现在的组织能在相当程度上控制消费者对其产品信息的接触。组织可能通过付费和非付费的媒介搭配，控制信息的流动。随着信息的大量增加，消费者获得产品和服务信息的机会更多，下面的趋势就越来越明显：消费者因自身的需求而主动接触信息，不是经过现行的由组织主导和控制的信息流通系统。因此，组织不管用什么媒介，其中的产品或服务信息一定得清楚一致，如果经过多样媒介传递的信息相互矛盾，就很可能会被消费者所忽视。

（5）以各种传播媒介的整合运用为手段。整合营销传播应当做到使不同的传播手段在不同的阶段发挥最大的作用。

要了解传播媒介的整合运用的重要性，首先必须理解"接触"（contact）这个概念在整合营销传播中的意义。在这里，接触指凡是能够将品牌、产品类别和任何与市场相关信息传递给消费者或潜在消费者的"过程与经验"。能够接触消费者的方式有许多种，如邻居和朋友间的口碑、产品包装、报纸报道、杂志与电视的信息、商店内的促销活动、待客之道与产品在货架上的位置等。在购买行为发生之后也可能接触，如消费者或潜在消费者的朋友、亲戚、同事谈及某人使用该品牌产品的经验，也包括售后服务、各种客户申述处理的方式、公司用以解决顾客问题或引发额外消费的信函方式。凡此种种都是消费者与品牌的接触，它们经年累月不断地影响消费者与品牌、组织间的潜在关系。

消费者可以通过各种接触方式获得信息，即由各种各样的媒体接受各种形式、不同来源、种类各异的信息。这些信息只有保持"一种声音"才能发挥最大的作用。因此，对各种传播媒介的整合运用便显得十分重要。

比较传统的营销传播运作模式与IMC的不同，我们清楚地发现：IMC的主要特点仍以"整合"、"优化"、"合力"、"一致性"和"完整性"等为优点，采用由外而内的角度进一步深化和拓展了市场调查的领域，同时也体现了信息高速公路所能开发的最新成果。

2.1.5　网络公共关系

1. 网络公共关系概念

据统计，在美国发展最快的五个行业中，公共关系业就是其中之一，所有全球性公共关系公司都以每年增长 20%～25% 的速度在发展。未来的时代是一个人和计算机共生的网络时代,这一时代的到来进一步提升了公共关系的作用和地位,给公共关系人员提供了一个长袖善舞的发展空间。网络时代是公共关系业充满希望和机会的时代。网络为公共关系业带来了又一个春天。网络世界中的一些著名品牌,如雅虎、亚马逊等在几年时间里建立起来,与可口可乐等传统品牌用一个世纪才建立起来的知名度相比,不能不说其中有网络公共关系的功劳。据统计,财富百强公司 100% 地拥有自己的网站,它们已成为公司对外公共关系的主要工具。如微软网站有很多自己的新闻;耐克网站有关耐克公司的所有讨论和公司动态等。因此,各种组织正在抓住机会开展网络公共关系,以迎接"注意力经济"时代的挑战。

网络公共关系(public relations on net)或者称作 E 公共关系,是适应时代要求,以互联网为手段,沟通企业内外部信息,加强企业与社会公众的交流,从而提高企业的知名度和美誉度,塑造良好的企业形象的新型公共关系活动。网络公共关系是数字环境下的公共关系,是传统的公共关系活动在网络中的新发展。网络公共关系有三大构成要素:网上的各种社会组织、社会公众和传播。

(1) 各种社会组织是网络公共关系的主体,是指建立自己的网站,利用网络及其技术实现特定的公共关系目标的各种组织、团体、企业、个人等,主要是指网上的各种社会组织,包括营利性组织和非营利性组织。

(2) 社会公众是网络公共关系的客体,是指能够接触到网络,并同一个网上社会组织发生直接或间接关系,与该组织的发展有现实或潜在影响的个人、群体或团体的总和。

(3) 传播是把二者联系起来的纽带。目前网络公共关系的传播手段主要有各类网络论坛、BBS、新闻组、电子邮件、网上会议等。由于网络传播方式和技术仍在不断的发展和变化之中,因而必然会导致网络公共关系在网络技术发展的不同阶段有着不同的方式和技术。网络公共关系人员的任务就是把这三者和谐地统一起来。

2. 网络公共关系特点

(1) 互动互通性。首先,因为网络具有互动互通的特点,使得信息传播的交互性大大增强,从而使网上公共关系主体拥有了在传统公共关系(这里指通过报纸、杂志、电视、广播等传统新闻传播形式进行的公共关系)中所没有的主动性,使网上组织在公共活动的几乎所有环节中都能发挥主动作用。这一特征是网络公共关系与传统公共关系相比更具优势的根本原因所在。

在传统的新闻传播中,编辑、记者、导演等人往往充当了"守门员"的角色,他们决定一组织的新闻、消息是否能见诸报纸、杂志或电视,他们甚至还决定这则消息的表达风格和隐含内容等。与传统新闻的这种局限相比,网络的加入给组织的公共关系活动提供了巨大的机会。网络使企业可直接面向消费者发布新闻而不需要其他媒体为中介成为可能,这是一个极为重要的革命。这项革命克服了传统新闻传播中存在的消极人为因素,使组织能有效地掌握公共关系的主动权,能对公众产生直接影响。

同时,网络即时互动的特性使网上公共关系还具有创建组织和公众"一对一"关系的优势,增加了组织和公众间的直接交流与沟通,使组织能及时、充分地接收公众的反馈信息,了解公众的个性化需求,把握公众对组织的评价,维护和组织的良好关系,从而提高了公共关系活动的实效性。

(2) 即时性。"给我两分钟,我让全世界找到你。"这是一家网络公司的广告词,形象地说明了网络公共关系的跨越时空性。网络信息传播的高速度使得组织的公共关系活动具有即时性的特点。传统传播媒介有一定的发行周期,如一般报纸和杂志每天或每月才发行一次,而在网上可以全天 24 小时随时发布消息,且可随着形势的发展随时更新消息,公众也可以全天候随时地进行点击。比如"蓝色巨人"IBM 公司于 2010 年购买 Lotus 后即在其首页上发布了这则消息,比当天的报纸要早几小时。网络的这种特点对组织公共关系活动的开展既是机会又是挑战,组织有了机会随时发布消息,但也使公共关系工作的节奏大大加快,一些不利于组织形象的负面信息可能因为在网上曝光,几分钟就传遍世界各地,这就需要公共关系人员同样利用网络的即时性对时间做及时而有效的处理。2010年的 10 月,美国一家生产果汁的欧瓦拉果汁公司发生一起突发事件。该公司生产的一批苹果汁不慎被 0517 大肠杆菌污染后流入市场,导致 61 人中毒,其中一名儿童死亡。一下子舆论哗然,公司的良好形象受到了严重损害。面对这一突发事件,公司开展了强大的网络公共关系,请网络专家在 24 小时内建立了公司的全球信息网站,向公众传达了公司的道歉声明和补救措施,并且帮助消费者联上相关的医药保健网站,获取有关大肠杆菌的最新医学信息,以求对策,从而避免了事态的进一步恶化,挽救了公司的形象损失。

(3) 广延性。网络的全球互联性使得网络公共关系在空间上拥有了传统公共关系所没有的广延性,组织公共关系活动的受众无限扩大,全世界 160 多个国家和地区的上网公众都有可能接收到组织在网上发布的新闻,克服了传统公共关系活动在地区上的限制。同时,网络给组织的公共关系活动提供了巨大无比的活动空间,组织可以通过网络论坛、当地电子公告板(BBS)、新闻组、网络会议、网络广播台及节目、网络电视台等各种形式向公众发布新闻或开展其他公共关系活动,从而扩大了组织活动的范围。

3. 网络公共关系的活动方式

组织开展网络的方式是多种多样的,关键是要在网络公共关系实践中灵活运用。网络公共关系的活动方式主要有如下几种。

(1) 建设公关型的企业网站。企业网站是帮助企业树立形象的最佳工具之一。网站上的企业背景资料、商标、广告语、经营理念、企业视觉形象识别系统等公关信息元素可以源源不断地向公众进行传播。公众也可以通过网站提供的联络方法提出自己的疑问、咨询及投诉,并快速地得到企业的答复。以上的过程使公关活动的本质即组织和相关公众之间的双向信息传播和沟通得到最好的诠释,这也要求企业在设计网站时充分考虑网站的公关功能,不仅把网站作为一个销售平台、服务平台、采购平台、广告平台,也要把其作为企业公关活动的平台,使网站融入企业的文化、精神和理念。在利用网站公关的过程中,企业公关人员必须明确两个问题。首先,网络公关的对象包括客户、供应商、经销商、投资者、企业内部员工、媒体、金融机构、政府机关、社会团体等,这些公众对企业的经营管理活动都会产生直接或间接的影响,需要受到企业的重视。其次,网站需要根据这些公众的特点为其提供各种信息服务。企业的背景资料、组织结构、管理技术水平、新闻是向上述全体公众提供的,此外企业也应该注意提供针对特定公众的特定信息服务。

(2)借助网络媒体发布新闻稿。近几年,以新闻传播为重要任务的网络媒体发展速度惊人。新浪、搜狐、网易等站点在新闻传播方面的影响力已经丝毫不亚于一些传统的电视、报纸、杂志媒体。通过这些网络媒体来发布关于企业的新闻,无疑是行之有效的公关方法。不仅如此,如果企业网站有足够的访问量,网站本身就可以在一定程度上代替传统媒体的新闻发布功能。企业还可以通过公共论坛、与企业业务相关的新闻组来发布这些新闻,同样也可以达到较好的效果。网上新闻稿的制作应注意以下几点。

① 注意稿件的链接问题。网上新闻稿的制作不同于现实生活中的新闻稿。在真实世界中,新闻稿通常不超过两页,因为有篇幅限制,许多信息只好删去。在网络上则没有这种限制,而且还可将新闻链接到其他相关信息上,使得公众在搜寻信息时可以从中寻找更有用的信息,既方便了公众,又大大增加了组织的信息发布量。因此,在进行网上新闻稿的制作时要特别注意稿件的超链接问题,应创建新闻稿与各种相关信息的链接,如创建新闻稿与站点中过去新闻稿及相关信息的链接,使公众能获知事件发展过程的概貌及更多的信息;创建新闻与其他站点中相关信息的链接;创建新闻稿与有关图片的链接,使公众有可能获得相关的图片资源。

② 注意稿件的形式问题。为了提高公众对组织网上新闻稿的浏览率,新闻稿的形式应力求生动、活泼,富有新意,能抓住网上公众挑剔的眼睛。形式千篇一律,语言枯燥乏味的新闻稿在任何时候都是无人问津的,在强调“注意力经济”的网络时代尤其如此。因此,为吸引公众对组织新闻的注意,组织在设计网上新闻稿时,公共关系人员可运用 Flash 动画、音乐等多媒体技术,增强新闻发布形式的趣味性,从而加深公众对新闻的印象。

③ 加强新闻稿的互动性。网络区别于传统媒体的一大特征是它的互动性,我们在制作新闻稿时也应充分增强它的互动性,从而使组织及时得到公众的反馈信息,为组织的下一轮决策提供依据。首先,应该在新闻稿页面的顶部或底部添加联系信息,使公众一旦有疑问,能和公司的相关人员快速取得的联系,实现公众与组织公关部门的即时互动;其次,应在新闻稿后设立专门的评论区或设立常规性的电子论坛,使公众可以自由发表自己的读后感,参与讨论。

(3)通过电子邮件发布个性化信息。面对不同的信息需求者,企业可以通过电子邮件为他们提供各种类型的信息服务,使他们及时了解企业的各种新闻、产品、销售政策,而相应公众也可以通过电子邮件将对企业的要求、建议传回企业。维护企业与传统大众媒体的关系。传统大众媒体和新兴网络媒体绝对不是简单的对立关系,而是相互渗透、相互融合的。企业公关人员可以进入相应的公共新闻组和论坛,或者进入媒体的论坛和聊天室与记者、编辑交流,也可以利用电子邮件向他们发送新闻稿、提供新闻线索,这都将帮助企业公关人员建立与媒体人员的良好沟通,促进企业公关活动目的的实现。

(4)刊登网络公关广告。公关广告是企业推销自身形象的一种特殊手段,是一种特殊形态的广告,亦是一种特别的公关活动方式。而网络广告所具有的超时空、低成本、内容可扩展等优势,无疑使它成为一种理想的公关工具。在网络上做的形象广告、公益广告、观念广告,都能有效加强公众对企业的理解,融洽企业与公众的关系。

(5)赞助公益事业。在网上赞助有益的社会事业,可以在推动公益事业发展的同时,为企业赢得良好的声誉,是一种有效的网络公关手段。

(6) 开展网上社会服务活动。在网上举办各种专项社会服务活动,无偿地为相关的公众提供服务,以行动和实惠吸引公众的兴趣,获得公众对企业的好感,也是一种较好的网络公关活动方式。举办网上公众代表座谈会。企业在做出影响相关公众利益的政策决定之前,需要了解相关公众对此项政策的详细意见或是企业在相关政策实施一定时间以后,想收集公众对此项政策的态度和反映,都可以通过网上公众座谈会的方式来进行。在操作过程中,可以通过各种途径,如电子邮件、企业网站、电话等发布邀请函,其中应注明座谈会的时间、网址、参会人员、讨论主题等重要信息。

(7) 召开网上新闻发布会。在传统公关活动中,新闻发布会是组织和公众沟通的例行方式。它是一种两级传播:先将消息告诉记者,再通过记者所在的媒体告知公众。企业将这种方式放到网站上,通过聊天系统或视频会议系统进行,可大大降低新闻发布会的成本,提高效益。

(8) 网上软件搭载发布。通过网上 OICQ、Foxmail、Netants 等绿色软件的搭载形式完成对新闻稿的发布。绿色软件的下载率非常高,因此,组织可与这些软件的生产商联系,以搭载的形式发布新闻稿,从而扩大组织的最新动态、产品资料等信息的受众面。

在发布工作完成以后,组织还有一系列相应的善后工作需要做,如给有关记者打电话告知新闻稿的发布情况、认真回复公众或记者读完新闻稿后的疑问等。

4. 网络公共关系的新发展

近年来,随着网络技术的发展,网络公共关系又有新的发展,其中博客公共关系和微博公共关系日益受到人们的重视。

(1) 博客公共关系。博客是近年来发展最快的互联网工具,它从 2001 年正式登陆中国,便以星火燎原之势迅速发展。博客作为一种媒介,一种网络交流方式,其个人性、即时性、共享性和交互性、可信性等特质已开始显示出了其在公共关系应用方面的价值。

① 博客的概念和特点。学界一般将博客(Blog)描述为:"一个 Blog 就是一个网页,它通常是由简短且经常更新的 Post 所构成;这些张贴的文章都按照年份和日期排列。Blog 可从有关公司、个人、新闻,或是日记、照片、诗歌、散文,甚至科幻小说中发表或张贴。许多 Blogs 是个人心中所想之事情的发表,也有非个人的 Blogs,那是一群人基于某个特定主题或共同利益领域的集体创作。Blog 好像是对网络传达实时信息。撰写这些 Blog 的人就叫做 Blogger 或 Blogwriter。"简单说来,Blog 是在网络上的一种流水记录形式,所以也称为"网络日志",或简称为"网志"(Web log)。

最初的博客出现于 20 世纪 90 年代,1993 年博客软件工具的测试版发布了;1999 年,网络日志被正式命名;2002 年,国内最早的博客服务提供商开始出现,博客中国与 BlogCN 相继建立;到 2006 年左右,博客作为一种新的媒体现象,其影响力大有超越传统媒体之势。博客的发展如此迅速,这与其突出的个性特点是分不开的。博客有如下六个特点。

第一,零进入壁垒。博客是"零进入壁垒"的网上个人出版形式,"零进入壁垒"主要是指满足"四零"条件,即"零技术、零编辑、零成本、零形式"。

第二,共享性强。对博客而言,分享是博客赖以存在的基础。当每个博客以自己的网页组成博客们的共同主题时,博客们便在这个虚拟的空间中共享观点、思想、知识、信息。此时便体现出"梅特卡夫定律"即网络的价值,随着用户数量的平方数增加而增加,或者说信息共享的价值是以博客数量的平方来计算。

第三,交互性。在博客中,Blogger 通过自己发布的日志来同读者进行交流,读者通过在博客中发布评论与其他读者或者 Blogger 进行沟通。这样便形成了一个围绕着博主与博主、博主与读者、读者与读者间交互的开放的沟通圈。

第四,可信性。或者说是"权威性",一个受欢迎的、点击率很高的博客,往往在大众心目中具有较高的权威性,其发布的内容具有可信度。因为一旦其发布虚假信息被大众察觉,失去了可信性,该博客的大众访问量就会大大降低。

第五,个性化。在博客中由于没有上司领导,没有工作要求,没有内容主题和文体的限制,博主们在毫无思想压力的轻松状态下畅所欲言,将自己认为最有价值的东西以个人的独特方式展现出来,让公众尽情感受以"个人大脑"作为网络搜索引擎和思想发源地的魅力。

第六,信息形式多样。博客作为一种网络媒体,可以记录各种形式的信息,也可以随时查询,具有档案的作用。而报纸虽然能够记录文字信息,被人们多次浏览,但却记录不了视频和声音;电台和电视台能够播放声音和视频,但很难记录下来,人们看过一遍想看第二遍就得等重播。博客则不然,文字、声音和视频都能记录下来,无论什么时候想要查询都很容易办到。因此,博客传播的速度和效率在很多时候能超越传统媒体。

② 博客公关的概念和目的。博客的出现,打破了原有传播体系中媒体导向占据主导地位、用户反馈和参与占从属地位的局面。而当受众真正参与到企业传播体系中后,企业传播方式也开始了全新的构建。

所谓博客公关,就是利用博客的"口口"传播功能,将公关消息"病毒式"传播出去,并且利用博客宣传公司的观点,降低公关成本,提高信息的传递效果,从而达到公关的目的。

博客公关应用的最根本的依据是博客的聚合效应,也就是我们所说的"圈子"概念,即具有相同的爱好、相近的职业领域或相似的生活背景的人所形成的一个人际关系联结的群体。相对于这个群体而言,写作者是一个意见领袖、一个意见发布的核心,他们对于特定商品、服务乃至特定企业的看法,对于这个小群体而言具有相当的辐射与渗透作用。博客圈子的蓬勃发展使口碑效应愈发加速和放大。

博客公关的主要目的有两类:第一类是利用博客传播的特点,迅速建立和组织当事人的博客,快速将企业动态及相关事件的内容传播给受众,以消除猜疑和负面消息,建立起正面引导;第二类是通过建立起切实可行的博客作者检测机制,对博文和博客进行有重点、有目的的检测,以避免负面、误解的信息在网民和博客中扩散,从而达到维护企业形象的目的。

博客公关随着博客的发展和众多企业博客的开设,其威力和价值也逐渐体现出来,并得到国内外公司的关注和重视。自 2005 年 6 月开始,一名叫 Jeff 的戴尔笔记本用户在其博客上讲述了自己使用戴尔笔记本的遭遇,并对戴尔售后服务不断地发布不满的评价,戴尔公司对博客传播威力的忽视采取不作为的举措,则最终被证明成为该年度商业公司最大的公关失误之一。相较而言,互联网业界的先锋 Google 则显得很有远见。在澄清关于李开复与微软之间案件的失实报道事件中,Google 使用了"Google 与李开复博士"这一博客作为唯一信息发布平台和公关媒体,成功地避免了一场诚信危机,同时也扩大了 Google 在中国的影响力,造就了国内第一个具有广泛影响力的博客公关案例。

③ 博客公关的基本形式。主要有如下四种。

一是官方博客。官方博客是公司的信息与评论官方发布平台,可以雇用专门的(咨询、公关)人员为其写作和管理,或者由企业公关部门的员工来运作,其目的是及时透明地反映公司情况,避免外界负面、误解信息。这是企业掌握话语主动权的第一步。

二是高管博客。根据最近的一项调查表明,CEO 的个人声誉占整个企业形象和信誉的 48%。CEO 开博客本身就是一种很有效的公关行为,可以利用自身的个人魅力起到宣传作用;还可以拉近与员工、消费者的距离,塑造 CEO 更具亲和力的形象;为公司带来更多的公关话题,从而树立企业的形象。CEO 可以通过博客把企业的文化、价值观和经营宗旨等向外界表达,相比一个实体,个人更容易表达和吸引注意力。

除此之外,CEO 开设博客也是组织内部公关的有效手段,除了拉近与员工的距离,员工也可以通过博客留言给上级提供建议或投诉,这也从根本上改变了以往上传下达的企业内部沟通方式,下情可以迅速准确上达,对于组织内部管理和组织决策提供可靠依据。

三是员工博客。IT 行业企业员工博客比较多见,例如 Google 的很多员工,一直都是积极的博客作者。一方面,他们是这一项新技术的开发者和试验者,对于技术和产品的讨论一直是这类型博客的主要话题。除了技术性的文章,也有个人生活和情绪的释放。企业员工通过建立个人博客增进同事间交流与理解,也达到协调工作和外部沟通的作用。

四是专业草根博客。大多数影响公众的博客不是企业官方博客,也不是员工或高管博客,而是非本企业成员——对于行业有着深厚背景知识的专业草根博客。这一类博客作者,基本上是有着丰富经验和学识的专业人员,对于本行业或者领域有着浓厚兴趣,且写作水平高,博客更新频繁,内容可靠。这一类的博客,由于是组织之外的成员,能够更加客观公正地对于企业做出评价,其认知和意见代表了大多数网络民众,且能令网民信服。他们凭借专业学识和诚恳交流成为博客圈子里的意见领袖。

④ 博客公关的价值。博客在企业公共关系中的应用涉及了包括从协调组织内部关系、发布信息、处理公共事务,到获取消费者反馈信息、促进投资者关系、辅助危机公关,再到企业形象的塑造等诸多公共关系领域。博客公关的应用,为企业带来相当可观的有形和无形收益。博客公共关系的应用价值表现为如下方面。

第一,协调内部关系。一个企业要获得自身的发展,首先要协调好企业与员工以及员工与员工之间的关系。博客很好地扮演了企业与员工、员工与员工的"关系居间者"的角色,在企业与员工、员工与员工之间架起了一座沟通的关系桥梁,为企业实行以人为本的软管理提供了一个良好的平台。

首先,博客加强了员工之间的情感交流,为员工的情绪释放提供了平台。现代企业管理必须重视人的感情、情绪等软因素。据心理学分析,一个人处于不顺利的时候,紧张的情绪往往会压抑理智的思考。只有让他发泄出来,才能恢复理智,正常思维。在信息技术不发达的时候,企业采取各种方式帮助员工调整情绪,如设立专门的健康管理室、出气室、聘请心理医生等。而随着网络科技的发展,一些企业利用专门的网站空间为本企业员工搭建博客平台,员工在此建立自己的博客,形成一个企业员工博客群。员工既可以利用自己的博客发泄心中对工作、对生活的不满,释放情绪,也可以利用博客同组织内其他同事之间相互沟通和交流、联络感情、协调工作等。

其次,博客有效地实现了企业组织"人性化"管理。在企业管理中,大多数企业都体现出科层管理体制的等级制、非人格化特性,上层官员与下层员工的交流是自上而下式传达命令和任务,容易导致管理人员与员工关系不和谐,员工之间关系冷漠。为了克服这种管理体制的弊端,企业纷纷实行"人性化"管理,企业不仅通过传统的形式对员工实行人文关怀,还充分利用企业博客营造和谐、温馨、轻松的企业氛围,并且企业允许员工在企业博客中真实而自由地表达自己对企业的看法和建议,探讨企业的决策和发展前景,通过博客树立员工的主人翁意识。

第二,减少公关成本。首先,企业可以利用博客影响意见领袖而降低公关成本。新的品牌和服务推出,广告到达率较低,而通过意见领袖或媒体的公关影响力传播则会引起大众的关注,收到很好的传播和营销效果,而且成本低廉。Stormhoek 葡萄酒厂家由于受资金限制,没钱投广告,因此他们就创造出一种崭新的传播方式:2005 年,他们开始给英国、爱尔兰和法国的博客中坚人士(长期坚持写博客的人)送去了 100 多瓶免费的葡萄酒,收到酒的博客作者们对此颇感意外,于是纷纷在自己的博客上撰文谈及此事以及品尝酒后的感受。因为这些博客本身具有相当的影响力,而且博客与博客之间又有大量的链接与互访,他们之间的交流便辐射到更广泛的博客群体。在不到一年的时间里,Stormhoek 葡萄酒的销量便陡增一倍。

其次,企业可以利用博客提高搜索引擎收录而减少广告投放成本,从而达到减少公关成本的目的。公共关系对目标对象发生作用的前提是,企业信息得到目标对象的关注,在人们把越来越多的目标投向互联网时,搜索引擎对于人们检索信息的重要性便凸显出来,在搜索引擎上取得优先排名位置成为企业取得地位的不可或缺的手段。一些企业通过购买关键词或者投放广告的形式争取排名位置。由于博客在技术上较好地融合了搜索引擎,因此为企业节省了一笔不小的开支。

最后,企业可以通过博客做线上产品市场调查、测试而降低公关活动成本。市场调查是企业满足消费者个性化需求增强竞争能力的有效途径。众多企业面临的困惑,都是不了解顾客的需求,所以无法有针对性地开发、营销产品。市场调研机构可以量化相关需求,但在一些急需个性化设计的产品领域,及时得到客户反馈至关重要。与传统的定性研究如访谈、座谈相比,通过博客做线上市场活动不但成本低廉,而且信息准确。

第三,强化公众沟通。企业通过博客可以与公众,尤其是目标消费者进行密切沟通。企业公共关系的一个重要途径就是使"零关系"转化为"弱关系",使"弱关系"转化为"强关系",而关系转化的关键是信息的沟通与交流。企业博客的兴起为消费者和企业搭建了一个交流与沟通的平台,企业可以通过博客与消费者对话,了解消费者对产品的反馈以及需要,解答消费者的疑问,这些形式可以保持甚至巩固企业与特定消费者的关系。此外,还可以通过博客做市场前期调查、新产品测试,对于企业来说,这不仅是十分方便的方法,而且能节约时间和资金。

　　第四，提升企业形象。"新媒介即关系"，博客这一媒介传递的不仅是信息，还传递着传播者与受众相互信任的关系。在企业建立的企业博客中，博客的写作人员很多是本企业的员工，他们对本企业的产品与服务更了解，有一定的专业性。因此，他们的发言具有权威性，受众在心理上会认为企业博客值得信任，这就是为何受众会很容易接受企业博客上发布的商品信息。例如，谷歌的企业博客——"Google 黑板报"上就有不同的部门员工在上面介绍产品的特点与优势，为本企业的产品做广告宣传，而且博客作为个性化的社会化媒体，比较容易影响互相关联的社会群体，博客通过博客文章、超级链接、搜索引擎等方式形成一个跳转联系的传播，这可以最大限度地超越关系网中的"结构洞"，为更大消费群网络的建立架起关系桥。另外，有些从事企业博客写作的是企业的高管甚至老板，由于博客作者身份的特殊性，博客往往不仅代表个人观点，也可以视为企业官方新闻的补充，因而具有更大的影响力。正因为如此，精致的企业博客往往可以很好地强化企业信息流通和品牌传达，以提升企业的美誉度和品牌形象。

　　第五，强化新产品推广。在品牌或产品推广上，博客往往能起到"润物细无声"的作用。通常，拟人化或拟物化的切入点更容易使消费者引起共鸣。宝洁 Se-cretSparkle 系列的身体喷雾产品就成功地使用博客进行线上传播。这款产品在推广过程中采用的电视和平面广告的形象都是四个各具个性的"女孩"来代表四种香型。宝洁根据对目前青少年的网络行为方式的研究，采用了博客的网络传播方式。每个香型以一个"女孩"为外在表现，在博客上用代表她们鲜明个性的语气进行沟通。在专门为这"四个女孩"开辟的博客上，每个"女孩"的写作和表达方式都十分接近青少年的表达方式，包括各种促销信息、明星八卦、时尚等话题，也同时推荐诸多优秀的网络资源，起到实际的"门户"作用。对于小规模的商户，博客也是性价比很高的传播手段。

　　第六，化解企业危机。企业在发展过程中总会出现潜在的或现实的危机，而危机的出现往往是因为信息的流通不畅造成的。博客对企业危机的预防和处理，以及改变企业危机中出现的不良状况都发挥着重要作用。一方面，企业不仅可以从本企业开设的博客上了解本企业员工和产品，消费者对自己的评价，还可以在企业博客的搜索引擎上输入本企业或者相关产品或服务的名称，迅速地搜集连接到博客中的大众的评论，通过对这些评论的分析找到企业的危机所在，从而在企业决策中采取措施加以预防。另一方面，博客具有很好地呈现事实真相并对之进行快速散播的特性，这对于企业在出现危机之后掌握话语权，化被动为主动大有益处。沃尔玛堪称是成功利用博客化解危机的典范。据报道，"由于工资低以及员工医疗待遇问题，沃尔玛在美国国内受到前所未有的抨击。为了应对空前的批评并改善形象，沃尔玛将目光投向主流媒体之外，开始直接向博客们提供沃尔玛正面新闻资料，邀请博主们访问其公司总部，以此博得博主们的好感与支持。"沃尔玛这一做法成功地得到了博主们的回应，很多博主开始在自己的 Blog 中为沃尔玛说好话，从而帮助沃尔玛重新获得了舆论的支持。

　　(2) 微博公共关系。今天，微博作为新媒体环境中的重要传播方式，已成为组织公共关系的重要形式，越来越多的组织利用微博这一公共关系传播的有力工具，塑造组织形象，实现公共关系目标。

　　① 微博公关的概念。什么是微博公关呢？简而言之就是组织以微博为手段，针对网

络公众进行的公关活动。其主体是网络化的社会组织,传播媒体主要是指微博,客体是网络公众,目的是树立、维护和改善网络化的社会组织的形象,塑造和提升网络化的社会组织的知名度,以获得更多利益及群众基础。

微博公关的主体是网络化的社会组织,而企业主体是微博公关主体的重要组成部分,但却不是唯一主体,还包括政府等各种社会组织以及个人。而企业微博公关是现代企业网络公关发展的新趋势。微博公关的媒介是微博,从技术角度来看,微博传播公共关系的途径比较单一,因此,微博公关的媒介不只包括计算机网络,也包括手机网络。微博公关的客体是网络公众,首先只有注册微博的网络用户才有可能成为网络公关的对象。公关对象具有针对性的特征,同样网络公关也不例外。网络公关的客体就是已注册微博、经常浏览微博的、与网络组织有实际或潜在利害关系或相互影响的个人或群体的总和。

② 微博公关策略的类型。微博的实时性、互动性非常考验各类组织应用其公关水平的能力,运用得好可以在短时间内获得足够的关注,而运用不好则门庭冷落。组织使用微博进行公关的类型大致可以分为宣传型、交际型、服务型和活动型。

宣传型微博公关。宣传型微博公关是指企业利用微博作为其信息发布的媒介,宣传企业的产品形象和组织形象。宣传型微博公关的主要信息策略又可分为产品信息以及组织信息。并非所有的信息在微博上都能获得关注,要塑造良好的企业形象,需要巧妙地筛选与发布受众感兴趣的信息。以厦门航空为例,厦门航空在微博上以提供航空信息为主,发布出行航班信息、购票信息、打折信息、相关航空资讯和特殊天气情况下航班状况等。由于更新及时、信息丰富、内容亲民,截至 2010 年 12 月 31 日,厦门航空微博数量虽然只有 800 多条,但粉丝超过 36 万人,远超过其他航空公司,排名第一。

在宣传型的微博公关中,如果只是简单地围绕企业自身发布新闻简报,则难以吸引公众的注意,如三星电子,微博公关仍然采取传统的信息单向发布方式,微博内容为"三星精品翻盖手机 S6888 上市"、"三星与美国运营商联合推出 GalaxyTab"、"中国三星总裁为男子田径比赛颁奖"等,采用传统新闻式的标题,让人感觉只是单纯地将同一信息机械地发布于不同媒介,这种生硬的信息传递方式使得三星的粉丝还不到 1300 人,远低于同期同类型的诺基亚,其粉丝超过 6 万人,而 LG 的粉丝也接近 2 万人。

由此可见,利用微博进行信息发布,需要考虑到微博受众的接受心理,选择跟受众密切相关和感兴趣的实用性资讯比较容易获得受众的关注和认同,仍然采取传统枯燥单调的新闻发布方式,过于注重自身和产品的单向宣传则无法吸引受众的注意力。

交际型微博公关。与博客相比,微博更新迅速、字数精短,有更强的人际互动性。利用微博与受众进行沟通,人情味强,能迅速拉近与受众距离。交际型微博公关主要是指企业将微博作为与受众交际的渠道,与受众进行交流,拉近情感距离,建立良好关系。企业应用微博进行交际,其特点是沟通直接、形式灵活、信息反馈快、富有人情味,在加强感情联络方面效果突出。

例如,美宝莲始终将微博作为与客户交流的重要渠道,它以友好的态度与消费者交流,对于消费者的问题基本上有问必答。其范围涉及美妆护肤,也涉及美宝莲自身产品性能以及价格等,美宝莲还在微博中积极寻找产品使用者发布的相关内容,主动转发并表示感谢,注重与消费者互动。在充满亲和感的同时,使受众具有参与感和被重视感,在微博这个信息加以放大的空间里,吸引了更多的受众参与其中,提升了美宝莲的关注度,提高了受众对该品牌的美誉度,更塑造了良好的企业形象。

服务型微博公关。服务型微博公关主要是指以实际的服务吸引公众,使组织与公众之间的关系更加融洽、和谐,为组织提高社会信誉。服务型微博公关实在实惠,容易被公众所接受,特别有利于提高组织的美誉度。

以相宜本草为例,其微博内容多数围绕女性消费群体而展开。提供大量有关女性保养护肤的常识,如冬季补水的小贴士、睡眠面膜小知识、熬夜皮肤保健等女性关注的信息。这些专业的护肤信息吸引了很多受众的注意。根据自身企业产品定位,发布相关领域的专业信息,可以使一个品牌或者企业在专业信息发布方面拥有话语权,从而获得受众的青睐,吸引受众的关注。也有一些品牌,把微博作为其售后服务的重要沟通渠道之一。例如戴尔,其微博的重要功能之一就是提供客户服务以及售后服务。在重要位置提供了戴尔维修点的查询网址链接,同时提醒用户对购买、报修戴尔计算机有任何疑问或建议皆可以用微博与戴尔中国或者发私信给戴尔中国进行交流。

活动型微博公关。活动型微博公关是指企业利用微博平台实施精心策划的网络公关活动。微博传播速度快、参与面广、关注度高、互动性强迅速吸引了一些企业进行尝试。微博不仅可以作为公关活动的信息发布平台、报名参与渠道,也可以让受众直接参与到活动之中。

以中粮集团为例,其于2010年7月19日开通中粮美好生活页面,同时"美好生活@中粮"的微博活动随之展开。点击进入活动页可以直接参与活动的各个板块。例如,"发现美好"、"粮呈美景"、"相约世博"、"世博闪拍"、"发现中粮"等。通过设置过去、现在、未来等主题,受众可以通过文字或图片展示童年记忆等美好的生活记忆;作为世博会高级赞助商,中粮集团提供了"相约世博",让用户点对点选择与自己同一天去世博的伙伴;"世博闪拍"则为世博园的参观者提供了美好图片的分享平台,而对于世博园外的用户,则可以在"粮呈美景"中,将世博图片转发至个人微博。中粮集团将"美好生活"这个理念融入一系列的公关活动之中,让受众在信息的发布与接收过程中深入领会到这一理念。截至2010年11月28日,中粮美好生活的微博粉丝数已将近25万人,除此之外,中粮生产队、中粮我买网等中粮集团的微博用户粉丝数量也都达到万人以上。活动期间揽入大量粉丝积极参与活动,极大程度地提高了品牌的关注度和认知度。

又如艺龙旅行网,其转发微博赠送奖品活动十分频繁。奖品多以高端产品为主:2010年11月26日赠送Zippo黑冰链打火机,2010年11月24日赠送爱国者新品U悦4G MP3,奖品还有"指定地点的免费往返机票＋四晚星级酒店"、32G超豪华iPad等。仅2010年11月,艺龙旅行网就推出了至少4项重磅级转发抽奖活动,总价值上万元。在活动过程中,艺龙旅行网只要求转发微博内容并成为艺龙旅行网的粉丝,同时抽奖过程由北京东方公证处进行公证,保证了过程的公众性。这使得艺龙旅行网的粉丝数量节节攀升,截至2010年11月27日粉丝数量已超过15万,11月3日的iPad抽奖微博更是创下超过17万的转发量。从而赠送奖品活动所带来的关注度为艺龙旅行网的企业形象塑造提供了巨大的机会和空间。

通过与明星微博的合作进行网络公关也是目前十分流行的一种做法。在2010年南非世界杯期间,联想乐 Phone 联合著名足球解说员黄健翔的微博进行了有奖竞猜的活动。黄健翔的微博除了发布世界杯资讯和评球的信息之外,还以球赛结果竞猜的方式给随机抽取的猜中比赛结果的微博用户赠送礼品,礼品就是联想乐 Phone 一台。这些竞猜引来无数微博用户的关注和参与,联想乐 Phone 收到显著的宣传效果。2011 年 3 月,粉丝超过 500 万的"微博女王"姚晨应香奈儿的邀请参加巴黎时装周,连续几日姚晨都在微博上积极地发布与香奈儿有关的信息,如参观其店铺、羽饰工坊等,使其品牌获得了极高的关注度与美誉度。

2.2 拓展阅读

2.2.1 《网络公关服务规范》(指导意见)

序 言

随着互联网以及论坛、博客等社会化数字媒体的兴起和普及,传统信息传递方式和沟通方式发生了巨大的变革,营销传播模式和公共关系环境也发生了颠覆性变革。网络公共关系(以下简称"网络公关")已成为传统公共关系服务不可或缺的重要延展,成为公关服务领域业务增长最快的业务模式。据中国国际公共关系协会的行业调查显示,2008 年度中国公共关系市场年营业额超过 140 亿元人民币,年增长率为 29.6%。其中网络公关业务异军突起,2008 年度该项业务占整个业务市场比重达到 6.3%,约 8.8 亿元人民币。

基于互联网的新闻发布、专题发布、线上活动、口碑营销、论坛传播、圈子营销以及舆情监测和危机处理等成为当前网络公关市场的主要服务手段,快速消费品、汽车、IT、互联网和通信等行业成为主要服务领域。随着企业主对网络公关服务采购需求的常规化和普及化,市场各方对网络公关业务模式标准化、规范化的需求和呼声越来越高,而互联网媒介技术日新月异,无线、3G 等个体沟通方式不断创新,网络公关业务的概念也不断向更加广义的方向延展。

市场发展呼唤行业规范。对于网络公关服务这一新的业务领域来说,尤为重要。我们认为,应该根据《公关咨询业服务规范》(指导意见),有针对性地制定网络公关服务规范和从业行为准则,不断提高专业技术水平并提升从业人员专业素养,以确保本行业的可持续、健康发展。为此,经中国国际公共关系协会公关公司工作委员会的反复酝酿和认真研究,起草并制订本规范,以其原则性规范网络公关服务的服务标准。

第一章 网络公关服务定义

第一条 网络公关服务是建立在传统公共关系理论和实践基础上,依托互联网等数字化、交互式传播媒介和社会化媒介平台,完成信息传播、关系协调和形象管理等公共关系目标的创新服务模式。与传统服务模式相比,网络公关服务在即时性、互动性、精准性、延展性以及量化评估等方面的优势更为显著。

第二条 有别于其他网络营销方式,网络公关并非以直接销售为目标,只要对客户有影响的人群或个人都是目标受众对象。网络公关是策略性、长期性针对广泛网络受众进行信息传播，从而服务于客户的品牌和长远商业目标。对客户来讲，网络公关的价值主要体现在：提升品牌和产品形象；影响目标受众的品牌、产品接受度和购买行为；维护企业声誉与形象。

第三条　网络公关公司以各种方式提供网络公关产品，满足客户对于网络公关的需求。目前最主要的十项网络公关业务如下：顾问咨询、新闻发布、专题策划、线上活动、品牌推广、互动营销、舆论监测、危机处理、网媒管理和专业培训等。

第四条　网络公关服务可以从产品概念与产品渠道两个角度进行划分。根据产品概念可以分为资讯/告知类产品（网络新闻、网络专访、网络专题），活动/体验类产品（线上活动、口碑营销、社区营销），监测/预警类产品（舆情监测、危机处理、评论维护）以及维护/优化类产品（网站优化、搜索引擎优化、流量推广）。根据产品渠道可以分为新闻传播、论坛传播、博客传播、SNS 传播、IM 传播、视频传播类产品。

第二章　网络公关业务的媒体形态和技术应用

第五条　网络公关业务主要基于互联网媒介及其技术来开展。互联网媒介具有传统媒体所不具有的个体性、即时性、交互性和开放性等特征，是一对多、多对多、多对一的复合传播路径。互动媒体比重不断上升，分众化的媒体成为了主流，网络媒体颠覆了传统媒体的精英模式，舆论话语权逐渐转移到草根阶层。

第六条　根据网络公关业务的主要传播手段，可以将网络公关的合作媒体分为五大类：综合门户网站、垂直门户网站、论坛、博客、视频网站。应用最为普遍的传播渠道是新闻、论坛、博客、视频。

第七条　网络公关业务的技术支撑系统，根据主要功能可以划分为五大平台：新闻发布平台、舆情监测平台、媒体资源平台、媒体沟通平台和执行监控平台。

第三章　网络公关业务的工作流程

第八条　网络公关业务是一种专业咨询服务，服务成果和服务质量由其规范的工作流程来保证，项目洽谈、项目调研、项目策划、项目确认、项目实施、项目评估等工作流程以及其特有的工作方法、技术工具和服务标准确保了网络公关业务成为一种专业服务。

第九条　网络公关业务的核心是解决客户的网络声誉问题，即对客户网络形象和声誉进行舆论研究，对客户所采用的网络公关策略和手段进行评估，对竞争对手所采用的策略和手段进行比较，找出客户所面临的具体困难、挑战或威胁，以及自身的优势和存在的机会，并得出基本结论和解决方案。

第十条　网络公关业务由于采用技术手段，比传统业务更容易进行效果评估。目前，通行的评估方法有三种：基于项目策划和实施的质量评估（网络流量变化、主流媒体认可度、用户满意度、品牌知名度等）；基于项目执行的数量评估（信息传播量、用户关注度、用户参与度以及媒体推荐度等）；基于资源投入的成本评估（如千人成本等）。

第十一条　网络公关业务的评估报告应该包括项目简述（主要涵盖委托任务描述及

咨询过程和总体效果评估);项目研究(项目开始前的基本状况,问题和挑战);项目策划(项目建议书和行动方案的核心内容);项目执行(主要工作及程序描述);项目评估(执行情况评估、产生效果评估、可能带来的影响和积极意义等)。

第四章 网络公关业务的收费模式

第十二条 网络公关业务是一种个性化的智力服务,以服务费的形式向客户收取费用,即按这些专业人员的专业等级和专业经验确定收费标准。服务费主要是根据专业人员的参与人数和工作时间来进行计算。

第十三条 根据国际惯例及专业服务收费经验,一般采用如下收费方法。

收费名目:项目成本费(诸如设计、媒体、设备、活动等第三方费用);咨询服务费(专业人员投入的质量和数量以及投入的工作时数进行计算);项目管理费(行政办公费用、差旅费用、外聘劳务等);营业税金等。

收费形式:长期代理费(按月计算,原则上不应低于3万元人民币);项目服务费(按项目计算,原则上不应低于总预算的10%);个案咨询费(按实际小时/工作量协商);项目管理费(按项目计算,原则上不应低于总预算的5%)。

第十四条 目前主要有四种收费模式:按解决方案收费,即按项目策划和执行情况收费,包括项目策划、执行以及后续监测和评估;按工作量收费,即依据项目执行的规模的数量收费;按时间投入收费,即按项目投入的人力资源所占用时间收费;按执行效果收费,即按项目执行的效果(项目影响的广度和深度)收费。

第五章 网络公关业务的运营管理

第十五条 网络公关公司不管采用何种公司形态,都必须遵守国家的公司法和其他法律中的有关规定。这其中包括:经营前要注册登记;制订公司章程和说明业务范围;组织和界定高层管理部门(股东大会、董事会、经营层)的责任;定期编制会计和其他记录;出具公司审计报告并照章纳税;公司对其渎职或其他违法行为负民事和刑事责任。

第十六条 设立网络公关公司应该具备如下几个基本条件:一定数量的资本金(不低于10万元人民币);固定的办公场所;较好的通信及办公条件;两名从业五年以上的网络公关顾问;一定数量的客户或潜在客户;服务供应商网络等。同时,在公司软实力方面还应具备:一定的媒体关系资源;配置完整的项目策划及执行团队。

第十七条 网络公关公司应该根据经营目标建立自己的公司架构,按职能可以划分为:市场部、客户服务部、创意设计部、媒介管理部、活动管理部以及行政部和其他辅助部门;也可以按行业划分为:IT客户部、金融客户部、消费品客户部、行政事务部及其他辅助部门,客户部也可称为事业部;按地域划分为:国际业务部、地区办事处、下属机构、联营单位等。

第六章 网络公关从业人员的职业开发

第十八条 网络公关服务的职业特点决定了这一职业的从业人员应该具备各种专业技能、专业知识和专业经验。战略思维、创新能力、组织气候感、人际技巧以及分析问题、解决问题的能力等,一直是这一职业中优秀专业人士的共同特征。

第十九条　网络公关业务实际运营中一般涉及七大职能团队:管理团队、项目管理与客户服务团队、策略顾问与创意策划团队、媒介关系与媒介执行团队、创意设计与美术制作团队、技术研发与技术应用团队以及行政支撑团队。

第二十条　一般来说,网络公关专业人员主要由下列专业等级组成:初级职务(客户助理、客户主任、高级客户主任);中级职务(客户经理、高级客户经理);高级职务(助理客户总监、客户总监、高级客户总监、副总裁、高级副总裁)。从初级职位晋升到高级职位大多数专业人员需要8~10年的时间,这其中除了专业技能和职业素养的要求外,还有一个重要的原因就是社会阅历和工作经验的积累。

第二十一条　网络公关公司应该建立各级专业人员的培训计划。培训的主要内容应该包括:网络传播手段、网络互动策略、公共关系概论、调查研究方法、项目建议书写作、提案与竞标、事件策划与管理、网络媒体分析与研究、网络媒介关系计划、营销传播、品牌管理、危机管理、案例研究与分析、项目管理、客户管理、效果评估、战略咨询等。培训时间应该得到必要的保证。建议:初级专业人员应该保证每年100学时的培训;中级专业人员保证每年60学时的培训;高级专业人员保证每年30学时的培训。

第七章　网络公关从业人员的职业道德

第二十二条　网络公关业务应自觉遵循行业自律公约,坚决抵制各种有悖于行业行为准则的行为。具体来说:对客户所发布内容合法性进行审核和约定,保证信息内容及其传播手段符合国家法律的有关规定;保证信息内容的完整性、真实性和准确性,不提供任何与客户实际情况或客观事实明显不符的内容信息;不涉及政治敏感类话题及国家敏感监控的问题;不隐瞒事实真相或欺骗公众,有责任及时纠正错误的传播信息;不传播任何不符合事实、夸大宣传或有待确认的信息;不从事任何不道德、不诚实或有损他人尊严或信誉的传播活动;抵制各种欺骗客户和公众的信息传播活动;不提供任何形式的攻击、诽谤竞争对手的信息服务;传播素材不使用任何无合法版权的图片、视频或言论;不对传播效果指标、数值进行任何技术、人为非正常干预。

第二十三条　应该循序渐进地建立和完善网络公关服务规范,包括:建立与完善网络公关商业行为;统一与规范网络公关商业服务标准(规范产品体系与服务要素、统一业务资费与报价体系、统一执行效果评估标准、规范服务流程与环节);形成开放、融合、有序的社交媒体营销生态体系(保证良好的用户体验,建立和谐的互联网生态环境、搭建企业主与用户的高效沟通桥梁,实现信息向目标受众的快捷、精准传递)。

第八章　附　　则

第二十四条　本规范中所指的"网络公关业务",专指针对互联网媒体环境下的线上公共关系服务,不含网络广告、电子商务、无线业务、网络分账等网络营销或数字营销领域常规手段及业务。

第二十五条　中国国际公共关系协会公关公司工作委员会是行业内的协调组织,有义务保护业内各公司及其从业人员的合法利益,对业内公司与公司之间、公司与客户之间、公司与个人之间的矛盾和冲突进行调解和仲裁。

第二十六条 本规范自发布之日起正式生效,最终解释权归中国国际公共关系协会公关公司工作委员会。

2010 年 3 月 16 日

（资料来源：李鸿欣,冀鸿,冯春华.公共关系原理与实务.北京：北京大学出版社,中国农业大学出版社,2011）

思考题：

(1) 目前社会上存在的"非法网络公关行为"有哪些？它有何危害？

(2) 公共关系人员应该如何遵守网络公关服务规范？

2.2.2 手机——新兴的"第五媒体"

手机媒体发展到今天,已经成为现代人生活当中不可或缺的工具之一。手机媒体的发展越来越受到人们的重视。

根据手机媒体功能增加的情况将我国手机媒体的发展划分为三个阶段：第一阶段标志性事件是 1987 年 11 月 18 日中国在广东地区开通移动电话通信网,称为手机媒体的语音通信阶段；第二阶段标志性事件是从 1997 年手机短信的开通,称为手机媒体语音与短信通信阶段；第三阶段标志性事件是 2001 年 10 月 GPRS 技术的开通,特别是 3G 移动通信技术的广泛应用,称为手机媒体多媒体通信阶段。

1. 手机媒体多媒体通信阶段传播特征

(1) 交互性。交互性是手机多媒体通信阶段的首要特征。从手机媒体的移动性和便携性来看,用户可以随时随地打开手机了解信息,更重要的是手机用户可以通过手机媒介与传播者进行交流沟通实现互动。手机媒体交互性不仅体现在传授双方交流的增强,还体现在整个信息形成过程的改变。与传统的媒体相比,交互性是此阶段区别于以往任何一种媒介的第一特征。

(2) 多样性。在手机媒体与传统媒体融合的过程中,以用户需要为中心不断创新,出现了手机媒体的应用产品,为手机用户提供了多种服务,如手机报、手机电视、手机支付、手机微博、手机即时信息、手机游戏、手机音乐、手机邮件等多种手机媒体应用,呈现出了多样性的特征。

(3) 统一性。从传播主体的角度来看,多媒体通信时代的手机传播具有传播者和受传者的统一性,传播者和受传者可以是个人,也可以是群众组织,还可以是大众传播组织。在具体的传播活动中,特定的人可能是传播者,但在另外的传播活动中就是受传者,因此从整体的传播过程来看没有特定的传播者和接受者的划分,人人都是"麦克风",既是传播者,又是受传者。

(4) 分众性。传统的报纸、广播、电视等大众媒体的受众往往很难区分,呈现出了受众的复杂性,而手机媒体的诞生可以将信息服务做到个性化,为部分需要某类信息的人进行定制,做到了真正意义上的分众传播。根据当前最新技术的发展,手机媒体可以为用户提供一种"推送信息"的服务,用户根据需要输入信息需求,手机媒体根据信息库中的信息进行智能搜索,给用户提供真正的分众信息,这是传统媒体望尘莫及的最新特征。

(5)融合性。手机媒体的传播形式完全整合了人类社会所有的传播类型,将内向传播、人际传播、群体传播、组织传播、大众传播所有传播类型高度融合,体现出了强大的融合性。

(6)广泛性。据中国互联网信息中心 2014 年 7 月发布的信息显示,截至 2014 年 6 月底,我国手机网民规模达到 5.27 亿,我国网民上网设备中,手机使用率达 83.4%,首次超越传统 PC 的整体使用率(80.9%),移动互联网带动整体互联网发展,手机超越台式计算机成为我国网民的第一大上网终端。从性别结构、年龄结构、学历结构、职业结构、收入结构、城乡结构等多个侧面来看,手机的网民结构越来越与整个社会的结构具有无限的接近性,呈现出了广泛性的基本特征。

智能手机在中国的普及,给民众的日常生活带来前所未有的变化。随之而来,公共关系传播策略也面临着新的变革和挑战。

2. 手机终端搭建公共关系传播新平台

(1)新媒体崛起改变传播环境。近年来,随着互联网等以数字技术为基础的新媒体的迅速崛起,传媒环境开始发生前所未有的巨变。不仅新媒体建立在数字技术基础之上,传统媒体也在进行广泛的数字技术变革。受众不再处于被动接受状态,他们开始苛刻地选择自己愿意接受的媒体。"碎片化"成为受众市场的趋势,迫使传媒由向更多大众灌输传播内容转变为针对特定人群的窄众传播。更重要的是,新技术创造的媒体互动功能使传播由单向转变为互动,受众不再是单纯的信息接受者,他们同时成为信息的提供者,对等传播已经成为现代传播的重要形式。

然而,无论是传统媒体还是新媒体,无论是社交网络还是聊天工具,伴随着云技术的日趋成熟,它们的最终落地形式都在向着一个共同的方向发展,那就是以手机为代表的移动终端设备。移动终端或者叫移动通信终端是指可以在移动中使用的计算机设备,广义地讲,包括手机、便携计算机、平板计算机、POS 机甚至包括车载计算机等。但手机是其中最具代表性和最具发展潜力的终端模型,这也给公共关系传播带来了新的挑战和发展空间。

(2)手机媒体搭建公关传播新平台。而当前,了解并掌握这一技术,利用其更好地为公共关系服务,成为摆在公关人员面前的当务之急。随着手机用户以及移动互联网用户规模的持续增长、移动网络和手机终端环境的不断改善,手机媒体呈上升发展的态势,被公认为新兴的"第五媒体"。随着手机用户上网习惯的不断养成,公众对于手机传播的接受度逐步提高,尤其是生活娱乐、优惠券等手机传播功能为用户带来方便实际的利益和价值。用户对精准传播和互动营销的需求鼓励着网络和手机终端环境的不断改善。使得丰富的媒体形式可以全部在手机媒体上实现,为手机媒体传播形式的丰富及技术的创新提供了有力支撑。

手机媒体伴随着手机对人们生活、工作方式的影响而渗透到人们生活、工作的方方面面。人们对手机的依赖程度越来越高。随着工作和生活节奏的加快,现代人更善于充分利用碎片化的时间来获取信息以及休闲娱乐,这些碎片化的时间包括等车、等人、候机、乘车、如厕等空隙时间。在这些碎片时间,移动终端的作用会越来越大,手机媒体会变得无孔不入。

手机媒体传播的多种形态将共存发展。短信、彩信和手机报的手机媒体形态与用户关系管理紧密联系,在用户互动和售后服务方面具有优势,拥有广泛的用户人群。WAP网站是内容、应用和社区等多种服务相结合构建起的综合化媒体平台,由于信息丰富且更具有针对性,往往成为用户进入移动互联网的入口。同时,受益于互联网用户的培育,用户对WAP网站的接受度、认知度都较高。

手机视频、电视媒体表现形式丰富、在视觉上更具吸引力和冲击力,更是传统电视、互联网视频媒体在移动互联网的延伸,是移动互联网领域不可或缺的媒体形式。在终端智能化和应用商店高速发展的推动下,各种类型的APP数量增长迅猛,以APP为载体的传播也受到客户的青睐,成为重要的手机媒体形态。

可以说,在今天的社会里,要想和公众取得广泛的信息交流,最有力的手段莫过大众传播媒介,对于公关行业而言,也就必须适应大众传播媒体的新变化。手机终端将是未来改变公共关系传播策略,影响并感染目标受众的重要平台

(资料来源:迟小焱.手机终端搭建公共关系传播新平台.国际公关,2012(5);李天龙.手机媒体传播特征探析.电化教育研究,2014(1))

思考题:

(1)智能手机时代的传播给公共关系传播带来哪些挑战?

(2)如何利用手机媒体开展公共关系传播?

2.3 实践训练

2.3.1 案例分析:2012 BMW奥运传播计划

1. 项目背景

与奥林匹克携手共进是宝马公司(BMW)的一项长期的全球市场战略。在中国,BMW是中国奥委会长达6年的合作伙伴。2012年时逢奥运年,2月份宝马正式启动了BMW中国奥林匹克计划,围绕"为悦,全力以赴"的主题,开展了全方位的、系统化的奥运营销,赢得了极高的公众认知度。

自2012年3月BMW在广州举办有1.2万人参加的"中国奥林匹克计划启动仪式";到7月在北京鸟巢举办3万人参与的"BMW悦盛典",再到8月伦敦—慕尼黑的"BMW奥运千人款待计划"以及"BMW奥运梦想行动",BMW以一系列的奥运营销活动,使"为悦,全力以赴"这一年度奥运传播主题深入亿万人心。

2. 项目调研

下面介绍BMW之悦内涵的逐步演变。

2009 年 6 月,BMW 在全球推出全新的品牌"BMW JOY"。

2010 年 2 月,BMW 正式在中国推出"BMW 之悦";JOY 在中国内地的中文翻译确定为"悦"。

"BMW 之悦"的品牌哲学体现的是梦想、激情、创新和责任,而对这些诉求的追逐,往往会令人们获得到一种非常愉悦的精神层面的乐趣。

自从 BMW 正式推出了以"BMW 之悦"为核心的品牌理念战略宣传活动。2010 年北京车展的概念车和京剧脸谱结合,用全新的方式将宝马全球统一形象与中国元素相融合,使人们眼前一亮。用符合中国人口味的方式,向中国消费者传达宝马的品牌理念和内涵,成为宝马品牌本土化的成功战略之一。在随后 2011 年的品牌宣传中,宝马强调了"悦"字中所蕴含的动感、环保、创造力。

2012 年年初,宝马启动了"为悦,全力以赴"为主题的奥运营销计划,希望通过支持奥运和开展奥运主题营销,加强中国消费者对宝马的品牌体验,从而与宝马的客户以及公众在情感上建立起一种连接。而且作为全球顶级品牌的宝马,对体育项目和运动员的赞助和支持具有非常积极的推动作用,宝马品牌的领袖气质与运动员的独特魅力相得益彰,并赋予其更深的内涵与联想。

3. 项目策划

(1)目标。强调 BMW 品牌与奥林匹克精神之间与生俱来的契合:激情、梦想、动感和悦,这些都是人们自然情感的流露,同时也是 BMW 品牌的核心价值要素。

强化 BMW 本土化策略的宣传:支持奥林匹克在中国的发展;将 BMW 品牌融入中国梦想。

传播 BMW 的奥运营销哲学:分享,与更多的中国民众分享,亲身融入奥运,让奥运梦想更加深入人心。

(2)参与。邀请客户亲身体验运动和梦想带来的愉悦。

(3)坚持。体现了运动员对梦想的坚持,以及 BMW 对中国社会的承诺。

(4)目标受众。BMW 车主及所有喜爱 BMW 品牌的潜在客户群体;希望挖掘品牌背后故事并进行深度报道的媒体;关心中国奥林匹克发展及为"中国梦"而奋斗的所有公众。

(5)策略。"为悦,全力以赴"奥运传播计划通过讲述有影响力的公众人物的故事,与读者建立起强烈的情感共鸣。通过对真实故事的分享,以三个维度的传播,进一步强化 BMW 与奥运之间与生俱来的情感连接。

梦想——通过运动员为梦想而努力拼搏的故事,向更多的人传递梦想的力量,激励人们坚持梦想。

责任——对中国奥林匹克发展的长期持续支持,对中国奥运代表队的长期支持。

创新——通过各种奥运支持活动,吸引人们亲身参与其中,进而创造一种全新的品牌体验,将 BMW 品牌精神融入"中国梦"。

4. 项目执行

（1）精心选择的核心信息以及故事承载者

序幕：通过三位由宝马所支持的中国运动员代表（刘翔、雷声、徐莉佳）出演的广告宣传片，传递给人们追寻梦想的力量，以此为整个 BMW 奥运传播计划开篇。

故事线：通过讲述一系列以"为悦，全力以赴"为主题，关于中国运动员及 BMW 相关人物（BMW 高层、宝马爱心基金所资助的小朋友、BMW 车主）的故事，强化人们心中最直接的对于 BMW 奥运传播主题的情感共鸣。

（2）分侧重点、分层次的事件传播

3 月：12000 名活动参与者与奥运健儿和明星一起，在 2010 年广州亚运会主场地前一起唱响了主题曲《为悦，全力以赴》，这标志着 BMW 奥运传播的正式开启。

6 月：在北京鸟巢，这一见证中国百年奥运梦实现的地方，超过 30000 名参与者参加了 BMW 悦盛典的活动。活动中，中国奥运明星和来自 BMW 及多位明星同台献艺。悦盛典被认为是在中国为 2012 奥运预热活动中最精彩的演出。由悦盛典，悦令营，童悦之家运动会组成的 BMW 悦之嘉年华为期 10 天，有超过 55000 名公众参与其中。

8 月：BMW 邀请近千名 BMW 粉丝及核心媒体前往宝马的家乡——慕尼黑——这里也是在 1972 年 BMW 与奥运会首次牵手的地方。他们还前往了伦敦奥运会，去感受和见证中国奥运梦在伦敦梦想成真。

11 月：BMW 梦想行动是 BMW 与当地经销商共同举办的一系列奥运支持活动，活动由奥运冠军、BMW 车主、媒体和 BMW 车迷共同参与。这次活动体现了 BMW 的承诺，激励全国的年轻人去追逐自己的梦想。超过 2/3 在伦敦奥运会夺得奖牌的中国奥运健儿参与到梦想行动中。

12 月：一系列围绕奥运梦想者的深度故事报道，将 BMW 奥运传播的成果进行回顾，再次将整个 BMW 与奥运的话题推向高潮。

在线互动——整个 2012 年，宝马策划与运作了一系列精彩的奥运营销活动，通过内容丰富的大型活动传递给大众真实的体验；运用各种的数字社交平台，与大众开展全面的互动。两个部分通过不同的渠道，传递出同一种声音，即以"为悦，全力以赴"为核心主题的 BMW 之悦的品牌内涵。

5. 项目评估

（1）媒体统计

得益于持续、有效的奥运营销传播，包括"为悦，全力以赴"系列广告，大型主题活动及传播，如 2012 年 3 月的 BMW 奥运项目启动仪式和 7 月在鸟巢举办的"BMW 悦盛典"活动，及伦敦奥运会期间和其后的系列媒体宣传，宝马在中国的奥运营销取得了显著效果，有效地提高了公众对 BMW 品牌及产品的认知度和接受度。

截至 2012 年底，"为悦，全力以赴"奥运传播共产生超过 2100 篇报道，其中：报纸类 330 篇；杂志类 120 篇；TV 类 40 段；网络类 1700 篇。

整个 BMW 奥运营销项目，截至 2012 年年底，共产生媒体价值超过 146 万美元。

（2）效果评估与受众及市场反馈

据第三方市场调查公司"华通明略"针对多个品牌开展奥运营销效果的调研,宝马奥运营销成果的亮点包括以下方面。

① 以较小的广告投入取得了较高的品牌曝光率和良好的营销效果。高达52%的受访者曾经看到过BMW投放的"为悦,全力以赴"系列广告,在所有开展奥运营销的主要品牌中位居前列,并且相较于曝光率最高的品牌(Coca-Cola,79%),BMW实际广告投入费用仅为后者的42%。

近三成(28%)受访者认为BMW的奥运主题广告最具感染力,在所有品牌中位列第二。

所有观看过广告的受访者中,80%的人表示喜爱或非常喜爱"为悦,全力以赴"的主题,尤其是其所蕴含的不轻言放弃的精神。

② 公众对于宝马为中国奥委会和伦敦奥组委的赞助商拥有较高的知晓率:超过半数(51%)的受访者知道宝马是中国奥委会和伦敦奥组委的赞助商。

③ 公众对"BMW之悦"品牌内涵的知晓度明显加深,对BMW品牌的接受度显著提升。

在了解宝马是中国奥委会赞助商的受访者中,知道"BMW之悦"品牌价值所蕴含的激情(Passion)、梦想(Dream)、创新(Innovative)和社会责任(Social Responsible)等品牌内涵的受访者比例均超过90%。

与奥运营销活动开始前相比,感觉与BMW品牌的情感连接更加紧密的受访者比例显著提升,最高达81%;愿意购买宝马车的受访者比例也大幅上升,最高达到88%;同时愿意向亲友推荐宝马产品的受访者比例同样增长,最高达84%。

宝马通过整个奥运传播计划取得了中国核心媒体的高度认同,获得了包括多个媒体(经济观察报、每日经济新闻等)颁发的年度最佳奥运营销奖。

（3）销售促进

通过整个奥运传播计划所产生的积极的市场反馈,BMW与MINI品牌在2012年全年创造了新的销售纪录,年增长达到40.4%。

（资料来源:中国公共关系网(17PR)编委会.最具公众影响力公共关系案例集.北京:企业管理出版社,2014)

思考题:

(1) 2012 BMW奥运传播计划的品牌传播运用了哪些公共关系传播媒介和手段?

(2) 本案例对你有什么启发?

(3) 请拟写一篇案例分析报告(不少于1000字)。

2.3.2　情境模拟:组织新闻发布会

1. 实训目的

掌握新闻发布会的礼仪和程序,懂得新闻发布会的筹划及准备工作,并能在新闻发布会中运用相关技能。

2. 实训时间

2 课时。

3. 实训地点

模拟会议实训室。按新闻发布会要求进行现场布置。

4. 实训背景

宏达国际电子股份有限公司(HTC)推出了一款新型手机 HTC One(801e/32GB)，该手机具有如下特点。

手机类型：4G 手机、3G 手机、智能手机、拍照手机

外观设计：直板

主屏尺寸：4.7 英寸

触摸屏：电容屏、多点触控

主屏材质：Super LCD 3

主屏分辨率：1920 像素×1080 像素

网络类型：单卡多模

网络模式：GSM、WCDMA、LTE

数据业务：GPRS、EDGE、HSPA＋

支持频段：2G 为 GSM 850/900/1800/1900；3G 为 WCDMA 900/2100MHz

键盘类型：虚拟键盘

机身颜色：黑色、灰色、红色

手机尺寸：137.4mm×68.2mm×9.3mm

手机重量：143g

其他特性：Beats 音效、NFC 功能

操作系统：Android OS 4.1

用户界面：HTC Sense 5.0

核心数：四核

CPU 型号：高通骁龙 Snapdragon 600

CPU 频率：1741MHz

GPU 型号：高通 Adreno320

RAM 容量：2GB

ROM 容量：32GB

SIM 卡类型：Micro SIM 卡

电池容量：2300mAh

输入法：中文输入法、英文输入法、第三方输入法

输入方式：手写

通话记录：已接＋已拨＋未接电话

通讯录：名片式存储

GPS 导航：内置 GPS,支持 GLONASS

感应器类型：重力感应器、加速传感器、光线传感器、距离传感器

摄像头：内置

摄像头类型：双摄像头(前后)

前置摄像头像素：210 万像素

后置摄像头像素：400 万像素

传感器类型：CMOS

闪光灯：LED 补光灯

光圈：f/2.0

视频拍摄：1080p(1920 像素×1080 像素,30 帧/秒)视频录制

其他功能：OIS 光学防抖,智能闪灯调节,对象移除,多影像组合,360°旋转

全景蓝牙传输：支持蓝牙 4.0

WLAN 功能：WIFI,IEEE 802.11 n/b/g

浏览器：支持纠错

数据接口：Micro USB v2.0

耳机插孔：3.5mm

参考价格：4000 元

为配合该手机的推广,HTC 公司准备举行一次新闻发布会。发布会由 HTC 公司公共关系部筹办。

5. 实训步骤

(1) 指导教师将本班同学分为 2～3 组,每组指定一个组长。由组长扮演 HTC 公司公共关系部的部长,其他同学扮演联想公司公共关系部的成员。

(2) 请各公共关系部分别制定新闻发布会的程序,并挑选主持人和发言人;拟写发言提纲。

(3) 其他各组扮演受邀的各新闻单位,并挑选记者,准备提问。

(4) 由其中一组担任 HTC 公司公共关系部,举行新闻发布会,其他各组的成员担任记者。进行现场演练。

(5) 各组对本次实训进行总结,指导教师进行点评。

6. 实训要求

(1) 本项目可选择模拟会议室、教室等场所进行,但应对环境作适当的布置。

(2) 每组进行演练的时间应控制在 20 分钟以内。

(3) 条件允许的情况下可以将新闻发布会的过程制作成录像,在实训结束后进行讨论。

7. 实训手记

通过训练,我的收获是: _____。

课后练习

1. 公共关系传播媒介有哪些? 各有何特点?

2. 常用的三大公共关系传播手段是什么?

3. 如何提高公共关系传播的效果?

4. 请分析报纸上一篇新闻稿的结构,根据你身边发生的新闻事件,写一篇新闻稿。

5. 网络作为一种新型媒体有哪些特点? 上网观察一下企业是如何利用网络开展公共关系的。

6. 有人说"制造新闻"是提高社会组织知名度的灵丹妙药,你认为呢?

7. 请自找一个合适的主题,模拟举办一次记者招待会。

8. 请组织一次旨在展示应届公共关系毕业生形象,为用人单位提供信息的新闻发布会,请写出具体方案并组织实施。

9. 假如你以某公共关系公司工作人员的身份为一家商场联系当地报社进行报道,该怎么说话、做事?

10. 在同学中做一个游戏:让两组各 10 个人,站在不同位置,以耳语的形式快速传递同样的一段话,看最后的效果如何。

11. 沟通能力训练:走进公共场所与陌生人交谈。操作:先在教室里,由其他同学扮演不同的角色,让一个同学与他们交谈,打破陌生僵局,然后走出校门,与真正的陌生人交谈,回来后相互之间交流感受。

12. 假如你们班的一位同学发行了个人演唱专辑,你们决定举行新闻发布会,请你为发布会策划并模拟举行发布会。

13. 通过上网收集和归纳网络上各种信息的表现形式,指出各自的利弊。

14. 把全班同学分为若干个小组,每组设计一个虚拟的组织网站,策划网上公共关系活动。

15. 每位同学提交一份某网站的调查报告。

16. 案例思考题。

案例 1

实物媒介的作用

据说在中国现代史上有这样一段轶闻:1936 年 12 月 12 日,张学良、杨虎城发动的震惊中外的"西安事变"和平解决了,但张学良即被蒋介石扣留,交军事法庭审判,判十年徒刑。1945 年 8 月,抗战胜利,张学良刑期已满十年,他便将自己戴了多年的英纳格手表作为礼品馈赠给蒋介石,暗示蒋介石:"时间已到,该放我出去了。"谁知蒋介石根本不认账,他又托人送给张学良两件礼物,一件是 1936 年的旧挂历,暗示张学良"我不会忘记 1936 年的耻辱,时间要从头开始"。另一件是送给张学良一双绣花鞋,暗示:"就是要给你们二人小鞋穿,使你们一辈子不好受。"这里张学良、蒋介石都是利用物体来表示自己的内心想法的,由于特定的时空环境,双方见"物"后都心照不宣,明了于心。

思考讨论题:

(1) 这个事例说明了什么?

(2) 在公共关系传播中如何利用实物媒介?

案例 2

小燕子的"道歉信"

日本奈良旅馆每到春天都会迎来大群可爱的小燕子在房檐下筑巢,但小燕子排泄粪便,留下斑斑污渍,服务人员不停地擦也无济于事,人们怨声四起。于是,宾馆经理就以小燕子的名义给客人们写了一封道歉信。

女士们、先生们:

我们是刚从南方赶到这儿来过春天的小燕子,没有征得主人的同意就在这儿安了家,还要生儿育女。我们的习惯不好,常常弄脏你们的玻璃和走廊,致使你们不愉快,我们很过意不去,请女士们、先生们多多谅解。

还有一事恳请女士们和先生们,请您千万不要埋怨服务员小姐,她们是经常打扫的,只是擦不胜擦,这完全是我们的过错。请你们稍等一会儿,她们就来了。

您的朋友——小燕子。

客人们见到这封信都给逗乐了,肚子里的怨气也烟消云散,客人们带着美好的记忆,依依不舍地离开古都奈良,离开这逗人的旅馆。

思考讨论题:

(1) 在公共关系中组织与公众沟通的方式很多,为什么奈良旅馆的工作人员单单采用"书信"这一沟通方式来消除顾客的怨气?

(2) 奈良旅馆的做法对你有哪些启示?

案例 3

运筹"微博"之中决胜"网络"之外
——E 时代百货公司的"拉粉战"

VIP 客户一直是百货公司争夺的对象,如今随着"微博"在生活中的渗透,一场新的"拉粉战"("拉粉战"中的"粉"为"粉丝",英文 fans 的音译,意为狂热的崇拜者,多指追星族。此处指商品的钟爱者)悄然展开。关注有奖、转发有奖、参与活动有奖……这些都是低等战术。作为目标客户,只要你在微博上提到了该商场的名字、拍了它的照片、秀了你在那里新淘的衣服,不用多久你就会在茫茫人海中被"捞"出来,被商场迅速转发并回复你说"真漂亮,大家一起分享吧!"

(1) 天河城百货:以情动人。天河城百货的"业务发展部"是个工作内容繁杂的部门,既对内又对外,每天人员进进出出,忙个不停。但是有一个年轻人却对着计算机一动不动,他的工作就是"看好微博"。在他的背后,还有一个强大的操作团队,包括美工、策划以及决策者。

天河城百货的"官微"自去年年底开通至今，不到一年间就经历了三次转变：由单纯发布促销信息到设置5大栏目，包括家居常识时尚信息的发布。当发现微博内容同质化后，又开始转做互动活动。

打得最漂亮的一仗，就是在微博上征集粉丝昵称。"天河城百货的粉丝叫什么呢？""河粉"、"沙河粉"、"天天河粉"……征集令转发了近700次，回复400多次。每次搞活动期间，每天可增加粉丝30多个。

其战术要点：有感情——"开学啦，走在街上看到很多小朋友穿得非常可爱，英伦风格的长装外套给人一种酷酷的时尚感觉。"通过这种"有感情"的方式进行宣传，比直接发布促销信息效果好多了。

（2）新光百货：实用第一。如果你现在还认为百货公司的微博只是冰冷地发布促销信息，那就大错特错了。星座秘语、优惠快讯、时尚服饰搭配、美容护肤、生活小趣闻和"新光吹水"……不同主题的微博每天都轮番上阵。

新光百货的"官微"，不仅是一个实用小百科，还是一个网上服务站，可在线解答顾客问题。该公司负责微博营运的小杨介绍，她经常在网上回答博友提出的问题，这些问题通常都很琐碎，如"会员卡丢了，怎么办？""会员卡积分兑换奖品时为什么一定要携带身份证？"

搞互动活动时，主题设计大胆地运用逆向思维。如"转发本条微博并且留言写上您的购物省钱秘诀，即有机会获赠购物卡。"——卖商品的反而要分享省钱绝招。

其战术要点：有主题——经营百货公司的微博，关键就是做"主题"活动。据小杨介绍，最近她们花了近一个月时间，策划了"秋月微祝愿"主题活动。通过这个活动粉丝数一下子增加了三四百个。

（3）美东百货：强强联合。网友尹恩圣发表了一条微博："在广州美东百货一楼电梯旁有这样一些手绘画……很喜欢。"很快，有一位名叫谢仕平的人回复说"画廊全部由广州美协的画师手绘……"而这个人，就是美东百货股份有限公司的董事总经理。

该公司负责微博运营的小何告诉我们，为了让整个公司都重视微博的经营，美东专门发了内部邮件至各个部门要求参与。

据小何介绍，为了经营好微博，整个团队专门研究了中国香港海港城的"官微"。"海港城在一年时间，粉丝增加了十几万。"研究发现，海港城的绝招在于利用明星举办活动，将企业的品牌与明星的影响力结合起来。广州没有这样的优势，但"强强联合"这招还是提醒了美东百货。于是他们也定出"与其他品牌联动"的策略，同时搭配"品牌介绍＋打折信息发布＋户外活动＋粉丝互动"的日常运作方案。

战术要点：有效率——粉丝增加与微博发布的频率有关，做微博人不能懒。多跟知名品牌联动，知名品牌的促销，转发量一下子就有两三百条。

在21世纪的E时代，"微博"让商家运筹"微博"之中，决胜"网络"之外。不想做好微博的商家不是好卖家！

（资料来源：伊晓霞、刘斯会，http://news.sina.com.cn/o/2011-09-15/081023158379.shtml）

思考讨论题:

(1) 结合各大商家的"拉粉战",谈谈网络传播在公共关系活动中有哪些应用方式。

(2) 如何理解"不想做好微博的商家不是好卖家"这句话?

17. "班徽"传播策划实训。

实训目的:运用各类传播媒介和手段,增强传播效果。

实训要求:学生分成 3～4 组,每组选出组长 1 人;组内学生结合班级特点,事先进行班徽设计;利用各种传播方式,结合传播技巧,把本小组设计好的班徽在班里进行公开展示介绍;由师生共同评出传播效果最佳的优胜小组;课后每组形成一份最优的班徽传播策划方案。

任务3

公共关系调查

虽然它不能回答所有的问题或影响内部的决策,但是有系统地调研是有效公共关系的基础。

——[美]斯各特·卡特里普

每一个公关计划或解决方案都应从调研开始。但遗憾的是,多数的方案都没能做到这一点。

——[美]弗雷泽·P.西泰尔

学习目标

- 明确公共关系调查的内容;
- 按照公共关系调查的一般程序展开公共关系调查;
- 撰写公共关系调查报告;
- 撰写公共关系调查工作总结报告;
- 运用公共关系调查方法灵活开展调查。

案例导入

"先搞清这些问题"

有一家宾馆新设了一个公共关系部。开始,该部配备了豪华的办公室、漂亮迷人的公共关系小姐、现代化的通信设备等,但该部部长却不知下一步要做些什么了。后来,这位部长请来了一位公共关系顾问,向他请教"怎么办"。于是,这位顾问一连问了以下几个问题:"本地共有多少宾馆? 总的铺位有多少? 旅游旺季时,来本地的外国游客每月有多少? 台港澳游客有多少? 国内的游客有多少? 贵宾馆最大的竞争对手是谁? 去年一年中,有哪些因服务不周而引起房客不满的事件? 服务不周的症结在哪里?"这样一些极为普通而又极为重要的问题,使那位公共关系部长无以对答。于是,那位被请来的顾问说:"先搞清这些问题,然后开始你们的公共关系工作。"

　　上面这个事例清楚地昭示我们：要开展公共关系活动，必须从公共关系调查开始。公共关系调查作为组织开展公共关系活动的先导，是整个公共关系活动的"轴心"。正如西蒙所说：不论人们如何表达公共关系活动的流程，调查研究都是举足轻重的。因此，作为一个组织，应充分认识开展公共关系调查研究的重要性，将公共关系调查视为正确、妥善地解决问题和纠纷的基本前提。

3.1　知识储备

3.1.1　公共关系调查的内容

　　公共关系调查的内容及范围主要涉及组织的基本状况、组织形象、公众评价和组织开展公共关系活动条件调查等。

1. 组织情况调查

　　组织的基本情况是公众评价的首要对象。要正确地评价公众的意见，公共关系人员必须对组织的基本情况了如指掌。关于组织基本情况调查，主要有两方面的内容。

　　(1) 组织的经营发展情况。这主要包括组织创建的时间、组织经营发展的目标(包括近期、中期、远期的目标)；组织发展过程中的重大事件及在社会上、舆论界的反响；组织对社会的贡献；企业组织的市场分布、市场占有状况以及市场竞争状况；企业组织的产品、服务及价格特点；组织的管理特点；企业组织的外观、厂名及商标特点等。

　　(2) 组织成员的基本情况。这包括组织成员人数的变化、组织成员的精神面貌、一般成员的状况以及对组织发展做出过重大贡献的成员的情况和组织领导者的总体情况。员工的一般状况包括：年龄、文化程度、专业特长、兴趣爱好、家庭生活等；为组织作出重大贡献的员工、劳模的成就与经历；组织主要负责人的一般情况。

2. 组织形象调查

　　组织是通过评价和衡量组织形象的两个指标——知名度和美誉度来完成组织形象调查的。

　　(1) 知名度。知名度表示有多少公众知道和了解组织及对其知道和了解的程度，包括机构的名称、标识、经营内容、历史、规模、产品、服务等。组织的知名度在一定意义上决定着组织获得公众理解与支持的范围，所以该调查的公众范围一般比较广泛，可以是对组织诸多因素的综合考察，也可以是对其中的单项因素进行调查。通过知名度调查，能明确显示组织在公众心目中排名榜上的地位，而且可以详细了解组织的诸多构成因素对其知名度形成的具体作用，同时，也能为其他项目的调研工作提供基础资料。

　　(2) 美誉度。美誉度表示有多少公众信任和赞赏组织及对其信任和赞赏的程度，包括对机构名称、标识、经营方式、产品或服务是否喜欢、信任等。组织美誉度的高低，基本上反映了组织的信誉与社会形象。该项调查一般是在组织知名度调查基础上进行的更深层次的调查工作。通过美誉度调查，在一定程度上能为组织指明努力的方向。一个组织可能会为自己的高知名度而沾沾自喜,然而如果美誉度调查显示出反向结果的话,则表明这是一种臭名远扬。组织要及时追根寻源,努力修正不良影响,以免后患无穷。

表3-1和表3-2是组织知名度、美誉度的调查表,可供组织在公共关系调查实践中参考。

表3-1 知名度调查问卷设计

项 目	1	2	3	4	5	6	汇总
机构名称							
地点							
标识							
代表色							
历史							
规模							
经营内容							
产品A							
产品B							
服务							

(低)━━━━━━━━━━━━━━━━━━━━━━━━━━━━━━━━━▶(高)

注:请被调查者对准项目在空格中写"√"根据总分及各项得分,综合评价机构知名度。表中1~6分别表示不知道、好像知道、知道、有些了解、了解、非常了解。

表3-2 美誉度调查问卷设计

项 目	1	2	3	4	5	6	汇总
产品A							
产品B							
售前服务							
售中服务							
售后服务							

(低)━━━━━━━━━━━━━━━━━━━━━━━━━━━━━━━━━▶(高)

注:请被调查者对准项目在空格中写"√"根据总分及各项得分,综合评价机构美誉度。表中1~6分别表示很怀疑、怀疑、一般、比较信任、信任、非常信任。

3. 公众评价调查

所谓"公众评价调查",就是通过评估公众的意见和公共关系活动的效果,了解社会公众对组织相关行为的具体反应和建议。

(1)公众意见。公众意见表示社会公众对组织有关问题的反应以及形成反应的具体原因,包括组织的产品、服务、价格、管理、人员素质等问题。

公众意见调查要探明组织在目标公众心目中的形象以及他们所以会有如此评价的形

成原因。该项调查一般可以对相关公众的广泛了解,也可以聘请一些熟悉业务、具有经验和综合分析能力的专家,运用座谈、信函的形式,请他们对组织面临的问题进行诊断并提出解决问题的建议。

公众意见调查不仅需要针对不同公众的知识水平、理解能力等多方面多层次进行有的放矢的调查,而且对各方面意见的汇总、整理也需要花费比较多的精力。例如,某个企业在消费者心目中形象不佳,那这种不信任究竟源于何处呢? 是产品质量不过关,还是推销方式不适宜? 是不相信企业的经营水平,还是对企业存有偏见? 只有追根寻源,才能找到解决问题的关键。

(2) 活动效果。活动效果是了解社会公众对组织实施的公共关系专门活动的评价。正确评价公共关系活动的真实效果并不简单。作为一种长期为组织树立良好形象、为组织获取最大经济效益创造条件的公共关系活动,相当多的情况下是无法要求它直接创造利润的,所以,对组织实施的公共关系活动,往往不能用数量式的硬性指标来衡量,必须考虑到它所产生的滞后效应。

然而,通过公共关系调查,可以在一定范围内用定量分析的方式了解组织的公共关系活动是否达到以最少的投入使信息传递到最大空间的目标。

$$接触率 = \frac{目标公众接触媒体人数}{目标公众人数} \times 100\%$$

$$单位宣传费用 = \frac{宣传费用}{受众人数}$$

$$单位宣传费用效果 = \frac{宣传后销售实绩 - 宣传前销售实绩}{宣传费用}$$

4. 公共关系活动条件调查

所谓"公共关系活动条件调查",是指在开展公共关系活动之前,组织对开展活动的主客观条件进行调查研究。为了避免闭门造车,给组织带来不必要的损失,组织的公共关系人员在开展公共关系活动之前或是在公共关系活动策划时,对支持公共关系活动的具体条件进行调研工作。其内容主要包括以下三个方面。

(1) 公共关系活动主体的人力分析。组织要使公共关系活动达到预期的目的,应该考虑由哪些人员参加,人力是从组织内部挑选还是由外部公共关系公司承担,人员具备哪些特长、工作能力、经验和业绩如何、能否胜任工作等。

(2) 公共关系活动主体的财力分析。从某种意义上讲,这是一种投入—产出比分析。针对公共关系活动来说,就是组织所能投入的资金和活动所产生的效益是否成比例,资金的使用是否合理等。

(3) 公共关系活动的客观环境调研。客观环境分为宏观调研和微观调研两部分。宏观调研是对组织的经济环境、政治法律环境和社会文化环境的认识。组织在开展公共关系活动之前应对社会、政治、经济形势进行冷静分析,对市场和公众的社会心理进行认真研究。在市场活跃或疲软的不同环境下,公共关系活动的内容和效果是不大一样的。微观调研是对开展公共关系活动的具体条件进行调研,对活动的场地、设备以及各类有关规定等进行调研。公共关系活动的场地分为室内和露天。事先要调查场地面积、人员交际、食宿场所和流动的通道等。公共活动设备的调研一方面要调查清楚活动所需家具(桌椅、餐具、茶具)的数量、质量和档次；另一方面要调查清楚电子设备(电话、电视、音响、扩音器、投影仪、照明设备、话筒等)的数量及使用效果。

3.1.2　公共关系调查的程序

公共关系调查研究是一门艺术，既有科学性，又有技巧性。掌握公共关系调查的科学程序是提高调查艺术、强化调查效用的基础。

1. 确定公共关系调查的选题

确立公共关系调查选题，实际上就是确定调查的方向。对于公共关系人员而言，需要调查的情况十分繁杂。但是，在一次具体的调查活动中，由于时间、人力以及调查容量自身的限制，不可能也没有必要进行全方位、大规模的调查，通常只能开展有针对性的、专题性的、围绕某一个方面内容的调查活动。

(1) 确定公共关系调查选题的原则。公共关系调查选题的确立，是一项科学性与艺术性很强的工作，需要遵循以下几个原则。

① 需要性原则。所谓"需要性原则"，即根据社会组织的需要来选择和确定调查选题。根据社会组织的发展战略与规划，优先选择的调查选题应当是公众问题、市场问题、内部自身问题和环境问题。公共关系调查具有很强的功利性和服务性，应当针对社会组织当前迫切要解决的问题进行调查。例如，在开发新产品时，企业亟待了解的是公众的需求、对老产品的意见、经济承受能力等，故多以公众愿望、经济生活情况为调查选题。在处理经营危机时，社会组织亟待了解的是造成危机的原因、危机事件的动态情况、公众受损害的情况、危机事件的影响范围等，以便制定消除危机事件不良影响的对策，故此时多以危机事件本身作为调查选题。

② 创新性原则。对于公共关系调查而言，创新不仅可以提高公共关系调查成果的社会价值，而且可以提高公众参与调查、回答问题的积极性。这就要求我们在选择公共关系调查课题时，善于运用新理论、新思维、新方法，从新的角度提出有别于以前的调查选题和有别于竞争对手的新选题，确保公共关系调查活动的顺利开展。当前，公共关系调查有自己的独特性，不同于一般的公共关系宣传活动，"创新求异"有自己的"度"，不能一味地求新求异，而应以社会组织需求为前提。也就是说，在公共关系调查选题确立的过程中，需要性原则与创新性原则相比，需要性原则是第一位的。

③ 可行性原则。所谓"可行性原则"，即社会组织所选择的公共关系调查课题在规模上、深度上要符合社会组织现有的调查工作的能力水平。如果公共关系调查选题规模过大，社会组织没有相应的人力、物力、财力条件就不可能达到预期的调查目的。如果公共关系调查选题既深又难，而社会组织没有具备相应知识和文化素养的调研者，同样也不可能完成公共关系调查的任务。

④ 科学性原则。任何事物都有其内在的科学规律性。在确定公共关系调查选题过程中，要进行科学分析和科学假设，运用相关学科、专业知识判断公共关系现象之间的内

在联系,提出源于科学判断的课题,以保证公共关系调查活动的科学性。

(2) 确定公共关系调查选题的过程。公共关系调查选题的确定不是一蹴而就的,它需要经过筛选、判断、分析的过程。该过程由一系列环节构成。

第一步,根据社会组织需要,尤其是公共关系决策的需要,明确公共关系调查选题的基本概念与内涵,指出公共关系调查的方向和必须达到的目标。

第二步,运用文献调查方法和直觉判断方法,明确公共关系调查选题的中心内容。公共关系人员在明确了选题概念以后,可以运用文献调查方法,了解以往相关的调查研究成果,为确定本次公共关系调查选题的中心和重点内容提供参照体系,以便找出本次公共关系调查选题的关键所在。

第三步,运用相关的学科理论和方法,形成公共关系调查选题的假设命题。在收集了与公共关系调查选题概念相关的文献资料的基础上,公共关系人员即可根据相关的学科理论进行推理分析,在科学理论指导下,围绕选题概念,撰写本次调查选题的假设命题。

第四步,运用比较、判断方法,对调查选题的假设命题进行综合评估。评估的标准有实用性、创新性、可行性、科学性等。如果判断结果表明:假设命题对社会组织亟待解决的问题具有实用性,与以往课题相比具有新颖性,同社会组织人力、物力、财力等条件又相符,用学科理论来衡量又具有科学性,那么选题就有价值,应当及时据此撰写调查问题,开展调查活动。反之,就说明选题工作有问题,需要重新设定标准,重新选择公共关系调查的重点,重新设定调查选题。

2. 制订公共关系调查方案

为了使公共关系调查工作能够顺利、系统并且有针对性地进行,拟订调查计划方案是必不可少的。它是公共关系调查的总体方案,是进行实际工作的行动纲领。

(1) 确定公共关系调查的目的。公共关系调查的目的是了解社情民意,通过征询公众意见,分析社会趋势,研究公众的社会需要,寻找建立信誉、协调经济效益和社会服务效益的途径。调查的任务是:寻求解决问题的具体办法,了解公众有哪些具体看法、具体要求和具体建议、希望解决问题的实际内容,达到解决问题的目的。例如,确定了产品换代问题是企业组织中长期的最大的问题,就应围绕这一问题搞清以下情况:①企业所面临的经济、政治、技术、社会等因素的变化趋势。②企业应采取哪些行动影响公众在产品换代问题上取得成效,并适应环境变化。③社会公众对产品换代问题的关心程度、紧迫感和提出问题所考虑的因素。

(2) 确定公共关系调查的对象。对象是调查的客体。明确了公共关系调查的目的后,就应该确认调查的对象。调查对象首先是"公众"。这些个人或团体具有一些共同的特征,受相同关系或问题的影响。例如,面对相似的问题,对该问题有各自的看法、态度、主张,试图处理解决这一问题。确定了调查对象后,还要注意以下两点:一是对目标"公众"进行分类,借以确定调查对象的类别及其组合;二是考虑到目标"公众"数量的大小、分布集中与分散程度各不相同,"公众"的背景、对问题的知晓程度和参与的积极程度也各不相同。应该考虑决定公共关系调查对象的具体构成,包括调查对象的总量、分布地区、涉及的"公众"类型、涉及的社会领域、对象的知晓度和积极性。

（3）确定公共关系调查的项目。项目是调查内容的具体化。按照一定的逻辑顺序在调查项目下面注册需要调查的具体问题。公共关系调查主要有四项内容，即组织情况调查、组织形象调查、公众评价调查、公共关系活动条件调查。

（4）确定公共关系调查的方法。公共关系调查的方法是公共关系调查所采取的手段。确定公共关系调查方法的根据是：①有利于定量与定性分析。②能达到公共关系调查的目的。③考虑现有条件。公共关系调查多以统计、社会测量、抽样和民间测验为主，这就要设计好统计表和问卷。

3. 实施公共关系调查方案

实施公共关系调查工作方案，实际上就是调查者根据调查方案的既定计划，在既定的范围和时间内，利用既定的调查方式、方法，向既定的公众收集信息资料。这是整个公共关系调查过程中最重要的环节。公共关系调查实施过程中的主要工作有以下几项。

（1）组织公共关系调查对象群体。公众是分散的，而且数量庞大。我们要根据公共关系调查工作计划中的抽样方案选择调查样本，把符合调查样本要求、具有代表性的公众挑选出来，作为本次公共关系调查活动的调查对象。

（2）积极协调各种公共关系。公共关系人员根据抽样方案选择的调查对象，一般与企业没有任何直接的关系。即使存在一定的关系，多半也是顾客关系，公共关系人员对他们没有任何行政约束力。因此，在调查工作中，公共关系人员是否积极主动地协调好各种公共关系，取得公众组织、群众网络、公众代表的配合与支持，就成为整个调查工作成败的关键。

（3）发放问卷引导调查对象回答问题。为了提高问卷资料的可信度，在公众填写问卷前，公共关系人员应做好动员、教育工作，使调查对象理解本次调查活动的价值以及他们填写问卷的注意事项，提高他们填写问卷的主动性和规范性。

（4）回收、清理问卷。调查对象填写完卷后，公共关系人员应及时回收问卷，并进行初步的问卷整理，把不符合要求的问卷作为无效问卷清理出来，归档另外收藏。一般出现以下情形的问卷都应列为无效的问卷：①常规项目填写明显失误的问卷。②只对少数问题作出回答而对大多数问题没有作出回答的问卷。③问卷回答带有明显不认真标志的问卷，如整张问卷中所有问题都填写一个答案序号，这说明调查对象是未加思考、随意填写，虽有答案，但并未反映出调查对象的真实状况。

（5）观察、记录公众的言行。在公共关系调查中，调查者要认真观察公众的言行，收集公众在言谈举止中流露出的真实信息资料，并及时做好记录。利用这种方式收集到的资料比用问卷收集到的资料更加真实、典型，因而更加具有公共关系价值。

4. 整理公共关系调查资料

资料收集任务完成后，即可转入信息整理阶段。资料整理不仅有利于分析、研究资料，而且有助于调查工作的后期总结。

（1）公共关系调查资料的整理环节。公共关系调查资料的整理，在操作上有以下几个环节。

① 问卷核实与清理。公共关系人员根据本次调查活动的特点,定出核实问卷的标准和要求,确定有效问卷。

② 建立分类体系和分类标准,对资料进行归类。

③ 资料主题小结。对于一些文字类资料,如问卷调查中的开放题答案、调查人员的观察记录材料等,相对来说比较凌乱,公共关系人员应列出主题项目,对各种资料按主题项目进行小结、归纳,制作出"主题项目资料登记文摘卡"。

④ 资料统计。对于问卷调查中的封闭答案资料,公共关系人员可以借助计算机进行统计,计算出公众在每个问题上的意见分布数值。

⑤ 进行数据处理,建立数据库。根据问卷的问题设置分项目编制表格,把统计的数据结果填入相应的表格项目中,建立起本次调查结果的数据库。

（2）公共关系调查资料的类型。公共关系调查资料经过整理后,主要有两大类型,即文字类资料和数据类资料。文字类资料,就是把公众在发放题中所写的意见、在交谈过程中所表达的观点、调查者在观察中所记录的资料等经过归类以后所形成的公众意见信息资料登录下来。数据类资料,一般是指公共关系调查资料数据库和数据表。

5. 总结公共关系调查工作

总结是公共关系调查工作的最后一个环节。在这个阶段,涉及的工作主要有两个方面的内容。

（1）编写公共关系调查报告。公共关系调查报告是调查者根据公共关系调查活动获得的信息资料和据此形成的分析结论所拟写的一种应用文。公共关系调查报告有其基本文体格式、写作内容方面的要求,但在具体写作过程中仍应针对具体情况灵活安排其写作结构。表 3-3 是作为一般意义上设置的公共关系调查文体格式与写作要求。

表 3-3　公共关系调查报告文体格式与写作要求

文体格式		常用形式	基本内容	写作要求
标题		公文式标题、新闻式标题		醒目、精练、新颖
正文	导言	叙述式、提问式、总结式	介绍调查工作概况（如调查时间、范围、方式、内容、目的等）	点明主题、高度概括、精练简短
	主体	逻辑分叙式、表格说明式、条文列举式	① 现状资料分项目汇总叙述; ② 分析造成该现状的内外原因和影响因素; ③ 提出建议和措施	主题明确、中心突出、材料典型、逻辑性强、条理清晰
	结尾	归纳式、警句式、口号式	全文小结	渲染全文、加深印象
署名		标题之下或全文之后	调查单位、写作时间	简单明确
附件		原件、资料卡、表格等	调查表;典型材料;数据库	为正文服务

（2）编写公共关系调查工作总结报告。公共关系调查工作结束时，应及时进行工作总结，找出经验教训，并编写公共关系调查工作总结报告，为以后开展调查活动提供参照体系。公共关系调查工作总结报告是一个总回顾。在写作格式上，一般包括标题、正文和署名3个部分。标题可以用公文式的写法，也可以只有内容概括。正文的内容主要有调查工作基本情况概述、成绩、经验、缺点、问题。

3.1.3 公共关系调查的方法

要顺利地完成公共关系调查任务，必须借助于行之有效的科学调查方法。公共关系调查所运用的主要方法有访谈调查法、问卷调查法、抽样调查法等。

1. 公共关系访谈调查法

公共关系访谈调查法指访问者通过口头交谈等方式向被访问者了解公众情况的方法。它表现为公共关系调查人员根据设计要求，围绕某个主题，通过与被调查者谈话，以讨论有关问题及了解人们的行为特征和动机，达到搜集材料的目的。

（1）公共关系访谈调查法的特点。了解公共关系访谈调查法的特点，运用时扬长避短，对公共关系调查人员来说，无疑是重要的。访谈调查法具有如下特点。

① 具有灵活性。它既可提高被调查的兴趣，达到很高的回复率，也可限定某一特定的人回答，增加回答问题的针对性。调查人员可根据访谈时的具体情况而调整访谈的方式、内容及时间。

② 调查的范围比较广泛。它不仅可以了解当时当地正在发生的各种现象，还可以询问过去和外地发生过的现象。

③ 适用于各种调查对象。它不仅能适用于有一定文化程度的人，也可以适用于文化程度较低的人。

④ 受到调查者与被调查者两方面的限制。调查者个人的访问技巧、人品气质、性格特征等都会直接影响调查的结果；被调查者的合作态度和回答问题能力的差异使其所提供的材料的质量也不一样。

⑤ 有些问题不宜当面询问。如涉及个人隐私或较敏感的问题，即使被调查者做了回答，也常常是不真实的。

⑥ 需要的人力、物力、财力和时间较多。一般应用于那些对准确性要求较高的问题研究，或应用于探索性研究。

（2）公共关系访谈调查法的类型。公共关系访谈调查法的类型指根据不同的标准划分出的访谈类别，主要有以下三种。

① 结构访谈和无结构访谈。结构访谈是按照预先制订的计划和既定的程度进行的，其特点是把问题标准化，然后由被调查者回答或选择；无结构访谈是公共关系调查人员只对所要询问的问题有基本的要求，以开放式问题为主，答案不受限制。

② 个别访谈和集体访谈。个别访谈是由调查者同被调查者逐一进行面对面的谈话，将回答记录下来；集体访谈是由调查者同若干被调查者进行的座谈，它要求把握好主题，

创造民主、自由的气氛。

③ 一次性访谈和追踪访谈。一次性访谈是就某一时候或时期内人们的态度、行为等情况进行的调查,它通常是对某一特定的问题或某事件的调查;追踪访谈是对人们的态度、行为等情况进行的连续的、长期的调查,它通过多次访谈、调查了解人们的动态信息。

(3) 公共关系访谈调查法的实施。公共关系访谈调查的具体实施步骤包括如下方面。

① 访谈准备。制订访谈计划,草拟谈话提纲,了解被调查者情况,选择适宜访谈的时间和地点,预备必要的访谈工具,如调查表格、记录笔纸、录音机及本人证明等。

② 创造良好的访谈环境。见面伊始,要大方有礼,友好寒暄,同对方建立起相互信任的关系;说明来意,使对方了解调查的目的和内容;说明调查对被调查者的意义,被调查者知晓调查对自己有益,可能会更主动地配合;谈话要尽量自然和轻松愉快,并且态度要保持中立,不宜对回答做肯定或否定性评价。

③ 建立共同的意识范围。应做到双方对同一问题的理解一致,避免答非所问的情况;最好从被调查者感兴趣的问题入手,逐渐深入到调查的核心问题;如果对方对某些问题不愿回答或不便回答,应体谅对方的难处,不要急躁或施加压力,采取耐心温和的态度,成功的可能性更大。

④ 做好记录。记录要客观真实,不能把调查者自己的意见、态度掺进去。访谈中记录可能较乱,之后要立即核实整理。

2. 公共关系问卷调查法

公共关系问卷调查法指根据调查目标设计调查表并通过公众填写调查表而进行调查的方法,它简单易行,是目前国内外社会调查中使用较为广泛的一种方法。按问卷投递的不同,可将公共关系问卷调查方式分为:报刊问卷、邮政问卷、送发问卷和访问问卷等。

(1) 公共关系问卷调查法的使用条件。符合如下情况应使用公共关系问卷调查法。

① 调查范围较广,不宜当面访谈,应采用问卷法。

② 被调查者文化水平太低,对问卷看不懂,则不宜采用问卷法。

③ 如果所要取得的材料是常识性的事实、行为或态度,回答者不会因顾虑而拒绝回答,可采用问卷法。

④ 一般情况下,问卷的回收率不高,65%以上为较好。因此,如果要求较高的回收率,最好采用与访谈法相结合的方式来进行调查。

(2) 公共关系问卷的分类。公共关系问卷的类型主要有三种。

① 开放型问卷。这种问卷的问题虽然对每一被问者是统一的,但被问者可以根据自己情况自由作答。比如:你对本公司有何评价?

② 封闭型问卷。这种问卷不仅问题是相同的,而且每一个问题事先都列出了答案,供被问者从中选择自己认为最恰当的答案,比如:你对本公司满意吗?(很满意_____、满意_____、无所谓_____、不满意_____、很不满意_____)。

③ 半开放型问卷。这种问卷是前两种问卷的混合型,既有供选择的答案,又有供发

挥的问题。

不论哪一种问卷都应根据公共关系调查的需要,根据问卷的类型来设计,便于提出问题,便于整理资料。

(3)公共关系问卷的技术设计。问卷法的主要优点在于标准化和成本低,问卷的设计要求规范化并可计量。

① 题目的设计。题目是调查的主题,其设计要求,第一,题目本身要与调查目的相符;第二,题目要使被调查者在感情上易于接受。有时为了使被调查者易于合作,设计者会故意把题目设计得不十分明确。

② 说明信的设计。说明信也就是指导语,它对被调查者回答问题的态度影响较大。说明信一般由这样几部分组成:称谓;调查的出发点和目的;调查与被调查者自身利益的关系;回答问题的原则、具体要求以及两方的责任;对有关问题的解释等。最后注明联系人、联系地址和电话号码。说明信要诚挚、热情、恳切,用语简练,表达明确。

③ 问卷具体内容设计。一般来说,较为完整的问卷包括两类问题,一是事实问题;二是态度问题。事实问题指那些曾经发生过的、现在的事件以及一些实际的行为。它又可分为静态资料和实际行为类问题两部分。静态资料包括性别、年龄、文化程度和职业等,这些一般项目是对获得的资料进行整理和分析的最基本的条件;实际行为类问题,旨在了解实际行为发生的情况。比如,您对下列饮料的饮用情况,见表3-4情况调查表。

表 3-4　情况调查表

类别	经 常 饮 用	偶 尔 饮 用	不 　 饮 　 用
啤酒			
汽水			
可乐			
茶			
咖啡			

态度问题有两种,一种属于表面和暂时性的看法,它往往是一次性的,时过境迁也许就变了。对这类问题,可每个问题单独分析,了解趋势。比如,你对实施公平竞争法的看法是:

非常赞成_____,赞成_____,无所谓_____,不赞成_____,非常不赞成_____。

另一种问题属于比较持久和稳定的认识。这类问题不能单独分析,要与其他因素联系起来分析。一种态度不能通过一两个问题就加以确定,往往要通过一组题目测定,这样才能使得稳定的态度体现出来。比如,对组织形象的态度,用一两个问题是很难测定的。

设计问卷须注意:一张问卷上问题不宜过多(20~30分钟答完);问题的措辞应该简洁、准确、易懂,不带倾向性、引导性和强迫性;问题的顺序应按问题的类型、逻辑关系、对象心理合理安排。

（4）公共关系问卷范例。

商场服务质量及公共关系形象调查问卷

亲爱的顾客：

您好！

为了促进兰州市商业系统服务质量的提高，您能享受到更好的服务，请您回答下列问题。答题时在您所选定选项前的字母上画"√"，第20题则烦您简洁地写上几句。谢谢合作！

兰州大学公共关系研究中心
××××年1月

您的基本情况

1. 您是：A. 本地人　　　　B. 外地人
2. 性别：A. 男　　　　　　B. 女
3. 年龄：A. 22岁以下　　B. 23～35岁　　C. 36～49岁　　D. 50岁以上
4. 文化程度：A. 小学　　　B. 初中　　　　C. 高中　　　　D. 大专以上
5. 家庭月人均收入：A. 1000元以下　　B. 1000～2000元　　C. 2000～3000元
　　　　　　　　　　D. 3000～5000元　E. 5000元以上

商场基本情况

6. 您认为该商场外观设计及商品橱窗的装饰：
　　A. 很好　　　B. 较好　　　C. 一般　　　D. 不好　　　E. 很差
7. 您认为该商场的内部布局：
　　A. 巧妙美观、井井有条　　　B. 没有特色、很一般　　　C. 乱七八糟
8. 您认为该商场的服务质量：
　　A. 很好　　　B. 较好　　　C. 一般　　　D. 不好　　　E. 很不好
9. 您认为该商场售货员的业务水平：
　　A. 很好　　　B. 较好　　　C. 一般　　　D. 较差　　　E. 很不好
10. 在大多数情况下，您在该商场曾经受到售货员的接待：
　　A. 很热情　　B. 较热情　　C. 一般　　　D. 不热情　　E. 很不热情
11. 您认为该商场的售后服务：
　　A. 很好　　　B. 较好　　　C. 一般　　　D. 不好　　　E. 很不好
12. 您认为该商场的商品：
　　A. 很齐全　　B. 比较齐全　C. 一般　　　D. 不齐全　　E. 很不齐全
13. 您每年光顾该商场的次数有：
　　A. 10次以下　B. 10～20次　C. 20～30次　D. 30～40次　E. 40次以上
14. 您每年在该商场购物的总金额大约在：
　　A. 500元以内　　　　　　B. 500～1000元

　　C. 1000～2000 元　　　　　　D. 2000 元以上

15. 您认为该商场的商品质量：

　　A. 很好　　　B. 较好　　　C. 一般　　　D. 不好　　　E. 很不好

16. 您在该商场购得的商品不能令您满意时,一般来说：

　　A. 都能得到退换　　　　B. 只有个别的能得到退换　　　C. 一个都不能退换

17. 在该商场买东西时,如果您的利益受到侵害,您是否想到去找消费者协会?

　　A. 想到过　　　　　　B. 没有想到

　　C. 认为没有必要　　　　D. 想找,但不知道到哪儿去找

18. 您认为该商场哪一类活动搞得最好?

　　A. 优质服务竞赛活动　　　B. 优惠展销活动　　　　C. 有奖销售活动

19. 您认为该商场亟须解决的问题是：

　　A. 提高服务质量　　　　B. 提高业务水平　　　　C. 改变内部布局

20. 您认为应怎样解决这一(些)亟须解决的问题?

(资料来源：http://www.21cbpc.com)

3. 公共关系抽样调查法

　　以上调查法都涉及一个调查对象的问题,由于调查者不可能对所有的用户进行访谈,不可能找许许多多的人开座谈会,也不可能发成千上万张问卷。因此,调查周期短,调查资料准确可靠、节省经费的抽样调查法在公共关系调查中被广泛应用。

　　抽样调查法是一种科学地从调查总体中选取样本的方法。抽样要遵守随机性原则,即在抽选调查对象时,必须要保证总体中的每一个抽选对象机会均等。

　　(1) 公共关系调查中的抽样方法。公共关系调查中可运用以下方法进行抽样。

　　① 简单随机抽样。它的做法是采用抽签的方法,即将总体中的每个单位按调查的编号分别填写一张卡片,然后从中随意抽出一个编号,直至达到样本数为止。

　　② 等距抽样。把总体的所有单位按照一定的顺序排列,然后按相等的间隔抽取组成样本。抽样距离 K 的值是以总体 N 除以样本单位数 n。

　　③ 分层抽样。把总体单位按其属性特征分为若干层,然后在各层中随机抽取样本单位。比如,可按职业、性别、年龄、文化程度等分层。

　　④ 整群抽样。在总体中成组地抽取调查单位,然后对其进行全部调查。比如,对组织内部公众进行调查,只随机抽取若干个车间或班组,然后对这些车间或班组中的每一个人进行调查。

　　⑤ 多级抽样。它把抽样过程分成两个或多个阶段来进行,即先从总体中进行分层抽样或整群抽样,然后再从抽得的层式群中随机抽取若干调查对象组成样本。

　　(2) 公共关系调查中样本数的确定。样本数的确定是公共关系调查成功的关键。公共关系调查中样本数的确定要注意以下方面。

　　① 对精确程度要求越高,样本的数目越多,当其他条件不变时,要求推断的把握程度越高,样本数目也要越多。

　　② 受调查时间、人力、财力等的限制,常无法抽取最理想的样本,只能在有限的范围

内抽取最佳样本。

　　③ 调查的项目少、内容较简单,样本数较少;反之,样本数则多。统计分析中,相关分析所涉及的变量多,要求的样本数就多,否则在进行交互分类计算时,有些项目的数据就会显得过少。

3.2　拓展阅读

3.2.1　街头调查的组织实施

　　街头调查是指访问员在户外拦截被访者,进行甄别后即可进行现场访问的调查方式。通常安排在星期六、星期天或其他节假日,以保证时间的充裕及街头的人流量。

　　1. 街头调查的准备工作

　　(1) 对问卷内容全面了解。一般来说,街头调查往往会使被调查者措手不及,这就需要调查者进行说明,介绍调查的目的和内容。为此,作为调查者必须对问卷内容全面了解,只有熟悉了内容才能清晰、熟练地进行介绍,赢得调查对象的信赖。

　　(2) 相关知识的准备。视不同的调研内容要有相关知识的积累。当涉及某件商品或服务时,要先通知图书馆和网络来查找相关的资料,有时还需要实地考察一番。比如说,要调查一件服装产品的市场反应,这就需要了解这件衣服的面料、款式、价格、流通渠道等。对调查的事物有了先期的认识,就能对街头调查胸有成竹。

　　(3) 预先观察调查地点。到街头拦截的调查地点,实地了解一下那里的环境、人流等情况。便于调查的地点一般是人流较多的购物休息之处。

　　(4) 检查调查所需的物品。调查时,一般需要带两支笔,供回答问卷的硬板等,着装也要整齐些。

　　(5) 了解有关职业规则。值得一提的是,在街头调查中调查人员应明确调查受访者的权利和调查者的义务。即使调查是学生的课程实践,也要遵守有关职业规则。受访者的权利有:①自愿;②匿名;③了解调查人员的真实身份、手段、目的;④对未成年人调查需经监护人同意。

　　调查人员要遵守以下的义务:①不做出有损于市场调查行业声誉或让公众失去信心的举动,不探查他人隐私。②不能对自己的技能经验和所代表的机构情况作不切实际的表述,不误导被调查者。③不能对其他调查人员作不公正的批评和污蔑。④必须对自己掌握的所有调研资料保密。

　　2. 街头调查的具体操作

　　(1) 准确寻找被调查对象。用自己的眼睛环顾四周,寻找出可能会接受调查的目标对象。街头人群具体分为行走人群和留步人群。留步人群比较好处理,找那些单个在一边休息或似乎在等人的对象,径直走向前去询问他们。对于行走人群主要观察对方是否是单人行走,步履的缓急,手中是否提有过多的物品,神色是否松弛等。如果被拒绝,也要很有礼貌地说："对不起,打扰您了。"对于小组调查来说,当第一位调查人员被对方拒绝后,第二位调查人员可以考虑在5分钟以后上前再去询问一次被调查者是否愿意接受调查,如果对方依然拒绝,则不要再进行第三次询问。

(2)上前询问,注意姿态。根据判断路人可以作为调查对象时,就应积极地上前询问。上前寻问时,调查人员应该朝调查对象缓步侧面迎上。整个行走过程中,目光应该对准被调查者。当决定开口询问时,应在被调查者右前方或左前方一步停下。

(3)开口询问,礼貌应对。良好的开端是成功的一半,良好的心态、微笑、恰当的语言表达都要协调地配合在一起。因此,开口的第一句话很重要,第一句话要有准确的称呼、致歉词与目的说明。可以说:"对不起先生(女士),能打扰您几分钟做一个调查吗?"对于询问,受访者会有许多种反应。第一种情况是不理睬,这说明他对街头调查极度拒绝,向他致歉就可以结束了。第二种情况是有礼貌地拒绝,这时应当针对对方的借口进行回应,比如对方说没时间,可以应对说只需一点点时间。最好还能让对方看看调查问卷,以期调动兴趣。第三种情况是对方流露出一些兴趣,会问是什么调查。这时要把握住机会,让对方看看调查问卷,并向他解释调查的内容,及时地递上笔。只要让对方接过,一般就能够让对方接受你的调查。第四种情况极为少见,即对方一口答应接受调查,此时可以随步询问,引发对方的兴趣。在应对行走人群时,让对方自动停下脚步是一个不错的切入点,说明对方对调查有兴趣。如果对方不愿意停下脚步,这就需要调查者跟随对方走几步,同时用话语力争引起对方的兴趣。切忌不可直截了当地要求对方停下脚步。一般跟随对方走出10米依然无法让对方停步,就应当终止。

(4)小心收集被调查者信息,注意保密隐私。对于受访者的信息资料,如姓名、年龄、住址、电话等,有时也需要在街头调查中得知。甚至有时调查的目的就是要了解被调查者的基本信息,以利于开展营销活动,但这一内容的调查要小心处理。在调查中要尊重他们的隐私保密权利,不能强求。在调查开始时,调查者先要诚实地将自己的真实身份、调查的目的、要了解个人基本资料的原因告知受访者。同时告知调查者的义务,询问他们是否愿意告知。只要处理得当,一般在这种情况下,受访者都会愿意留下他们的信息资料。

(5)表示感谢,赠送礼品。当受访者回答完所有问题后,应当浏览一遍,不要有所遗漏。向被访调查者表示感谢,赠送小礼品,与其告别,并目送被调查者离开。

3. 拦截被访者注意事项

第一,不要拦截一些特殊障碍的人,如盲、聋、哑、痴呆、残疾者。

第二,不要拦截携带婴儿的人(除非有特殊需要)。

第三,不要拦截那些看起来很匆忙(赶时间)的人。

第四,不要在人们进入商店之前或他们在商店橱窗前观看时进行甄别访问。

第五,不要站在商店的通道或阻碍人群通过的购物中心区域。

第六,注意不要擅闯私人领地,记住在访问前要先打招呼,征求同意;拦截时不应感到歉意或不好意思,要有积极的态度。

(资料来源:章金萍.市场营销技术.北京:高等教育出版社,2009)

思考题：

（1）街头调查的优缺点各是什么？

（2）试与同学一道开展一次街头调查。

3.2.2　越野车市场调研报告

1. 调研综述

（1）调查背景。今年来随着社会经济的发展以及人民生活水平的提高,越来越多的人开始把汽车作为消费的必需品,越野车市场也随着这股潮流逐渐在消费者心目中兴起。但是,人们对越野车的要求却是不一致的,有的人要求越野车是高大的感觉,希望有良好的视线感,而有的人对越野车的要求却是动力好,可以跋山涉水无往不利,有的人希望良好的操控性,希望越野车也能带来轿车的感受,由于在这一市场上人们的品味众口难调,所以如何生产一款能符合绝大多数消费者口味的越野车成为摆在各大汽车生产厂商面前的一大难题。

同时,虽然国内中低档越野车这一市场前景非常广阔,但是在这一细分市场上的竞争也是非常激烈的。各个汽车生产厂商都在竭尽全力,通过开展促销、广告、公关等活动以扩大自己的生产销售额,提高品牌知名度,增加顾客美誉度,但是这种激烈的竞争环境使得谁也不能够做到一家独大的局面,整体竞争非常激烈。

此外,在中低档越野车这一细分市场中,消费者既希望能够花较少的钱,又希望能够买到真正的越野车,而不是"伪越野车",即在经济实惠和越野性能达到最大的平衡,但是,国内目前在这一市场的越野车,有的是外形"娇小",越野的一些基本配置没有满足,只适合作为视野较高的城市越野车;而有的则是虽然经济实惠,但是越野能力很差;再有一部分则是越野性能不错,但是购置价格价高,油耗大。鉴于此,猎豹黑金刚定位于最为经济实惠的越野车,以同时满足消费者对于价格的要求和对于越野性能的需求。

（2）调研目的。国内中低档越野车这一市场非常混乱,而猎豹黑金刚则立足于最为经济实惠的越野车,我们希望通过我们的调查研究,了解各个品牌在中低档越野车市场上的市场占有率和销售额,了解各个品牌的品牌知名度和美誉度。同时通过调查分析与对比,得出猎豹黑金刚在中低档越野车这一市场上的主要竞争对手,了解得出猎豹黑金刚相对于细分市场内竞争对手的优势、劣势、机会、威胁,进而确定我们在下一个阶段的销售目标及销售额。同时对于目标市场的消费者的特征进行了解,确定目标群体的年龄、性别构成,薪资水平构成,了解他们在购买越野车时主要的考虑因素是什么,以及各个越野车在他们心目中的知名度以及顾客美誉度,调查他们对于猎豹黑金刚的了解程度,从而决定我们目标市场的消费者特征。并通过调查分析,进行适当的推广活动,包括人员推销活动、公关活动、广告活动、促销活动,确定这些活动的可行性以进一步的加强对猎豹黑金刚的宣传推广,扩大品牌知名度以及顾客美誉度,并对活动的费用预算做出估计,确定活动的可行性,从而在重庆市场上推广猎豹黑金刚。

（3）调研方法。关于此次调研,我们通过在实地发放问卷的方式进行。主要是在解放碑商圈、重庆主城区三个长丰猎豹4S店,通过实地发放问卷,采取现场回收的方法收集数据。

(4)调研内容。根据我们发放的问卷以及参考一些在网上的数据,我们主要是了解猎豹黑金刚的主要客户群体,客户群体的年龄、性别、职业等的构成,同时了解猎豹黑金刚在中低档越野车这一市场上的主要竞争对手,各个竞争对手在2010年的销量及市场占有率,各个竞争对手在顾客心目中的美誉度,了解猎豹黑金刚在顾客心目中的美誉度及品牌形象的高低,通过调查比对,了解猎豹黑金刚的优势、劣势、机会、威胁,同时,观察目标客户群体的特点,了解他们在购买汽车时最为看重的因素,根据消费者购买汽车时最为看重的因素进行竞争分析,从而进一步得出有关猎豹黑金刚的推广方案:人员推销活动、公关活动、广告活动、促销活动,并验证他的可行性,为进一步推广猎豹黑金刚提供依据,提高猎豹黑金刚在重庆地区的销售量及市场占有额。

(5)调研流程。此次调研是在2010年12月20~24日。调研地点在解放碑商圈、重庆主城区三个长丰猎豹4S店,我邀请几位同学与我首先在2010年12月20、21日在解放碑商圈进行了问卷发放,采用现场回收问卷的方法,收集了数据;同时在2010年12月22~24日,我们每天访问一个长丰猎豹重庆主城区的4S店,分别访问了重庆俊源汽车销售有限公司、重庆耀奇汽车销售有限公司、重庆骏威汽车销售有限公司,通过在长丰猎豹4S店的实地了解更加接近了猎豹黑金刚的客户,更加直白地了解了他们的需求,为我们的调研提供了最为实际有效的数据。

2. 样本与样本分析

(1)样本量。此次调研共进行了两个阶段,第一阶段为实地调研阶段,在解放碑商圈及重庆主城区的三个长丰猎豹4S店共发放了问卷1000份,其中回收了656份,有效数据630份。第二阶段在网上共计发放问卷1000份,其中回收了543份,有效数据400份。总发放的问卷量为2000份,回收1199份,有效数据1030份。

(2)地点选择。解放碑商圈是重庆最为繁华的商圈,这里的人流量非常大,人口密度很高,在此我们可以了解各种各样的消费者,接触到不同要求、不同特点的消费者。同时,猎豹黑金刚的主要目标客户群体就是城市白领精英、小企业老板、企业中高层管理者,而解放碑作为重庆作为繁华的商圈,到这里是接触、调查这类人最为理想的地点。而长丰猎豹的3个4S店是最容易、最有效的方式接触到长丰猎豹核心客户的地点,在长丰猎豹的4S店,其客户多为相信长丰猎豹品牌,有意向购买长丰猎豹的产品,我们可以集中起来了解猎豹黑金刚的客户群体的特点、他们的消费行为及习惯、购买汽车时所看重的因素等,在长丰猎豹客户最为集中的地区对客户进行调查了解无疑提高了我们数据的准确性及可信性。

猎豹黑金刚的目标客户群体集中在三个细分市场:休闲越野型、越野发烧友型、执法座驾型,以上三个细分市场的客户经常喜欢光顾一些专业的汽车论坛。包括越野e族、爱卡汽车论坛、汽车之家汽车论坛。越野e族汽车论坛是专门针对一些热爱越野的人士而成立的网站,他们的口号是fblife,即畅享自由自在的越野生活,在这个网站上发放问卷,我们可以了解到越野人士的一些消费行为及消费特点,而爱卡汽车论坛和汽车之家汽车论坛都是综合性的专业的汽车论坛,对于不管是出于什么原因而访问这两个网站的人,可以由此了解到他们内心的想法,为我们区分细分市场及制定营销推广方案提供必要的依据。

(3)样本性别构成。在我们的问卷发放过程中,多数同学选择了男性作为发放对象,预估有2/3的问卷发放对象都是男性,而在实地调研和网上反馈回来的1030份有效数据中,男性为720份。这与猎豹黑金刚的车型外观及目标客户群体有很大的关系。猎豹黑金刚外形设计高大威猛,处处体现着严肃的特点,而且这款车的越野性能十分突出,但是内饰等细节问题就不足以吸引消费者,在如今这个时代,选择和爱好越野的消费者多为男性,女性较少,所以我们也多选择男性为问卷的发放对象,以能够真实地体现用户的特点。

(4)样本年龄构成。在我们的问卷发放过程中,我们多选择的是30～45岁的男性,外形打扮成熟,有领导或者老板的气概,因为对于猎豹黑金刚来说,其主要的目标群体就是城市白领、老板、企业中高层管理者,这一部分人的年龄区间多位于30～45岁,我们在问卷发放的过程中也应注意对问卷发放对象年龄的选择,否则即使回收的数据对我们来说也是没有意义的。

3. 调研分析

针对我们发放的调查问卷,对于问卷中的每个问题都进行了客观的分析,以尽可能客观有效地反映问卷的调查情况,为我们提供真实的数据。

(1)年龄及性别构成。在我们的调查对象中,共有243个样本处于20～30岁这一年龄段,约占总比例的23%,281个样本处于30～40岁这一年龄段,约占总比例的28%,299个样本处于40～45岁这一年龄段,约占总比例的30%,而45岁以上有187份,约占总比例的18%,从中可以看出在30～45岁这一年龄段的人较为喜欢选择越野车,共占总比例的58%。而之前关于性别的调查显示,约有632份即约占总比例的63%为男性消费者,这与猎豹黑金刚的目标客户的特点及猎豹黑金刚自身的产品定位是一致的。

年龄构成如图3-1所示。

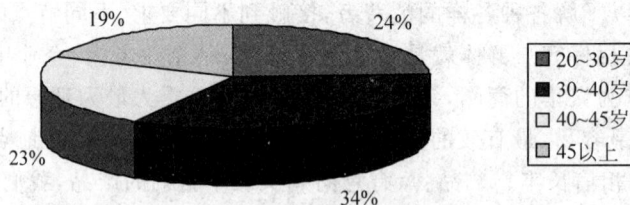

图3-1　客户年龄构成

(2)收入区间构成。在我们的调查对象中,收入位于3万～6万元的共306份,占总比例的30%;收入6万～10万元的213份,占总比例的21%;收入10万～20万元的236份,占总比例的22%;收入20万～30万元的163份,占总比例的16%;收入在30万元以上的95份,占总比例的9%。

收入构成分布如图3-2所示。

(3)购车理想价位。在我们的调查对象中,对于理想车的价位在10万元以下的占总

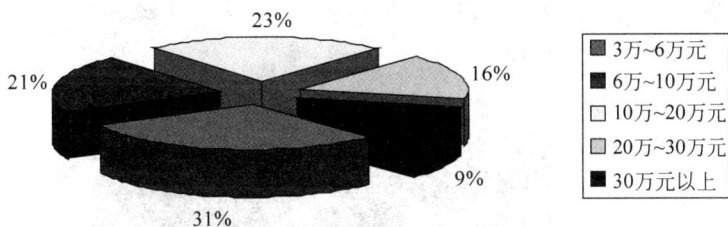

图 3-2 收入构成分布

比例的 22%,10 万～20 万元占 29%,20 万～30 万元占 21%,而 30 万元以上则合计占到了 28%,从中我们可以看出消费者对于车子的选择还是比较注重价格的,他们希望能够以最为经济实惠的价格购买到合适的产品。

购车理想价位如图 3-3 所示。

(4)越野车排量选择。对于越野车排量的选择,选择 2～3L 排量的消费者最多,而选择 4L 以上消费者的则最少,消费者选择越野车时还是十分关注其动力性能的,如果油耗过少,显然车子没有什么动力,而一味地追求动力车子的油耗也不合适,因为谁也不希望自己的车子是一个油老虎。

越野车排量选择如图 3-4 所示。

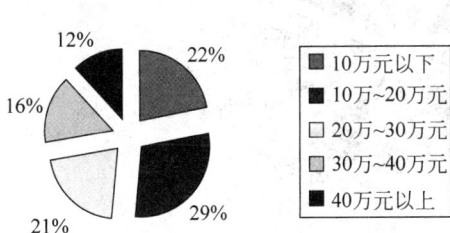

图 3-3 购车理想价位

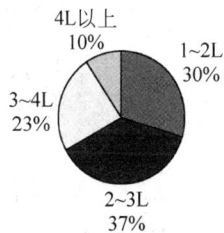

图 3-4 理想越野车排量

(5)越野车品牌知名度调查。在对越野车品牌知名度的调查中,消费者最为信赖的越野车品牌是英国的传统越野车王者——路虎,占总比例的 29%,而三菱在与丰田的对抗中则略微处于下风,其他品牌以及国产越野车从知名度上来说还是不及以上几个品牌。

越野车品牌知名度如图 3-5 所示。

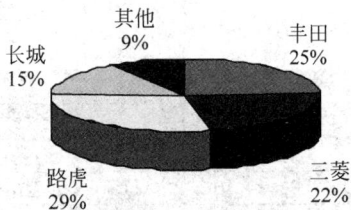

图 3-5 越野车品牌知名度

(6)信息了解渠道。消费者对于越野车相关信息的了解主要是通过汽车厂商的媒体宣传而了解的,其次的手段则是通过网络宣传和厂家宣传,同时,车展作为一个重要的了解形式也让顾客了解到了企业的产品。

信息了解渠道如图 3-6 所示。

（单位：个）

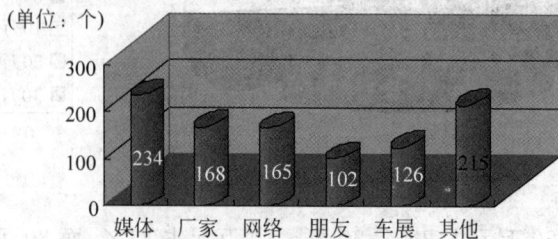

图 3-6　信息了解渠道

（7）影响消费者购买关键因素。消费者在选择购买越野车时最看重的要素是车子的动力和价格，其次是油耗以及售后服务，而车子的外形设计、操控性也是消费者所要关注的因素。

影响消费者购买关键因素如图 3-7 所示。

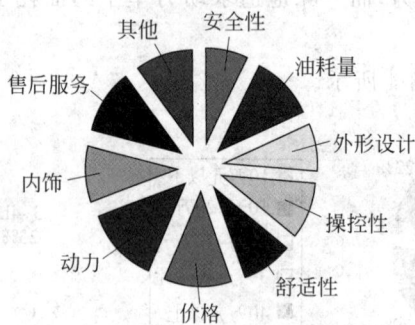

图 3-7　影响消费者购买关键因素

（8）汽车形象的选择。根据我们的目标客户群体以及我们所特别针对的调查对象，有 247 份客户数据显示选择了成熟稳重作为自己汽车形象的首要选择，有 222 份数据选择了豪华作为自己的汽车形象代表。而选择个性、都市风格及运动感作为自己形象的客户则较少，从中也可以反映出我们的目标客户群体对待汽车形象的整体看法。

汽车形象代表选择如图 3-8 所示。

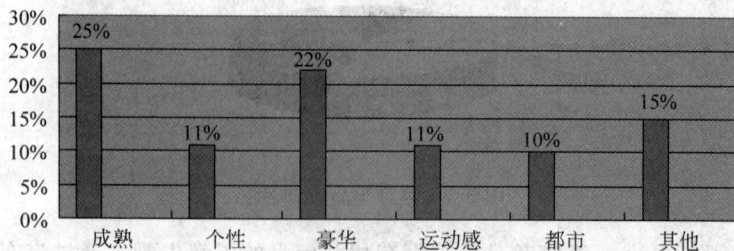

图 3-8　汽车形象代表选择

（9）选择猎豹黑金刚的原因。对于已经选择了或者正在准备选择猎豹黑金刚的客户，他们之所以看中猎豹黑金刚，或者是因为价格实惠，或者是因为车子越野性能强，或者具有悠久的越野车历史，而用一句话进行总结，就是车子在价格和越野能力之间达到了最大的平衡。

选择猎豹黑金刚的原因如图3-9所示。

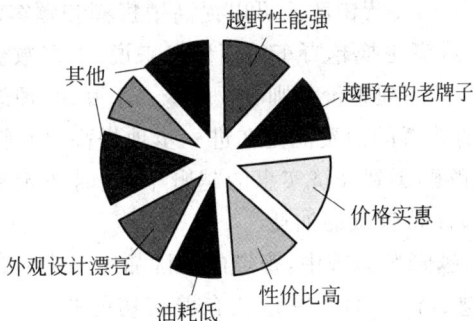

图3-9 选择猎豹黑金刚的原因

（10）目标客户群体经常关注的汽车论坛。对于目标客户群体，他们会经常选择到网终论坛上了解一些产品的信息及与车友互相传递心得。作为猎豹黑金刚的客户，他们经常去的网站是越野e族汽车论坛及爱卡汽车论坛，这两个论坛集结了大量的越野爱好者及猎豹黑金刚的车友，通过这两个论坛，他们几乎可以了解到想了解的任何信息，同时还可相约去旅游。而汽车之家、新浪汽车论坛、车天下也在传播相关信息方面作出了自己的贡献。

消费者经常浏览的汽车论坛如图3-10所示。

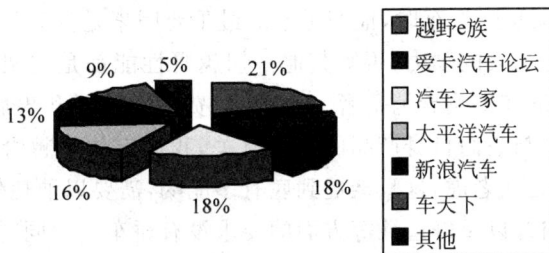

图3-10 消费者经常浏览的汽车论坛

4. 调研结果

通过两个阶段的实地调研及网上发放相关调查问卷，我们已经基本掌握了中低档越野车这一市场区间的消费者及他们的消费者特征，同时，我们对猎豹黑金刚的消费者及消费者特征也有了比较准确的了解。

猎豹黑金刚属于越野车中中低档越野车这一细分市场，而在中低档越野车市场中，其消费者大多体现了以下特征。

（1）性别构成以男性为主。因为在中低档越野车这一市场中，目标客户群体就是

30～45 岁的有较高收入的男性,与我们的目标客户相一致。同时,猎豹黑金刚自身的产品定位和外观的设计也都是为适应男性高大威猛的形象和喜好越野的人士而设计的,对于这部分客户,都大多为男性。而在我们调查的收入构成中,年收入在 3 万～6 万元的消费者最多,这部分的消费者由于经济实力的限制,不会把猎豹黑金刚作为自己的消费品,而年收入 10 万～20 万元占了总比例的 23%,我们要着重把这样收入区间的消费者作为目标客户,从他们身上开展相关营销政策可以提高销售额和顾客满意度。

(2) 对于有意向购买或者更换越野车的消费者来说,大多数会选择 6 个月～1 年之内付诸行动。而他们更换汽车的理想价位则在 10 万～20 万元,理想的越野车排量则是 2～3L。从中可以看出虽然消费者的消费能力在进一步地提高,但是他们的消费理念还是十分理性的,他们既希望能够购买到经济实惠的越野车,同时还希望排量中等,这样在动力不会过弱的基础上还能够保持较低的油耗。

(3) 在所有的已知的越野车品牌中,曾经的英国品牌路虎是最为消费者所熟知的,这与路虎多年来一直处于越野汽车的领军地位有着密切的联系。而丰田和三菱公司则以 25% 和 22% 的比例紧随其后,丰田公司由于近年来的营销政策和其在中国地区的销售额,比三菱公司顾客美誉度高,而三菱公司则领先于其他的品牌,长丰猎豹与三菱公司的合作可以使消费者对长丰猎豹产生好感,提高品牌形象。而对于一些国内品牌,消费者的选择较少。

(4) 对于消费者的信息了解渠道,消费者最为重要的了解方式是通过广告媒体,所以汽车厂商应不断加强在广告宣传上的投入,加深在顾客心目中的印象。而网络、厂家宣传、朋友介绍也是消费者了解汽车信息的重要途径,值得我们注意的是,车展已经作为一种越来越重要的形式给顾客传递有关产品的信息。我们同时要参与各种车展,扩大品牌的知名度。

(5) 消费者在购买越野汽车时,他们考虑的最重要因素是汽车的动力和汽车的价格,作为越野车,首先要有强大的动力,否则其他一切越野性能都是空架子,而价格始终作为购车时的一个重要标准在影响着消费者。其次,消费者对油耗和售后服务的关心程度也占有了较高的比重,这与我们自身产品的定位有关,我们定位于越野车,而越野车给消费者很大的一个印象就是油老虎,这只老虎到底有多能喝,需要以油耗作为标准。对于越野车而言,消费者对于内饰以及舒适性等方面的要求没有轿车高。同时,他们在选择汽车所能代表自己形象方面都选择了成熟稳重作为自己的形象代表,而选择豪华的也占有了很大一部分的比重。这与我们选择的样本是有关系的,我们大多选择的是 30～45 岁的男性作为自己的调查对象,他们中这一部分人在事业上已经取得了成功,希望自己的车子能够代表自己成熟稳重的一面,他们不再追求都市风格和有个性,希望能有成功男人的样子。

(6) 对于已经选择或者准备选择猎豹黑金刚作为自己汽车伴侣的消费者,他们之所以选择猎豹黑金或者是因为它的越野性能强,是越野车的传统老牌子,或者是因为其价格较低,而总结成为一句话恰好是猎豹黑金的产品定位:最为经济实惠的越野车,其 14 万～17 万的价格着实吸引了不少的消费者,而其配备的 230mm 最小离地距离保证了它的通过性,在配备了中央差速锁、高低时四驱等配置以后,其越野性能也得到了足够的保证。这也是消费者为什么选择猎豹黑金刚的原因。

（7）我们的目标客户群体经常浏览的网站包括越野 e 族、爱卡汽车论坛和汽车之家汽车论坛。越野 e 族作为国内最为出名的越野汽车的论坛自然吸引了不少的消费者,在这里他们可以互相交流心得、相约旅行,而爱卡汽车论坛和汽车之家汽车论坛是综合性的汽车论坛,不管什么样的问题、什么样的车型及其性能在这里都能够得到详细直白的了解。我们在宣传推广相关产品时,要注意加强在这些论坛上的推广。

根据以上的分析并结合客户特点及产品定位,我们选择了休闲越野型、越野发烧友型、执法座驾型作为我们的目标客户群体。我们的目标客户大多数为男性,且都有自己的事业,并且在自己的事业上取得了相当的成就,他们由于平时快节奏的工作及生活,以及肩膀上承担的责任,压力较大,他们渴望通过某些方式释放自己的压力。而在重庆,多数人的性格较为耿直,脾气较为火爆,加上重庆地区多山的地理条件,我们的目标客户很多都希望通过越野生活来释放自己的内心激情,缓解压力。同时,这部分人都希望自己能够在社会上得到他人的尊重,尤其是车子,他们代表自己形象的一个重要因素,为了展示自己较为成功的一面,他们选择的车的形象大多是代表端庄、严肃、正直,体现身份,同时又不过于个性,他们很大程度上把车子作为自己的伴侣,希望他们在自己需要的时候能够安慰自己、鼓励自己。他们最为关注汽车的越野性能,希望越野车所具备的一切东西都一应俱全,尤其是要动力充足,以满足自己的越野需要。

对于政府执法座驾型来说,主要为政府及军队部门,他们选择车子是出于两方面的考虑。第一,车子的形象要能够足以代表政府的形象,符合高大、端庄、威猛、严肃这些要求。第二,车子要能够对付复杂的自然环境和恶劣的条件,要越野性能足够保证自己工作任务的完成。

经过仔细地分析猎豹黑金刚自身所拥有的特点及猎豹黑金刚自身产品定位——最为经济实惠的越野车,所以针对以上三个细分市场的消费者,猎豹黑金刚的特点、能力、牌子和价格都能满足消费者对于车子的需求,很好地适应了细分市场的消费者的需求。

（资料来源:http://www.damishu.cn/article/ShowArticle.asp? ArticleID=208705）

思考题:

（1）分析本调研报告的结构、素材筛选及内容组织等方面的特点。

（2）此次调研成功吗? 为什么?

（3）根据这份调研报告整理一份调研摘要。

3.3 实践训练

3.3.1 案例分析:长城饭店的日常调查

北京长城饭店是 1979 年 6 月由国务院批准的全国第三家中外合资合营企业。1983 年 12 月试营业,是北京八家五星级饭店中开业最早的饭店,是北京的第一座玻璃大厦,是北京 20 世纪 80 年代十大建筑之一。随着改革开放的深入发展,北京新建的大批高档饭店投入营运,饭店业的竞争日益加剧,据长城饭店一位销售经理的报告统计,目前北京饭店的总数已超过游客的需求。长城饭店之所以能在激烈的竞争中立于不败之地,成为京城饭店的佼佼者之一,除了出色的推销工作和优质服务外,饭店管理者认为公共关系工作在塑造饭店形象上发挥了重要的作用。

一提到长城饭店的公共关系工作,人们立刻会想到那举世闻名的里根总统的答谢宴会、北京市副市长证婚的95对新人集体婚礼、颐和园的中秋赏月和十三陵的野外烧烤等一系列使长城饭店声名鹊起的专题公共关系活动。长城饭店的大量公共关系工作,尤其是围绕为客人服务的日常公共关系工作,首先源于它周密系统的调查研究。

长城饭店日常的调查研究通常由以下几个方面组成。

1. 日调查

(1)问卷调查。每天将调查表放在客房内,表中的32项内容涉及客人对饭店的总体评价,故地重游再来北京时再住长城饭店的可能性有多大,对十几个类别的服务质量评价如何,对服务员服务态度评价如何,以及是否加入喜来登俱乐部和客人的游历情况等。

(2)接待投诉。几位客务经理24小时轮班在大厅内接待客人反映情况,随时随地帮助客人处理困难、受理投诉、解答各种问题。调查表和投诉意见每天集中收回,由客房部与公共关系部进行统计整理,其结果当晚交饭店总经理,使决策层及时了解情况,次日早晨在各部门经理例会上通报情况。

2. 月调查

(1)顾客态度调查。每天按等距抽样向客人发送喜来登集团在全球统一使用的调查问卷。每日收回,月底集中寄到喜来登集团总部,进行全球性综合分析,并在全球范围内进行季度评比。根据量化分析对全球最好的喜来登饭店和进步最快的饭店给予奖励。

(2)市场调查。前台经理与在京大饭店的前台经理每月交流一次游客情况,互通情报,共同分析本地区的形象。

3. 半年调查

喜来登总部每半年召开一次世界范围内的全球旅游情形调研会,其所属的各饭店的销售经理从世界各地带来大量的信息,相互交流、研究,使每个饭店都能了解世界旅游形势,站在全球的角度商议经营方针。

这种系统的全方位调研制度,宏观上可以使饭店决策者高瞻远瞩地了解全世界旅游业的形势,进而可以了解本地区的行情,微观上可以了解本店每个岗位、每项服务乃至每个员工工作的情况,从而使他们的决策有的放矢。

综合调查表明,任何一家饭店,光有较高的知名度是远远不够的,要想保持较高的"回头率"主要是靠优质服务,使客人满意。怎样才能使客人满意呢?经过调查研究和策划,喜来登集团面对竞争推出了"SGSS"方案(Sheraton Guest Satisfaction System,中文直译为"喜来登宾客满意系统",意译为"宾至如归方案")。提出要在3个月内对该店上至总经理、下至一般服务员的1650名员工进行强化培训,不准请假,合格发证上岗。在每人每年100美元培训费基础上另设奖金,奖励先进。其宗旨就是向宾客提供满意服务,使他们有宾至如归的感觉。

随着这一方案的推行,饭店的服务水平又有了新的提高。

首先,在宏观战略上,饭店做出了调整。1989 年 6 月以前,长城饭店的客人 90％以上都来自欧美,饭店主要提供欧美式服务,服务员也以讲英语为主,饭店的简介、价目表也一直是用英文印刷的。欧美人习惯喝自来水,饭店便提供再次处理的自来水,而没有主动送茶水的服务程序。1989 年 6 月以后,调研表明,亚太地区的华侨、华裔和港澳台胞客人的比例明显增加,于是饭店改变了原有服务程序与项目,增加中文简介、价目表和宣传品,为适应亚洲人和中国人的习惯,增加主动送茶水的程序。电话服务的问候也改为先用中文、后用英文,以便适应大多数宾客的心理习惯,使他们感到亲切、舒适、方便。

当有团队或成批客人同时进店时,为了不让旅途劳累的宾客排队等候登记分房间,饭店专门开设了团队接待处让宾客休息,服务员献上鲜花、茶水,然后再分钥匙,并将客人送到房间去,使疲劳的游客一进饭店就有"宾至如归"的感觉,能立刻放松下来,感到舒心、满意,保持良好的心境。

新印制的饭店简介首页上印着一行金黄色的小字,这条金线重复着一句话,即"AT SHERATON LITTLE THINGS MEAN A LOT"("在喜来登小事不小"或译为"在喜来登,小事意义大")。这一口号是长城饭店落实"宾至如归"方案的指导思想和信条,它要求每位员工对于顾客遇到日常小事、意外困难或者小的麻烦都要千方百计地帮助解决,树立"公共关系无小事"、"小事意义大"的思想,并以此为行动指南。

1991 年 9 月,长城饭店的电话因故中断,且故障不能立即排除,可想而知,在当今信息时代,成百成千的住店宾客与外界失去了联络与沟通,这对饭店的形象无疑是一次很大的损害。面对严峻的现实,饭店领导立即采取了补救措施,将饭店所有直拨电话,包括董事长和正副总经理,全部集中在饭店的青莲厅,一部分代住店宾客往外打,一部分用来沟通与外界的联系;立即在所有楼层设立临时服务台,24 小时为客人提供一切服务;抽专人负责从电话集中营的青莲厅到楼层为客人徒步传递各种信息。一时间,全店上下形成了一个共同的目标,那就是在电话修复之前,每个人尽最大努力,最大限度地给客人提供全方位的服务,最大限度地减少给客人带来的不便。每一个员工都在自觉地为实现这个共同的目标默默地奉献着。全饭店同心协力的服务意识和服务精神使住店客人甚为感动,客人谅解了,准备退房的客人不走了,原先心头不快的客人又高兴了。据统计,电话出故障期间,客房餐饮的营业额比平时高出 30％。在客人的意见调查表上,减少的是投诉,增加的却是表扬。一位客人开玩笑地说,真希望你们的电话再坏几天。言下之意,这段时间的服务似乎比电话正常时还要好。总之,这种特殊情况下的特殊服务赢得了高度的评价。

(资料来源:国英.公共关系与现代礼仪案例.北京:机械工业出版社,2004)

思考讨论题:

(1) 长城饭店靠什么赢得了顾客、赢得了市场? 其在公共关系调查方面对我们有什么启示?

(2) 如果你是一位总经理,你认为还应从哪些方面来做好日常的公共关系工作?

(3) 结合本案例谈谈公共关系调查对企业有什么作用。

3.3.2　情境模拟：公共关系调查实训

1. 实训目的

掌握公共关系调查的方法和程序,学会设计调查问卷、撰写调查报告等。

2. 实训时间

2课时。

3. 实训地点

实训室或教室。

4. 实训情景

某酒店新设了一个公共关系部,开办伊始就配备了豪华的办公室,漂亮迷人的公共关系小姐,现代化的通信设备……但该部部长却发现无事可做。后来,这个部长请来了一位公共关系顾问,向他请教怎么办。假设你就是这位顾问,请你和你的公共关系小组为该酒店设计一份调查问卷,了解组织的公共关系状态,针对酒店的客户展开满意度调查工作,帮助该酒店收集客户信息和有价值的意见和建议。促进该酒店不断改进提高,最终为客户提供更优质的产品和更满意的服务。

5. 实训步骤

(1) 全班学生分成10组,每组5～6人,以小组为单位做调查;

(2) 设计1～2份20题左右的调查问卷;

(3) 小组成员分工合作,开展公共关系调查;

(4) 统计、汇总调查结果;

(5) 以小组为单位完成一份不少于1000字的调查报告。

6. 实训说明

每班选择2～3份优秀的调查报告;由本组同学讲解调查过程中采取的方法及遇到临时问题的应对策略;展示调查过程中搜集的书面材料;展示调查结果统计的方法及发现的问题。

7. 参考实训题

(1) 企业形象调查与分析。要求对本地某一知名企业的形象进行调查与分析,如产品形象、服务形象、员工形象、外观形象等。

(2) 大学生消费水平调查。要求针对本校大学生的消费水平进行调查,提出有分量的调查报告,给大学生以良好的建议。

8. 实训手记

通过训练,我的收获是:_____。

课后练习

1. 什么是公共关系调查?为什么说公共关系调查是公共关系工作中一项极为重要的工作?

2. 如何确保公共关系调查的科学性?

3. 你认为实施具体公共关系调查的难点是什么?如何应对?

4. 对某一企业来说,公共关系调查工作主要考虑哪些问题?

5. 调查报告的写作过程中应当注意哪些问题?

6. 尝试运用公共关系调查方法,了解某一社区居民对私人轿车的拥有情况以及购买计划,并提交调查报告。

7. 为你所在学校的学生食堂设计一份调查问卷,向全校学生了解一下对食堂工作的意见和要求。

8. 某日用化妆品公司为开发一款新的护肤用品,拟邀请某商业集团下属三家百货商场护肤用品专柜若干营业员进行一次访谈调查,以深入了解护肤用品市场的变化和消费者的需求。请你拟定一份访谈调查提纲。

9. 某航空公司在乘客中进行调查,设计以下问题,你对每个问题的设计看法如何?

(1) 你的收入是多少?

(2) 你是偶尔还是经常乘飞机?

(3) 你喜欢本航空公司吗?

(4) 你认为航空公司除了提供餐饮外,还应提供什么服务?

(5) 去年4月份你在电视上看到多少航空公司的广告?今年4月份呢?

(6) 在评价航空公司时,你认为最显著和决定性的因素是什么?

10. 案例思考题。

让女总统满意

马耳他女总统芭芭拉访问上海期间下榻锦江饭店。锦江饭店公共关系部的工作人员接到任务后查阅大量资料,进行了周密的准备。当芭芭拉一走进总统套房时,意外地发现梳妆台上放置了一套"露美"化妆品、烘发吹风机,及制作精美的珠花拖鞋,房间一角还放置了一架昂贵的钢琴,她不由得露出了满意的笑容。临行时女总统亲笔留言:"在上海逗留期间,感谢你们给予我第一流的服务,并祝你们幸福,前途美好。"

思考讨论题：

（1）上海锦江饭店公共关系部的工作人员了解马耳他女总统的爱好，采用了哪种调查方法？

（2）这种调查方法的优点是什么？

11. 请你与邻近的小区物业管理部门联系，帮助设计一份针对小区业主的调查问卷，进行实地的公共关系调查。

12. 本任务导入案例中可以看出，这家宾馆的公共关系部存在哪些问题？症结在哪里？公共关系顾问提出的问题哪些是公共关系调查问题，哪些是市场调查问题？

任务4

公共关系策划

在公共关系实践中,对于计划的预测与持久贯彻,就像在体育运动中打网球时的随球动作一样。

——[美]斯各特·卡特里普等

学习目标

- 明确公共关系策划的基本要求;
- 按照公共关系策划的程序进行公共关系策划;
- 开好公共关系策划会,集思广益进行高水平的策划;
- 把握公共关系策划要素,撰写公共关系策划方案;
- 运用创造性思维进行公共关系策划;
- 讲求"势"、"时"、"术",提高公共关系策划的艺术性。

案例导入

超大牛仔裤的震波

上海蓓英服装店,是一家特约经销牛仔裤的个体集体联营商店。前几年,在服装业日趋萧条的情况下,店主想出了颇具公共关系意识的一招:定做了一条近 2 米长、腰围 1.3 米宽的特大牛仔裤悬挂在店堂,上面别着一张纸条,纸上写着"合适者赠送留念",以此招揽顾客。这一别出心裁的做法引来了不少高个子和大块头,他们苦于无处购买合适的牛仔裤而到此处碰碰运气,然而,这条牛仔裤实在太肥大了,他们只能望"裤"兴叹,但小店的名气却由此而大振。这种奇妙宣传逐渐引起了新闻媒介的注意。《新民晚报》、《解放日报》等纷纷对此作了报道,使这家原本淹没在个体市场的小店竟一下变得家喻户晓,尽人皆知了。人们普遍关心的是:"牛仔裤被穿走了吗?"没有! 店主继续寻觅"合适者"。不久,第一个幸运者出现了,上海浦东陆行镇腰围 1.30 米的退休工人陆阿照穿走了第一条超大型牛仔裤,人们的情绪陡然高涨了,《解放日报》以《腰围1.3米的牛仔裤被穿走了》为题报道了这一新闻。蓓英服装店又一次名声大振。在此期间,国家女篮的郑海霞曾到店里来试穿,但因裤腰太肥而不无遗憾地走了,店里特意到广州重新定做一条,赶到北京去送给郑海霞。这样,蓓英服装店的名声从上海传到了北京。中国"巨人"穆铁柱是慕名而来的第三位幸运者,他光顾"蓓英"的这一天,这间只有一间门面的小店顿时热闹非凡,很多人围拢在此,争相观看穆铁柱穿牛仔裤的场面,在这位2米多高的巨人面前,一旁的售货员和观众简直成了小娃娃,在那些好奇的观众看来,这本身就是一大"奇观"。店主把穆铁柱送出店门之后,"穆铁柱穿上了牛仔裤"的消息不胫而走,各大小报刊纷纷报道,上海电视台、中央电视台也相继播放这条新闻。就这样,蓓英服装店没花一分钱广告费,仅用三条超大型牛仔裤就轻而易举地名扬全国,营业额翻了几番。

蓓英服装店原本是一个鲜为人知的小店铺,但店主十分精明,一方面通过悬挂超肥超大牛仔裤的手段制造新闻,招徕顾客;另一方面借助名人效应,扩大知名度;通过给郑海霞、穆铁柱定做牛仔裤吸引新闻媒体关注和报道,使得这家个体集体联营的小店名扬全国。这种不同凡响的效果,正是店主敏锐的公共关系意识和高超的公共关系策划水准的绝妙体现。服装店的店主通过独特的创意,通过吸引公众注意,制造了一个具有营销价值的新闻热点并大获成功,由此足见公共关系策划的威力。

公共关系策划是公共关系工作程序的第二步,是指在公共关系调查的基础上进行运筹、制订方案,为公共关系计划的实施与公共关系评估提供依据。从某种意义上说,公共关系的竞争就是公共关系策划的竞争。因此,公共关系策划不仅处于公共关系工作程序的核心地位,而且是整个公共关系工作成败优劣的关键。

4.1   知识储备

4.1.1   何为公共关系策划

要明确什么是公共关系策划,首先必须弄清楚以下几个概念的关系,即策划与计划、策划与决策、策划与公共关系。

1. 公共关系策划的概念

要明确什么是公共关系策划,首先必须弄清楚策划与计划、策划与决策的关系。

(1) 策划与计划。这是两个既有联系又有区别的概念。策划,主要指谋略、筹划、计划、打算之意。美国哈佛企业管理丛书认为,策划是一种程序,在本质上策划是一种运用脑力的理性行为,衡量未来可采取之途径。策划是预先决定做什么、何时做、如何做、谁来做等。计划,是对未来事物所做的周密的思考和具体的安排。计划往往比较详细,它通常是微观思考的结晶。

策划与计划虽然都是关于未来事物所进行的一种运用脑力的理性行为,但是二者还是可以界定的。从公共关系角度审视,策划可谓宏观上的谋略设计,而计划则是微观上的具体的意图安排或排列。计划是比较实际的、可操作的意图,它也是一次构思、谋划的过程。

（2）策划与决策。这也是两个既有区别又有联系的概念。策划是人们对未来事物所进行的谋略设计和构思的过程,其结果可能有多种方案选择；决策是人们为了实现既定目标,在几种可能实现目标的方案中选择最优化方案的过程。中国策划思想的发展由"谋"、"断"一体化趋向"谋"与"断"科学分离,即先"谋"后"断"。从过程来看,策划与决策是连续的、不可分割的。从概念来看,策划的过程有决策的因素,因为每次策划都要进行科学论证。决策也有策划的内容,因为策划是决策过程中的一个不可缺少的阶段,可以说,没有策划就没有决策。

（3）公共关系策划。公共关系主要是研究组织如何处理与公众的关系,研究如何为本组织塑造良好的社会形象。组织形象的塑造受到各种各样因素的制约,组织必须制定形象战略,并通过连续不断的公共关系活动去具体实现既定目标。因而,策划是公共关系工作中难度最大、层次最高、最引人注目的一项工作。所谓公共关系策划,就是指公共关系人员为实现组织形象战略目标,在公共关系理论的科学指导之下,对各类公共关系活动所进行的谋略、构思、设计和计划的过程。

2. 公共关系策划的基本原则

公共关系策划是企业公共关系工作的中心环节。一个企业形象能否良好地树立,能否很好地传播,在很大程度上取决于公共关系活动开展的好坏。公共关系活动开展的好坏又取决于公共关系策划的优劣。因此,公共关系策划人员应该遵循一系列基本原则,确保公共关系策划的成功。

（1）实事求是原则。实事求是是公共关系策划的一条最基本的原则。这一原则的含义是指：公共关系策划必须建立在对事实真实把握的基础上,向组织如实传递有关组织公众的信息,并根据事实的变化不断调整公共关系策划的策略和时机等内容。一位优秀的公共关系工作人员首先考虑的不是技巧,而是对事实的准确把握。他必须通过种种办法收集关于公众情况的资料,收集关于组织与环境的互补情况的资料,收集双方可能存在的不平衡、不协调的种种事实。只有掌握了足够的事实,他才能策划公共关系的行动计划。

公共关系策划人员在策划过程中要平心静气,摒弃自己头脑中主观感觉的东西,认真调查,尊重事实,不要以自己的猜想、判断作为策划的依据。要用科学的方法去做相应的市场调查,要让数据证实自己的设想,换言之,要把自己的设想建立在数据和事实的基础上,具体而言,就是要做到以下两点。

① 深入客观现实,认真调查实际。在进行一项公共关系策划工作之前,策划人员要对策划对象的现状进行深入全面的调查,把自己头脑中的东西暂时埋藏起来,多竖耳朵少张嘴,尽量不带偏见地听听别人怎么想、怎么说,尽可能全面、准确、客观地了解策划对象,使自己掌握的资料尽量与实际情况相符合。

② 排除主观偏见,保证据实策划。策划中缺少了客观性,也就没有了科学性,策划也就不会成功。因此,要有坚定的决心和足够的勇气排除各种干扰、阻力甚至压力,保证据

实策划。一是以科学的精神排除虚假因素的影响,把握问题实质。二是以对公众、对社会、对事业负责的精神,排除各种阻力和干扰,把握现实,据实进行策划和实施策划方案。

(2)公众优先原则。公众优先原则,即公众利益优先原则,是公共关系工作的重要原则,更是公共关系策划的重要原则。

作为公共关系策划主体的组织(尤其是企业),以公众认可为其生存的前提,以公众信任为其发展的条件。企业的发展有赖于公众对企业的认同和支持,有赖于公众对企业行为的参与回应。企业在其行动之前应该清楚地了解公众的利益倾向,企业所能做的事情就是顺应公众利益倾向,将自己行动的目的融在其中,在满足公众利益的同时达到企业自己的目的。公共关系策划者必须明确认识到:公众参与某些公共关系活动不是为了记住企业形象,也不是为了企业获取更多的利润,而是为了自己的利益才参与某项活动,企业的"获利"只能来自公众认为不重要的方面。在公众策划之前,一定要深入分析目标公众的利益所在,不要被表面现象所迷惑,不要以自己的心态去推测公众的心态。由于公共关系策划和掌握的资讯过剩,很容易造成策划方案的"质量过剩"。

一个好的公共关系策划方案不在于它能改变公众、强制公众,而在于它能很准确地满足目标公众的利益点,从而吸引公众参与某项公众关系活动,并在这项活动中传递公共关系主体的信息,让公众在不知不觉中接受策划主体发出的信息。

(3)系统规划原则。公共关系的系统性表现如下方面。

① 公共关系活动相对于整个组织活动是一个子系统,因而公共关系策划是组织活动策划的一个子系统。

② 完成公共关系活动的各个环节又是公共关系活动的子系统,因而这些子系统的策划是公共关系策划的不可分割的组成部分。

③ 公共关系活动的每个子系统又是由众多因素组成的,公共关系策划必须使这些因素相互协调。

④ 组织活动总策划处在社会经济的系统中,又只是一个子系统。

系统原则应用到公共关系策划中去,就是要如实地把公共关系策划作为一个有机整体来考虑,从系统的整体与部分之间相互依存、相互制约的关系中提示系统的特征及运动规律,实现整体最优。其基本思想有以下三点:一是对系统统筹安排,确定最优目标,实行系统最优。因为系统具有不同于各组成部分的新功能,系统最优的核心要求是处理好局部优化和全局优化的关系,为使公共关系活动系统处于优化结构,协调稳步前进,必须建立公共关系系统工程,实行系统运筹,通盘安排系统中的子系统及组成要素,使它们相互制约、相互促进,并且与外部环境协调起来。二是协调公共关系活动要素与环境的关系,讲究整体的最佳组合的效应。公共关系的各子系统各自具有不同的特征与目标,各自又处在特定的环境中,在时间和空间上又是相互分离的。这就需要做好协调工作,在注意系统全局的同时,还要把握各个局部,使之同步、匹配地进行活动。三是考虑到公共关系策划的有序性,我们要使公共关系策划中的各项工作有步骤地进行。这是系统有序性的要求。

(4)切实可行原则。公共关系策划者在策划活动之前,一定要做可行性分析,以确保公共关系活动目标的实现。可行性分析贯穿于策划的全过程,即在进行每一项策划时都应充分考虑所形成的策划方案的可行性。策划方案形成后,必须进行可行性分析,以便选出最优方案做最后的选择。进行可行性分析主要从四个方面进行。

① 利害性分析。分析策划方案可能产生的利益、效果、危害情况和风险程度,综合考虑,全面衡量利害得失。

② 经济性分析。考虑策划方案是否符合以最低的代价取得最大优势效果的标准,力求以最小的经济投入实现策划目标。

③ 科学性分析。它包含两方面的意思:一是看策划方案是否是在科学理论指导下,在进行了实际调查、研究、预测的基础上严格按照策划程序进行创造性思维和科学想象而形成的。二是分析策划方案在实施后,各方面的关系是否能够和谐统一,是否能够高效率地实施策划方案。

④ 合法性分析。考虑策划方案是否符合法律法规要求:一方面,策划方案要经过一定的合法程序和审批手续;另一方面,策划方案的内容及实施结果要符合现行法律法规的规定和政策要求。

(5) 谨慎周全原则。凡事都需要策,用策必求制胜。同时,以策制胜,慎之又慎。"老谋深算"在一定意义上反映了策划者的设计,策划总是力求疏而不漏、周全稳妥。世界上本无十全十美之事,因为策划者所掌握的客观情况受到种种主观因素的制约,策划者的知识、胆略、思维方法等又各有长短,因此凡策划只能在慎重之中求周全。但是,周全是相对的,不周全是绝对的,于万变之中求不变,于不周全中求周全,才能立于不败之地。

怎样做到谨慎周全呢?一个公共关系策划方案的完成,首先要听取各方人士之高见,然后整理成文。此文还需交专家论证,在目标公众中测验,在小范围内试验,经过反复修改后才能定稿。作为公共关系策划人员,我们无法通过这样的程序化运作使某项公共关系策划方案达到最优,但我们可以通过这种方法避免产生最劣的策划方案。

(6) 独特新奇原则。独特新奇原则,寓意奇正相生,以奇制胜,核心在"奇"。老子中有"以奇用兵"之语。《孙子兵法》中说:"凡战者,以正合,以奇胜。"对于奇正的概念,战国时的《尉缭子》中解释说:"正兵贵先,奇兵贵后。"曹操说:"正者为敌,奇兵从旁,击之不备也。"这些无疑把奇正的概念具体化了。

策贵用奇。"出奇制胜"是人们常常引用的一句成语,策划者无不十分推崇这一思想。奇在不意,用奇旨在"出其不意,攻其不备",达成突然性,这也是策划的出发点和立足点。众人意料之中的计谋,也就不成其为策划。意外可以说是策划中最精彩也是最危险的领域。奇由正出,奇修于正。"修法而生法"正说明了这一点。先学法,后生奇。武术中的基本功,如同策划中说的"正"。"正"功练到家,临阵交战,才能运用自如,灵活多变,急中生智。用奇,在很大程度上是对"正"的应变。应变而奇,多变出奇,善变使敌不意。变法出自常法,"不知用正焉知用奇"。

唐代军事家李靖说得好:"善用兵者,无不正,无不奇,使敌莫测。故正亦胜,奇亦胜。"这是说善于策划的人,没有不用"正"的,也没有不用"奇"的,或奇或正,使对方无以揣测,所以用正也胜,用奇也胜。讲奇正变化,就是讲策划的辩证法,使奇正互为对立、互为变化、互为统一。

需要补充说明的是:作为公共关系策划人员,要正确掌握奇的分寸,要明白"奇由正出"的含义,先学会别人都在做的事,再去想那些别人没有做的事情。

3. 公共关系策划的程序

(1)策划动因的形成阶段。策划动因的形成大体有两种情况。

① 主观上的动因。即组织不满足于现在的组织形象状况,主动出击,通过公共关系策划,重塑组织新形象。

② 客观上的原因。即组织在生存和发展过程中,意外遇到新情况、新问题,使组织处于被动地位,组织不得不通过公共关系策划去解决,以扭转不利局面。

总之,策划动因很多,有的是直接动因,有的是间接动因。这些动因的形成是引发组织公共关系策划的动力。没有这些策划动因,就不可能产生一系列的策划行为和过程。

(2)调查研究阶段。策划动因形成之后,组织就要开展调查研究。调查研究的内容包括两个方面。

① 调查研究组织已有社会形象与自我期望形象之间的差距,主要调查组织的知名度和美誉度的高低。其主要项目有组织的服务方针、办事效率、服务态度、业务能力、管理能力、综合实力等。调查方法可采用普遍调查、典型调查和抽样调查。调查方式可采用问卷式、走访式、民意测验和新闻反馈等形式进行。

② 调查研究策划对象(公众)的意愿导向。公共关系策划活动的对象是公众。通过对组织形象的调查,找到组织已有社会形象与自我期望形象之间的差距之后,还必须进一步研究问题出在哪些公众以及这些公众居住何方、意愿是什么、有什么要求、对哪些传播媒介感兴趣等。

(3)确定策划目标阶段。确定公共关系策划目标是调查研究的继续和深化,并为制订策划方案指明了方向,为评估检测策划方案提供了依据。一般说来,策划者应注意以下几个方面的问题。

① 策划目标的确立一定要与组织总目标相一致。任何游离于组织总目标之外的公共关系活动都只能是画蛇添足。

② 策划目标一定要明确具体。含糊抽象的策划目标往往会使人感到无所适从。

③ 策划目标一定要讲究实效。空洞、华而不实的目标只能使公共关系活动表层化、简单化,无法实现最终目标。

④ 策划目标一定要注意兼顾社会利益、组织利益和公众利益。互惠互利是一切公共关系活动的基本原则。

⑤ 策划目标应具有弹性。策划目标不能过高,也不能过于具体,应留有回旋的余地。

(4)设计、策划方案阶段。公共关系策划方案是策划者根据策划目标设计的公共关系活动流程、具体的项目安排与计划。

公共关系策划方案的设计应当采取总体设计、局部设计两个步骤。总体设计是指在确认问题、确立目标的基础上,对公共关系策划未来的实施在技巧上、风格上进行全面详尽的安排,制订出公共关系策划项目的研究计划书。局部设计是以总体设计为基础进行的局部加工,它以项目研究计划书为大纲,进一步探索细节、深化研究并进行反复修改。

公共关系策划方案具体内容包括策划方案的主导思想、活动的主要项目、实施的手段及方法、具体的时间安排、经费预算、人员组成及分工等。

(5)实施公共关系策划方案阶段。公共关系策划方案经有关部门及领导审批确定后,策划者还要和策划主体的有关人员一道组织实施策划方案。实施方案主要根据已经定型的策划方案逐步进行。组织实施方案并非轻而易举。在实际工作中,由于时间、地点、条件等因素不断发生变化,加之方案的设计不可能包罗万象、滴水不漏,其中难免出现这样或那样的矛盾或问题,因此策划者及实施者应根据实际情况及时应变,创造性地开展工作。

(6)策划活动效果的检测评估阶段。公共关系工作是个连续复杂的系统工程。每一次公共关系活动的结束并非代表公共关系工作的完结,因为公共关系活动的实施或多或少地都会对组织形象产生一定的影响。作为活动的策划者,一定要了解这种影响是积极的还是消极的、影响范围多大、有哪些不足之处、怎样引以为戒等。由上可见,公共关系策划活动的评估检测工作是必不可少的。

评估检测的内容包括策划目标的确立是否准确、目标是否实现、差距是否缩小、策划方案的实施方法是否有效、公共关系人员是否真正地按方案实施、领导者是否通力合作、公众的需求是否得以满足、公众是否支持与合作、经费预算是否合理、实施效果如何、还有哪些亟待解决的问题等。

4. 公共关系策划的基本要素

进行公共关系策划时,应该重点把握以下基本要素和环节。

(1)目标确立。公共关系策划是一种大脑的思维活动,是一个积极寻求完美答案的思维过程。因而,公共关系策划应掌握一整套谋划的科学思路,或者说应当事前将公共关系策划的基本要素加以组合,在头脑里搭造一个严谨周密的思维构架,以避免凭经验和直觉办事的随意性和盲目性。

为此,我们在策划中应当首先关注的事是:就实现组织的总体目标看,组织在公共关系方面是否存在什么问题。

所谓问题,就是组织公共关系现状距离公共关系工作准则呈现出的偏差。所谓发现问题,就是根据公共关系工作准则比较组织公共关系实际而确定出差距的过程。在公共关系发展的历史中,任何一个成功的策划都是肇端于发现和提出问题。

对组织外部环境的调查和内部资源的审定,实际就是对主客观条件的了解。通过这个了解,去发现组织的公共关系问题所在,并由此提出组织的公共关系目标,就是公共关系策划要素组合的第一步。在确立组织公共关系活动的目标时,我们应注意以下几点。

① 目标必须是具体的。目标不应是一个抽象的概念或空洞的口号,如"良好形象"或"真诚的奉献"。它应当是组织在内外环境条件下必须达到的实际结果,如"在某区域提升组织认知度五个百分点","与内部公众的和谐度提高三个百分点"等。

② 目标必须是可测量的。公共关系的认识度、美誉度这两大目标均是可以测量的,因此,目标不应是模糊含混的。比如"使员工的参与意识得到极大提高"中,"极大"一词便是难以准确把握的,应是可以通过计算得到明确数据的结果,比如"使80％的员工参与到本组织的这次活动中来"。

③ 目标应当是能够达到的。在确立目标时,必须考虑在组织现有条件下,能否解决问题,能在多大程度上解决问题,并实现目标。目标过高,必然导致失望和沮丧;不考虑自身条件的盲目蛮干,也只会以失败告终。

④ 目标必须要有时间限制。组织公共关系活动要实现的目标,必须是在规定的时间里应当达到的结果,既非远不可及,也不应遥遥无期。

确立公共关系策划目标的思路大约是这样一个过程:通过调查研究获得组织内外环境与资源的大量材料,以材料去推断组织的优势与劣势、机会与风险、资源与条件;通过对这些推断的分析,找出组织的公共关系问题所在;再根据问题的轻重缓急,排出解决问题的先后次序,并提出和界定首要的问题。然后通过对这一最重要问题产生原因的探索,寻出问题的症结,根据组织的特质和组织的需要,最后确立组织公共关系策划的目标。

(2) 主题提炼。主题,指公共关系活动中联结所有项目、统率整个活动的思想纽带和思想核心。提炼公共关系活动的主题,是公共关系策划过程中一个极其重要的环节,它好比确定一部大型交响乐曲的主旋律。我们听过《命运交响曲》、钢琴协奏曲《黄河》、小提琴协奏曲《梁祝》,它们或气势恢宏,或奔腾激越,或哀婉凄绝,我们之所以能在脑海里留下深刻难忘的印象,就在于它们有风格各异、色彩鲜明的主旋律。能否提炼出鲜明突出的公共关系活动主题,主题能否吸引公众、抓住人心,可以说是公共关系策划成败的一个重要标志。为此而反复揣摩、推敲、提炼,"语不惊人死不休",对于公共关系策划者来说都是必要和值得的。

提炼主题,需要创意,但不能为提炼而提炼,故弄玄虚,故作高深。提炼和确定主题应当注意以下几点。

① 目标的一致性。提炼主题,是为了更好地凸显公共关系目标,主题必须与公共关系活动的目标保持一致,主题必须服务于目标。偏离目标的主题会给公众造成错觉,从而起到误导作用,策划者不可不慎。

② 主题的实效性。好的主题,不在于辞藻华丽、技巧娴熟,而在于产生的实效。主题的实效一是表现在是否合乎公共关系活动的客观实际,不能话说得好听实际却做不到;二是能真正打动公众心扉,切中公众心愿;三是要考虑社会效果,一味哗众取宠、迎合低级趣味的主题是要不得的。

③ 主题的稳定性。主题一经确定,就应贯穿公共关系活动始终,不得半途而废、中途改换,以免造成公众感知的混乱。

④ 主题的单一性。一次公共关系活动,只应有一个主题,一般不得出现多个主题。对于大型的综合性活动,虽然也可设计一些次主题,但不能喧宾夺主,造成主题的杂乱无序。这犹如交响乐曲一样,无论主题如何变化,对比、发展、再现,所有的手法都是为了烘托和突出主题,而不是削弱和破坏主题。

⑤ 主题的客观性。公共关系活动的主题要展示公共关系精神、体现时代气息,不可商业化十足。一句话,主观性不要太强,以免招来公众的反感。

(3) 认定公众。组织公共关系活动目标的差异性决定了公共关系活动对象的区别性。在公共关系策划过程中,我们必须要在组织的广大公众群中,根据实现目标的需要去认定哪些是该项公共关系活动必须关注、交流和影响的目标公众。认定目标公众的方法一般为以下几种。

① 以活动目标划定公众范围。例如,学校为宣传自己的办学成果而组织的人才交流会,其公众主要是应届毕业生、用工单位、新闻单位、毕业生家长、人才交流部门及部分教职工,非毕业班学生和他们的家长、政府机关、实习基地等则不是该次活动的目标公众。

② 以组织实力划定目标公众。在公共关系实践活动中,有时组织需要面对的公众面极广,面面俱到则深感人力有限、经费不足,应付不过来。这时就应将有关公众按与组织关系的密切程度、影响的大小程度、相关事情的急缓程度等因素进行排队,选出最为重要的"部分"作为目标公众。这种划分主要强调的是重要性。

③ 以组织需要决定目标公众。例如,当组织出现形象危机时,目标公众应当首指组织的逆意公众,以防危机的扩散和加剧。这种划分主要强调的是影响度。

其实,不同组织每次公共关系活动确定谁为目标公众,很难有统一的标准,基本的原则便是考虑组织目标、需要和实力三个方面的因素,各个组织灵活去决定。

(4) 项目设计。所谓项目,指围绕公共关系目标而确定的在不同时期进行的各种形式的活动。要实现公共关系目标,只有通过一个个公共关系项目的实施去逐步接近,直至完成。没有公共关系具体活动的开展与公共关系项目的完成,组织的公共关系目标就永无实现之日。

(5) 时空选择。我国自古以来就有"机不可失,时不再来","机事之事,间不容发"的名言。"机"的含义很广,从普遍意义上看,凡牵涉事情成败的关键因素都可以称作"机"。就公共关系策划看,也需要刻意去捕捉"天时"、"地利",去充分地选择运用时间和空间。

① 时机的捕捉。时机,简而言之,就是时间变化所带来的机会。从传播学角度而言,时间策划水准是最为重要的衡量标志之一。时机的选择或捕捉有两层意思:第一是捕捉时机要准确;第二是把握时机要及时。前者指的是:对那些可以预先选定的时机,一定要选准其"时间区间";后者所指,则是说对那些预先不可选定、稍纵即逝的时机,要及时抓住,不可犹豫。选择时机时,我们要注意以下几点。

- 尽量选择那些能够引起目标公众关注,又具有新闻"苗头"的时机。
- 要善于利用节日去做可借节日传播组织信息的项目;但又要学会避开节日,与节日毫无关系的活动项目不光不能借节日之势,反会被节日气氛冲淡效果。
- 尽量避开国内外重大事件。因为这时公众关注的焦点、热点是这些重大事件,组织的活动项目弄不好会毫不起眼。但国内外大事发生之时,又是组织借势之机,关键看你是否能借题发挥。
- 重大的公共关系活动不要同时开展两项以上,以免分散人们的注意力,削弱或抵消应有的效果。
- 选择时机时,要考虑公众,尤其是目标公众参与的可能性,避开那些目标公众难以参与的时日。
- 选择时机时要考虑媒介,尤其是大众传媒使用的可能性,避开那些因其他重要新闻而使组织信息上不了媒体的时日。

- 选择时机时,要考虑当时当地的民情风俗,尽量使组织的活动项目与这里的风土人情相吻合。我国是一个多民族国家,面对不同民族、地区的不同风俗习惯和宗教信仰,时机选择尤应慎重。

② 空间的选择。公共关系策划,对于空间场景的利用非常必要。一方面我们应尽可能地考虑如何充分利用环境的有利条件,回避不利条件。比如对当地资源、土特产的利用、对地理和人文构成的旅游资源的利用、对特殊民俗风情的利用以及对恶劣气候条件的避开等。另一方面是尽量去选择便利于公共关系活动实施的场所。具体应顾及以下几个方面。

空间大小。空间大小以活动参与者与活动所需物资的多少、大小为转移。场地过大既是浪费也无美感,会使活动气氛显得冷清;过小则显得拥挤、混乱,也易造成事故。

空间位置。活动空间的地理位置很重要,选择位置要与活动内容相吻合,大型活动还要考虑与机场、港口、车站的距离。

空间环境。主要指公共关系活动场地周围的建筑环境、交通环境、生态环境等。

空间条件。这主要指组织活动场所应当具有的基本设施和基本条件。比如通信设施、医疗急救条件、卫生条件、治安条件、文化娱乐条件、购物条件以及食宿条件等。

备用空间。这主要指为防止各种因素或条件的偶然变化,策划时应对空间做一些应急和临时性变动的考虑。

空间审美。这指的是公共关系活动的地点场所给人的感官审美印象。它包括建筑的造型、布局和结构;场地设施布置与环境装潢;实物摆设与商品柜台设计;橱窗展示、展品陈列以及活动宣传现场广告的张贴、悬挂、放置等。

(6)媒介选择。组织公共关系工作可供选择的媒介很多,但要选择恰当才能事半功倍,取得良好的传播效果。选择传播媒介的基本原则如下。

① 根据组织公共关系目标选择传播媒介。各种媒介都有其特定的功能,能适合为组织形象塑造的某一目标服务。选择媒介首先应着眼于企业目标和要求。如果企业的目标是提高知名度,则可以选择大众传播媒介;如果企业的目标是缓和内部紧张关系,则可以通过人际传播与群体传播,通过会谈、对话等方式加以解决。

② 根据不同的对象选择传播媒介。不同的对象适用于不同的传播媒介,要想使信息有效地传送到目标公众,就必须考虑到目标公众的经济状况、教育程度、职业习惯、生活方式及他们通常接收信息的习惯等。比如,对经常加班加点的出租汽车司机最好采用广播;要引起儿童的注意和兴趣,制作电视节目和卡通片效果最好;对文化较落后、又没有电视的山区农民,则采用有线广播和人际传播;对喜欢阅读思考的知识分子,应多采用报纸、杂志等传播媒介。

③ 根据传播媒介特点和传播内容选择传播媒介。传播媒介的各种形式都有鲜明的特点和一定的适用范围,在选择媒体时必须首先了解各种媒体的优、缺点。组织形象塑造过程中,应将信息内容和传播媒介的特点结合起来综合考虑。比如,内容较简单的快讯可以选择广播;对较复杂、需要反复思索才能明白的内容,最好选择印刷媒介,可以使人从容研读、慢慢品味;对开张仪式、大型活动的盛况,采用电视方式则生动、逼真,能产生非常诱人的效果。还需要注意的是,只对本地区有意义的信息就不要选用全国性的传播媒

介；只对一小部分特定公众有意义的消息，就没必要采用大众传播媒介；而对个别的消费者投诉，则只需要面约商谈或书信往来。

④ 根据企业经济条件来选择传播媒介。俗话说："看菜吃饭，量体裁衣。"企业的经费一般有限，而越是现代化的传播媒介，费用越高，所以，成功的形象塑造策划，应该是选择适当的媒介和方式，以较少的开支争取最好的传播效果。

（7）经费预算。经费预算既是公共关系策划的"目标"，也是对实施经费开支的控制。策划中的精打细算，既可给实施带来事前心中有数的方便，也使决策者认可策划方案成为可能。美国内布拉斯加大学著名传播学教授罗伯特·罗雷在《管理公共关系学——理论与实践》一书中指出："公共关系活动往往由于以下原因归于失败。第一，由于没有足够的经费，难以为继，关键时刻不得不下马；第二，因经费不足，只得削足适履，大幅度修改原计划；第三，活动耗资过大，得不偿失。"这是我们策划时必须引以为戒的。公共关系活动的经费开支主要包括四大内容。

① 日常行政经费。例如房租、水电费、电话费、办公室文具用品费、保险费、报刊订阅费、交通费、差旅费、交际费以及其他通信费（如电报、特快专递费等）、资料购置费和复制费等。

② 器材设施费。如购置、租借或维修各种视听器材、通信器材、摄影（像）器材、交通工具、工艺美术器材，制作各种纪念品、印刷品、音像制品和各种传播行为所需的实物及用品。

③ 劳务报酬经费。包括组织内部公共关系人员的薪金或工资、奖金及其他各种福利费、组织外聘专家顾问的工时报酬（策划费用的高低，一般根据公共关系策划者名望水平、公共关系活动要求、规模和难易程度事先谈定）。

④ 具体公共关系活动项目开支经费。这笔费用的开支主要根据公共关系项目大小来确定。它包括宣传广告费、调查活动费、人员培训费、场地租用费、各种名目的赞助费以及办公、布展、接待参观的费用。与此同时，策划员还应考虑活动的机动费用（一般占总费用的20%），以防意外突发事变。

公共关系经费预算是一件非常琐细而复杂的事，为了达到组织预期的公共关系目标，本着勤俭节约、精打细算的原则，要列出详细的开支预算清单，要保证所有开支项目都是必要的、可检测的。在制作经费预算时，最好同时制定经费开支的办法和超支规定，以便在公共关系活动的实施中及时核对、控制开支并考察绩效。

（8）人员分配。再好的公共关系策划，最终是靠人去实施和完成的。因此在策划时，就应对将来的实施人做一下考虑和安排。对人员分配的策划，一般要考虑以下三个步骤。

① 人员挑选。根据组织公共关系活动规模的大小、内容的繁简、层次的高低、经费的多少等因素，为达到活动开展的效果，首先要对活动实施的人员进行量和质的挑选。

② 人员培训。对于选出的人，为保证策划方案的有效实施，在策划时便需要考虑如何对其进行培训，就策划目的、宗旨、方法技巧、应急措施等方面准备一套行之有效的培训计划。

③ 人员分工。策划中对于将来活动中的各个岗位，事先要对现有人才或培训人才做

一个量才施用的考虑，尽量根据其过去的表现和经验，使之能做到人尽其才，既能发挥特长，又能完成任务。

5. 公共关系策划会

为了制订出富有创意的公共关系策划方案，组织经常要组织公共关系策划会。成功地组织好策划会是公共关系人员的一项重要工作。为此，要明确策划会的议程和组织策划会的技巧。

策划会也是一种会议形式。许多专家学者都在潜心研究如何提高会议的效率。日本专家列出了一份会议成本清单：

$$会议成本 = 2A \times B \times C$$

式中，A 为平均小时工资的三倍；B 为参加会议的人数；C 为开会的时间。

这份清单告诉人们：会议成本是昂贵的，必须注意会议的效率。公共关系活动策划会需研究的问题一般比较多，而且较复杂，要求更具效率。

(1) 群体组合策划模式。现代策划已经发展到必须综合多学科的阶段，策划已经从经验决策转向科学决策，从个体劳动转向集体智慧。如今，我们正处于知识密集的时代，任何一个人都难以掌握所有的知识，只有单方面或若干方面的知识是难以胜任一些大型策划的。例如，要进行一项产品投资策略的策划活动，进行市场调查时，则需要专业的市场调查人士；拟订产品组合策略时，则需要工程技术人员和设计师、平面设计人员一同工作；进行市场推广的时候，则需要营销人员和公关、广告人员协同作业。所以说，群体策划是现代策划的一个重要特征。

群体策划是一种人才组合的集体策划形式，具体形式是：组成一个专门策划小组，然后由策划小组共同完成策划任务。策划小组的最佳形式是由多学科的成员组成，而且应该有经验丰富的第一线员工参与，这样才有利于知识、信息的互补，有利于思维的激荡。

策划小组的工作步骤可以归纳为：分头调研，共享信息，独立思考，小组讨论，专人提炼。策划小组的成员首先是分头搜集、整理、研究基本的调查资料；其次，将个人搜集、整理、研究的初步成果向策划小组成员互相通报，形成第一次信息冲撞效应；各人独立构思至一定程度，由项目召集人召开策划小组讨论会；最后由指定的专人将策划小组研究的成果整理在案，或者由不同的个人撰写不同的方案，形成多个方案。

策划小组的讨论会是脑力激荡的过程，会议上大家互相启发，十分有利于产生创造性的意见。有时一次会议未必就能产生期望的结果，就应重复前面的程序，然后再择日召开会议，直至有一个基本的结论为止。这是运用群体智慧的策划方式，其最大优点是知识互补和可以产生冲击思维的力量。在这种组合中，并未削弱个人智慧的作用：第一、三、五环节都充分发挥了个人智慧的作用；第二、四环节则形成了个人智慧与群体智慧的紧密结合。需要较高个人智慧的是策划小组的召集人，他同时也是策划项目的带头人。策划小组的成员，要有较高的素质，尤其是要具有专业知识，熟悉情况，有较好的逻辑概括能力、策划能力、表达能力和创新意识。

(2) 策划会的会前准备。会议的准备工作是会议成功的最关键因素。要确立好会议的目标及议题,尤其是议题必须清晰。作为会议的组织者要印发议程,拟订出席人选,提前发出会议通知。策划会议一般5~7人为宜,组织者要为与会者提供必要的参考资料。与会者要认真阅读有关资料,并认真思考,带着意见与会。会场布置以圆桌会议形式为好,方桌也可以。场内设置板书工具,恰当选择好会议直观材料,必要时应准备幻灯、投影、录像等设备。要进行的会前准备工作大体上有如下四项。

① 拟订会议主题。会议的主题,即会议的指导思想。会议的形式、内容、任务、议程、期限、出席人员等,只有在会议的主题确定下来之后,才可以据以一一加以确定。

② 拟发会议通知。拟发会议通知应包括以下各项:标题,重点交代会议名称;主题与内容,对会议宗旨进行介绍;会期,应明确会议的起止时间;报到的时间与地点,要特别交代清楚交通路线;会议的出席对象,如对象可选派,则应规定具体条件;会议要求,指的是与会者所需材料的准备与生活用品的准备,以及有关差旅费报销和其他费用的处理问题。

③ 起草会议文件。会议所用的各项文件材料,均应于会前准备完成。其中的主要材料,还应做到与会者人手一份。最主要的会议文件材料——开幕词、闭幕词和主题报告需要认真准备。

④ 其他准备工作。要安排好与会者的招待工作。对于交通、饮食、住宿、医疗、保卫等方面的具体工作,应精心、妥当地做好准备。

要布置好会场。不应使其过大,以至于显得空旷无人;也不可使之过小,以至于拥挤不堪。对必用的音响、照明、空调、投影、摄像设备,事先要认真调试。会议所需的文具、饮料,亦应准备齐全。

要安排好座次。主席台上的座次,我国目前的排列习惯是:前排高于后排,中央高于两侧,左座高于右座。凡属重要会议,在主席台上每位就座者面前的桌子上,应事先摆放好写有其本人姓名的牌桌。听众席的座次,目前主要有两种排列方法:一是按指定区域统一就座;二是自由就座。

在会议进行阶段,会议的组织者要做的主要工作是进行例行服务。在会场之外,应安排专人迎接、引导、陪同与会人员。对与会的年老体弱者,还须进行重点照顾。此外,必要时还应为与会者安排一定的文体娱乐活动。在会场之内,则应当对与会者有求必应,闻过则改,尽可能地满足其一切正当要求。

精心编写会议简报,举行会期较长的大中型会议,依例应编写会议简报。首先,必须认真做好会议记录。凡重要会议,不论是全体大会,还是分组讨论,都要进行必要的记录。会议记录是由专人记录会议内容的一种书面材料。会议名称、时间、地点、人员、主持者等均记录在内。

(3) 策划会的主要环节。组织公共关系策划会要把握主要的工作环节。具体地,策划会的主要环节包括如下几个方面。

① 会议气氛。策划会议应力求营造活跃、平等的气氛。活跃的气氛有利于活跃思维和脑力激荡;平等的气氛有利于与会成员的发散性思维。必要时可以设置会议饮品,有利于活跃气氛。会议气氛的形式,一方面是布置会议室时刻意营造的;另一方面是主持人凭借主持技巧营造的。

② 会议秩序。对于会议组织者而言,无不希望有良好的会议秩序。小型会议特别是企业内部会议的秩序基本不用控制,但大型会议,秩序的控制就显得很重要。大型会议可以采用代表证或者入场券方式控制。如果需要保密,代表证可以特制,可加上代表的数码身份照片,此外,还可在会场入口处安排保安。

③ 茶歇。茶歇对于一般的大型会议而言可能不需要,中、小型会议,特别是公司或者组织的高层会议,会间茶歇是很重要的。茶歇就是为会间休息兼气氛调节而设置的小型简易茶话会,当然提供的饮品可能不限于中国茶,点心也不限于中国点心。通常,茶歇的准备包括对于点心、饮品、摆饰、服务及茶歇开放时间的要求等,一般不同时段可以更换不同的饮品、点心组合。茶歇大致上的分类是中式与西式。中式的饮品包括矿泉水、开水、绿茶、花茶、红茶、奶茶、果茶、罐装饮料、微量酒精饮料,点心一般是各类糕点、饼干、袋装食品、时令水果、花式果盘等。西式饮品一般包括各式咖啡、矿泉水、低度酒精饮料、牛奶、果汁等,点心有各类甜品、糕点、水果、花式果盘。

④ 摄影、摄像安排。根据会议的级别和要求,需要安排专业的摄影、摄像人员对会议进行全程拍摄,拍摄以后还需要考虑是否将资料制作成光盘分发给各位与会代表。

⑤ 主持技巧。主持人是策划会取得成功的一个关键因素,主持人应是策划项目的领头人。主持人在会议进行中要简洁明了地告知会议目的及要解决的问题,阐明会议的原则,营造并保持活跃的气氛。他一定要时刻把握会议的进展,尤其要把握会议的主题,保证会议议题不会走偏,并能够及时鼓励、引导与会者发言,及时捕捉一些好的构想,及时引导与会者相互利用议题激发出新的构想。主持人要安排专人做好记录,各种构想由记录员予以编号并写在白板上,让与会者可以一目了然。记录员会后要整理好各人的构想,既作为档案备份,又可为今后的策划提供参考。会议结束时,主持人应该有一个小结,确认会议最后的研究结果。会议主持人在主持中还要明确以下事项。

一是会议主持人务必做的事项。会议主持人要严格遵守会议的开始时间,不迁就迟到者;要在开头就议题的要点做简要的说明;要把议题的进行顺序与时间的分配方案预先告知与会者;要引导大家在规定时间内作出结论;必须延长会议时间时,要取得大家的同意并明确延长的时间;要把整理出来的结论交由全体人员表决确认;要把决议付诸实行的程序整理成文,并加以确认。

二是会议进行中会议主持人须密切注意的几个问题。发言内容是否偏离了议题?发言者的观点是否出于个人对利害关系的考虑?全体人员是否都在专心聆听发言?发言是否过于集中于少部分人?是否有从头到尾都没发过言的人?某个人的发言是否过于冗长?发言的内容是否正在朝着清晰、明确的方向推进?以上问题主持人须加以密切注意。

三是会议主持人的十大禁忌。具体是:在发言时不可长篇大论,滔滔不绝(一般应以3分钟为限);不可从头到尾保持沉默;不要谈到抽象论或观念论;不可对发言人吹毛求疵;不要漫无边际,离题万里;一般不打断他人的发言;不可不懂装懂,胡乱发言;不引用不确切的资料;不谈期待性的预测;不要中途离席。

⑥ 对与会人员的要求。一般而言,与会人员在出席会议时应当严格遵守会议纪律,主要有以下内容:规范着装、严守时间、维护秩序、专心听讲。

⑦ 会议规则。会议效率不但取决于主持者,还取决于与会者,因此,与会者要遵循一

定的规则：准备好记录卡片或记录纸，以便及时将构想记录下来，散会后交给记录员；想到的构想要立即提出来，即使其本身没有什么价值，有时也可以启发他人提出有价值的构想；发言要简单明了，一般只提出主要构想即可，无须论证，切忌长篇大论地进行论证；各人独自自由畅想，不要私下交谈，否则会降低会议效率；不要私下评议别人的构想；发言要一个接一个，不要冷场，最好形成按顺（逆）时针顺序发言的习惯，以形成压力。轮到的发言人实在没有构想，可暂时跳过，轮完一圈再来一圈，如此反复，直至问题有了初步结论；会议一般分为两个阶段：第一阶段为发散性思维阶段，与会者自由畅想，发表意见；第二阶段以一个基本认定的构想为前提，可以集中精力有针对性地进行思考后再充分发表意见。

⑧ 对最后提案进行评价。对策划会最后形成的提案，要有一个评价的过程，一方面是尽可能完善既定的提案；另一方面尽可能运用系统的、科学的分析方法进行缜密的评估。基本的评价方法是：从社会制约因素的角度加以审核，排除法律上、道德上不允许的因素；对其中涉及的主要概念进行充分论证；效果评价；可行性评价；以一定的逻辑概念审视整个构想的排序[①]。

6. 公共关系策划方案的撰写

公共关系策划方案，指以书面文字形式确定下来的策划者头脑里的构思和创意。整个策划的思维过程，最终是以策划方案的形式加以条理化和系统化。所有的灵感和创意，都将在策划方案中被具体细化为可供施行的方法和步骤，就连公共关系活动的最后结果，也将预先在策划方案中进行展示。

(1) 策划方案的构成要素。公共关系策划方案当无定式，策划者一般根据实际的需要和自己的文笔风格来撰写。但无论方案形式、内容有着如何的差别，理应包容的基本要素都不可或缺。

一份完整的策划方案应当具备 5W、2H、1E。

What(什么)——策划的目的、内容

Who(谁)——策划组织者、策划者、策划所涉及的公众

Where(何处)——策划实施地点

When(何时)——策划实施时机

Why(为什么)——策划的缘由

How(如何)——策划的方法和实施形式

How much(多少)——策划的预算

Effect(效果)——策划结果的预测

上述八个要素组合即是一份完整的公共关系策划文案应当具备的基本要素。针对不同组织的不同内容与形式的公共关系策划方案，应当围绕着这八个要素，根据自己的需要去进行丰富完善和组合搭配，公共关系策划方案的创意与个性风格，就存在于对要素的丰富完善和组合搭配的差异之中。

---

① 谢红霞.公共关系实训.大连：东北财经大学出版社,2008.

（2）策划方案的基本格式。公共关系策划方案的基本格式，大致包括下列五项。

① 封面。策划方案的封面不必如书籍装帧那样去考虑其设计的精美，但文字书写及排列应大小协调、布局合理，纸张只要略比正文厚些即可。封面内容一般包括以下几方面。

- 题目。题目必须具体清楚，让人一目了然。
- 策划者单位或个人名称。方案如系群体或组织完成，可署名"某某公共关系公司"、"某某专家策划团"或"某公司公共关系部"，对其中起主要作用的个人也可在单位名称之后署名，如"总策划某某某"、"策划总监某某"等。方案如系个人完成，则直接署名：策划人某某某。
- 策划方案完成日期。写明年月日甚至时。
- 编号。比如根据策划方案顺序的编号，根据方案的重要性或保密程度的编号或根据方案管理的分类编号等。
- 在需要的情况下，可考虑在封面上简洁地加上说明文字或内容提要。
- 如策划方案尚属草稿或初稿，还应在标题下括号注明，写上"草案"、"送审稿"、"讨论稿"、"征求意见稿"等字样。如果前有"草稿"，决策拍板后的策划方案就应注明"修订稿"、"实施稿"、"执行稿"等字样。

② 序文。并非所有策划方案都需加序，除非方案内容较多较复杂，才有必要以简洁的文字作为一个引导或提举。

③ 目录。这也如序文一样，除非方案头绪较多较复杂，才有作目录的必要。目录是标题的细化和明确化，要做到让读者通过看标题和目录后，便知整个方案的概貌。

④ 正文。正文即是对前述八个要素的表述和演绎。其主要内容有：a. 活动背景分析；b. 活动主题；c. 活动宗旨与目标；d. 基本活动程序；e. 传播与沟通方案；f. 经费概算；g. 效果预测。正文的写作需要周到，但应以纲目式为好，不必过分详尽地去加以描述渲染，也不要给人以头绪繁多杂乱或干涩枯燥的感觉。

⑤ 附件。重要的附件通常有：活动筹备工作日程推进表；有关人员职责分配表；经费开支明细预算表；活动所需物品一览表；场地使用安排表；相关资料。这主要是提供决策者参考的辅助性材料，不一定每份方案都需要，例如完整的或专项的调查报告、新闻文稿范本、演讲词草稿、相关法规文件、平面广告设计草图、电视片脚本、纪念品设计图等。注意事项，即将策划方案实施过程中应当注意的事项做重点集中的提示，比如完成活动需事前促成的其他条件、活动实施指挥者应当拥有的临时特殊权限、需决策者出面对各部门的协调、遇到特殊情况时的应变措施等。

4.1.2　公共关系策划中的创造性思维

创造性思维是创造学研究的核心内容。在人类创造活动和创造行为中，最根本的起直接作用的就是人的创造性思维。创造性思维是指人们以新颖的思路或独特的方式开拓人类新领域、解决社会发展新问题的思维活动。公共关系策划中的创造性思维是指公共关系策划者在进行策划方案的设计过程中，运用各种具有新颖性、独特性、综合性、参与性的思维活动方式,开拓进取,探索出解决问题的奇招妙计。

1. 创造性思维的特征

(1)专一的目标。专一的目标指引着思维过程的方向,凝聚着策划者头脑里既有的公共关系信息元素。创造性思维的过程就是将策划者头脑中既有的概念、观点、事物印象集中在一个方向上,围绕一个目标进行信息元素的组合。在具体过程中保持一个专一的目标并不容易,它需要有控制力来抵御形形色色的诱惑,同时还需要对这个目标有强烈的兴趣,这种心理状态可以转化为一种强烈的冲动力和欲望,使前进者不知疲倦,不觉艰辛,虽苦也乐,这样才能持之以恒,沿着一个固定的目标思考下去,最终才有可能得到与众不同的智慧成果。

(2)强烈的求异心理。从本质上讲,创造性思维就是一种求异思维,它对大多数人习以为常的认识进行分析、反思,对大多数人熟视无睹的现象进行重新释义。它以怀疑的眼光审视环境,以批判的态度看待世界,在分析和反思中重整人的认识内容,在分析批判中探索世界本来的规律性。理性的求异心理可使人们从另一视角来观察研究对象。人们会在这种异向的观察过程中发现意外的现象和全新的线索,由表及里,深追穷究,就会别有洞天,想出别人想不出的奇思妙想。

(3)积极的想象。有一个"小木桩拴大象"的现代寓言说的是小木桩是拴不住大象的,但从小就被拴在大石柱上的象,经过多次挣脱失败后,就永远不再尝试了。我们人类又何尝不是如此呢?其实,创造性思维不是少数人的专利,而为大多数人所有。创造性思维的一个重要特征就是积极地想象、大胆地想象,凭借想象去预见、去设想,达到一个全新的思维境界。

通过了解创造性思维的特征,可以帮助我们更好地认识和把握创造性思维的作用机理,更好地完成公共关系策划的创意。

2. 创造性思维的方法

创造性思维在公共关系策划中得到了广泛的应用,其理论已成为公共关系策划的理论支柱。创造性思维方法在公共关系策划中也成为自然采用的方法,并贯穿于公共关系策划的全过程。这里就几种常用的创造性思维方法做一下介绍。

(1)理论思维。理论思维是指策划者依据科学理论,是理性认识系统化的思维活动方式。理论思维具有科学性、系统性和间接可行性等特点。它作为一种基本的思维活动方式,在公共关系策划活动中应用很多。理论思维是以科学理论和专业知识为依据展开的思维,是一种高层次的思维。它运用逻辑推理,预见和把握未来事物的发展变化规律,可以在一定的时空范围内预测未来,从更深的层次研究策划对象,因此,这种思维方法往往会使制定的策划方案更加符合实际,切实可行。

(2)求异思维。求异思维是指策划者独出心裁,从正常事物的反面进行思考的一种思维活动方式。求异思维的特点在于敢于否定人们已经习以为常、司空见惯的现象,敢于向传统的思维观念提出挑战,甚至对权威的、公认的理论提出疑问。求异思维敢于打破常规、刻意求新,"不唯书,不唯上,只求实",充分发挥自己丰富的想象力和创造力,设计令人叫绝的公共关系方案。

（3）直觉思维。直觉思维是指策划者在社会实践中，通过亲自观察而受到启发，使外界事物在大脑中产生感觉的一种思维活动方式。直觉思维具有直接性、生动性、具体性等特点。策划者主要通过直觉领悟、猜测和想象等形式来阐明问题、解决问题。它主要依赖于存储在头脑中的知识和经验，使大脑形成一种一旦接受外部信息就很快作出直觉判断或思维决策的能力。例如，法国地理学家魏格纳在观察世界地图时偶然发现，美洲大陆东部突出部分（巴西）和非洲的西海岸凹进去的部分（喀麦隆）拼在一起基本吻合，并且地貌十分相似。于是，他首次提出了"大陆漂移说"，引起了世人瞩目。可以说，许多创造性发明都是通过直觉思维获得的。

（4）形象思维。形象思维是指策划者依据现实生活中的各种现象来阐明问题或解决问题的一种思维活动方式，具有形象性、概括性等特点。具体说来，形象思维就是对现实生活中的各种人、物、事进行选择、分析、综合，然后进行艺术加工提炼而创造出来的新的意象。

（5）逻辑思维。逻辑思维是指策划者根据科学的原理，按照科学的程序和规则，运用概念的判断推理来阐明问题和解决问题的一种思维活动方式。逻辑思维是具有严密科学性的思维活动方式。它必须按照客观规律进行判断、推理。其推理形式主要有类比法、归纳法和演绎法。运用逻辑思维进行创意策划，成功率相对来说比较高。

（6）联想思维。联想思维是指策划者由某一事物联想到另一事物的思维活动方式。事物都是相互联系的，世上没有毫无联系的事物。因此，联想也是开发人的创造性思维的一种方法。

3. 公共关系策划的思维途径

为了便于公共关系策划人员灵活地运用创造性思维方法，开拓公共关系策划的思路，进行富有创意的公共关系活动，现将公共关系策划的思路归纳如下。

- 低成本化。高值产品（即高成本、高利润产品）的低价值化、降利化处理方式，一种运用反向思维的策略性技巧，在公共关系策划的案例中也时有所见。
- 通用化。通过扩大方案的广泛适应性，获得更大效益和推行价值的思路。
- 等位化。利用不相似的事物发挥相似作用的创新技巧和思路。
- 连续化。将相关事物通过具有创意的思考逻辑化为某种事例或可以连续推出新设想的技巧。
- 逻辑化。通过归纳，从经验的事实中导出普遍性法则；或通过演绎，从一般法则中导出特别结论的技巧。
- 分合。利用暗喻、类推的原则，引发对问题的创意和领悟，是化相识为不相识或化不相识为相识。
- 激发。以诱发有助于策划活动的闪念、灵感、直觉和超感觉为目的，发展探索性思维。
- 启迪。包括自我启迪、相互启迪、物象启迪、事件启迪、偶发因素启迪等。
- 排除固定观念。包括突破常规的逆向思维、怪异思维等，如吸尘器的发明。

- 问题发现。指主动、敏锐地从看来"无问题"的事物中发现问题或可进行改进、更新、发展方面的技巧。
- 诱导。指以可以"牵动"的线索（可以是精神的、思想的、理念的、情感的，也可以是物质的、事物的、事件的）引发新的结果或创造性解决问题的方式。比如，借系有丝线的蚂蚁从玛瑙球弯曲孔道一端小孔诱其穿过孔道到达涂有蜂蜜的另一端小孔之外，即是借"诱导"方法解决"难题"的形象实例。
- 假想。一种含有预见性、科学性的猜测。公共关系策划人员可在掌握大量资料后闭门独思，天马行空，然后记下所思所想。
- 抽象。利用将某种事物或多种事物从概念化引渡到（或升华到）神韵化的过程，实现其具有抽象意味的创意或艺术塑造。许多艺术陶瓷的变形魅力即是如此。
- 模仿。包括形态、结构、色彩、原理、性能的模仿。
- 综合。包括信息综合和创意综合（即可引发认识飞跃或重大发明、发现的综合），也包括上述两种综合的综合，即再综合。
- 组合。指两种以上事物或产品要素的组合，包括功能组合、功能引申、功能渗透、顺序组合等。
- 重组。运用"因素异构异功"规律，使原有的事物产生新的性质，公共关系策划人员可对既有方案进行分析，改变其组合方式、排列程序，其结构是迥然不同的。
- 改型。突破固定结构的一种方式。所谓"已经习惯了的、天然合理的结构"，其实往往含着不够合理或极不合理的因素，只要认真观摩、仔细揣度，往往可以提供改型性思路的可能性。
- 重复调整。将公共关系活动方案结构的主、次、偏正位置或左、右、先、后的时空次序，以及轻、重、多、寡的结构成分，进行富有新意的调整，以实现创意意图。
- 辨认需求。公共关系活动需要广大公众的参与，同时也要让企业（公共关系主体）从中得到发展和提升。因此，要对自我的需求和公众的需求进行辨认，以激发相应的策划思路。
- 兴趣引导。指对某项公共关系目标的兴趣，通过对相关的趣味化事物的多位探究，获得相关的启迪和诱导。
- 移情。移情效应是人的四种微观心理定式之一。这里指把人的感情倾向投入与公共关系目标相关的事物中，强化对策划对象的理解和认同。
- 角色法。在公共关系策划过程中利用形象性展现公共关系创意的内涵，转换角色，体会角色心理，更加客观地审视主客体的优劣，矫正不适之处。
- 直觉。指理性的"感觉"，是"对经验共鸣的理解"，是突发性的瞬间判断，是无概念的思维活动，是直接洞察的本领。我们应注意对直觉的积累，记录在册，以备后用。
- 沉思。使创意灵感聚集、积淀、成序、升级的技巧。当公共关系信息元素累积一定量后，我们可以闭门独思，面壁苦想，随时记录所思所想，从中发现可用之法。
- 梦想。利用半睡半醒的状态使潜意识活化，从而诱发思路明晰和升华的技巧。
- 自由联想。否定框框、不设前提、不受限制的联想技巧。例如，从石头想到石雕，想到石针,想到石屋,想到石人,想到石凳,想到石花,想到石画等,还可以自由联想下去,一直到发现有新意的事物为止。

- 强制联想。规定了范畴或指向的联想方式。例如,从花想到花形,想到花形游船、花形床垫等,是按指定目标联想诱发新的应用案例。
- 设问。围绕既有公共关系目标和方案设想提出各种问题以及可能改进的方案。
- 设疑。不是根据具体方案已经呈现的疑点,而是提出假定性的疑点进行质询,以求验证既有方案的完美程度,从中发现创新思路。
- 简化。对公共关系策划方案的重点、亮点、要点、关键点的鲜明把握和突出表现的技巧。
- 移植。把某个领域的原理、技术、方法、材料和结构引向公共关系策划领域的思考方式。
- 杂交。将远缘或近缘、同种或非同种事物的内核或精髓吸纳、融合为一体,从而诱发质的升华的高级技巧。
- 交流。特指与公共关系思考目标有关信息的双向交换,目的在于"水涨船高"地引发更有价值的创意的产生。
- 实验。既包括常规意义的实验,又包括把大自然、社会及相关群体作为实验对象的实验,验证公共关系方案的重要的、广义的操作技巧。
- 推测。依据相关事物所表露的端倪、苗头、趋势、倾向等,推导可能出现的新情况、新问题,以求趋利避害地、富于创意地采取对策。
- 重述。检索既有方案的缺陷和可以完成部分的技巧。重述,有助于对方案认识的深化,有助于对方案做总体观览。
- 案例分析。对有典型意义的事物或事件进行分析,以触发深层创意的思路。有时,把非典型化事物或事件典型化,往往也可以收到类似的效果。
- 经验回忆。丰富创新思路、扩大创新领域的一种基础性技巧。这种回忆具有对经验的加工作用,是对已经凝固的智慧——经验活化的过程。
- 寻觅关键。把握事物要领、要害,特别需要集中关注的地方,往往对公共关系方案的实验结果有决定性作用。
- 异常研究。以培养对异常现象、异常反应、异常结果的非常态容忍,接受其精髓。也包括对异常现象的特殊兴趣、特别关注。
- 网络。从某种观点着眼,在本来已形成的种种系统中寻觅启迪线索和特殊通路的技能。
- 印象接制。从对某一事物的印象及其所接受的启迪来加工处理对另一事物的印象及其创意,这是难度较大的技巧。
- 聚合。用多种因素完善某一种事物性能的技巧。
- 合并。使可以并列发生作用的事物巧妙地并列,并使之产生新功能的创新方式。
- 焦点。先选一个项目,再任选另一个项目,然后围绕着创新目标从多角度实行联想的方式。
- 分割。使有综合性功能的事物局部发生独特功能的创新技巧。

- 整体分解。从既有事物的整体分解过程中体味相关创意可行的实现方案的技巧。
- 局部化。使整体功能在特定条件下较好地发挥另一种局部功能的创意技巧。
- 特性列举。通过对某项或多项事物的特性的关注,发现富有创意的思路或可资利用的原理。
- 链接。通过某种事物或因素的"触媒"、"桥梁"、"联结"等作用,使事物甲同事物乙产生联系并诱发新功能的技巧。
- 信息交合。把不同事物的各种信息进行有机的交叉、重合、归纳、比较、筛选、融会,以产生创新思路的技巧。
- 专利利用。包括利用综合专利、综合专利成果进行发明,寻找专利空隙进行创造发明,利用专利成果的不足进行进一步完善性的创造发明,还包括利用与专利的相关产品需要进行创造发明等,是创新的捷径之一,也是众多职业发明家惯用的技巧。
- 希望点列举。对已有的事物进行发散思维,尽可能地通过奇思异想提出希望,然后选其可资实行的创意。
- 等值变换。依照一定的观点使其事物"抽象化",再以"抽象化"的事物进行思考,以发现其内在的本质构成中可以相互转化、相互可以"等值"利用的因素。
- 求精。从常规事物的精致化中求新意、求高值的战术性技巧。
- 量中求质。从大量的相关构思中选用最有价值的创意方法。
- 正反向综合思考。从事物的反面寻求合理因素,化入正面合理因素,或取代正面不合理因素的技巧。
- 利用失败。从失败的结果和案例中寻求可资利用的部分或成分的技巧。在公共关系案例中,我们过多地研究成功事件,而忽略了比成功者多得多的失败者,所以我们应加大对失败案例研究的力度。
- 反常。反常现象中常常孕育着鲜为人知的原理或资源。
- 容忍荒诞。荒诞往往是某种合理因素的滑稽外衣。丘吉尔认为:"没有一个构想不是非常荒诞而不需要加以考虑的。"还可以进一步说,即使是十分荒诞的构想,也不妨细心考察一下它有没有合理的内核及有益的启迪。
- 试探。彼时已肯定确属谬误的事物,此时可能由于时空条件的变迁而变得有可资利用的方面,或者具有崭新的创意。故有些创意彼时失败了,此时不妨再试一试。
- 缺点逆用。事物甲的缺点可能成为事物乙的优点,这是广开思路的技巧。
- 难点攻关。这是集中优势、调动潜能的一种自我的群体激励方式。智慧集团联合做公关时常应用此方法。
- 排列展示。对公共关系活动潜在的可利用的创新因素通过排列对比获得显示的技巧。
- 成对列举。把任何两个以上的事物组合起来使之产生新功能的方法。
- 跃进。简化事物既定发展的一种技巧,也往往是弥补特定方面智力缺憾的战术方式。跃进,不是可以逃避必须完成的行程,而是战术性地越过暂时可以越过的线段和方法,而后有条件而又需要补正时再加以补正。

- 深入。诱发深入的观察、思考的一种创新追求的心态,对重大发现和祛除思维屏障性障碍往往有突破作用。

- 姑隐。对未成熟的创新构思加以隐匿式的保护、"存放"于心灵深处,待其进一步"发酵"、"成熟"、"完善",有助于创新构思在内部酝酿发育的技巧。

- 混合。把多种性质、色彩、内容或构形单调的公共关系信息方案调和、拼接、搅拌、凝结成具有新的功能、性质或吸引力的设想。

- 展开。把方案可以延展的部分充分展示,以便从中寻觅创新思路的技巧。

- 拉开。同欲创新的目标拉开一定的心理距离、视觉距离(有时包括审美距离),以便于审视其整体性构想的特征。也可以是指将特定事物的封闭性外壳拉开,以窥视其内在特质的思维方式,可以理解为有益于创新思维的辅助技巧。

- 简化。使重点凸显、功能鲜明、构造净洁、一目了然的高级技巧。简化,不是简单化、粗疏化。简化,是高度合理化、功能高效化、一物多用化、效能充分化的思路特征。有许多事物一经简化,常使人耳目一新、获益良多。

- 排除。指尽可能剔除影响创新实践的不利因素,包括自身的心理障碍,是增强内外环境交流的一种技巧。

- 扣除。指把特定事物的非必要性的成分强行拿掉或硬性舍弃,从而进一步审视有无进一步简明、简洁地实现其功能或扩大其功能的可能性。

- 舍去。指对有小利而无大益的事物部分割爱式地放弃,这往往可以导出新的结构、新的思路的诞生。

- 小处着眼。不避弃小设想、小构思,往往也可以获得相当可观的效益。另外,有时从小处着眼还可以解决大问题。

- 淘汰。剔除与公共关系目标无关紧要或很少有益的部分。精华,往往在逐级、逐层准确地淘汰中呈现。但是,最后留下的 1‰ 的精华往往可以改变世界。

- 图解。把公共关系目标图表化,有助于一目了然地把握实现目标的核心因素、关键步骤、价值取向。

- 默写。有助于策划创意的深刻化、系统化、逻辑化,特别是在拟定实施方案时作用显著。

思维途径是很多的,以上所列仅供参考。法无定法,法以自然,只有将既有的途径和方法融会贯通、灵活应用,才能真正发挥这些思维的作用,尽快提高自己的策划水平。

4.1.3　公共关系策划中的势、时、术

在任何一个和对手博弈的场合,胜利总是属于在思想上、计划上及行动上比对手高出一筹的一方。公共关系策划要想胜人一筹,就必须把握策划成功的关键要素,这就是"势"、"时"、"术",这三者构成了一个谋略的金三角,缺一不可。任何一个优秀的谋略策划都是对这三者的巧妙运用。

1. 公共关系策划中的"势"

现代物理学认为,物体所处的位置越高,它的势能越大,如瀑布,其落差越大,落下来的冲击力越大。我国古代军事家孙子对这一现象有更深刻、更形象的论述,他说:"任势者,其战人也,如转木石;木石之性安则静,危则动,方则止,圆则行。故善战之人,如转圆石于千仞之山者,势也。""势"在企业营销中指的是对企业营销活动有利的社会舆论、环境、声势、时机、情感氛围等因素。运势则是指在企业营销活动中正确地分析、把握和利用这些有利因素,使企业及其产品活动更加引人注目,发挥出更大的效应。企业营销活动中常用的"公共关系运势术"有以下几种。

(1) 取势。所谓取势,就是某种"势"已经存在,但由于企业受所处地位的限制,不能马上运用这种"势",通过一定的公共关系活动使它为我所用。取势是古今中外政治、军事和经济竞争中常用的一种制胜方法和手段。在企业营销中也不妨一用。世界著名的体育用品公司——阿迪达斯公司在营销中就以善于取势而获巨大成功。

在德国一个只有1.7万人的小镇上,有一家世界最大的体育用品公司——阿迪达斯公司。1936年前,阿迪·达斯勒只有一个不出名的中型鞋厂。1936年奥运会来临前,阿迪·达斯勒发明了短跑运动员用的钉子鞋。这种鞋能不能一举成名,关键看穿它的运动员能不能在比赛中取得好成绩。他派人打探参赛运动员的情况,当他得知美国短跑名将欧文斯很有希望夺冠的消息后,便无偿地将钉子鞋送给欧文斯试穿。欧文斯果然不负众望,在比赛中获得4枚金牌。于是欧文斯穿的钉子鞋便一举成名。此后,阿迪达斯公司屡屡使用这种方法。不久,他们又发明了可以更换鞋底的足球鞋,并把新产品无偿地送给了大有希望夺冠的德国足球队。1954年世界杯足球赛在瑞士举行,不巧,比赛前下了一场雨,赛场上十分泥泞,匈牙利队在场上踉踉跄跄,而穿阿迪达斯鞋的联邦德国队员却健步如飞,并第一次获得世界杯冠军。由此阿迪达斯名震海内外。

(2) 用势。这是指组织利用自身已有的资源和条件策划重大公共关系活动,以更好地实现营销的目标。这些资源和条件包括企业开业日、纪念日、企业新产品或新服务打入新市场以及企业遇到社会性危机事件等。

1986年5月8日,美国可口可乐公司迎来了它的100周年纪念日。为了利用这一难得之"势",再一次向全世界展示可口可乐这一世界品牌的气势和雄厚实力,公司举办了一次盛大而壮观的庆祝活动。1400名工作人员从世界各地飞回总部参加了这次活动,公司用可口可乐免费招待来夹道欢迎的30万名群众。亚特兰大市市长安德鲁·扬和可口可乐公司总裁戈伊艾祖塔亲自引导游行队伍。其后是一千多人的合唱队和乐队,演奏、演唱振奋人心的可口可乐传统颂歌——"我愿给这世界买一杯可口可乐。"还通过一次推倒60多万张多米诺骨牌的活动将亚特兰大、伦敦、里约热内卢等城市连接起来,当骨牌在伦敦到达终点时,引发了一次小型爆炸,一个巨大的可口可乐罐被炸得粉碎,顿时,全世界的可口可乐公司雇员都欢呼起来。公司通过举办这一活动,增强了雇员的凝聚力和自豪感,重塑了老牌公司的形象,创造了最佳的营销环境。

(3) 借势。企业借助外部的条件和环境进行策划,如借助比企业更受人们关注的各种事物,与企业即将进行的公共关系营销活动结合起来,从而把新闻界及公众的关注点移到本企业方面,收到良好的效果。借势主要应从以下几个方面着手。

①借名人之"势"。所谓"名人",指那些对公众舆论和社会生活具有较大的影响力和号召力的有名的社会人士,如政界、工商界的要人,科学界、教育界、文化界的权威,艺术、影视、体育界的明星,舆论界的领袖等。这类公众对象虽然数量有限,但因其具有某种光环效应,社会公众出于对其崇拜、尊敬的心理,自然会对为名人服务的企业产生一种爱屋及乌的感情,所以名人对传播的作用很大,社会影响力很强,能够在舆论中迅速"聚焦"。企业不妨借名人之"势"来开展公共关系活动,开拓广阔市场。借名人之"势"通常有如下做法。

- 注入活力。邀名人"加盟"。企业希望依托名人宣扬企业和产品,名人也常常希望借助企业的实力来发展自己的事业或实现某种心愿。企业与名人的相互依存、相互需求,为企业营造"名人效应"创造了条件。1989年,广东健力宝集团得知体操王子李宁退役后的最大心愿是办体操学院,而办学需要钱,需要靠实业才能实现。于是经策划后诚邀李宁加盟健力宝,兴办李宁牌运动服装厂。随着亚运火炬的传递,利用名人创立了"李宁牌运动服装"这一当今中国名牌。健力宝也利用李宁之名,再上新台阶,升华了企业形象和品牌形象,1993年健力宝饮料成为亚洲第一家进入美国市场的软性饮料。所以把握机会,拉名人"入伙",邀名人"加盟",一旦拉进或请来了名人,无异于请来了一尊"财神",新闻、广告效应自不待说。

- 莫逆之交。同名人"结谊"。日本政界元老二阶堂进先生,在不到两年的时间内再次来沪访问上海宝钢冶金建设公司,这在中国的建筑界、冶金界和上海市传为佳话,"宝冶"公司成功地"利用"世界著名政治家之名创造了轰动性新闻效应。二阶堂进已80余岁高龄,是与田中角荣、大平正方齐名的日本政治家,是与毛泽东、周恩来一起缔结中日友好条约的日本决策人之一。一个世界著名的"政治名人"何以对"宝冶"公司如此赏光呢?原来,"宝冶"公司在几年前同日本产研工业株式会社在上海创办中日合资企业"宝日"公司的过程中,"宝冶"公司总经理高天赐经日方企业领导人小泉满先生和青森先生介绍结识了二阶堂进,此后这一老一小在多次交往中结成了"忘年交"、"莫逆之交"。1994年3月10日,二阶堂进先生应"宝冶"公司总经理高天赐的邀请,带领日本著名实业家共5人,专程来沪参加宝日公司投产典礼仪式。二阶堂进先生这次来访,从出席宝日公司投产典礼仪式并剪彩,参加上海市政府安排的有关活动,再到中共中央总书记江泽民接见,"宝冶"公司总经理高天赐始终作陪。一个国有企业单独进行这样高规格、国际性的公关酬宾活动,这在中国历史上是空前的,受到新闻媒介的密切关注,相继进行了报道,"宝冶"公司同二阶堂进联结在一起,使"宝冶"公司取得了不可估量的公关效应。

- 蓬荜生辉。招名人"光顾"。企业如果有目的地邀请名人光临做客,那么"名人效应"一定会使企业"生辉"。生活中,常见一些豪华的大公司、大商店因为经常有名人光顾,变得名声大振,给自己带来了巨大的经济效益。其实,小商店也想借助名人效应抬高自己的身价,可他们聘不起名人,也无法吸引其光临自己的小店,希望往往成了泡影。巴西某地的一个小礼品店老板日思夜想,终于想到了一个招徕名人的办法。他在电视上大做广告,宣传自己新定的店规——凡是各界名人前来购物一律不付钱,但是必须以绝招来证明自己的身份。广告播出后,一些名人感到很新奇,特来献技,远近的顾客也慕名前来,一睹名人风采。一时顾客盈门,生意十分红火。一天球王贝利到礼品店,顺手拿起店里的一只足球放在地上,用脚轻轻一勾,球不偏不倚,正好踢在门铃上,店内立刻铃声大作,还未待铃声停止,贝利又用头一顶,把刚刚要落地的球顶到原来放球的位置。老板马上热情地请贝利在店内挑选礼品,而且分文不取。不过,贝利这一记漂亮、干净利落的"头球按铃"动作,早被聪明的老板摄入录像带中,成为小店吸引顾客的法宝。人们在争睹这个精彩的电视镜头时,自然也忘不了照顾小店的生意。

- 金口玉言。博名人"好评"。让名人的"金口玉言"对企业或产品给予评价(当然一般是指好的评价),这种评价有很高的"含金量",是最有说服力,最能征服消费者的"广告词"。若干年前,美国一出版商有一批滞销书久久不能脱手。出版商经谋划后给总统送去了一本,忙于政务的总统不愿与他多纠缠,便说一句"这本书不错"。出版商趁机宣传:请看总统喜爱的书!于是这批滞销书被一抢而空。不久,这个出版商又有一批书卖不出去了,又送了一本给总统,总统上过一次当,就说:"这本书糟透了"。出版商又大做广告,:"总统说这本书糟透了",请看总统讨厌的书!人们出于好奇,又将书抢购一空。第三次,出版商将书送给总统,总统接受了前两次的教训,便让将书放下,但不作任何答复,出版商谋划后如法炮制,又大做广告:"这本书令总统难下结论,请你读后评价!"居然又被好奇者抢购一空。总统哭笑不得,商人大发其财。

- 风靡一时。仿名人"设计"。名人的衣着服饰,甚至生活用品,都是其崇拜者追求的东西。一部由明星主演的精彩电影或电视剧上映后,明星的服饰、用品,都可以成为"名人"为你设计的产品,只要把握好时机,仿制出来就一定是畅销的新产品,这样一来,名人不就成了企业免费的产品设计师了吗?英国的一些服装公司就这样常年"聘用"王妃黛安娜做企业的免费服装设计师,设计出了十分畅销的"王妃"服,赚取了巨额利润。如黛安娜穿过一种毛衣,胸前织有一只可爱的小山羊,于是,公司就仿制了这种毛衣,一上市果然风靡一时,厂商销售总额达到100多万美元。黛安娜穿过一种平跟皮鞋,一家公司依样仿制投放市场,女士们争相购买,销量很大。黛安娜用的手袋,小巧玲珑、新颖美观,一家厂商立刻仿制推出,一面市便备受女士们的喜爱而供不应求。

- 不费分文。借名人"推销"。前不久在美国的一家报刊上登出这样一则广告:为培养文坛新秀,任何人只要交99美元的报名费,再写一篇题为《我为什么喜欢住在肯纳邦克海边》的250字短文,就有可能成为布什总统的邻居。原来登这则广告的人只是一对极普通的夫妇,表面上看,这对夫妇似在鼓励"文坛新秀",实际上是想借此推销他们的住房。肯纳邦克是美国前总统布什的海边休假地,在那里有布什一幢漂亮的海边别墅,这对夫妻的房子就在这幢别墅附近,他们早就想卖掉这所房子,但苦于找不到买主,情急之下,便想出这一妙计。果然,广告一登出就发了一笔小财。后来当人们明白了事实真相后,都不禁捧腹大笑。这则新闻故事妙在利用赫赫有名的美国前总统布什为媒介,把推销房屋与有奖征文这两件毫不相干的事连在一起,使总统的大名为这笔小小的房屋交易出了力。致使这对夫妻既收到了卖房子的实惠,又博得了培养文坛新秀的美名,还以他们幽默的推销方式受到了人们的赞誉,布什这个名字真让他们借着了。

- 幽他一默。搞名人"出租"。在商店林立的繁华都市,如何才能招徕大量顾客,已成为店主们追求的目标之一。美国洛杉矶的一家商店想出了一个绝招:高薪聘请和出租"名人"。他们派人到各地物色容貌酷似世界著名人物的普通人,并高薪聘请他们来店工作。不久,同前总统尼克松、前联邦德国总理勃兰特长得不差分毫的"名人"便应征入聘了。顾客们明知他们是假总统、假总理,但无缘一睹真人风采的在这里得到了补偿,一时间竟顾客盈门,营业额大增。于是,老板又老戏新唱:凡和科技界、影视界、体育界的明星们面貌相似者,均可入聘。这些人经过特殊的训练,一举手一投足都与原型毫无二致,几乎个个胜过特型演员。该店发出公告,凡是个人和机关团体举办各种活动,想邀请名人到场而不能如愿者,均可来店"租借名人",每一人租金 1000 美元。告示一出,租借者络绎不绝,都想让名人们为自己的活动增添光彩。这种"出租名人"的喜剧方式,使该店生意兴隆,财源滚滚。这种别出心裁、幽默一下、假戏真唱,借此招徕顾客、推销商品的办法,还真不失为一种好方法。

② 借名物之"势"。名物包括名建筑、名城、名山、名古籍、名古董等,它们都是企业营销的可借之"势"。浙江普陀山是观音的道场,是我国四大佛教圣地之一,人们传说观音菩萨能送子,不少去朝拜的人要带回一把灰,祈盼早生贵子。普陀山食品厂借助这一"名物",采用红枣、山药、当归、丹皮、枸杞子等中药材,研制出"观音"牌特色保健食品,注明"养精血,促生育",在普陀山一上市,很快供不应求,当地也第一次有了自己的土特产,企业因此声名远扬。

③ 借名言之"势"。如果说,借用名人要花重金,借用名物却难觅的话,那么,名言却生生不息,数量甚多,策划家们自可巧妙地借来,为公共关系营销活动所用,为广告制作所用。日本丰田车的广告是"车到山前必有路,有路必有丰田车",渗透到我国广大公众心目中,其成功之处就在于巧妙地把流行在中国人口头的名言"车到山前必有路"进行改造借用,很自然地借"有路"衬托了"必有丰田车",既让人一下就记住了"丰田车",又自然地烘托出丰田车受欢迎,市场拥有量大的气势。

④ 借热点之"势"。"热点",即新近流行或人们普遍关注的事物或现象。在开展营销活动时若能恰到好处地借用到"热点",往往能收到意想不到的效果。如"健力宝"的扬名,就是借洛杉矶奥运会、汉城奥运会、北京亚运会、巴塞罗那奥运会等体育热点之"势",一步步扩大知名度的。一般来说,体育大赛、政治风云、战争烽火、文化盛事、社会时尚等都是人们所关注的热点,均可为企业所借用。

(4) 蓄势。蓄势也是一种文学艺术手法,在企业营销活动中则是围绕某一目标策划一系列活动,步步推进,层层铺垫,而又不露"真相",执意吊公众胃口。这样,最大限度地激起公众的好奇心,待时机成熟,撩开企业或产品的面纱,会使人感到分外惊喜,从而收到不同凡响的公共关系效应。

蓄势是企业营销中复杂而难以掌握的方式,若找不到蓄势的正确方法,就会像一座漏水的大坝永远蓄不起水来;若掌握不好蓄势的火候,积累的能量也会被浪费。我国台湾省三阳工业公司推出野狼一二五摩托车,是一个成功的典范。

1974年3月26日,中国台湾地区两家主要的日报上刊出了一则没有注明厂家的摩托车广告。宽阔的网线边烘托出中间一辆漫画式的摩托车,图下有几行字:"今天不要买摩托车,请您稍候6天,买摩托车必须慎重考虑,有一部意想不到的好车就要来了。"次日和第三日继续刊出这则广告,内容只换了一个字:"请您稍候5天""请您稍候4天。"广告引起了反响,消费者不是漫不经心地看这则广告了,而三阳的同行们也牢骚不断,因为每家摩托车店的营业额都下降了。

第四天,广告内容取消了"今天不要买摩托车"这一句,改为"请再稍候3天。要买摩托车您必须考虑到外形、耗油量、马力、耐用度,有一部与众不同的好车就要来了"。这次三阳公司的推销员也叫"受不了"了,他们的推销数量已近"惨不忍睹"的状况。3天中,里里外外的反应使广告主自己亦有挡不住的感觉,几乎想终止这套预告性广告。广告代理则苦苦相劝,一定要忍耐、要坚持。

第五天的广告,内容稍改为"让您久候的这部无论外形、冲力、耐用度、耗油量都会让您满意的野狼一二五摩托车就要来了,烦您再稍候两天"。

第六天的广告,内容又稍改为"对不起,让您久候的三阳野狼一二五摩托车,明天就要来了。"

第七天,新产品正式上市,刊出了全页的大幅广告。野狼一二五终于"显山露水"。"野狼"因此声誉迭起,三阳工业公司第一批发送到各地的几百部摩托车,货到立即卖完。

野狼一二五在台湾人心中留下了长久难忘的印象。其成功之处就在于它巧设悬念,步步蓄势,到消费者实在耐不住性子时,才"千呼万唤始出来",这样自然会在公众心目中留下深深的印记。蓄势如弯弓待发,如猛虎欲扑,其威力可谓大矣。

(5)造势。这是指企业营销策划者通过巧妙思维,利用某一看来微不足道的契机,为企业与公众间关系的建立与发展造出一个有利趋向和势头来。

造势是营销策划中最常用的方法,所有的广告、宣传、大众传播、人际传播都可谓一种造势。因此,造势是一种最简单,同时也是最复杂的策划。具体可分为两种。

① 无中生有造势。这是指在没有任何可资凭借事物的情况下,经过策划,制造出有利于企业的舆论势头来。

当年年初,中外运敦豪国际航空快件有限公司青岛分公司调查发现,青岛市民及至新闻界几乎都不知道已建立两年的公司。于是便决定策划一起"急人所急"主题的公共关系活动。公司首先在中国青岛对外经贸洽谈会的专刊——新华社《外向经济导报》上做了整版广告。广告讲述了敦豪公司起源的一个小故事:26年前,美国加利福尼亚州一个小伙子在一家海运公司等朋友。他偶然听一位管理人员说,一艘德国货轮停泊在夏威夷港,可货物提单却在旧金山,需要一个星期才能寄到夏威夷。这个小伙便主动提出他愿意乘飞机将提单送往夏威夷,那位管理人员发现此举可以节省昂贵的港口使用费和滞期费,于是他把提单交给了小伙子。小伙子完成任务归来,立即联络两位朋友,开创了一个崭新的领域——快运业务。这个小伙子就是Daiscy,他的另外两个朋友是Hillblom、Lyuu,他们名字的第一个字母便成了公司的名字DHL(敦豪国际航空快件有限公司)。这个故事包含了这家公司最重要的经营理念——急人所急。青岛分公司还在这版广告上介绍了 DHL 公司 26 年来奇迹般的成就,并在广告版面的左上角标出醒目的"3 月之谜",其谜底就是这版广告。接着,他们又在电视台、报纸等媒体上发布了"3 月之谜"之谜面,内容是请市民找登载 DHL 故事的报纸,并用笔重述这个故事,设有金银铜奖,给踊跃参加者以奖励。

这次活动投入奖金仅 10 万余元,持续一个月,昔日默默无闻的青岛敦豪一举成为富有"急人所急"之经营理念的知名企业,出现了公司业务迅速增加的良好势头。

② 小题大做造势。这是指抓住一些微不足道的小事或小细节,将其中动人的情趣或丰富的蕴涵传播、扩散,造成一个有利于企业公共关系建立和发展的良好态势,从而达到促进销售的目的。

南斯拉夫塞尔维亚一座小镇附近有近 7 个湖,农民投放鱼苗后,6 个湖中的鱼渐渐长大了,其中一个湖却一条鱼也没有。后经专家调查,确认湖中有一个重约 120～200 千克的大鲇鱼。当地农民决定请网鱼手捕捉这条大鲇鱼。消息不胫而走,正为游客减少而发愁的当地旅游部门如获至宝。他们先是在报纸报道"湖怪"出现的奇异现象及有关传说,引起社会公众的广泛注意。接着透出消息:湖中有一条特大鲇鱼,为捕捉这条鲇鱼特地从多瑙河请来五位网鱼能手,届时将有一场鲇鱼与渔夫的精彩搏斗,以此激发起公众浓厚的兴趣。经过渲染,捕捉鲇鱼时,前来围观的游客,单是烤肉饼就吃掉了两万张,饮料喝了三万瓶。第一场搏斗,鲇鱼赢了,于是旅游部门再次大做文章,他们借助新闻媒体,一方面告诉公众不久将有鲇鱼和渔夫的第二场搏斗,一方面绘声绘色地描绘出第一场搏斗中扣人心弦的惊险场面。不久如愿以偿,第二场搏斗吸引来更多的游客,旅游部门获得了一笔可观的收入。捉鲇鱼并没有什么特殊的新闻价值,但是一经渲染就赋予了事件以神秘的色彩,形成了像西班牙斗牛那样的刺激性和诱惑力,从而实现了公共关系目标。这是"小题大做"造势的结果。

总之,势如同喷薄欲出的太阳,势如同躁动母腹的婴儿,它是不可逆转和不可抗拒的,因此,在企业营销活动中必须认识它、顺从它,并创造性地利用它,帮助企业创造良好的公共关系氛围,实现企业营销的目标。

2. 公共关系策划中的"时"

"时"和"势"是紧密相连的,故有"审时度势"之称。"时"即时机,它包含两层意思,就是时间和机会。公共关系策划中对"时"的策划也包含着两层意思,这就是对时间的计算和时机的选择。时间在无始无终的流动过程中,往往会出现一些关键时刻,这个关键时刻就是"机"。因此,公共关系策划中的"时"主要是指"机"。

(1) 时机的特征。时机具有以下特征。

① 不可逆性。时间的运动是一种单向的运动,它无始无终、有去无回。因此,时机是稍纵即逝、不可复得。所谓"机不可失,时不再来",就是这个意思。

② 可捕捉性。时机虽不可逆转、难以确知,但可以捕捉,尤其是对有充分准备的人,时机是可捕捉的。引用一句名言:"机会总是被有准备的人捕捉到。"策划者若能在时机发生前加以预测和准备,在时机适合时蓄势迸发,就可以创造出最佳的策划时机。

③ 与空间的不可分割性。时机虽然在时间上产生,但其运作发生均与空间密不可

分。时间和空间是一切物质形态最基本的运动形式,没有独立于时空以外的物质,也没有离开了物质的时空。我们所说的宇宙就包含了时空两个方面,古往今来曰"宇",四方上下曰"宙"。时空的不可分性是一个高深的哲学问题,我们只要知道其不可分就可以了。

由于时空的不可分性,故策划空间"势"的发展就孕育着时机。要判断时机,就离不开对空间"势"的分析。刘伯温曾精辟地说:"势之维系处为机,事之转变处为机,物之紧切处为机,时之凑合处为机。"

有人说:人生的路是漫长的,但紧要之处只有几步,这几步就是人生的关键,就是时机。《兵经百篇》中说:"难得者时,易失者机。迅而行之,速哉!"公共关系策划若抓住时机,就能取得事半功倍的效果;若抓不住时机,事后即使投入更大的力气,也无法收到时机之效。所以,古人说:"时者,金也。""寸阴,寸金。"现代人说:"时间就是金钱,效率就是生命。"

(2) 公关策划中的时机选择。开展公共关系活动要注意把握以下时机。

① 企业自身之机。从企业自身来说,开展公关活动的时机是很多的,在推出新产品或新服务项目时,就是开展公关活动的"天赐良机"。当企业新产品或新服务项目出现在公众面前时,往往会因公众对其没有感性认识而不承认甚至有非议,而且一般的销售广告也未见奏效,这就需要企业适时开展公关活动,在宣传产品或服务的同时塑造企业形象。例如,中秋节这天,大连市青少年宫大厅里热闹非凡,男女老少怀着喜悦激动的心情同远在万里之遥的美国亲友通话。在万家团圆的中秋佳节能聆听到阔别已久的亲人的声音,怎不叫人激动万分呢?许多人流下了热泪。大家都非常感谢大连市邮电局提供的这一良机。原来,大连市邮电局与美国电报公司新开通了"直拨美国中文台 10810"国际电话服务项目。为了让公众了解,邮电局抓住中秋节合家团圆的传统习俗,精心策划了这项公共关系活动。中秋节前两天,邮电局在《大连日报》上正式打出以"人月两圆,情系千里"为标题的广告,告诉公众:中秋节这天凡上午 9 时亲临大连市青少年宫的前 200 名参与者可获赠券 1 张,凭券于同日上午 9 时至 11 时到上述地点,即可免费与在美国的亲人通话 3 分钟,分享越洋传情的喜悦,因而就有了那动人的一幕。这一活动使千里情谊一线系,让公众真正体会到了"直拨美国中文台 10810"国际电话服务的亲切、方便和快捷,使这一国际电话服务从正式使用的第一天起便与公众建立起紧密的联系,从此人们便钟情于斯,与之结下了不解之缘。绝妙的策划在一定程度上也"制造了新闻",当晚电视台对打电话的"感人场面"进行报道,取得了很好的公关传播效果。

此外,企业初创之时,在技术开发、新产品研制等方面取得突破,企业在更名、合并、迁址、转产之时,都是宣传自己,向公众传播信息的公共关系良机。日本电通广告公司就抓住搬迁,成功地开展宣传。这天清晨,由公司总经理率领 2000 名员工,高举着"谢谢银座各界人士过去的关照"、"欢迎驻地各界人士今后多多赐教"的旗帜,浩浩荡荡地由银座向驻地行进。公司的这一举动,引起了社会公众的好奇,人们纷纷传播这一新鲜事儿,并称赞"电通"气度不凡,"电通"的知名度、美誉度大增。

② 周期循环之机。"周期循环"之机,指的是节假日、纪念日及每一年或每 5 年、10 年一循环的时机。在一般人看来,这是日复一日、年复一年的流逝光阴,而对公共关系人员来说却是天天有新意、年年有奇想、大有文章可做的公共关系良机。这样的时机是否能

"乘"上,取决于企业经营者之心。如果乘机得当、策划得法,就能使公共关系活动取得良好效果。例如,这年上海家用化学品厂为迎合广大群众尊师重教的愿望,在教师节前于报纸上刊登广告:9月10日教师节当天,上海家用化学品厂拥有的30余辆轿车和面包车将在市区内为教师提供免费服务,凡贴有上海家化厂厂标和"明星"新产品中英文商标的轿车,教师可凭工作证在市区中山环路内免费单程乘坐,并可得到一份"明星"护肤品。这一举措引起公众广泛的关注。上海家化厂利用教师节这一时机,营造了"尊师重教"的文化氛围,并以此巧妙地塑造了与众不同的形象,使"明星"产品更加深入人心。

③ 可预料之机。企业有些机遇虽然不是周期性的,却是可以根据种种信息加以推测预料的,如工程竣工之日、公司开业之日、产量达到目标之日等。对这些机遇加以利用,也能使公共关系工作获得良好的效果。例如,1995年12月19日,中国香港国际机场乘客通道大门外,一位身穿粉蓝套装的小姐轻轻冲破一扇彩色纸门;站在一旁的香港旅游协会主席鲍磊替她系上彩带,并正式宣布这位来自韩国的李惠贞成为本年第1000万名香港地区的旅客。李惠贞手捧鲜花,在优美的乐曲声中踏着红地毯,登上劳斯莱斯轿车,前往酒店豪华套房。在中国香港,她将免费获得3日皇帝般的享受,外加两张韩国至香港地区往返机票、1000美元的旅行支票等。香港旅游协会公共关系部经理黄兆雄说:"旅协和人民入境事务处有联系,数月前就预测到香港今年旅客可望突破1000万大关,并推知第1000万名旅客会在12月19日下午3时出现,于是通过航机抽签与旅客抽签的办法选到了韩国班机上的李惠贞,并策划了一整套的公共关系方案……"无疑,利用第1000万个抵港旅客来实施纪念性的公共关系活动,其机遇选得很巧妙,也很得当,这一机遇当属可预料之机。

④ 突发事件之机。一些意想不到的突发、偶发事件往往也可成为开展公共关系活动的"天赐良机",如何合理地加以利用,会产生巨大的公共关系效果。1992年6月26日是著名音乐家贺绿汀先生90岁生日,也是贺老与姜老60年钻石婚纪念的大喜日子。贺家宾客盈门,好不热闹。不料,姜老下楼迎客,不慎跌倒,以致肩部骨折。《新民晚报》对此作了及时的报道。说者无意,闻者有心,这牵动了江苏无锡市塑料铺地材料厂孙厂长的心。几天后,孙厂长一行驱车赶到贺老家里,慰问了两老,并向他们祝贺钻石婚庆,言称:"我厂生产的'钻石牌'地毯,用以祝贺两老的'钻石婚'顺理成章。"说完,工人们很快为贺老家楼上楼下房间及楼梯走廊全都铺上了地毯。临走时,还送上一面大红锦旗,上书:"钻石地毯恭贺绿汀夫妇钻石婚志喜。"两位老人感动得连声道谢,连夜打电话给报社,要求予以表扬。《新民晚报》、广播电台等单位很快进行了报道。就这样,孙厂长借助一件意外发生的事件,巧妙地宣传了自己的企业。

值得注意的是,乘突发事件之突如其来的时机,关键有两条:一是要有灵通的信息渠道,善于捕捉具有公共关系价值的"事件",使绝好的机遇来临时不至于毫无觉察;二是要有把握和利用可乘之机的意识,一旦碰到突发、偶发事件,即可进行绝妙的策划。

⑤ 形象受损之机。在经营过程中,企业形象随时可能受到损害。这大致有两种情况:一是自我损害,即由于企业自身的生产经营活动出现的偏差,如产品质量、服务质量出现问题,危及公众利益,企业形象受到损害;二是他人损害,即由于公众的误解或他人过失(如伪冒商品),企业形象受损。不管哪种情况,一旦受到损害,企业要积极地开展公共关系活动,摆脱被动局面。

若是自我损害,企业的公共关系人员应本着实事求是的精神,坦诚地检讨错误,并采取有效的补救措施,将不良影响减小到最低程度,以求得公众的谅解和信任,重振企业声誉。20世纪80年代后期,作为今天海尔集团前身的青岛电冰箱厂,曾因放松质量管理,让不合格的产品流入了市场,消费者投诉到新闻媒介,企业形象一落千丈。面对这场危机怎么办呢?该厂领导深深地懂得"从哪儿跌倒从哪儿爬起来"的道理,立即向消费者道歉,帮助调换产品。同时从内部做起,唤起全员质量意识。他们对库存的冰箱逐台检查,结果发现有76台冰箱存在不同程度的质量问题。厂领导一声令下,当着全厂职工的面把这76台冰箱用汽锤全部砸碎。这一举动如当头一棒,职工们备受震动和教育,质量意识大大增强。这些坦诚的举动感动了新闻媒介,感动了公众,企业很快又重振了雄风。

若是他人损害企业形象,企业就应该对公众作出必要的解释,澄清事实,恢复公众的信任感。美国曾有一个这方面的成功事例。1959年11月9日,美国卫生教育部部长弗莱明突然宣布:当年的一种叫"克兰梅"的酸果由于除草剂的污染,在实验室用老鼠做试验,发现了致癌病变。虽然还不能证明在人身上也会有危害,但是他仍劝告公众酌情处理。克兰梅是美国人在感恩节喜欢吃的食品,感恩节前夕正是克兰梅食品制造商和经销商赚钱的最好时机。所以,弗莱明的上述公告立即在社会上引起强烈反响,克兰梅食品在商场内无人购买,已经买了或订购了这类食品的顾客纷纷退货。

美国的海洋浪花公司是专门生产克兰梅果汁、果酱的企业。面对巨大的威胁,公司决定澄清事实真相,于是成立了一个7人小组,专门对事件发生的整个过程进行了深入细致的调查,结果发现弗莱明的公告是出于一种误解。公司精心策划了挽回克兰梅声誉的计划。首先,召开记者招待会,公布调查的全部情况;花费重金,在美国全国广播公司的节目中安排专访节目,请有关政府官员、卫生、食品方面的专家及消费者对克兰梅食品发表意见,以消除弗莱明公告的影响。其次,打电话给弗莱明,要求他立即采取措施,挽回影响。再次,利用名人效应进一步打消消费者的疑虑。当时,4年一度的美国大选即将开始,两位候选人——肯尼迪和尼克松正在进行争取选民的活动。在一次两人与公众见面的电视转播中,尼克松吃了4份克兰梅果酱,肯尼迪喝了一杯克兰梅果汁。通过积极的公共关系活动,海洋浪花公司赶在感恩节前夕把克兰梅食品及时地摆到了商店的货架上。可见,企业碰到危机并不可怕,因为成功的公共关系活动可使危机变为契机,使企业形象更进一步得到强化。

3. 公共关系策划中的"术"

术,是公共关系策划中采用的招数,或曰"套路"。具体地说,就是根据不同的形势和机会,对公众采用不同的手段,或鼓舞之,或说服之,或推动之,使公众的行为于己有利,符合企业行动的方向。这里介绍几种常见的公共关系策划"术"。

(1)借题发挥。借题发挥是指利用已具有的某一时机、某一事件,因势利导地推出公共关系活动来。这一策划方法的关键是"题"本身要有可资利用的价值。1990年第11届亚运会在北京召开,这对全国人民来说是一件大喜事,举国上下热火朝天地迎亚运、庆亚运。神州燃气具联合实业公司看准这一机遇,一是大胆承担了技术难度较大的亚运火炬的制作,将 300 把火炬和 4 个火种盒捐赠亚运会,江泽民总书记在天安门广场亲自点燃亚运圣火,使"神州"与圣火一齐大放光彩;二是趁势拍摄了亚运火炬传递的广告片,亚运会期间在中央电视台连续播放;三是和亚运火炬处联合举办"亚运火炬大征联"活动,将整个公关活动推演得高潮迭起,让"神州"轰动了神州。由此,"神州"顷刻间在亿万人的心中建立起美好的形象,神州牌热水器随之销量大增。

(2) 变换组合。变换组合是指有意识地将两件本来无直接关系的事件联系起来,通过组合出奇、出新,从而形成一种新的结果,以提高事件的新闻价值和可宣传性。这年 9 月大连服装节期间,大连市青少年宫门前一片喜庆、热烈的气氛。大连华诚企业集团的成立大会与知名画家温读耕、江晓平的画展同时举行,这别开生面的活动吸引了文化界、艺术界、新闻界、科技界、企业界的诸多朋友,也吸引了众多行人的驻足观看,成为大连国际服装节期间引人注意的新闻之一。这一活动既不流俗,又不铺张,跳出通常的开业庆典模式,利用大连国际服装节期间南来北往客人多、国外客商云集的机会,把成立庆典与画展结合起来,使企业与文化艺术联姻。华诚企业集团是由乡镇企业组建起来的。历来农民的形象是朴素、求实,这次庆典活动通过与文化艺术的联姻,不仅提高了企业成员的文化意识,更重要的是使企业形象树立初始就因画展而富有浓厚的文化色彩。这项活动的基本策划思路就是变换组合,将一个乡镇企业集团的成立与知名画家的画组合起来,使事件具有更加丰富的意义和新鲜的内容。

(3) 轰动效应。轰动效应的基本技巧是善于抓住活动的关节点,通过与众不同的设计,别出心裁,出奇制胜,创造出轰动效应。《羊城晚报》曾以"奇特商店的奇特开张"为题,报道了广州市一家商店的开业盛况。这是一家出售仿铜古董的店铺。通常商家开业,打出的迎客招牌大多是"折价酬宾"。然而,这家商店却出人意料地声称"开业初期,每件售出商品涨价 10%",这一反常态的做法立刻引起人们的关注,产生了前去一睹的兴趣。该店出售的是一种特殊商品——仿铜古董,作为古董,其功能在于鉴赏、收藏,因此决定其价值大小的一个重要因素就是数量的多少。通常说"物以稀为贵",数量越少,价值越高,海内孤品无疑是稀世之宝。据此,该店在所出售的仿铜古董旁,均置有一套生产该古董所用的模具,一旦被买主买下,即当场销毁这套模具,使购买者所得到的是天下独一无二的孤品,满足收藏者"唯我独有"的心理,使得"涨价"成为合情合理、为人接受的事实。这种不同寻常的涨价手段,收到了同中见奇的效果,新闻媒介的报道更强化了事件的传奇色彩,创造了轰动效应。

(4) 以攻为守。以攻为守是指企业组织在与外界环境不相协调时,通过积极主动出击的办法达到保护组织声誉的目的。有人说公共关系不仅是儒雅文人,而且也应该是勇武斗士,这后一方面就体现在有效地运用公共关系手段实施自我保护,以消除社会不公正的评价和指责给企业组织带来的消极影响。

被誉为美国企业界巨子的亚柯卡曾有效地运用以攻为守策略,使位居美国汽车业第三把交椅、经济实力占美国第十的克莱斯勒公司在 1978 年东山再起。当时该公司以创纪录的亏损数字——1.6 亿美元轰动了美国,刚刚被任命为总裁的亚柯卡临危受命,在其他方案都行不通的情况下,为避免宣告破产这个最坏的选择,决定以公司全部财产作抵押向美国联邦政府提出贷款申请。消息传开,举国大哗。克莱斯勒公司经营状况的好坏牵连遍布全国的 160 万户家庭的生计,本来已是新闻报道与评论的热点,公司的申请贷款要求又捅了"违背企业公平竞争"的马蜂窝,更使公司成为众矢之的。公司的实际困难加上报刊有关宣告破产的预测,使供销各方惶惶不安,员工士气大受挫折,已经不景气的产品销售直线下跌。在此形势下,以形象为己任的公共关系应该怎么办?在公司内部有两种意见:一种是防守策略,即"形势不利,多一事不如少一事,应该尽量不惹公众注意";另一种是进攻策略,即"公司受到了不公正的指责,应该据理力争,向社会公众说明实际情况"。亚柯卡采取了第二种策略,开始了大规模的宣传攻势。为此,公司花钱买版面,发表一系列阐述公司主张的社论,向公众说明事实真相。这些社论均有董事长亚柯卡的亲笔签名,从而使没有新闻价值的广告社论一跃而成为署名文章或写给美国公众的公开信。这些广告社论的标题是公众最想知道的问题:失去了克莱斯勒,对美国经济影响大吗?克莱斯勒的领导部门是否有足够的力量扭转公司的局面?克莱斯勒的问题是多得谁也无法解决了吗?克莱斯勒有前途吗?

当时每天都有很多人阅读这些文章,甚至卡特政府和国会里每天都有人拿着这些广告社论边看边议。这些宣传攻势和其他活动配合,逐渐清除了公众的怀疑,恢复了公众对克莱斯勒的信心,国会也终于在圣诞节前夕通过了贷款法案。至此,亚柯卡的公共关系攻势并未结束。直到1981年,该公司的广告重点仍放在"一家美国汽车公司的再生"这样一种对公司整体形象的宣传上。持续的宣传运动终于获得了成效。1983年春天,公司的股票从1980年的每股5.5美元增到27.5美元,同时获得了政府4亿美元的自动贷款和3000万美元的无息贷款,从根本上扭转了局面。

(5)以诚换诚。企业组织与公众对象发生冲突时实施"主动进攻"的策略,一个必要前提是组织自身的行为应该是正确的,因此才能够"理直气壮"、"借理扬威"。如果由于企业自身的失误而导致冲突发生,企业形象受损,则采用"以诚换诚"法更加适宜。此法的关键是要抓住一个"诚"字,"精诚所至,金石为开",通过企业组织的真诚努力来赢得公众的谅解,消除已经造成的或可能出现的消极影响。

4.2 拓展阅读

4.2.1 公关策划的"四步"与"两招"

从事策划工作多年,一根烟、一支笔、一个由打印后的废纸装订成的本子、一台计算机以及一双并不灵活的双手,构成了我现在工作乃至生活的全部。喜欢策划这份工作,源于童年时对"运筹帷幄、决胜千里"梦想的追逐,源于对"羽扇纶巾、笑指天下"的潇洒人生的向往。可是,在现实当中,"策划"却远没有那么洒脱。每天面对的都是让你感到头痛的课题,从家电到食品、从品牌推广到产品营销……在我从业的这几年当中,所经历的课题大大小小、各行各业的案子不下百余个。

1. "四步"解题

相信多数策划人的工作一般都是从课题开始的,当然也可能从课题结束。不可否认,解决课题是每个策划人的核心职能,客户提出需求,你所需要解决的课题就来了。或许每个人的逻辑不一样,解决同一个课题的方法自然会有所不同。在我的经验当中,解决课题一般要经历四步。

举个例子,客户说他想要上天,这是客户需求。我们一般求解的逻辑就是"四步法":第一步,要明白上天的方式有多种多样,可以坐飞机、坐热气球,或者乘坐宇宙飞船。那么,你为客户推荐哪种方式?第二步,假设你为客户选择了坐飞机的方式,那么如何来乘坐飞机?是租用私人飞机,还是坐民航飞机?第三步,如果是租用私人飞机,那么在什么地方、什么时间、又由谁来帮助你完成这项工作?在完成了上述课题的拆解和回答后,第四步工作就是设计系统的解决方案,也就是我们经常说到的创意设计和执行规划,当然,还不要忘记把客户应该支付的钞票数目写上。

四步工作顺利地走下来,策划的工作也就基本完成了。客户具体的需求不一,但解决课题的思路大致相似。逻辑很清楚,思路也看似非常简单,但是,我们还要关注两个关键动作,一个是基于客观事实基础上的问题判断;另一个是基于专业基础上的解决方法设计。但就在这两个动作上,策划人经常会"疏忽"。

2. 摘下"有色眼镜"

对客观事实的判断是策划人解决问题的基础,它不仅决定你对客户面临问题的准确界定,同时,也会严重影响你所设计的解决方案的科学性。现实中,策划人经常会犯的一个毛病就是,喜欢戴着"有色眼镜"来判断问题,没有对客观事实进行全面分析,而仅仅凭借自己的经验值急于去做主观判定。

2004 年,我当时所在的公司正服务于浙江某家水电厂商。我们的工作就是为该厂商的一个终端净水设备产品针对 A 区域进行传播。这个产品的最大亮点就是"过滤",消费者可以将此设备与自来水管连接,自来水经过过滤后将更加纯净。如此鲜明的产品亮点,让当时的项目组没有再考虑更多的情况。

首先,健康问题人人关注(这是一个想当然的判定);其次,"健康"是产品 USP(独特销售主张)的主要体现。在这样的认识下,基本可以判定"健康"是产品与公众价值的最有效结合点。于是,项目组将公关传播的核心信息确定为"健康生活、从水开始"。同时,在主题的指引下,策划了集户外媒体、平面媒体以及电视媒体为一体的"海陆空传播计划",同时又设计了系列活动,如社区互动、终端路演等。鲜明的主题、充分的互动、密集的传播轰炸设计等,使甲方接到方案后兴奋不已。于是,项目合作成功,而且老总对方案也是极力推崇,给了当时负责方案撰写的人员一笔不小的奖金。

同事的成功让我和我的团队(当时我主要负责乳制品、饮料等快消领域的项目)感到非常羡慕,或许是"吃不上葡萄说葡萄酸"的心理在作怪,当时,我总感觉有些地方不对劲,但项目的成功也没有让我继续思考下去。

事后证明,我"莫须有"的担心不是没有道理的。当项目进行了一半以后,客户突然叫停。在随后的两个月里,客户没有任何动静,连付款都变得十分不情愿,一拖再拖。

项目组的同事多方打听才知道,在我们的行动实施了近一个月后,A 区市场的反映很小,并没有达到我们预期的效果。于是,当时负责市场的甲方老总亲自去了趟 A 区。

结果,却带回来一个听起来似乎非常好笑的理由。

原来,A区的水质一直都不错,而且水味甘美,当地的居民口渴时经常会直接到水龙头下"暴饮一番",用甲方的一个经销商的话说,"连他们那里的驴子每天喝的都是矿泉水!"

小平同志曾经说过,没有调查就没有发言权。比如你给客户推荐"选择飞机上天",最大的理由是你认为坐飞机舒服,这仅仅是你的主观判定,如果客户反问"坐宇宙飞船也挺舒服啊?"那你该怎么办! 所以,我们还要告诉客户:通过调查发现,在您的后花园里有一架非常漂亮的波音737(客户优势),同时与宇宙飞船相比,飞机的成本较低、安全性能也较为稳定。当然也可能还有别的理由,但这些理由不是来自于我们经验中的"想当然",而是经过对客观事实的综合判定后提供给客户的最佳解决途径。

我们的错误就出现在这里,我们忽略了很重要的两个环节:一个是对传播实施区域的环境进行调查与分析;另一个是对目标消费群体进行必要的研究。这两项工作在我们的"有色眼镜"下被自动屏蔽掉了。基于客观事实而得出的判定,是整个策划工作得以有效开展的基础,也是我们策划工作中最为关键的一步。如果我们戴着"有色眼镜",凭借自己的经验甚或喜好来对课题进行判定,那么伤害的将不仅是我们的客户,还有我们的职业生命。

当然,在实际工作当中,工作时间紧张、数据繁多、信息杂芜等各种问题的出现,也会使策划人在分析客观事实时遇到诸多麻烦。但是,我们不应该因为困难的存在就消极地应对,甚或是"狡猾"地避开。我们要认识到,策划人提供给客户的不应该是一个不负责任的点子,而是一个科学的系统解决方案。

3. 珍视"专业价值"

在对客观事实的准确分析后,我们基本可以对客户所面临的问题做一个基本界定。但是,我们要提供给客户的解决办法是什么呢? 我们知道,策划这一行业分工很细,比如有广告策划、公关策划、营销策划等,每一个策划领域都代表着一个专业领域,同时,每一个专业领域对同一问题的认识、理解、界定以及所设计的解决方案也都是不一样的。对于同一课题,广告策划人或许会推荐你选择乘宇宙飞船,而营销策划人却会推荐你选择飞机。总之,条条大路通罗马,剩下的就是甲方如何评估和选择了。

对于公关策划而言,面对客户需要解决的问题,策划人往往有自己对专业的理解、认识,所设计的解决方案与广告、营销是不一样的。但是,很多公关策划的从业者却常常将自己的专业"半途而废"。

我曾经做过一个关于品牌推广的课题。通过前期信息搜集以及市场调研工作后,我们对某品牌的未来发展及其让公众所感知的形象都做了较为准确的界定。当我们正在着手准备公关解决方案的时候,当时的业务副总突然提出"要给品牌设计一个SLOGAN",而且指出"这个SLOGAN非常重要,后续的新闻传播设计以及公关活动创意都要围绕这个主题SLOGAN来展开"。于是,我们后面所设计的所谓公关传播主题全都变成了广告标题,记者们对于这样的所谓新闻稿件显得相当鄙视,搞得媒介部在后续的执行工作中遇到了相当大的阻力。

我们知道,公关推广品牌的魅力在于,通过与公众"互动、双向沟通",达到让目标受众认知或感知品牌的目的。它不是通过单向的宣传来完成的。举个例子,要让公众增强对品牌"民族性"的认知,公关策划不是通过天天向公众喊着"我是民族品牌"的口号来完成的;公关人会策划一个事件,例如,建议甲方赞助中国申奥,并通过公众对企业赞助中国申奥行为的认知来达到品牌塑造的目的。所以,在以公关方式推广品牌的逻辑下,关键解决的不是"我们需要和公众说什么",而是要注重"公众通过对企业行为的了解能够感知到什么"。

可以看到,公关也好,广告也罢,面对同一目标,各有各的道儿。作为策划人,一定要搞清楚,不是策划决定专业,而是专业决定策划。策划工作的推进,解决方案的设计,不是单纯地围绕客户需求全面展开,而是在对客户需求的专业判断上来科学部署。

(资料来源:韩艳泽.公关策划的"四步"与"两招".国际公关.2007(4))

思考题:

(1)"不是策划决定专业,而是专业决定策划",对于这句话你怎样理解?

(2)本文对你有何启示?

4.2.2　公关策划的"六气合一"

公关策划成功的一个重要因素就是掌握媒体议题方向,将客户的需求与媒体的需求完美地结合在一起,这也是笔者一直主张的"全面媒介体验"。一个好的策划的产生,不应该只是"闭门造车",然后"生硬推销",这样效果会很差。就像"种地"一样,需要"天时"、"地利"、"人和",将各个因素有机地结合起来,才能享受从播种到收获的喜悦。

《晏子春秋》中曾提到:"橘生淮南则为橘,生于淮北则为枳,叶徒相似,其实味不同。"说的就是外部环境的重要性。这里将影响公关策划效果的几个因素总结如下:"气候"、"节气"、"天气"、"地气"、"底气"、"人气"。只有真正做到"六气合一",才能"四两拨千斤","顺势而动"才能产生强大的传播威力。

1. 气候

"气候"是长时间内气象要素和天气现象的平均统计状态,不同的气候有不同的特点。比如说"极地苔原气候"冬长而冷、夏短而凉;"亚寒带针叶林气候"夏季温和、冬季寒冷。在传播中,我们用它来比喻一段时期内的热点话题、政策导向等。尤其在中国这个特殊的环境做传播,一定要考虑这些。比如说,在当下中国社会传播语境下"控制通胀"、"节能"、"环保"、"公益"、"慈善"、"农村改革"、"中国制造"、"房地产调控"等,都是大的舆论环境。

如果让你为"深圳迈瑞生物医疗电子股份有限公司"做公关,你会不会感觉这个品牌不够知名而有难度?如果他们提出要上 CCTV,你会不会觉得是天方夜谭?但事实上,这家公司的名字就出现在了 2008 年 8 月 31 日 CCTV-2"经济半小时"上,同时在列的还有深圳瀚宇药业有限公司、深圳赛百诺基因技术有限公司等。该栏目在 8 月份做了一系列"保增长控通胀"特别报道,其中 8 月 31 日播出的就是专题《深圳:高新技术孵化器》。报道以上述企业为例,总结了相关成功经验"在原材料、人力成本大幅上升的现实下,在人民币升值、出口萎缩的背景下,深圳的生物医药行业不仅没受到影响,反而呈现出了快速繁荣的局面。这一方面得益于企业的技术创新;另一方面也得益于深圳毗邻香港的特殊地理优势,能够对它进行技术和人才方面的支持。"这次的成功传播,完全得益于上述企业把握了政府"控制通胀"的大"气候"。

某品牌联合《21世纪经济报道》启动的"红粉笔计划",通过号召和组织受过良好教育的商务人士到乡村学校支教,致力于帮助改善偏远地区师资力量薄弱的状况,推动当地教育事业的发展,从而促进当地社会的可持续发展。在这个过程中,不但实现了对品牌的传播,更是强调了社会的影响力。在此过程中,"公益"始终是引导传播走向成功的大"气候"。

2. 节气

二十四节气名称首见于《淮南子·天文训》,分别相应于太阳在黄道上每运动15°所到达的一定位置。每一个节气,都有相对固定的特点。如有谚语:"立春雨水到,早起晚睡觉"说的是大春备耕开始了。在传播中,我们将它比喻成一年365天中相对固定的节日,如春节、中秋、国庆、儿童节、护士节、教师节、助残日等。在这些日子到来之时,媒体自然会讨论相关话题,如果我们能提前策划,搭媒体"选题"的便车,一定事半功倍。

2008年10月10日,在第17个"世界精神卫生日"即将到来之际,由中华医学会精神病学分会主办,某制药公司协办的"畅想希望,共铸彩虹2008精神卫生日"主题活动在京举行。希望通过该计划帮助精神分裂症患者降低复发,达到临床痊愈,最终全面回归社会。

2008年10月13日,"蓝天与爱同行——某品牌节油大赛暨环保行动"在内蒙古举行,近220位某品牌车主共同种下爱心树苗,为改善环境作出贡献。与此同时,以健康环保为主题的某汽车品牌促销活动正在全国特约店展开。

以上这些都获得了媒体的关注与报道,共同的经验是准确把握传播"节气",制造"应景"的话题。

3. 天气

"天气"指在较短时间内特定地区的大气状况、气象情况。如风、云、雾、雨、雪、霜、雷、雹等。在遇到不同天气时,要对农作物做相应的举措。在传播中,暗指突发事件。突发事件往往在瞬间会吸引大量的媒体眼球,影响非热点话题的传播。其实每一个突发事件的发生并不是孤立的,一定会对周边的环境产生影响。那么,如果我们能找到这种关联,同时将客户的优势传播出来,反而会"借力打力"获得大的关注。

2008年4月26日,江苏黄埔再生资源利用有限公司董事长陈光标以1.8亿元人民币的年度捐赠获得"中国首善"称号。5月12日汶川地震时,陈光标立刻把正在开的董事会改成了抗震救灾部署会。地震发生36小时后,他带领的民间救援队第一个赶到了重灾区北川。据下属统计,陈光标从废墟中背出了208个孩子,其中只有几个是活的。一时间媒体报道无数,陈光标也成为"慈善"的代名词。

2008 年 8 月 1 日《反垄断法》即将实施，广州丰田正式宣布从 7 月 23 日起放开对经销商的价格限制，并支持经销商面向用户的优惠酬宾行动。广州丰田成为汽车业界首家率先以实际行动配合新法规实施的企业。此举抓住了媒体的眼球，获得了大量报道。

4. 地气

"地气"主要讲的是"土壤的类型"，应该"因地制宜"，如"砖红壤"土层深厚，质地黏重，肥力差，呈酸性至强酸性；"黑钙土"土壤颜色以黑色为主，呈中性至微碱性反应，土壤肥力高。在传播中，以此来比喻不同的媒体特点，应该因"媒体制宜"。如财经媒体对市场、资本的天然关注；大众媒体对民生、社会的深切体查；行业媒体对垂直行业的研究等。不同的媒体关注的角度是不一样，同一话题，在不同媒体有不同的解读方式。

有一个彩电品牌，召开了新品发布会，从刊出的结果来看，大众媒体普遍关注的是产品的价格，标题都是《平板电视市场竞争激烈，价格普降一成》等。但是到了财经媒体，标题就是《液晶面板成国产电视突围瓶颈》。这是因为大众媒体面向的是普遍消费者，谈的话题是消费选择类的；而财经媒体的读者大多是企业中高层管理者，他们关注的是行业走向、产业链发展等。同一话题，因为媒体不一样，产生了不同的报道角度。如果事先能够了解到这些，提前准备相关资料，那么一定会取得更好的传播效果。

5. 人气

种地需要好的农夫，要懂得丰富的农业知识。传播同样也需要与媒体人士沟通，充分了解他们的需求。再好的选题也是由"人"来运作的，每个人不同的职责、特点、喜好、做事方式都会影响选题的方向，所以与媒体沟通有着非常重要的意义。一个选题从构思到完成是一个系统工程：编前会的头脑风暴、选题审报、选题批准、采访、完稿、编辑修改、总编辑签发等，这些过程有一个出现问题，都会导致选题的"流产"。因此充分掌握信息，了解媒体并与媒体人士充分沟通是选题成功的关键。

与媒体沟通方式有许多，为了便于记忆，笔者整理了 8 个关键词，同时将这 8 个关键词的英文第一个字母连起来，就构成了 VISA CARD(Value(价值)、Individual(个性化)、Sustaining(持续)、Attitude(态度)、Communication(沟通)、Appreciate(感恩)、Research(研究)、Drive(推动))。相信有了这张"卡"就能帮助大家畅行于媒体间。

6. 底气

"底气"即基本的信心和力量。既然是要"借势传播"，那么一定要确保企业的优势是符合"大势"的，是经得起推敲的，否则就显得过于牵强，或让其他企业占了优势。

当前媒体环境竞争十分激烈，信息极度过剩。受众的选择也越来越多，眼光也越来越独到、个性。因此以前的"一稿多投"、"一稿通过"的传统传播方式将会遇到越来越多的挑战。传播将告别"粗放式经营"而走入"精耕细作"。在这个过程中，了解媒体、充分与媒体沟通，按媒体的需求"定制信息"将是大的发展方向，"六气合一"提供了这样一种思考方式。希望能借此帮助企业在目前全球金融风暴下树立良好的品牌形象,为企业的生存、发展提供动力来源。

公关策划的"六气合一"如图4-1所示。

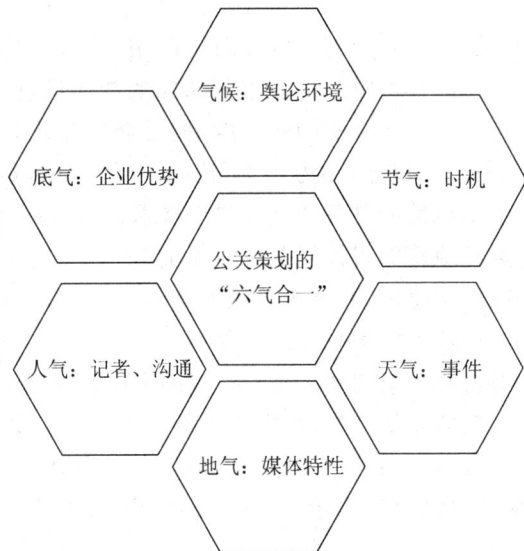

图4-1　公关策划的"六气合一"

(资料来源:吴卫华.公关策划的"六气合一".国际公关,2008(6))

思考题:

(1)宣亚国际传播集团媒介中心总经理吴卫华提出的公关策划的"六气合一",你觉得对企业公共关系策划的指导意义何在?

(2)本文对你还有哪些启发?

4.3　实践训练

4.3.1　案例分析:联合利华大型公益巡展活动

联合利华是世界上生产快速消费品的主要企业之一,拥有460亿美元的年销售额和68亿美元的利润,位于财富全球500强前列。"中华牙膏"则是联合利华在中国的支柱品牌,拥有了包括长效防蛀系列、中草药系列、金装全效、亮白系列及最新推出的"本草5珍"共5个系列9个品种的牙膏。随着产品线的不断完善,产品配方的升级和包装的更新,中华的品牌形象需要对专业性和时尚感、国际化、年轻化等方面的要求进行充分提升,以更好地适应市场需求。但由于产品线长且每一种产品都有自己的特色,因此如何将这些产品特色有针对性地传递给用户,是一大挑战。

2001年5月,联合利华更换了中华牙膏的标识,并推出了"让生活更具活力的"大品牌理念,使之消费群体向年轻化拓展。如何通过新颖独特的方式向受众展现联合利华中华品牌的专业实力,同时传递品牌时尚、创新、新鲜的形象,成为联合利华所面临的独特挑战。

1. 项目调研

品牌印象。一方面通过查阅联合利华以往对中国用户进行的调研报告进行分析,另一方面通过一些机构和自己的渠道对用户需求和认知的变化进行了了解。结果显示,中华牙膏在中国大众当中有着良好而坚实的知名度,但受众普遍认为中华牙膏相对于竞争对手而言,品牌印象相对老化和保守,活力不够,传统产品的意味很浓;从产品质量上而言,可信度较高,但对于中华目前所具备的国际先进技术实力都不是很了解。

媒体通道。对巡展途经地区的媒体资源进行了充分调研,选择了包括报纸、杂志、网络和电视媒体在内的100多家媒体,并与相关版面的编辑、记者进行了沟通,了解他们对中华品牌的认知程度和希望获得的信息等。

全国性活动调研。对目前各类消费品牌进行过的全国性的活动的形式、要求、环节设置等方面的内容进行了大量的调研分析,找出需要改进的关键点和在活动形式及策划上的区分性核心元素。对牙膏类产品吉尼斯纪录的申请和颁发状况进行了调研,确立了申请到世界纪录的牙膏在材质、体积、重量、工艺、罐装、生产、包装、运输等环节的要求和条件。

2. 项目策划

(1)公共关系目标。提升中华牙膏"专业化、国际化"的品牌特性,突出年轻化、充满活力的形象,加强同相关政府、行业组织的关系,在消费者中塑造行业领导的形象,与全国各地的消费者充分互动,突出关注消费者健康、积极沟通的企业形象传播。"中华本草5珍"新品的知识和信心,拉动终端购买,搭建品牌与媒体之间良好沟通的桥梁,提高媒体对中华品牌的好感和品牌忠诚度。

(2)传播策略。配合地面活动,借助强势媒体,构建整合传播平台,将平面、电视、网络、特种载体(包括明信片、短信互动、签名条幅、网络游戏)等有机结合,采用立体化、全方位、多角度的配合方式,形成"海陆空"全覆盖传播,使事件效用最大化发散给受众,在最短的时间内形成公众对事件的强记忆。

(3)活动策划。2005年9月20日——第17个世界爱牙日,联合利华日化有限公司在中国上海向世人展示高度3米、直径0.8米、重量达到2.8吨的中华牙膏,并以此向吉尼斯"世界之最"发起冲击。与此同时,"中华挑战世界之最"2005中华全国9市1县大型公益巡展也正式拉开了帷幕。此次活动由上海启动,途经武汉、长沙、凤凰、重庆、西安、太原、石家庄、济南,最终到达首都北京。11月12日,在北京朝阳公园举行"中华挑战世界之最"2005中华大型公益巡展的闭幕仪式。活动当天呈现"万人支持中华挑战世界之最"的百米条幅,现场揭晓"中华"大牙膏挑战吉尼斯世界纪录的审批结果,并将这支具有特殊意义的"中华"牙膏捐赠给中华口腔医学会,推动中国口腔保健事业走上新的台阶。

(4)传播计划。电视媒体:与中央电视台、东方卫视、湖南卫视等国内最为知名和强势的电视媒体建立深度合作,在栏目中采用植入式的全新传播方式传递和渗透中华产品、中华品牌和此次活动相关的信息,引起受众尤其是年轻消费者对品牌的关注。

平面媒体发布主题:

- 中华大牙膏向吉尼斯世界之最发起冲击。
- "中华挑战世界之最"——公益大型活动新闻发布会。
- "中华挑战世界之最"9市1县公益巡展。
- 挑战吉尼斯成功暨"中华挑战世界之最"闭幕仪式。

网络媒体:启动仪式当天在新浪进行活动现场直播;专题的文字链接在合作期间悬挂在新浪旅游、生活、文化频道的活动专题首页位置;启动仪式和闭幕仪式当天提供新浪首页首屏文字链接;各巡展城市活动当天提供新浪新闻首页三条轮换文字链接;活动专题网站除在新浪固定位置外,还以其他多种方式进入,如(随机出现)图片新闻链接、文字新闻链接等;根据活动的推进,活动网站每日更新;专题内容包括本次活动巡展概述、新闻报道、吉尼斯专栏、企业信息、新品介绍、网络游戏、现场图片、护齿常识、明信片抽奖和相关报道等内容;注册 zhyg.cn 为活动专区域名,设置中华牙膏活动网站。

3. 项目执行

(1)大牙膏制作及实现。"吉尼斯世界纪录"对于申请对象的制作有着严格的要求,此次活动的"中华本草5珍大牙膏"模型重达780公斤,但必须与一支普通的牙膏在包装材料和膏体方面完全一样。联合利华的技术人员经过多次尝试,克服了膏体自重压破包装、牙膏外壳制作、外观喷绘、牙膏口盖密封、膏体充填方式等各方面的众多技术困难,经过一个多月的尝试,最终试制成功挑战世界纪录的大牙膏。

(2)现场活动细节。这主要包括以下方面。

视频短片:启动仪式和巡展开场视频,传达中华品牌"一流技术优良品质"的活动信息,稳步提升品牌在技术领域以及价值领域的隐含价值;打造企业公益形象,彰显公益和体贴入微的服务理念;闭幕仪式视频内容根据巡展路上的影像资料剪辑成片,见证本次活动的主题与精神内涵,表现我们挑战所走过的道路。

互动游戏:巡展现场设计展开品牌、口腔健康知识与人群之间的互动游戏。配合"中华挑战世界之最"的精神,在游戏中提倡一种健康积极的生活态度,增进了现场活动的气氛,加强了中华品牌的人群亲和力。

抽奖环节:为了更好地调动受众参与本次活动的积极性,除了在现场活动当中设置游戏卡抽奖环节,还设置了明信片抽奖、电视互动短信抽奖和网络游戏抽奖,全方位、最大限度地吸引受众参与其中,享受快乐,体验幸运。

巡展专用车:由专业车辆改装厂特别制作用于本次活动巡展的运输中华大牙膏专用车。自动液压大牙膏托起装置,便于对大牙膏的保护,也提升了其在现场的展示效果;折叠车梯设计,蓝色车面地毯,形成了巡展期间流动的活动舞台;车顶灯源装备,为巡展活动傍晚时段的牙膏和舞台区域照明起到了重要的支持作用。

明信片载体:作为一种人与人之间的精神桥梁和人文关怀的象征;作为活动本身的极好纪念;作为本品牌新形象亮相中的一个突破口,以全新的视觉效果在第一时间内打动、吸引用户人群,吸引更多年轻人群的目光,提高本品牌在生活潮流中时尚的、现代的、进步的积极形象。

知名主持人:本次活动对主持人的综合素质与应变能力要求颇高,为此我方挑选了东方卫视两位人气较高的主持人,在启动仪式和闭幕仪式中,潘涛稳重大方、主持风格沉着、彬彬有礼,很好地掌控着现场的节奏。游戏互动环节和各地巡展中,袁成杰年轻俊朗的健康形象与开朗活泼的主持风格相得益彰,很好地调动了现场气氛,与观众进行了数次互动,起到了聚拢人气和年轻消费者的作用。

大牙膏留影:用照片集锦的形式来表达最终的品牌意识,通过不同城市,不同人群将自己的身影留在最大牙膏前,使消费者真切参与并体会"中华挑战世界之最"的乐趣,实现事件传播及品牌宣传的有效延展。

深入凤凰少数民族地区:巡展深入湘西凤凰农村开展"中华送健康"活动,让当地少数民族小学生现场参与普及护牙常识的活动环节,巡展健康医疗小组也深入贫困户代表家中,为当地人民群众普及护牙知识,现场义诊,并赠送中华品牌牙膏表达中华关怀。

万人签名百米条幅:它将跟随车队与最大牙膏一起进行巡展,每到一个城市,邀请前来观看最大牙膏的人群加入我们的签字行动,作为一个流动的公益宣传,意在提醒每一个人自我健康意识。

极限运动展现挑战:现场活动通过极限攀岩运动表演,突显中华挑战世界之最的精神,吸引人气。通过直观的大牙膏视觉形象,在第一时间内鲜明突出地将"中华挑战世界之最"的活动主题传达出去。

预警系统及灵活应变:针对部分受众认为申请纪录仅仅是企业行为,公益色彩不够的意见,在传播中明确此举"旨在让更多人关注个人和家人的口腔健康"的公益性质,并提倡一种挑战的精神。为此,在活动中增加了凤凰站与当地政府共同举行的产品捐赠、爱牙知识书籍的捐赠活动,闭幕仪式上将成功申请纪录的大牙膏无偿捐赠给中华口腔医学会,用于全国范围内的口腔健康宣传,在北京站增加了牙科专家现场答疑和义诊等。

为避免因某一站天气和场地因素延误活动而导致巡展全线瘫痪,提前两个月派两组人员对选定城市的活动场地进行实地勘查,并了解当地往年巡展时段的天气情况。根据调研结果,准备两套方案,以备执行时按需调整。

4. 效果评估

"中华挑战世界之最"活动从启动仪式开始,经过巡展到闭幕仪式,无论从整体还是从细节都为到场的来宾与观众营造了一个热烈、欢愉的氛围,让大家充分感受到了联合利华作为一个国际跨国公司的雄厚实力。通过立体传播覆盖,使大众对中华新品牙膏——"本草5珍"有了直观的、比较全面的认识,中华大牙膏成功获得吉尼斯世界纪录,更为本次"中华挑战世界之旅"画上了完美的句号。

"中华挑战世界之最"这一行动广泛传播了"中华牙膏"年轻、健康、公益的形象和"本草5珍"新品的卖点与信息。根据对传播通道、到达率、发行量、收视率等数据的综合计算,此次活动的受众到达频次超过5.4亿人次,其中信息有效到达人群约3125万人,多次信息到达人群约915万人,现场活动信息到达超过110万人。根据对各地信息到达人群的调查数据,大约85%的信息有效到达人群提升了对中华牙膏品牌的了解程度,55%的人群增加了对特定诉求的认同,新品的了解率更是超过了89%,大大促进了"本草5珍"新产品在各地的销售。而且,这一行动也为申请吉尼斯世界纪录进行了强大声援,为最终得到吉尼斯纪录提供了保障。

(资料来源:中国国际公共关系协会.最佳公共关系案例.北京:清华大学出版社,2007)

思考讨论题:

(1) 联合利华大型巡展活动的成功之处表现在哪些方面?

(2) 联合利华大型巡展活动对现场活动细节的把握有哪些?对你有哪些启示?

4.3.2 情境模拟:编制公共关系策划书

1. 实训目的

通过训练使学生具有公共关系意识,掌握公共关系活动的策划和实施,提高学生的公共关系技能。

2. 实训时间

2课时。

3. 实训地点

公共关系模拟实训室。

4. 实训设备

多媒体投影设备。

5. 实训情景

某高校学生会青年志愿者协会成立之初,需要提升社团的知名度和影响力,同时为了向山区的贫困学生献上一份爱心,现准备策划一个爱心捐赠活动,倡议广大同学伸出援助之手,捐赠衣物文具。

6. 实训步骤

(1) 全班学生分成10组,每组5~7人,编制活动策划书。

(2) 策划书要求有以下部分:公共关系活动目标、公共关系活动目标公众、公共关系活动主题、公共关系活动传播渠道、公共关系活动具体实施安排(时间、场地、人员、事件、设备等)、公共关系活动经费预算、公共关系活动评估。

(3) 在公共关系模拟实训室,每组采用多媒体展示自己的公共关系活动策划书,并接受答辩。

7. 实训手记

通过训练,我的收获是: _____。

课后练习

1. 为什么说策划"是一种程序"?

2. 公共关系策划在主题设计中须考虑哪些因素?

3. 如何理解公共关系策划的可行性原则?

4. 成功的公共关系策划必须具备哪些条件?

5. 假如你是一个准备创业的老板,请根据当前市场情况谈谈你的策划方向,如经营范围、产品或服务、经营理念及实施步骤等。

6. 某化妆品公司拟通过赞助慈善活动来提升公司形象,活动有关要求如下。

(1) 目标:提升公司社会形象的知名度和美誉度。

(2) 经费:拟投入费用50万美元。

(3) 活动范围:某中心城市。

请按上述条件和以下格式撰写一篇简明的公共关系活动策划方案。

(1) 题目。

(2) 背景分析(调查内容以假设的方式设定)。

(3) 策划方案:①目的。②实践。③地点。④活动内容。⑤效果预测。

(4) 实施计划:①实施方案的措施。②传播策略。③场地布置简述。

(5) 费用预算。

(6) 评估标准。

7. 某音响公司拟借中华人民共和国成立50周年的时机,策划一个公共关系活动,旨在传播该公司形象和产品形象,有关要求如下。

(1) 目标:提高公司在音响界的知名度;推出A型新产品。

(2) 经费:拟投入费用100万元。

(3) 活动范围:某中心城市。

请按上述条件和以下格式撰写一篇公共关系活动策划方案。

(1) 题目。

(2) 背景分析(调查内容以假设的方式设定)。

(3) 策划方案:目的;时间;地点;活动内容;效果预测。

(4) 实施计划:实施方案的措施;传播沟通策略;场地布置概述。

(5) 费用预算。

(6) 评估标准。

8. 案例思考题。

案例 1

日本电通广告借宣传良机

日本电通广告公司举行了一次公共关系活动,以周年和乔迁为契机,目的是向新老朋友致意,表示友好并展示实力。在 1976 年 7 月电通成立 66 周年纪念日这一天,电通公司由银座旧址迁入驻地新楼。当天清晨,2000 名员工在公司总经理的带领下,高举"谢谢银座各界人士过去的照顾"、"欢迎驻地各界人士以后多多赐教"的旗帜,浩浩荡荡地由银座向驻地行进。沿街公众目睹了这一盛况,日本各大报纸和电视台也纷纷报道这一周年纪念庆典和乔迁之喜,使电通公司闻名遐迩,给广大公众留下了美好的回忆。

思考讨论题:

(1) 企业公关宣传良机有哪些?

(2) 从本案例你获得哪些启示?

案例 2

丑陋玩具风靡全美

美国艾士隆公司董事长布希耐有一次在郊外散步,偶然看到几个儿童在玩一只肮脏并且头部丑陋的昆虫却爱不释手。布希耐突发异想:市面上销售的玩具一般都是形象优美的,假若生产一些丑陋玩具,又将如何?于是,他让自己的公司研制一套"丑陋玩具",并迅速推向市场。结果一炮打响,"丑陋玩具"给艾士隆公司带来了巨大收益,并使同行们也受到了启发,于是"丑陋玩具"接踵而来。如"疯球"就是在一串小球上面印上许多丑陋不堪的面孔。又如橡皮做的"粗鲁陋夫",长着枯黄的头发、绿色的皮肤和一双鼓胀且带血丝的眼睛,眨眼时发出非常难听的声音。这些丑陋玩具的售价虽然超过正常玩具,却一直畅销不衰,而且在美国掀起了一场行销"丑陋玩具"的热潮。

思考讨论题:

(1) 丑陋玩具的开发运用了什么思维方式?

(2) 试运用公共关系学中的相关知识分析评点这一案例。

案例 3

2005 年 3 月 1 日,上海《新民晚报》以较大的篇幅刊登了《百坐椅遭遇"零认领"》的报道。报道说,上海松江区旅游事业管理委员会为建设松江这座历史名城,为营造独特的文化氛围,特别选定了 5 处景区(点),向社会发出了 100 只坐椅的捐赠倡议书,捐赠者可以是单位或个人。捐赠者可以在椅背、扶手等镶有铜牌处刻上姓名、单位和想说的话语,所有捐赠者都将得到由主办方颁发的荣誉证书和捐赠纪念册。利用民间资金改善公共设施,可谓是一种新的尝试。认捐者花 800 元认捐一把坐椅,不仅具有特殊的纪念意义,更重要的是体现了回报社会的爱心。但这项富有创意的活动推出两个月来,竟然遭遇了"零认领"。这种尴尬是主办方始料未及的。为此,主办方打算将捐赠活动延长两个月,一位负责人在解释原因时称,推动这项活动最大的难点在于人们的文明程度还不够。

思考讨论题：

（1）这位负责人的说法妥当吗？

（2）请分析原因并提出解决方案。

案例 4

巨星"百事"精彩"可乐"

今夏在大型商场，看到百事可乐摆出强大的阵容，展开公共关系、宣传、广告、促销攻势，赢得了年轻一族消费者的青睐。

在现场我们看到促销专柜是一个大型百事可乐易拉罐造型，背景是醒目的百事可乐新形象标志，百事可乐、美年达、七喜三大百事系列产品方阵更是气势非凡，与巨星背景大招贴，POP 挂旗、宣传画、促销礼品模型，构成一道亮丽的风景线。促销专柜前人头攒动，参加百事促销活动的消费者络绎不绝，真可谓"风景这边独好"。

今年百事可乐整个营销活动的主题"百事音乐巨星赏"，其主要目标是成为"新一代的选择"。百事可乐与中国香港歌坛天王郭富城、天后王菲、国际巨星珍妮·杰克逊、瑞奇·马丁签约，成为百事可乐的形象代言人，其主要目标直指时尚年轻一族，欲在新一代中建立一种新的生活观念，根植"百事可乐"全新的精神境界，使"百事可乐"成为"新一代的选择"。而且把时代巨星、时尚音乐、广告策略、促销活动有机地进行整合，统一形象、统一组织、统一传播，形成极具攻击力的百事可乐大营销活动。"能掳获你的心的品牌就能促成行动，能掳获你的感情的品牌便能得到青睐"，看看现在一些叫喊式广告，"心动不如行动"、"每天喝杯×××"，是带有强迫式的传播方式，而且声音杂乱，传播组织缺乏统一性，这样很难达到真正的市场效应，更谈何创新市场巩固市场。

当然，百事可乐今年适逢良机，"可口可乐"在比利时事件中的影响，中国可乐还未能站稳脚跟，并未及时展开有效的品牌推广，而百事可乐则以时尚色彩、时尚音乐、时尚活动，再次掀起可乐市场风暴，尽展百事巨星风采。

思考讨论题：

（1）通过上面的案例，分析百事可乐此次策划成功的原因。

（2）本案例对你还有哪些启发？

案例 5

打造世界上最好的工作

澳大利亚大堡礁久负盛名，但因为随着海洋升温及游客增多，一度大堡礁的珊瑚虫濒临灭绝，经过一段时间的休养生息，大堡礁生态环境得到了恢复，知名度却已大不如从前。尤其是拥有"大堡礁之星"美誉的哈密尔顿岛，由于受到金融危机冲击，旅客量大减。于是，昆士兰旅游局策划了一次网络营销活动来推广其旅游业。

2009 年 1 月 9 日，昆士兰旅游局网站面向全球发布招聘通告，并为此专门搭建了一个名为"世界上最好的工作"的招聘网站（www. islandreefjob.com），招聘大堡礁看护员。网站提供了多个国家的语言版本，短短几天时间网站吸引了超过 30 万人的访问，导致网站瘫痪，官方不得不增加数十台服务器。

"世界上最好的工作"共吸引来自全球 200 个国家和地区的近 3.5 万人竞聘。据昆士兰旅游局称,整个活动的公关价值已经超过了 7000 万美元。

(资料来源:http://www.wm23.com/wiki/18687.htm)

思考讨论题:

(1)昆士兰旅游局策划的这次活动好在哪里?

(2)本案例对你有何启示?

9.德芙巧克力情人节特别策划实训。

实训目的:提高公共关系策划的创新性和艺术性。

实训背景:"情人节"虽然源于西方,但近年来已经以其浪漫的情调与甜蜜的氛围征服了中国的年轻人。在五彩缤纷的情人节礼品中,鲜花和巧克力是经久不衰的两个黄金选择。这个弥漫着浓情蜜意的节日也因此成为巧克力消费的旺季,成为各种巧克力品牌大显身手逐鹿中原的特别时机。为了巩固自身的市场地位,进一步提升品牌的形象,扩大公司的影响,德芙巧克力制造商准备借情人节之际举办系列公共关系宣传活动。

实训要求:将学生分成 3~4 组,每组为德芙公司设计一份构思新颖、创意独特、具有一定可操作性的情人节公共关系活动策划方案。

实训建议:可以通过各种媒介与方法广泛收集德芙巧克力的相关背景材料,多关注其他巧克力产品的公共关系活动信息以资借鉴。

任务5

公共关系实施与评估

一旦问题被界定并且提出解决方案以后,则下面的步骤就是行动和传播。

——[美]斯各特·卡特里普、艾伦·森特、格伦·布鲁姆

公共关系,如同其他的参谋和一线功能一样,要接受评估,看它对完成组织使命和实现组织目标的贡献有多大。

——[美]斯各特·卡特里普

学习目标

- 明确公共关系实施的基本要求;
- 能够设计公共关系实施方案;
- 克服公共关系实施障碍,保证顺利实施;
- 做好开展公共关系评估的基础工作;
- 正确开展公共关系评估工作;
- 撰写公共关系评估报告。

案例导入

摩托罗拉倾听西部的回声

摩托罗拉作为最早进入中国的外资企业之一,在中国市场有了很大的发展。在新的历史阶段,如何更深入地树立企业形象,拓展中国市场,特别是西部市场,是一个新的挑战。

通过公关调查,摩托罗拉发现,有关西部的话题在各种关键词中遥遥领先,西部地区需要更多的外界关注和了解。将摩托罗拉同西部这个话题结合,能够在相当程度上提升摩托罗拉手机品牌的认知度和美誉度,进一步整合其品牌形象,进而促进销售,提高其市场占有率。于是,摩托罗拉开始了西部推广活动。本次活动由以下三个方面

组成。

(1)"我的西部我的家"有奖摄影征文大赛(2001年8月15日～9月15日)。

主旨：调动公众关心西部发展，建设西部家园的积极性，鼓励大家贡献自己的智慧，鼓励公众作为西部的主人投身于西部开发中，就环保、旅游、教育、科研、基础建设、经济发展等各方面提交摄影作品和征文作品。

对象：西部所有公众。

方式：体裁不限，以投稿方式递交。由政府相关部门、有关专家学者、重要媒体主编组成评委，分为征文组和摄影组，分别设置一等奖、二等奖、鼓励奖。在活动的后期(9月上旬至下旬)，将在各地选取一家强势媒体开设冠名专栏刊登优秀作品。评选揭晓后在主要媒体上开设专版刊登获奖名单。

(2)"倾听西部的回声"画册首发式及有奖销售(2001年8月15日～9月15日)。

首发式内容：作为系列活动的开始标志，介绍系列活动及活动意义，呼吁大家加深对西部的了解，成为西部的主人。该活动在西部两个核心城市成都和西安举行。

参加人员：各城市大众媒体、当地著名作家、摄影家、政府相关部门、摩托罗拉西区营销总监及其他市场人员、摩托罗拉经销商等。

画册简介：以文化底蕴和自然风光为精神主线，通过现代社会与古代文明的沟通、人与人的沟通传承摩托罗拉的企业文化。画册邀请西部著名作家贾平凹作序并题写书名；著名剧作家魏明伦作跋，进一步加深西部人民的感情。

有奖销售活动内容：凡在活动期间购买任何一款摩托罗拉手机的消费者均可获得一份极具文化内涵的"倾听西部的回声"的画册或西部人文风光卡一套。同时获得抽奖机会，幸运者可参加9月下旬的"西部知性之旅"活动。

(3)"西部知性之旅"——大赛优胜者旅游(2001年9月24日～9月29日)。

地点路线：乌鲁木齐—吐鲁番—敦煌—嘉峪关—兰州。

此路线为古时丝绸之路，极具神秘色彩，通过此次旅行，让人们感受西部深厚的历史人文积淀和灿烂久远的中华文明，从而更加深刻和全面地了解西部。

参加人员："我的西部我的家"摄影征文大赛一等奖获得者、有奖销售的幸运者、媒体代表、摩托罗拉公司代表及公关公司工作人员。

此次活动之后，摩托罗拉对此进行了项目评估。

此次大赛主题鲜明，立意深刻，积极地响应了西部开发建设的号召，同时也得到了西部人民的大力支持，在社会上引起了强烈的反响。许多参赛者认为此次活动是西部人民参与西部建设的一种很好的方式。摩托罗拉的企业精神在民众中得到了认可。此次活动不但提升了摩托罗拉的品牌形象，更促进了产品的销售，使摩托罗拉在国内的市场更趋完善。

(1)媒体。媒体作为此次活动的参与者和传播者，深刻体会到了摩托罗拉公司回馈社会、奉献西部的良好愿望和实际行动。通过活动，摩托罗拉公司同媒体进行了密切的沟通，增进了媒体关系，在媒体中树立起了较高的威望。同时，作为渠道和载体，中央和地方媒体将此次活动的进展和主题信息进行了广泛的传播。活动共获得媒体报道140余篇，覆盖北京、上海、广州、成都、昆明、武汉、西安、郑州、重庆等城市，总报道量9万余字。

(2) 消费者问卷调查。

调查地点：成都、重庆、昆明、西安、郑州、武汉、贵阳、兰州、乌鲁木齐、西宁、银川。

调查时间：8 月 15 日~9 月 15 日。

取样方法：以前往各地礼品兑换点兑换礼品的购机者为总体，以购机者自愿填写的问卷为样本，每城市各获得随机抽取有效样本 150 份，11 个城市共计 1650 份。

分析方法：11 个城市总体分析与各城市横向比较结合。

调查总结：消费者了解该促销活动的渠道前三位的是零售店宣传品、报纸新闻、报纸广告；各地消费者对该促销活动的宣传品、报纸广告的评价较高；从样本中得到活动中手机销售的是：T189＞V998＞V8088＞T2988＞A6188＞A6288。

消费者对此次活动促销的礼品喜好程度如下：画册＞运动背包＞西都人文风光卡片＞时尚遮阳伞。有 71% 的消费者表示对"西部知性之旅"抽奖活动感兴趣。在各种促销形式的选择中，喜好程度如下：降价＞送礼品＞送配件＞抽奖。在各种促销礼品的选择中，喜好程度如下：配件类＞时尚消费类＞生活实用类＞电子科技类＞商务应用类。

总的来说，消费者对倾听西部的回声活动的独特主题与新颖形式认同度较高。

主要信息摘录：创意独特，主题深刻，跟其他品牌的产品促销完全不一样，很有新意；本来不准备买摩托罗拉的，但送的画册实在太精美了，因此我放弃了诺基亚的 8250 改买摩托罗拉 V8088；我觉得这次活动很贴近我们西部，让我们感觉很亲切，很温馨；像摩托罗拉这样一家外国公司提出这样的主题，实在难能可贵；我很喜欢这个画册，但遗憾的是只有购买高档机的人才送，我希望以后可以一视同仁；活动的主题很好，礼品也很有新意，希望以后在活动中增加一些互动性的内容；抽奖的旅游很吸引我，敦煌、嘉峪关都是我梦寐以求的地方，只是概率太小了。

(3) 来自零售店的声音。零售店认为：这次活动对消费者的吸引很大，每天都有很多人来询问；这次活动的赠品非常有特色，尤其是画册，在众多厂家的宣传品中独树一帜，非常受欢迎；这次活动的主题很有意思，感觉比较有文化，跟以往的促销不大一样；很多客人都想要画册，但只有买比较贵的机器才送，有点不大好。

此次跨越 11 个省、市、自治区，以沟通西部文明为主线的大型公关活动表达了摩托罗拉公司对中国西部发展的关注和支持，在社会上引起了强烈的反响，不但提升了摩托罗拉的品牌形象，更促进了产品的销售，使摩托罗拉在国内的市场更趋完善。

公共关系实施是指社会组织为了实现既定公共关系目标，充分依据和利用实施条件，对公共关系创意策划实施策略、手段、方法设计并进行实际操作与管理的过程。

公共关系效果评估是公共关系活动的最后步骤，即根据特写的标准，对公共关系活动结果进行总结、衡量和评价。它的主要功能有：运用多种方法考察和评价公共关系活动的效果，以总结经验教训，为今后的工作提供借鉴；向决策部门报告公共关系工作的完成情况；利用公共关系工作的成果，对组织内部成员进行激励。

下面就公共关系实施、公共关系评估的相关问题做介绍。

5.1　知识储备

5.1.1　公共关系实施

　　大胆和精细的公共关系计划固然重要,而围绕目标扎扎实实地加以实施则是其制胜的关键。公共关系实施是解决公共关系问题和实现公共关系目标的重点环节。只有通过扎实、有效的实施工作,才能直接地、实际地、具体地解决问题。即使是完美无瑕的公共关系策划,如果不经过实施,而是束之高阁,也只能是毫无意义的"纸上谈兵"。

　　公共关系实施决定了公共关系策划创意能否实现,以及实现的程度和范围。有效的公共关系实施,不仅能执行策划创意,而且能创造性地修改和弥补策划的不足。这时的实施活动,表现为实施人员能够选择最有效的实施途径和手段、方法和技巧。失败的公共关系实施,不仅不能实现策划创意,有时还可能使策划方案中想要解决的问题更加恶化,甚至完全与目标背道而驰。从这个意义上说,实施这个环节不仅决定了策划创意能否实施,而且也决定了策划创意实现的效果。

　　公共关系实施的结果是后续公共关系策划的重要依据与起点。任何一项公共关系策划的实施过程不论成功与否,它都会在社会上造成一定的影响和后果,进行新一轮的公共关系策划必须要以此为基础,针对新出现的问题策划新的方案,这是公共关系策划的继承性和可持续性规律的客观要求。

1. 公共关系实施的特点

　　(1)艺术性。公共关系实施的艺术性包括两层含义,其一是公共关系实施要勇于创新。同一公共关系策划方案的实施策略、手段、方法很多,要突破常规,别具一格,标新立异,以奇制胜,设计出竞争对手意想不到的、传播效果最好的操作手段和方法。其二是公共关系实施在于攻心。目标公众具有不同的心理,比如性别心理、年龄心理、职业心理、专业心理、地域心理、血型心理、民族心理、宗教心理、情感心理等,要针对目标公众的特定心理来设计与操作实施策略、手段和方法。因此,公共关系实施的过程是创新与攻心的过程。

　　(2)文化性。公共关系实施的策略、手段、方法具有鲜明的、浓郁的文化色彩。许多传统文化和现代文化成为公共关系实施可利用的重要资源。随着社会进步和人们物质消费水平的不断提高,特别是随着知识经济时代的到来,物质文化、消费文化、生活文化和经济文化成为现代社会生活的一大趋势。从某种角度来说,现代物质消费就是文化消费,现代生活就是文化生活,因此,公共关系实施手段、方法要体现一种文化品位,迎合公众的文化追求,用文化的力量去感染公众。没有文化品位的操作方法和手段是低层次的公共关系实施行为。

　　(3)情感性。公共关系实施的过程常常表现为一种感情交流的过程,感情手段成为公共关系实施中基本的、常用的手段。要注意研究和利用公众的感情心理和感情倾向,重视感情投资,以情感人,以情动人,以情服人。让公共关系实施行为充满感情,这是公众的客观需要,也是公共关系的生命根基。

(4) 形象性。公共关系实施的策略、手段与方法必须具有良好的公众形象和社会形象,以此赢得公众和社会的信任与喜爱。这是由公共关系注重塑造良好形象的属性所决定的。

(5) 关系性。公共关系实施以建立和协调组织与公众的良好关系为基础,一切有利于建立良好公共关系的协调手段、交际手段和游说方法均是现代公共关系实施手段与方法的重要内容。要建立、巩固与发展广泛的关系网,遵循"养兵千日,用兵一时"的关系网运作原则,使关系网成为公共关系实施的重要路径。要正确应用交际方法和交际手段,善于与公众打交道,以便顺利完成公共关系任务,实现公共关系工作目标。

(6) 传播性。公共关系实施的过程就是组织与公众之间的双向信息沟通过程。各种传播媒介都是公共关系信息传播载体,各种传播方法都是公共关系实施的方法。要把人际传播媒介、组织传播媒介、大众传播媒介以及各种综合性传播媒介有机结合使用,熟练掌握其使用技法,以实现公共关系整合传播的最佳双向沟通效果。

2. 公共关系实施的原则

公共关系实施是一个复杂而科学的过程,客观上需要有一套科学的实施原则作指导。公共关系实施原则是公共关系实施的工作准则,是公共关系管理者(领导者)和操作者在错综复杂的实施环境中,排除各种实施困难,完成公共关系实施各项工作,实现公共关系目标的成功法则。

(1) 准备充分原则。在正式实施公共关系策划方案之前,必须做好各种实施准备。实施准备是公共关系实施成功的基础和前提条件。准备越充分,公共关系实施就越顺利,失误就越小。绝对不能打无准备之仗。在正式实施策划方案之前,要用足够的时间做好各种准备工作。公共关系实施的管理者、操作者要严格、准确地检查每一项准备工作。要建立"准备工作责任制",把各项准备工作落实到具体的人,负责到底。

(2) 策划导向原则。所谓策划导向原则,就是公共关系人员必须严格按照既定的策划方案进行,包括目标导向、策略导向和实施方案导向。

目标导向要求公共关系人员在公共关系方案实施过程中,不断将实施结果与目标要求相对照,发现差距,及时努力,务必实现目标。策略导向要求公共关系人员必须按既定策略思路去执行实施方案。策略指导实施行为,是实施行为的主题思想。实施方案导向要求公共关系人员严格按照实施方案开展实施工作。各项具体工作内容的实施方法是公共关系策略和公共关系目标的实现目标,应当熟练掌握与应用,并在应用中创造更有效的实施方法。

(3) 控制进度原则。控制进度原则就是必须按照公共关系实施方案中各项工作内容实施时间进度的要求,随时检查各项工作内容的完成进度,及时发现滞后(或超前)的情况,搞好协调与调度,使各项工作内容按计划协调、平衡地发展,并确保按时完成。

控制进度的原则要求做好预测和及时发现各种可能影响实施工作进度因素的工作,针对关键原因采取有效的预防和应急措施。

(4) 整体协调原则。这是指在公共关系实施过程中,要使各项工作内容之间达到和谐、合理、配合、互补和统一的状态。公共关系实施是一项系统工程,各项工作只有相互有机配合才会达到整体最佳。各自为政,相互矛盾,只能增加内耗,严重时必然导致公共关系实施的失败。保证实施活动的同步与和谐,做到统一意志、统一指挥、统一行动,提高工作效率与效果。

(5) 反馈调整原则。反馈调整原则是指通过监督控制及时发现公共关系实施中的方法偏差甚至错误,并及时进行调整与纠正。由于各种因素干扰,或由于实施人员的素质问题,不按照既定工作方法实施的情况时有发生。由于策划设计错误,或由于实施环境突然发生变化,原来设计的实施方法无法操作,这些都是实施中的严重问题。要建立一种灵敏的监督反馈机制,快速发现问题征兆,并立即采取有效措施调整实施方法。

3. 公共关系实施的方案设计

公共关系策划的主要成果是产生了一个(或一组)公共关系策略和点子(即公共关系创意),确定了主要的公共关系工作手段与策略(例如形象塑造手段与策略、传播沟通手段与策略、关系协调手段与策略),并进行了总体预算,但是没有策划公共关系策略、点子及其所选手段与策略的详细操作方案,这正是公共关系实施方案要解决的问题。公共关系实施方案又称公共关系技术方案或公共关系策划的实施方案。其核心内容是公共关系策略、点子的具体操作方法。同样的策略、点子,不同的操作方法可能产生不同的效果。因此,公共关系策略、点子的具体操作方法也需要进行精心策划与设计。

(1) 设计实施内容。一种公共关系策略(或一个公共关系点子)的实施,往往要做多方面的工作。我们把“一个方面的工作”叫作一个工作项目,这是一级工作项目。一级工作项目又可分解为若干个二级工作项目(即更小的工作项目),二级工作项目同样可分解为若干个三级工作项目,直到不能再分解为止,我们把不能再分解的最后一级工作项目称为工作内容。

(2) 设计实施方法。公共关系实施工作要求是指各项公共关系实施工作内容的操作目标、原则和注意事项,它对具体工作方法设计和实际工作过程具有重要的指导作用。因此,在公共关系实施工作内容设计完成后,就要对每项工作内容提出要求,根据这一要求设计具体工作方法。对工作项目只存在分解方法(分解为更小更细的工作项目的方法),而不存在操作方法。公共关系实施工作方法的策划设计要符合以下原则。

① 工作方法的设计要具体、仔细、实在,工作量要小,尽量简单,具有较强的可操作性。

② 工作方法的形象要好,成本要低。

③ 完成工作任务(内容)和实现策略(点子)的可靠性要高,防止“实现功能不足”。

④ 必要时进行多种方法组合,有利于增加完成工作任务和实现策略(点子)的把握度,但要防止“实现功能过剩”,以免造成实施成本增加。

⑤ 要为有风险的操作方法设计备用方法,确保万无一失。

⑥ 工作方法要符合目标公众心理,符合政策法律和各种社会风俗习惯、伦理道德。

从理论上讲,完成一项工作内容的具体方法很多,但实践中可寻找的方法却是有限的。要深入调查分析组织自身和实施环境所提供的各种实施条件和产生的实施制约,针对目标公众的公共关系心理,寻找和策划出多种工作方法,反复比较论证,从而确定出能圆满完成工作任务(工作内容)、达到甚至超过工作目标的相对最佳的工作方法。

(3)选择实施时机。这是指能够使公共关系实施获得最佳效果的开始工作时间和结束工作时间。在现代社会,时间就是金钱,时间就是生命,时间就是效率。不善于利用时机,事后即使投入更大的力气,也无法收到好的公共关系实施效果。

公共关系实施的最佳时机,有时表现为一刻一时一日,有时也表现为一个较长的时间段,如几日、几周甚至几个月等。这些时机,有的是日常性的,有的是固定的,而有的则具偶然性。一项公共关系创意的实施,往往有若干项工作内容,其中,与公众发生关系的工作内容的实施开始与结束时间特别重要,必须准确把握,科学决策。

(4)确定实施进度。这是在确定公共关系实施时机后,对各项公共关系实施工作内容所需的时间规定并进行日历进度安排。必须保证在所确定的最佳开始时间启动有关工作,在最佳结束时间完成操作。实施时间进度安排,要充分估计各种因素的干扰,要留有余地。最直观的时间进度安排方法是拟定出时间进度表。

(5)确立实施流程。公共关系实施各项工作内容之间存在着一种客观的分工与协调关系。只有合理分工,有机协调,才能保证各项工作的顺利完成。我们把公共关系实施各项工作内容之间的衔接、协调和配合关系及其有机组合的过程称为公共关系实施流程。它反映了各项公共关系工作内容之间的一种内在的联系规律,是公共关系实施作为一项系统工程的体现。

公共关系实施流程中的时间衔接、分工协调和有机组合关系通过流程图来表示,并配以文字说明。流程图的文字说明,主要是对各项工作之间的协作关系、责任关系进行规定,必要时形成一种制度。一定要防止彼此责任不清、相互扯皮、"踢皮球"等情况发生,否则,将严重影响实施工作的进度和质量。

(6)实施预算。在公共关系策划工作中,已对所选择的传播媒介操作等活动的经费做出了总体预算,这是进行公共关系实施工作预算分配的依据。将公共关系策划的总体预算经费合理分配到公共关系实施的各项工作内容中去,以保证各项工作的开支需要,这就叫公共关系实施预算分配。

一般说来,公共关系策划工作中的经费预算只做到一级工作项目预算,也只能做到这一级预算。因为,这时的详细工作内容及其工作方法尚未策划设计出来,所以不可能做到具体预算。

公共关系实施工作预算分配的结果应表述于公共关系实施时间进度表右侧,这样一目了然,便于了解与管理。

需要提醒的是公共关系策划中的一级工作项目经费预算(或总体经费预算)是留有余地的,目的是防止意外工作增加或策划不周遗漏工作而造成经费不足。留有余地仍然是具体工作内容预算分配的原则,这主要表现于不要把一级工作项目预算的经费分配完,一般需要留下5%~10%的经费备用。

(7)安排工作机构与人员。组织的公共关系实施主体有三种:组织内部公共关系部(或相关机构)、公共关系公司和公共关系社团。不管是哪种操作主体,都必须建立项目公共关系实施机构,配备得力的实施人员(包括实施领导和操作人员)。实施人员的素质与能力十分重要,优秀的实施人员不仅能顺利完成工作任务,而且能修改完善实施方法,弥补实施方案的不足。

所谓公共关系实施机构,是指为完成某一项公共关系任务、实现公共关系目标而建立的专门组织。规模较大的公共关系活动实施,其机构具有多层级特点,从低级层次到高级层次,人数依次减少,权力依次增大,形成"金字塔"式的稳定结构。应按照精简、统一、节约、效能的要求来构建公共关系实施机构。一般应以领导中心机构为核心,下设智慧机构、执行机构、监督反馈机构。其中,领导中心机构是决策角色,人员要少而精,办事效率要高;智囊机构作为领导决策的参谋部门,其组成人员应具有科学分析问题的能力以及较宽的视野和战略眼光;执行机构作为实施方案的具体操作部门,其组成人员应具有较强的指挥、协调、组织、交际和操作能力;监督反馈机构作为保证和检查实施的部门,其组成人员应具有敏锐的洞察力、实事求是的科学态度和强烈的责任观念。公共关系实施机构设置的程序是:①明确指导思想,确定组建机构的目的和任务。②制订编制方案。根据领导机构的任务和工作量,确定部门、职务和人数,规定每个岗位的职责。③确定领导体系。明确纵向隶属关系和横向协作关系。④报批机构编制方案。⑤任命领导人和安排工作人员。

一定要将每一项工作内容落实到具体人员。一项工作内容安排两个以上人员操作时,要确定一个负责人,并进行相对分工。一个人负责多项工作时,要考虑工作之间的内在关系,使其运作起来高效、方便。每一项工作内容的实施人员姓名表述于公共关系实施时间进度表右侧。

(8)建立规章制度。要依据公共关系职业准则和组织中有关规章制度,以及公共关系实施的具体情况,制定出各项公共关系实施的工作进度。这是设立对公共关系实施人员在各项公共关系实施的工作制度。这是设立对公共关系实施人员在各项公共关系实施工作中的行为进行约束与管理机制。

组织的公共关系部(或公共关系公司、公共关系社团)都具有共性的公共关系人员行为准则和公共关系实施制度,这是任何一次公共关系实施都必须遵守的工作制度。但就某一项公共关系活动来讲,其实施具有特殊性,应根据这种特殊性制定出特殊的工作制度作为补充。这些工作制度涉及如下内容:①职业道德。②信息保密。③经济关系。④行政关系。⑤分工协调。⑥交际形象与礼仪规范。⑦请客送礼。⑧奖罚机制。⑨危机处理(紧急处理)。⑩差旅出勤。

(9)实施人员培训。在公共关系方案实施之前,对实施人员进行一定培训是很有必要的。这种培训的主要内容是实施工作制度教育和操作方法学习与研讨。

公共关系方案实施工作制度的教育,除了让大家明白各种规定及其意义外,特别要对特殊规定、容易违反的规定进行重点说明与强调。配合制度教育,反复灌输组织文化与理念,提高实施人员的思想与道德素质,增强其抵御腐蚀的能力。

要组织实施人员认真学习研讨公共关系方案实施工作内容的操作方法,反复体会,彻底弄懂,决不含糊。很重要的方法,可通过讲解、讨论、答辩、模拟训练来促使其正确掌握。有使用风险的方法要反复做模拟演习,切实提高操作的把握度,把失误率降至最低限。很重要的工作内容的实施,除了第一工作方法外,还配有第二工作方法甚至第三工作方法,作为第一工作方法失败时的备用方法。备用方法的启用规定及其操作技能必须重点掌握。重要工作内容的第一工作方法如果是两种以上方法的组合,其相互配合关系也是学习研讨的重点。

4. 公共关系实施障碍分析

尽管公共关系计划实施方案是经过认真论证(可行性论证)的方案,但由于实施主体、客体和实施环境存在着许多意想不到的实施障碍因素,由于同一种实施方案要在多种实施环境(如不同区域市场、不同时间市场、不同社会条件等)同时或先后实施,公共关系计划实施常常会遇到意想不到的困难,严重时会使公共关系计划实施夭折。因此,较为重要、涉及范围大、影响大的公共关系计划实施,有必要对实施方案的实施障碍因素进行调查,并通过对方案的局部(小范围)试验,进一步了解、认识实施障碍因素,寻找和设计排除障碍因素的途径与方法,取得成功实施的经验,以利全面推广。影响公共关系实施的因素是众多而复杂的,一般说来有三种类型:实施主体障碍、实施过程的沟通障碍、实施环境障碍。

(1) 实施主体障碍。这是来自于实施主体自身的影响因素。产生这种障碍的主要原因是组织的人员素质、管理水平、策划与论证存在问题与失误。

① 实施人员障碍。实施人员障碍主要包括:公共关系计划实施人员违反实施制度,工作不认真负责,没有积极性,职业道德素质和工作能力欠佳;实施人员心情不愉快,身体健康状况差(甚至突然生病);实施人员之间关系紧张,工作不协调。排除来自于实施人员的障碍,关键是选择优秀的实施人员并进行严格培训,建立一套有效的激励机制和约束机制。

② 公共关系策划的目标障碍。公共关系策划的目标障碍主要包括:目标不明确,不具体;目标过高或过低;目标的实现条件不具备;目标不符合目标公众和社会利益;公共关系目标之间相互矛盾;公共关系目标没有服从于组织总体目标;公共关系目标与组织内部其他工作目标矛盾;近期目标与长远目标矛盾。在做公共关系目标策划时,一定要征求各方面的意见,要形成目标共识;要对目标进行可行性论证(甚至进行不可行性论证),切实确立出正确、明确和具体的公共关系目标。

③ 公共关系策划的创意障碍。公共关系策划的创意障碍主要包括:公共关系策略、点子不符合公众心理需要和行为规律;策略、点子的传播力、感染力、冲击力和吸引力不够,难以打动公众之心;目标公众和竞争对手不明确;策略、点子的针对性不强;各种策略、点子之间难以耦合(存在矛盾或相互关系不密切);策略、点子的可操作性差,实施风险大。减少创意障碍,提高公共关系策略、点子的质量,关键在于提高策划素质,充分利用组织内外策划专家,集思广益,应用创造技法。特别需要注意,如果公共关系调查工作失误,依据错误的调查结论来做公共关系创意,这样的策略、点子必然也是错误的。

④ 公共关系策划的预算障碍。公共关系策划的预算障碍主要表现为经费预算不足,造成公共关系实施经费短缺。要了解开支标准,反复测算,并留有充分余地。尽管如此,有时也会出现超过"余地"的经费开支,只要是实事求是的,又是必要的,追加经费也是应该的。

⑤ 公共关系计划实施方案障碍。公共关系计划实施方案障碍主要包括：工作内容实施方法不正确；各种工作内容之间配合不好；公共关系计划实施时机决策失误；工作进度安排不科学；预算分配不合理；公共关系计划实施组织不健全,人员配备不合理；公共关系计划实施制度不完善、不具体。公共关系计划实施方案要由具有实施经验、实施能力强、管理能力强、责任心强、忠诚的公共关系人员来设计,要多征求各方面意见,力求实施方案科学、适用、有效、节约。

（2）实施沟通障碍。公共关系沟通指在组织与公众之间展开的某种程度的交流。它通过语言、文字或其他方式的交互作用,引起公众思想或观点的变化。但公共关系实施过程中的沟通并不是一帆风顺的,常常会出现各种不利因素使沟通受阻,从而形成沟通障碍。常见的沟通障碍大致有以下几种。

① 语言文字障碍。语言文字与思维不可分离,是人类特有的表达方式。人们只有借助语言文字才能完整地表达情感、交流思想、协调关系,它是人类最重要的沟通工具。然而,语言文字又是一种极其复杂的工具,掌握和运用它也绝非易事。由语言文字所引起的沟通障碍随处可见,比如,一位非洲朋友来到一家中国民航的宾馆,他用法语表示他要求住一个单间,并说："我是部长。"由于服务员只懂几句常用的法语,对"部长"这一关键性词语不熟悉,因而闹得很不愉快。这种语言上的差异,造成了沟通中的障碍。同样,语义上的差异也会造成这样的障碍。

同时,由于沟通者和沟通对象受教育程度的不同,在语言文字使用范围或表达上也会造成障碍。比如,在面向广大农民的产品使用说明书中,如果"之乎者也"地来一通,效果就会很差。

② 习俗障碍。习俗是在一定文化历史背景下形成的具有固定特点的调整人际关系的社会因素,包括道德、礼仪和审美等。习俗虽不像法律那样具有强制力,但它往往迫使着人们要入乡随俗。因忽视习俗而导致沟通失败的事例也屡见不鲜。比如,你为西方来宾安排门牌号为 13 的房间,便会使其不满,因为 13 在西方人看来是不吉利的数字。又如,德国一位工程师到日本磋商合作问题,当他提出自己的意见时,日本对手微笑着频频点头,他回德后满怀期待地等了三周,却得到了意料之外的回声——他的意见遭到否定。他实在不知日本人的点头微笑是礼貌的表示,绝非同意的表示。

③ 心理障碍。当沟通对象对沟通者轻视、不信任或者紧张、恐惧时,就会拒绝接受或曲解所传递的信息内容,从而影响沟通。比如,在谈判中,如果双方感情用事,为了各自的利益而争吵不休,就会使谈判破裂。又如,某地生产假酒曝光后,人们甚至对该地所在省生产的其他白酒也产生了怀疑,进而一度拒绝购买酒类产品。

④ 年龄障碍。不同年龄的人有不同的内心世界、价值观、审美观和不同的要求,从而对事物形成不同的看法。年轻人愿意接受新事物、赶时髦,因此他们愿意接受有关新事物、新问题的信息；老年人对有关传统的事情、方法、手段的信息更乐于接受。从而形成了一种倾向：即人们乐于接受与其原有认识或态度相一致的信息,而回避或拒绝与其原有认识或态度相矛盾的信息。比如,年轻人喜欢具有现代感的组织形象,而老年人则喜欢"百年老店"。

⑤ 观念障碍。观念由一定的经验和知识积淀而成,是一定社会条件下人们接受、信

奉并用以指导自己行动的理论和观点。观念本身是沟通的内容之一,同时又对沟通有巨大作用。有的观念能促进沟通,有的观念则会阻碍沟通。比如,封闭观念就排斥沟通,因其观念源于小农经济,缺乏社会性。"酒香不怕巷子深"是典型的一种。

(3) 实施环境障碍。公共关系方案是在一种复杂多变的社会环境、市场环境中实施的,因此环境中各种因素会从正面(促进)和反面(制约)影响实施工作。公共关系实施环境障碍是指来自于实施环境的各种制约因素、对抗因素、干扰因素。这些障碍因素有如下类型。

① 政治环境制约因素。政府的有关政策、法规的管制,以及政治形势、政策变化的影响。

② 经济环境制约因素。经济体制、经济政策与经济形势的影响。

③ 社会文化环境制约因素。传统的民族文化、区域文化、宗教文化以及各种现代文化的影响。

④ 科技环境制约因素。各种新知识、新技术、新工具、新材料、新产品、新能源等的影响。

⑤ 竞争环境对抗与干扰因素。竞争对手的认识度、美誉度、占有率以及开展的各种公共关系宣传活动等的影响。

⑥ 自然环境制约因素。比如地理条件、气候自然资源、生态等的影响。

⑦ 国际政治、经济环境制约因素。比如国际形势、外交关系、战争、国际市场与金融形势等的影响。

总之,在公共关系实施过程中要努力排除各种公共关系障碍,保证公共关系工作的顺利实施。

5.1.2　公共关系评估

所谓"公共关系评估",就是根据特定的标准,对公共关系计划、实施及效果进行检查、评价,以判断其优劣的过程。它在整个公共关系计划实施过程中都具有重要作用。评估控制着公共关系实践每个活动及环节。

1. 公共关系评估的意义

公共关系评估的意义重大,主要表现在以下四个方面。

(1) 改进公共关系工作。公共关系评估是改进公共关系工作的重要环节。它对一个社会组织的公共关系工作具有"效果导向"的作用。任何一项公共关系计划在实施后都面临着成功或失败两种结局,无论成功还是失败,其经验与教训都将成为下一个公共关系活动或环节改进的基础。评估就是我们通常所说的"总结经验,吸取教训"。

(2) 开展后续公共关系。评估是开展后续公共关系工作的必要前提,没有这种对原有公共关系工作的评估,就不可制订新的公共关系计划。这是公共关系工作连续性的一种表现。

(3) 鼓舞员工士气。评估可以鼓舞士气。一般说来,内部员工很难对本组织与其公共关系活动有全面的、深刻的了解和认识。评估使他们能认清本组织的利益和实现途径，以便将实现本组织的战略目标与自己的本职工作紧密地联系在一起，并变为一种自觉的行动。

（4）引起领导重视。评估的另一重要意义还在于使组织的领导人看到开展公共关系工作的明显效果，从而使他们能更加自觉地重视公共关系工作，真正起到鼓舞士气、激励内部公众的作用。

此外，在现实生活中，评估还决定着公共关系公司是否该承接该项工作，客户是否满意、是否付款、能否获得某项荣誉、形成无形资产等。

2. 公共关系评估的目的

公共关系评估的主要目的是提供关于既定公共关系工作的各种信息，包括：计划制订得是否正确合理；计划实现的程度、范围、效果怎样；计划实施方法、程序是否需要调整或修正；计划所需要资金是否恰当；为了成功达到战略目标，在既定的成本条件下，哪些实施方法最为有效；计划实施的关键是什么；哪些计划与实施中的要素密切结合能得到最高效益；实施对哪些公众产生了什么样的影响；哪些方法和技术可以有效地排除沟通中各种不同的障碍……总之，公共关系评估的目的就是取得关于公共关系工作过程、工作效益信息，作为决定开展、改进公共关系工作和制订公共关系计划的依据。

3. 公共关系评估的基本内容

根据公共关系活动内容的要求，公共关系效果评估确定为不同的形式。一般而言，可分为组织形象评估、工作成效评估、传播效果评估和目标效果评估等。

（1）组织形象评估。当公共关系计划付诸实施后，组织形象会发生哪些变化，需要重新进行评估。重新评估组织形象仍然沿用公共关系组织形象调查的基本方法。通过对公众进行调查分类，然后对组织知名度和美誉度进行分析以测量组织形象地位，再应用"语义差别分析法"对组织形象的内容进行分析。

公共关系人员应了解组织目标形象与组织实际形象之间的差距，找出组织目标形象没有实现的原因，并针对问题改进工作，防止类似的问题再次发生。

（2）工作成效评估。公共关系工作包括的内容很多，对其成效进行评估要根据组织开展公共关系活动的情况而定。一般而言，有日常公共关系工作效果评估、专项公共关系工作效果评估和年度公共关系工作效果评估。

① 日常公共关系工作效果评估。这种评估根据组织所确定的评估内容和标准进行。通过日常工作总结、公共关系人员座谈会、职工评议并结合公众平时的反映等形式进行。一般情况下，在日常公共关系工作中就可随时总结，没必要进行专门评估。

② 专项公共关系工作效果评估。这种评估要严格根据具体公共关系活动的内容及特点确定评估内容及标准，并由负责专项活动的公共关系人员组织实施。通过调查，以了解通过专项活动、社会舆论的变化对组织产生的影响。

③ 年度公共关系工作效果评估。这种评估以年度公共关系计划和预算为依据，将一年来公共关系工作成效与预期目标和计划相比较，对公共关系各层次计划的实现程度和

存在差距提出有说服力的总结报告。

在一个组织的工作中,公共关系年度报告往往和公共关系调查报告融为一体,即在报告中要对过去一年的公共关系工作进行总结,客观反映公共关系调查的内容,为制订新的计划提供依据。

(3) 传播效果评估。即通过对大量的信息传播调查资料所提供的情报和数据进行分析、评估,看其是否实现了公共关系信息传播的目标,通过公共关系传播目标的实现,是否保证了公共关系计划方案的贯彻落实。传播效果评估,包括组织内部信息传播效果评估和外部信息传播效果评估。

(4) 目标效果评估。公共关系计划中,有许多具体明确的目标,对这些目标进行评估。看其是否达到预期结果,对总体目标的评估有着重大意义。这种评估,要求应有严格规定的定量和定性分析的各项指标,客观地进行评价;要求以公共关系调查所掌握的资料和公共关系计划方案的具体实施结果为评估的依据;要求以求得社会公众的满意及满意程度作为指标实现的标准;还要注意在评估中实事求是,不另立标准或降低标准。

4. 公共关系评估的基本方法

公共关系效果可以通过以下方法进行评估。

(1) 直接观察法。直接观察法又称个人观察反馈法,是较为简单却又常用的评估方法。公共关系人员或组织领导者通过参与公共关系活动,直接对公共关系的目标确立、计划确定、实施与传播以及活动结果进行观察,从而对组织形象做出估计和评价。这种方法贯穿于整个公共关系过程中,可以随时随地进行,具有灵活性和直观性。

(2) 目标管理法。在制订公共关系计划时,将公共关系目标进行分解,并把分解的具体目标用量化的形式明确起来,在活动实施后,将实施的结果同计划的目标相比较,衡量和评价出公共关系的成果。

(3) 舆论调查法。这种方法的主要目的是确认公共关系活动在对象公众的知识、态度、观念等方面所产生的可度量的效果。可在活动结束后进行一次性调查,也可在活动前后各进行一次调查,以便相互比较。

(4) 内部监察法。内部监察法是由组织内部的有关人员,如评价部门或上级领导对公共关系工作进行评价;外部监察法是聘请组织外部的专家对本组织公共关系活动进行调查和评价。一般情况下,外部专家的评价比较客观,参考价值较大。

5. 撰写公共关系评估报告

公共关系评估报告是提供给组织的一种正式的文体。它是通过文字、图表或相应的其他形式来体现开展公共关系工作的成绩、经验、教训、建议等评估工作的成果形式。它具有业务性强、理论性强、经验性强等特点。

撰写公共关系评估报告的主要意义,在于为公共关系评估成果的运用提供依据。通常,评估小组将公共关系评估报告分别提供给管理层领导,作为他们统筹管理和发布新决策的依据;送达各职能部门,作为各部门改善工作的参考;提供给全体员工,以利于员工了解外界的评价,提高士气,改善行为。还可以公开发表,供同行或其他社会组织参考与借鉴。通过撰写公共关系评估报告,社会组织对公共关系过程与绩效可以总结过去,积累经验;着眼现在,克服缺点;指向未来,指导工作。

到目前为止,我国许多社会组织仍然不太重视公共关系评估工作,能见到的公共关系专业评估报告甚少。他们也不太注重评估成果的运用,常常使公共关系工作带有盲目性和被动性,进而丧失了许多成功的机会。

(1) 撰写公共关系评估报告的基本原则。公共关系评估报告是对公共关系活动或工作的书面评价,是对已经做的公共关系工作的总结,是公共关系评估结果运用的依据。为此,公共关系评估报告除了要遵循科学性、公平性、真实性等外,还应符合以下要求。

① 针对性。公共关系评估报告的针对性很强,要么是综合项目评估,要么是单项活动的评估。为了解决工作中的实际问题,最多的情况还是单项活动的评估,如庆典活动、赞助活动、展示展览活动、产品推广活动、危机处理效果等。

② 完整性。公共关系评估报告的完整性主要有三方面的内容:a. 按照公共关系评估报告书的内容,对评估工作的目的、对象、原则、依据、方法、结果等进行全面的概括。b. 正文内容与附件资料要配套一致,尤其要注意附件资料要起着完善、补充、说明正文的作用。c. 被评估的范围和对象要做到完整无缺、无一遗漏。

③ 及时性。公共关系评估具有较强的时效性,公共关系活动及其面临的环境也在不断地变化。因此,在公共关系活动开展结束之后,评估人应及时写出公共关系评估报告书,否则容易失去本身的意义。

④ 客观性。公共关系评估报告是一种公正性的文件。在撰写报告时,必须真实客观,有理有据。要避免空泛议论或掩饰缺点,应力戒片面分析或夸大其词。

⑤ 独立性。在撰写公共关系评估报告的过程中,通常要与公共关系活动主办单位的部分领导、员工等接触。评估人在做出结论时,要避免受到他们主观意志或一己之见的影响。在评估报告中,必须反映自己的独立评估结论。

(2) 公共关系评估报告的内容。公共关系评估报告具有特定的目的。不同的目的,决定了评估的范围和对象不同,因而,公共关系评估报告书的内容就不完全一样。根据公共关系评估实践的总结,公共关系评估报告的内容主要有以下几方面。

① 评估的目的及依据。即为什么要进行公共关系评估,通过评估解决什么问题,以及评估所依据文件或相关会议要求之精神等。

② 评估的范围。公共关系活动涉及方方面面。为了突出重点,缩短篇幅,利于评估结果的运用,报告书必须明确公共关系评估的范围。

③ 评估的标准和方法。在报告书中,应说明评估的标准或具有可测量的具体化的目标体系,以及评估过程所采用的方法。比如直接观察法、问卷调查法、比较分析法、文献资料法、传播审计法等。

④ 评估过程。简要说明评估过程是怎样进行的,分哪些阶段。从阅读报告书的过程和采用的方法等可以判断评估是否科学、系统、规范、完整等。

⑤ 评估对象的基本情况。在公共关系评估报告书中,必须明确评估对象本身的情况,包括活动或项目名称、开展时间、实施的基本情况与特点等。

⑥ 内容评估、分析与结论。在评估报告书中写明被评估的公共关系活动、工作或项

目的内容,对运行与执行以及效果、效益进行分析,进而得出客观、公正的结论。

⑦ 存在的问题及建议。评估人根据掌握的实际材料、相关情况,有针对性地提出问题,并提出有利于解决问题的建设性意见。

（3）公共关系评估报告的格式。"文无定法。"公共关系评估报告书没有固定的结构格式。按照评估的目的与要求,公共关系评估报告的结构可以采用不同的格式灵活安排结构,结构服从于内容表达的需要。通常,公共关系评估报告书的结构式依次包括以下方面。

① 封面。封面的主要内容包括评估书或项目的题目、评估时间、评估人（单位名称）以及保密程度、报告书编号。题目要反映出评估的范围和对象。排版应醒目、美观。

② 评估成员。反映哪些人参加了评估工作,负责人是谁。

③ 目录。用来方便阅读报告书的人。

④ 前言。反映评估任务或工作的来源、根据,评估的方法、过程以及其他特别需要说明的问题。也有的评估报告书把评估的方法、过程等写进正文部分。

⑤ 正文。正文是评估报告书最重要、最主要的部分,也是评估报告书的主体。它包括评估的原则、方法、范围、分析、结构、存在的问题、建议等。

⑥ 附件。附件内容是对正文内容的详细说明和补充,是正文的证明材料。附件主要包括附表、附图、附文三部分。

⑦ 后记。主要说明一些相关的问题。比如报告书传播的范围,致谢参加人员及相关单位等。

⑧ 评估时间。由于公共关系活动处于动态的状态下,不同时间评估所得出的结论会不同。因此,评估报告书必须写明评估时间或评估工作开展的阶段。

（4）撰写公共关系评估报告应注意的问题。公共关系评估报告书的写作是有相当难度的。在写作过程中,既要求执笔人员客观、公正、全面,又要求报告中的内容可读、简洁、明了。为此,除格式方面的要求外,在写作过程中,还应注意如下问题。

① 定量与定性相结合。通常,评估结论是定性的,但必须用定量的指标作说明。注意定量与定性的密切结合。

② 建议与策略具有可操作性。只有切合实际情况的建议才具有可操作性。

③ 语言准确、精练。尽量用最少的文字、篇幅来说明问题,提出建议。切忌太多的学术词汇,让评估报告的阅读者难以理解。

④ 结论客观具体。评估结论要客观,既要看到成绩、效益,又要看到缺点和不足。在结论中,要避免"可能"、"大概"、"也许"等模糊语言。所有的结论都应该找到相应的材料作证明。

5.2 拓展阅读

5.2.1 公共关系的"规定动作"与"自选动作"

寻求公关服务的客户分两类,一类是寻求长期合作的公关合作伙伴；另外一类就是因为一件急茬儿的事儿需要帮忙。两者的需求差别主要在于前者是需要你在公共关系的"规定动作"和"自选动作"上提供长期帮助,后者则主要希望你帮助其在"自选动作"上拿到高分。

问题是,甲方、乙方在"规定动作"和"自选动作"的理解上存在着差异,当这种差异越大时,合作的风险就越高。其典型的差异表现如下。

把公共关系的战术职能作为规定动作,把战略职能作为自选动作。郭惠民教授在其《谈和谐平衡的公共关系职能》一文中,谈及了国内公关界在看待这个问题上的发展脉络,从早期的内求团结外求发展,到后来的品牌管理、关系协调和信息传播。但具体到每一个个体的认识却未必如此。有些机构迄今认为,公共关系的"规定动作"就是基于战术层面的信息传播,而基于战略层面的品牌管理、关系协调、内部沟通等都属于"自选动作"。持这种观点的甲方、乙方合作起来可能是愉快的,但我们也不要期望这样的合作能够产生出类似联想的创新技术大会或者中国互联网络信息中心的互联网周年庆典这样经典的品牌推广开来。

把打击竞争对手视为"规定动作",把建立品牌作为"自选动作",乐此不疲地研究竞争对手,并不断通过公共关系的运作给竞争对手制造麻烦实施打击,而对于面向消费者的产品或品牌公关营销则靠拍脑袋。如果说对于处在挑战位置的品牌还情有可原的话,很多处于领导位置的品牌竟然也如此,就很不应该了。

把前台的作秀作为"规定动作",把后台的准备作为"自选动作",把一年在行业或社会领域中制造几个"大案要案",引爆几颗"重磅炸弹"作为公共关系运作的规定动作来要求,这种误解导致的是在公共关系运作过程中,第一是言必谈"轰动效应",一定要轰轰烈烈,殊不知其实公共关系运作的精妙之处有时就在于"润物细无声"。在我的印象中,星巴克就没有什么轰轰烈烈的公共关系举动,但是其品牌的影响力和消费者对于其品牌的忠诚度却是显而易见的。第二是重前台而轻后台,殊不知其实只有后台规定动作到位,前台的自选动作才能到家,CEO在中央电视台《对话》栏目中一个小时的表演,可能意味着公关专业人员20个小时的精心准备和事先演练。大凡在前台作秀演砸了,使得自身形象和机构形象都受损的,很多都是在这个问题上的错误认识造成的。

把稿件的发布作为"规定动作",把和媒体的沟通作为"自选动作"。公关就是沟通、沟通、再沟通,通过沟通达成内部和外部的和谐,这是公共关系的精髓,也是它区别于广告的最大优势所在。广告购买的是版面,公关运作的是新闻,但是经常看到的很多甲方、乙方都在为了一个月发出多少篇稿件而不遗余力,偏偏忽视和媒体进行观点的交流和沟通,这种不是基于新闻规律和沟通基础上的硬发稿,实际上是在破坏性地使用公共关系资源,而且这样的传播其影响力也是大打折扣的。

把公关的实施作为"规定动作",把前期的调研、策划、创意以及后续的评估均作为"自选动作"。其实,一个优秀的公共关系实施首先要基于调研基础上的策略思考,基于策略思考基础上的创意表达,通俗点说,要想做到别人做不到的,先要看到别人看不到的(策略),然后想到别人想不到的(创意)。甲方在物色乙方时,首先要问清楚自己需要的是一个负责公关实施的拐棍儿,还是需要一个有智慧的外脑,而智慧也分策略的智慧和创意的智慧,你最缺哪一环?

这里仅仅列举一些经常碰到的关于规定动作和自选动作的典型误区,当然还有许许多多这样的误区,诸如把危机管理(预防、预警、处理)作为自选动作。其实在现代商业社会中,任何一个机构都应该把危机管理作为规定动作来看待,这样才会有良好心态,才会有战胜危机的足够信心和力量。否则,危机处理总是成为突发事件下的一种仓促应对。

公共关系正在被越来越多的人所熟悉,公共关系职能在各行各业正在从"选件"变成"标配"。但是,关键在于标配之后公共关系做什么? 第一,我们清楚地认识规定动作和自选动作的区别、因果,首先有助于让我们去从事基于战略的大公关(PR),而不是基于战术的小公关(pr);第二,不论是对于甲方还是乙方来说,先在公共关系的规定动作和自选动作上达成共识,有助于后来双方合作的默契和效率。

(资料来源:高鹏.公共关系"规定动作"和"自选动作".公关世界,2005(2))

思考题:

(1) 公共关系的"规定动作"和"自选动作"各是指什么?

(2) 本文对你有何启示?

5.2.2　公共关系效果评估的微妙艺术

最常见的公共关系效果评估,往往只是粗略地考察媒体覆盖率的多少或相当于多少钱的广告,对报道内容及其质量很少作细致研究。其实,这种评估方法存在本质的局限性,并不能反映媒体覆盖率的真实影响力。在西方,公共关系效果评估早已不再是单纯的广告效果评估。

一般来讲,一个公共关系活动的广告价值可能超出公共关系预算很多倍,所以广告效果的评估结果的确能令人满意,但是单凭广告效果还不足以证明一个公共关系活动的有效性,只有对媒体报道进行细致深入的研究,才能了解公共关系传播的真实影响力以及如何通过一个活动提高信息传播的有效率,这样的评估才是有效的评估。

公共关系效果评估不是办完活动的事后反思,我们只有在组织公共关系活动之前就明确评估目的,设定评估办法,才能保证评估的有效性,这是有效公共关系效果评估的黄金原则。此外,为了保证评估的有效价值,评估方法必须能衡量出公共关系活动是否实现了原始目的,实现到哪种程度。评估内容应包括分析受众如何回应活动传播的公共关系信息,以及陆陆续续的回应有何变化。

科学的评估方法决不是纯粹地比较媒体覆盖率的大小,还需综合考虑其他因素。比如媒体是否报道了活动要传播的信息;如果报道了,报道顺序和报道语气如何;报道内容是否含有媒体自己的观点等。忽略任何因素,都可能导致评估结果贬值或失真。

有效的公共关系效果评估,不仅能衡量一场活动的成与败,还能体现公共关系在传播中的潜在价值。一个公司如果在公共关系效果评估中对媒体报道施加严格细致的分析,评估则可以当作是一次市场调研,以此洞悉终端受众对公司的产品和服务的感受,而信息传播可以被看作是一次实战演习,通过媒体评估来改善传播内容和传播方法。

不论做什么活动,也不论采用何种评估方法,要想保证公共关系效果评估的有效性并充分体现公共关系的传播价值,总要考虑以下几个基本问题。

第一,新闻报道的立场是积极的正面?还是不偏不倚的中性?还是抱有成见的负面?跟踪正面新闻和负面新闻并不难,而中立新闻往往容易被忽视。但是,如果注意到了中立新闻,你也许会发现本以为效果不错的信息传播其实是不恰当或不充分的,还有更好的方法能吸引媒体的更多关注。

第二,媒体所传播的信息哪些是我们有意要传达的?媒体监测是一个至关重要的环节,它包括对媒体报道的细致分析。如果评估结果表明与媒体监测的结果完全不同,这并不意味着公共关系活动的失败,还需要进一步调查。

第三,利益相关者如何回应相关报道,支持程度如何?同样的公共关系活动可以得到从欣赏到批判等多种不同的回应,我们对所有的回应都要进行监测与分析。

第四,媒体是否优先报道你的新闻?比如报纸,大多数读者更热衷于浏览图片、注解、大标题以及其他醒目的陈列;更喜欢看一个故事的前几段描述;愿意花更多的时间阅读前几页报纸等,媒体报道的优先层次导致了媒体覆盖率的影响力有等级划分。

第五,在哪些媒体上能看到你的信息?媒体评估应该考察发表信息的媒体类型,以便了解哪些潜在受众已被挖掘出来,成为我们的目标受众。当然,作一个全面的媒体报道分析需要一笔费用。然而,实施全面媒体评估的组织,能以更高的成功率将恰当的公共关系信息在正确的时间内有效地传播给目标受众。毫无疑问,收益是大于投资的。

(资料来源:艾雪珂.公共关系效果评估的微妙艺术.国际公关.2006(4))

思考题:

(1)结合本文谈谈如何对公共关系效果进行有效的评估?

(2)本文还对你有何启发?

5.3 实践训练

5.3.1 案例分析:泸州老窖"国窖1573"喜迎新中国60华诞

在新中国60华诞之际,作为中国四大名酒之一的泸州老窖,专门为祖国60大庆特别打造限量珍品——定制国礼酒,国庆前在全球首发。如何借国庆之势帮助泸州老窖的高端旗舰品牌"国窖1573"进一步提升品牌形象,支持经销商开展客户关系管理,影响大众支持通路产品的拓展,成为巨大的挑战。

宣亚国际传播集团与泸州老窖股份有限公司成功合作,奉献出了一场颇具创意的大型公共关系活动。

1. 项目调研

近年来,消费升级导致国内白酒品牌升级,大量的品牌纷纷进军高端市场,产品本身实现差异化竞争的难度很大,许多企业高端白酒的营销仅诉诸高价和豪华包装,普遍缺乏有力的文化支撑,情感诉求苍白乏力。另外,白酒销售非常依赖各地经销商体系,多数经销商更看重品牌推广对产品短期销售业绩的直接推动,而提升整体长期利润的高端品牌塑造需要经销商的耐心、理解和支持。

高端白酒具有稀缺性和奢侈性。国窖1573在国庆前夕推出定制酒国礼酒,按照国际上奢侈定制酒的服务标准,向高端消费者提供"一对一"式的、完全私密性、唯一性和不可复制的定制酒产品及其个性化服务。

国庆活动众多,受众注意力分散,数以万计的品牌都推出了自己的国庆相关活动,媒体及公众对常规的国庆活动已经视觉疲劳,很难参与其中。

此外整个活动涉及包括港澳台总共60个地点,异型热气球的制造、热气球飞行员的挑选、线路的选择、热气球的运输、放飞地址报批、放飞活动组织、地方媒体的沟通等大量组织工作对项目也是巨大的考验。

2. 项目策划

项目组经过研究,决定在中华大地喜迎新中国成立60华诞之际策划一场盛大的天空行为艺术——"举杯同庆辉煌60"国窖1573文化中国行活动。活动中巨大的热气球从中国60个标志性地点升上空中,巧妙将"国家上升、文化上升、品牌上升"寓意其中。2009年国庆恰与中秋相逢,此次活动将高雅时尚的热气球运动、传统诗酒文化与国庆盛典三者巧妙融合,将五千年、60载辉煌浓缩到升空向上的诗意表达之中,由此将成为2009年度中国酒业最辉煌的文化盛事、社会盛事与公众盛事,同时提升泸州老窖品牌腾飞的形象。其传播策略如图5-1所示。

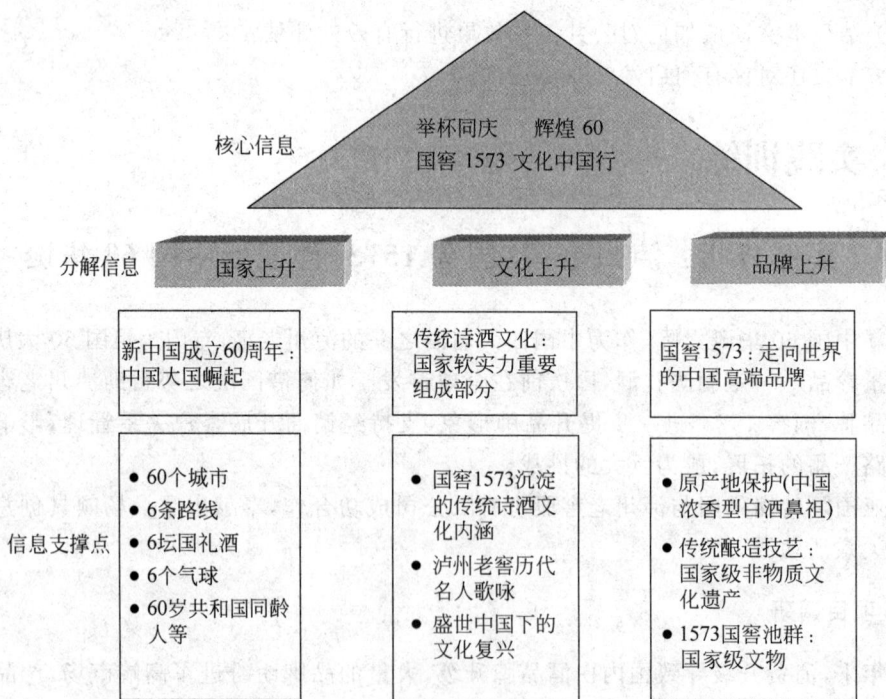

图 5-1 传播策略

传播策略上,活动以战略媒体为核心推动力,形成品牌传播的高度和声势,以各省市电视为重点渠道,放大品牌在各地的传播效果;以主流平面和媒体网络为承载,加强覆盖并延续影响力。中央电视台的巨大影响力使得活动本身吸引来其他媒体的主动跟进与报道,比如在收官仪式上,有未经邀请的近十家地方电视媒体主动前往泸州报道。

另外,通过制造事件平台,策划"谁能上气球?"这一核心要点,选择国庆结婚的新婚夫妇、1949年10月1日出生的共和国同龄人、老劳模等人物。由于话题新颖、新闻性突出,媒体主动参与其中,进行人物征集等相应选题策划,并相应连续报道。

3. 项目执行

(1)上海启动仪式。2009年9月19日下午6时,6只巨大的热气球拉升着一面巨大的国旗,缓缓升上了黄浦江上空,伴随着巨型热气球的升空,历时一个月的"举杯同庆辉煌60"国窖1573文化中国行活动,正式拉开了全国热气球放飞活动的帷幕。

在上海启动仪式上,邀请复旦大学历史学系教授钱文忠、著名设计师、深圳大学教授陈建军、泸州老窖股份有限公司董事长谢明与著名主持人窦文涛"铿锵四人行",坐论中国儒家文化和诗酒历史。同时在活动上请嘉宾们共同启封6坛限量版国礼酒,充分体现国庆用酒、全民同欢的内涵。

这次活动吸引了新华社、中国新闻社、《人民日报》《经济日报》《第一财经频道》《第一财经日报》《中国证券报》《中国经营报》、新浪网、腾讯网、新华网、北京电视台等57家媒体进行现场采访。其中《东方早报》《第一财经日报》《文汇报》《新民晚报》《青年报》《中国证券报》《北京青年周刊》《国际金融报》《竞报》等国内最具影响力的平面媒体,针对此次活动进行了大篇幅深入报道,百度新闻频道更是以头条刊登了此次活动的新闻,另有近百家媒体对此次事件予以报道。

(2)文化中国行。9月19日~10月19日一个月内,"举杯同庆辉煌60"国窖1573文化中国行活动分成6条线路,遍及全国60处文化名城和风景名胜。6万公里的诗酒之路,喜庆祥和的巨型红灯笼状热气球飘扬在祖国的上空,使得全中国人民感受到国窖1573品牌的雅量高致以及新时代诗酒文化的清雅飘逸。

(3)十一特别放飞活动。60年一甲子,在中国传统文化中具有特殊意义。针对国庆60周年这一契机,专门进行了"十一"特别策划。10月1日国庆当天,为隆重纪念缔造新中国的革命圣地,"举杯同庆辉煌60"国窖1573文化中国行在西柏坡、延安、南昌、井冈山、遵义、百色6地同时放飞巨型热气球,这一最具新意的民间庆祝方式迅速被媒体广为传播,形成了一波以国窖1573为主角的国庆传播浪潮。

国窖1573成为新华社、中央电视台、东方卫视、新浪网、《人民日报》等战略性媒体传播平台的主角,《人民日报》《中国青年报》分别在10月3日头版头条报道了此次事件。而新闻联播、新华社的报道更是让众多媒体纷纷跟进报道,在短时间内形成了全国性关注。

(4)泸州收官仪式。10月19日,"举杯同庆辉煌60——国窖1573文化中国行"在泸州举行了盛大的收官仪式,6坛国礼酒进行了现场拍卖,随着热气球走遍祖国大好河山的国礼酒创下了一坛101万元的中国最高身价纪录。而拍卖所得的款额将被用于中国传统诗酒文化的传播。同日,一个容积 60 万立方英尺的超大异型热气球在 6 只热气球的簇拥下应声腾空而起,顿时令现场经销商和泸州市民热血沸腾,衷心为老窖的成就欢欣鼓舞。这一气球同时载入世界吉尼斯纪录。如图 5-2 所示。

图 5-2　国礼酒拍卖现场及世界最大热气球放飞

选自：http://pic. people. com. cn/GB/1098/10124518. html,2009-09-27；http://www. lzzsj. gov. cn/ReadNews. asp? NewsID=4772,2009-10-20

10 月 19 日晚上,国窖 1573 文化中国行大型文艺晚会在泸州市百子图文化广场举行。泸州首次出现了万人空巷的场景,门票售价不菲,却一票难求。晚会上著名小提琴演奏家吕思清一曲《梁祝》荡气回肠,康巴汉子以一首粗犷豪迈的《风过泸州带酒香》带动起酒城观众的热情。孙楠、吕薇等著名歌手也纷纷登台倾情献唱。在全场观众的欢呼声中,身穿深紫色晚礼服的宋祖英缓缓登台令现场气氛达到了高潮。压轴出场的俄罗斯"海豚王子"维塔斯(Vitas)带来的经典歌曲以其异域风情让现场观众如痴如醉。此次晚会为国窖 1573 文化中国行画上了圆满的句号——国窖升空,势不可当。

4. 项目评估

(1) 媒体传播效果。截至 2009 年 11 月 5 日,"举杯同庆辉煌 60——国窖 1573 文化中国行"活动媒体发布共计 429 家,其中电视媒体 58 家、平面媒体 266 家、网络媒体 105 家,发布率超过 112% 创造了累计超过 3 亿元的传播价值,整个活动新闻性极强,引起了大量媒体的关注并转载,转载媒体共计 469 家。此次活动对新闻媒体资源进行了创造性的应用,网络传播中,专门为此次活动制作的 3 组视频吸引了全网的热烈关注,取得了共 35 家主流视频媒体 215 次首页推荐,获得了相当于 300 余万元的媒体推荐价值。

此次传播战役中,以中央电视台、《人民日报》、新华社、东方卫视、旅游卫视、新浪网等覆盖中央、省级电视、主流平面媒体和重点门户网站的战略性媒体平台发挥了举足轻重的作用。截至 2009 年 11 月 5 日,一个多月的时间内,"举杯同庆辉煌 60"国窖 1573 文化中国行活动电视媒体发布新闻多达 58 条。电视报道也带动了网络视频转载的浪潮,在优酷、酷6等国内领先视频网站都能搜索到本次活动的相关视频新闻。

（2）第三方评估。第三方调研公司摩瑞咨询公司分别在北京、上海、广州、武汉、成都、沈阳、西安等城市进行，采用的调查方式为问卷调查和拦截调查结合，对本次活动进行了效果评估，发现目前有超过80%的目标消费者知晓国窖1573品牌，品牌知名度提升了10%以上，这表明活动很好地将国窖1573的"高档次"、"知名"、"有历史文化"等健康而鲜明的品牌形象特征成功传达给了目标受众。同时活动还提高了消费者尝试饮用国窖1573的意愿和推荐率。

（资料来源：中国国际公共关系协会.最佳公共关系案例.北京：企业管理出版社,2010）

思考题：

（1）泸州老窖"国窖1573"本次大型公共关系活动的实施有何特点？其成功创意表现在哪些方面？

（2）要保证该项大型公共关系活动的成功，泸州老窖股份有限公司需要事先做哪些工作？请为其制订一份本次公共关系活动的危机管理计划。

5.3.2　案例分析：福特汽车环保奖

1. 项目背景

奥美公共关系公司的"环境公共关系或公共事务团队"成立于2000年，领导成员有着10年环保生涯（环境媒体、国家环保总局及环保NGO经验）和4年公共关系经验。几年来该团队服务于联合利华、福特汽车、巴斯夫化工及箭牌口香糖等一批致力于环境保护和公共事务的客户群体。自2000年开始，奥美公共关系受到福特汽车（中国）有限公司委托，在中国开展福特汽车环保奖活动。

福特汽车公司由亨利·福特先生创立于1903年，是世界最大的汽车企业之一。福特汽车公司旗下拥有众多家喻户晓的产品品牌。根据国际著名品牌咨询Interbrand的调查，品牌价值为301亿美元，位居汽车品牌价值榜首。

福特汽车（中国）有限公司自1995年10月25日在中国成立，其宗旨不仅在于发展在华业务，而且以企业公民为己任，在中国市场承担起多项社会责任，致力于推动经济、保护环境等回馈社会之举。福特汽车环保奖这一定位于CSR（Corporate Social Responsibility，企业社会责任）的公共关系项目每年颁发奖金100万元人民币，迄今为止已经连续举办了4年。经过几年的努力，福特汽车环保奖从无到有，从不为人所知到成为国内环保界每年一度的盛事，并成为目前国内规模最大、奖金额最高、影响巨大的环保评奖活动，成绩斐然。

一个好企业与一个伟大的企业有何区别？福特汽车公司现任董事长兼首席执行官比尔·福特认为："一个好的企业能为顾客提供优秀的产品和服务，而一个伟大的企业不仅能为顾客提供优秀的产品和服务，还竭尽全力使这个世界变得更美好。"通过福特汽车环保奖的举办，福特汽车（中国）有限公司将个人、企业和社会有效地结合起来，共同致力于保护本地环境和自然资源。这一举措旨在展示福特在中国落实企业公民责任的决心，体现福特汽车公司的实力和优秀理念,表达福特公司长期与中国社会共同进步的投入与承诺。

2. 项目调研

(1) 提出项目所面临的挑战。福特汽车环保奖授奖活动遍及 50 多个国家和地区,在过去的 20 年中,遍及全球五大洲 60 个国家和地区的数万个团体和个人加入此项活动中。在中国,福特汽车环保奖活动设计和执行必须适合中国的国情,并体现中国特色。福特汽车环保奖于 2000 年进入中国,2002 年的活动既要体现这一奖项的持续性,又要使其有所发展,成长壮大。作为一个跨国企业在中国开展的全国性环保奖,项目力求得到中国政府主管部门的认可和支持。

同时期,国内另有 2 项由政府主办或参与组织的环保评奖活动:中华环境奖(主办单位:中华环境保护基金会)、地球奖(经国家环境保护总局、国务院港澳办公室批准,由中国环境新闻工作者协会和香港地区"地球之友"于 1997 年共同设立),福特汽车环保奖要突出自身的特色,也要与其他奖项互补,切实地从基层发掘中国致力于环境保护事业的人士和优秀项目。

(2) 开展项目调研。项目组先后召集了多次讨论会,通过专业环保机构咨询环保界的需要、社会的反映,并向相关部门了解具体的政策和重点工作安排,从而为科学制定评选活动规则和项目执行打下良好的基础。

设计并开展网上调查,一方面发布信息,宣传活动本身;另一方面了解公众对环保奖的看法和意见。

深入理解企业的优良传统,发展企业的品牌优势。项目组认识到:福特汽车的品牌优势不仅仅在于提供优秀的产品,其创始人亨利·福特从公司创建伊始,就把目标定在将汽车销往世界各地,使每个人都从中受益,但他也坚持从哪里销售就要从哪里生产。福特的宗旨是成为一个好邻居,无论在任何地方生产,都能为当地作出积极的贡献。因此,福特汽车公司在其近一百年的运营历史中,不但专注企业自身的发展,更时刻注重对社会、对所在社区的责任和义务。在此基础上,项目组制订了相应的公共关系策略和执行方案。

3. 项目策划

(1) 确定活动主题、规模及总体公共关系策略

① 公共关系活动目标。活动的主题是通过福特汽车环保奖的举办,将个人、企业和社会有效地结合起来,共同致力于保护本地环境和自然资源。

这一举措旨在展示福特中国在中国落实企业公民责任的决心,体现福特汽车公司的实力和优秀理念,同时表达福特公司长期与中国社会共同进步的投入与承诺。

② 目标公众。福特汽车环保奖的目标公众包括四个方面。

第一方面:政府主管部门。全国人大常委会环资委、国家环境保护总局等环境主管部门对福特公司的环保立场和实际行动予以了充分的肯定。此外,福特在中国开展业务所涉及的各个政策指导部门和行政主管部门,如国务院发展研究中心、中国外商投资企业协会、工商、税务等部门应邀出席启动或颁奖仪式,亲自见证了福特汽车为中国社会所做

的努力。

第二方面：全国所有致力于中国环境保护事业的个人和民间团体。在奖项推广和评选过程中,通过国家环境保护行政管理部门、青少年教育部门等多种渠道,辐射了环保NGO、环境保护媒体、大专院校、中小学、自然保护区、生态建设区,从最基层的单位、最广泛的地域发掘优秀的个人和组织。

第三方面：福特中国的业务合作伙伴。

第四方面：中国的广大公众,即福特汽车公司产品现有和潜在的消费者,通过这一活动,有效地塑造了福特汽车公司绿色、环保的形象,并传递了福特汽车环保技术、产品和其他活动的信息,体现了企业先进、有实力、投入中国社会的美誉。

对于企业而言,以上四个方面广泛涵盖了福特汽车公司在中国的利益相关人,各方面的目标公众不分主次,重要程度一致。但在活动过程中,推广、媒体宣传、启动和颁奖仪式等不同时期、不同阶段的工作安排能够各有侧重地对上述四方面的目标公众予以关注和接触,形成传播工作时而重点突出、时而铺开的局面和效果。

③ 目标媒体。中央级综合类媒体、环境保护专业媒体、经济类媒体、汽车行业媒体、消费类媒体、地区性重点媒体,涉及电视、电台、报纸、期刊、网络等多种大众传播载体。

④ 公共关系活动策略。使福特汽车环保奖成为可持续发展的品牌,并开展持续的传播活动;立足非政府背景,强调企业对社会的奉献;取得政府主管部门和主要环保组织的认可;赢得公众的关注、参与和支持。

（2）评选机制及规则制定

① 奖项设计。福特汽车环保奖的宗旨是发现和表彰环保领域的无名英雄,支持投身环保事业的各界人士,唤起全社会的环境保护意识,扩大环保举措的影响,持续不断地为中国的环境保护事业奉献力量。

2002 年福特汽车环保奖特别关注那些辛勤工作在环境保护第一线的团体和个人,并放宽了青少年环境项目申请者的年龄范围,同时延长了申报时间。这些改进均旨在让更多的环保勇士和英雄们为环保事业无私奉献的崇高精神和动人事迹得以彰显、认可和嘉奖,并促进未来环保事业的可持续发展。另外,为了避免获奖项目地域过于集中和鼓励偏远地区的优秀项目脱颖而出,组委会特别规定：每个地区获奖名额不能超过总获奖人数的 15%。

② 评选规则制定。制定了申请项目筛选标准、评委打分机制、评审标准,从实用性、献身与承诺、资金需要、新颖性、可复性五项标准,按照一定的权重比例综合评分。此外,还规定了实地考察、入围项目答辩等一整套操作性强、科学严格的评选流程。

③ 组织评委会工作。为了始终保证福特汽车环保奖评选的权威性和公正性,福特汽车公司特别邀请国际著名环保领袖、时任全国人大常委会常委、环境与资源保护委员会主任委员曲格平教授担任评审委员特别顾问,同时邀请对中国环保事业贡献卓著的有关领导、专家、活动家、社会知名人士及新闻传媒共 5 人,组成福特汽车环保奖中国项目评审委员会,全权负责该奖项的评审。福特汽车公司全球副总裁、福特汽车（中国）有限公司董事长兼首席执行官程美玮担任主席。评委会审核每一个参评项目,并召开四次集中会议讨论工作、评选入围和获奖项目。福特汽车公司本身不参与评奖。

（3）传播策略与实施方案要点

① 传播策略。2002年福特汽车环保奖的传播活动贯彻了"长期长效，贯穿始终，立体交叉，纵深发展，广泛铺陈，重点突出"的策略，围绕活动主题，结合企业品牌，开展了有广度、有深度的大众传播工作。

② 实施方案要点。从3月26日项目启动至10月17日结束，公共关系人员根据评奖活动中启动仪式、报名申请、评选、颁奖四个阶段，分批、各有侧重地进行了传播活动。在启动和颁奖仪式中大规模进行新闻发布，在推广过程中，结合"6·5世界环境日"，选择环保权威媒体《中国环境报》及《中国青年报》环保专刊上有重点地进行阶段性新闻发布，并对2001年和2002年获奖项目和获奖者进行专访，进行了16次系列专题报道。在申请中期，报名即将截止前分别选择10余家全国性和北京地区的主要媒体进行新闻发布，介绍奖项特点、汇报工作进展、呼吁广大环保人士积极参与，为活动做了扎实的铺垫和具有持久效果的宣传。与搜狐网联手打造2002年福特汽车环保奖专门网页，及时发布有关奖项的进展和信息，邀请福特中国高层管理人员出席在线访谈，与公众进行关于环保话题的直接交流。公共关系人员设计了环保问答抽奖活动，采取趣味性、竞赛型的方式来吸引公众关注环保话题，积极访问环保网页，进而使公众有更多的机会了解福特汽车公司的经营理念、责任意识、环保举措和对中国社会的献身与承诺。

整体宣传工作涉及中央级综合类媒体、环境保护专业媒体、经济类媒体、汽车行业媒体、消费类媒体、地区性重点媒体总共130余家，综合运用电视、电台、报纸、期刊、网络等全方位的大众传播载体，对评选活动进行了新闻发布、专题采访、网络现场直播、在线访谈等多种形式的宣传和报道。

在宣传工作中运用反映活动特色的方式进行推广。为了以实际行动体现环保的要旨，福特汽车环保奖的申请表以环保可再生纸精心印制，并以生动有趣、图文并茂的形式列出环保的各项内容，进行环保基础教育。号召申请者登录设在福特汽车网站和合作网站上的福特汽车环保奖专题网页下载申请表，通过电子化申请促进对自然资源的节约。在专题网页上刊登福特汽车公司在生产过程中发明和采用的环保技术、环保产品，增进公众对福特公司企业形象、理念及产品的认知。

福特汽车环保奖的传播不仅是局限于通过媒体向大众进行宣传，而且通过项目推广过程，向政府部门、相关组织机构，更重要的是向环境保护人士发出诚挚的邀请，宣传福特公司重视社会责任、参与中国社会环境建设的企业形象。

③ 预算费用。几年来奖项运行费用与所设奖金数目的比例保持在1∶1.5。

4. 项目执行

项目进度安排见表5-1。

（1）启动仪式。2002年3月26日，2002年福特汽车环保奖在北京人民大会堂隆重启动。全国人大常委会副委员长王光英、全国人大常委会环境与资源保护委员会主任曲格平、国家环保总局副局长王玉庆和福特汽车公司总裁兼首席运营官谢尼克（Nick Scheele）、福特汽车（中国）有限公司董事长兼首席执行官程美玮、福特汽车环保评审委员会代表、部分2001年获奖项目代表以及116家媒体的120余名新闻记者出席了当天的启动仪式暨新闻发布会,会上谢尼克、曲格平及王玉庆发表了讲话。

表 5-1 项目进度安排

阶　段	活 动 内 容	时 间 安 排
启动	启动仪式	3 月 26 日
报名申请	发放申请表	启动至申请截止前
	阶段性新闻稿发布及专题采访	4~7 月
评委会评选	第一次评委会全体会议	5 月
	项目评审、打分过程	共 4 次,6~7 月
	第二次评委会全体会议:评出入围项目	8 月中旬
	第三次评委会全体会议	9 月中旬
	项目实地考察	8 月中旬至 9 月中旬
	第四次评委会全体会议:所有入围项目进京答辩,并最终评出获奖者	9 月下旬
颁奖	颁奖典礼(地点:人民大会堂)及新闻发布	10 月 17 日

(2) 项目推广阶段。

① 热线电话。2002 年是福特汽车环保奖进入中国的第三年,为了让更多的默默耕耘的环保工作者能够及时了解并参与此次评奖活动,自 3 月 26 日启动仪式开始至 7 月 15 日,福特汽车环保奖组委会特别在福特汽车公司设立了一部热线电话,由专人负责接听、记录所有的来电内容,并根据来电要求及时将申请表格派发到每一位申请者手中。

② 申请表发放。保持同各省、市环保局及其宣教中心、林业局及其宣教中心、教委、教育局、NGO 和友好协作单位的发放合作关系。同时进一步加强青少年环境项目的宣传和推广,通过学生环保社团(大学)、各省青少年基金会、各省共青团委、妇联以及中小学等渠道,覆盖目标群体。同时,公共关系公司主动与专业媒体和网站等传播发行渠道联络,链接福特汽车中文网站,从而更有针对性地向从事环保的人员、团体发布信息提供从网站下载申请表,以实际行动落实环保理念。

随着申请表发放的同时,随信附上福特汽车环保奖组委会信函一份,强调了福特汽车参与中国环境保护事业的实际行动。

(3) 评委会评审过程。

① 项目初筛及打分。在 3 个多月的项目申报时间里,组委会不断收到来自全国各地的参评项目资料。组委会的工作人员将这些项目资料统一编号、备案存档并整理成册。同时,组委会工作人员将所有的项目参评资料复制并递送到每位评委手中。5 位评委对每一份合格参评项目的申请资料都经过了认真的审阅、考核,并根据 5 个评选标准(实用性、献身与承诺、资金需求,新颖性、可复制性)给予评判。

② 评委会及实地考察。在近 8 个月的评选过程中,福特汽车环保奖共组织了四次评委会集体会议,反复讨论和研究,从 419 个申请项目中评出 38 个优秀的入围项目。组委会工作人员奔赴全国近在 20 个省、自治区和直辖市,对所有入围的 38 个项目逐一进行了实地考察,每个项目调查询问项目负责人和两三个见证人,考察项目的实际情况和意义,并录制音像资料。每个项目撰写考察报告,提交给评委会作为复审的参考和补充信息。

③ 入围项目答辩及评奖。结合项目实地考察情况的报告,评委们对所有考察项目再次逐一进行了严格的筛选和讨论,26 个提名项目脱颖而出。随后,这些项目的主要负责人被邀请来京就项目情况向评委做出现场答辩,接受评委对项目的提问。结合答辩情况和各种综合因素,评委们最终评出了获奖项目和提名奖项目。

以上各项环节保证了 2002 年福特汽车环保奖的整修评选过程充分遵循了公平、公开、公正的原则。

(4) 颁奖典礼。在意味着收获季节的 10 月金秋,2002 年福特汽车环保奖在北京人民大会堂隆重颁奖。100 万元人民币的奖金被授予了 20 名来自全国各地的优秀环保团体或个人,同时还有 6 个项目获得提名奖。全国人大常委会副委员长许嘉璐、全国人大常委会环境与资源保护委员主任委员曲格平、国家环保总局副局长王玉庆等有关部门的领导、福特汽车(中国)有限公司董事长兼首席执行官程美玮先生、福特汽车环保奖评委会代表、获奖项目代表、环保组织代表以及首都新闻界的 127 名记者,共约 200 人参加了当天的颁奖典礼。

5. 项目评估

(1) 公众认知

① 公众参与。对 2002 年福特汽车环保奖的认知通过热线电话数量和申请参评的踊跃程度可见一斑,整个热线电话接听期间组委会共接到来自全国各地 31 个省、市和自治区的咨询电话 300 多个,询问活动规则和申请办法。2002 年福特汽车环保奖受到广大热爱环保事业人士的热情支持和广泛参与,项目申请来自全国 29 个省、直辖市和自治区。在获奖者中,有年少的赤子,有 75 岁的高龄老人,有绿化荒山的拓耕者,有爱鸟护鸟的热心人,有利用互联网传播环保知识的年轻人,有数十年默默耕耘环境教育事业的工作者,也有足迹遍及乡村、城镇的环保宣传志愿者。这些获奖者来自基层,也将回报基层,福特汽车环保奖的颁发不仅是对他们环保业绩的肯定和表彰,而且所提供的奖金为他们的环保项目进一步发展提供了资助。

② 品牌形象巩固与提升。福特汽车的环保立场及环保技术也已得到了国内公众及消费者的认可。在当年上海某调研公司所做的一项调查中显示:福特汽车在消费者心中被认为是一家绿色环保的企业。

(2) 媒体宣传效果

在启动仪式及颁奖典礼中,向媒体发放的新闻资料夹包括了 2002 年福特汽车环保奖新闻稿、精心制作的获奖项目介绍册、获奖项目宣传片、福特汽车环保奖全球开展状况宣传片,2001 年获奖项目进展报告、福特汽车公司及福特汽车(中国)有限公司背景资料等。共有 130 家媒体对启动仪式和颁奖典礼分别进行了报道。在《中国环境报》及《中国青年报》环保专刊上共刊载 2002 年福特汽车环保奖的专题采访报道 32 篇,在主要媒体上进行阶段性新闻发布 20 余篇次。通过网络的传播方式与公众建立直接、及时的交流累计有 65407 人次访问了福特网页,5043 人次参加了 2002 年福特汽车环保奖在线问答。在持续 7 个月的活动过程中,国内 200 多家媒体共刊出介绍此奖项情况的报道 300 余篇次。如果用公共关系到广告的价值换算,公共关系宣传价值将超过投资的 5～10 倍。

（3）政府关系

福特汽车环保奖被评价为国内规模最大、奖金额度最高、影响力最大的环保评奖活动，得到了政府、环保组织、新闻界和公众的充分肯定和大力支持。在启动仪式、颁奖典礼等活动中，全国人大常委会和国家环保总局的领导出席并发言，对福特汽车公司持续支持中国环保事业的举措表示赞赏。尤其值得一提的是：在 2002 年庆祝中美建交 30 周年过程中，福特汽车环保奖的活动照片被中国外交部出版的《中美关系 30 年》大型画册引用，并被称为是中美关系中民间外交的范例。

（4）提升品牌形象

2003 年 10 月，福特汽车公司董事长兼首席执行官比尔·福特（Bill Ford）访华期间宣传福特汽车公司正在迅速拓展中国业务。福特公司已于比尔·福特访问重庆期间同长安汽车集团签署了一份谅解备忘录，扩大战略合作伙伴联盟，谋求进一步在中国拓展汽车市场的商机。他在新闻发布会中再次表达了福特汽车的理念，展望了福特汽车（中国）有限公司参与中国社会建设的前景。其中特别提到了每年一度的福特汽车环保奖，以实际行动诚恳地表示了福特汽车（中国）有限公司参与中国社会建设的愿望。比尔·福特表示：福特公司将始终着眼于企业所经营运作的、所处的环境和社会，与其在中国的合作伙伴一道成为一家伟大的公司，在提供出色产品及服务的同时，努力使世界变得更加美好。

（资料来源：中国国际公共关系协会推荐. 最佳公共关系案例. 合肥：安徽人民出版社，2005）

思考讨论题：

（1）结合本案例，谈谈福特汽车是如何把握公共关系工作的四个基本步骤的。

（2）本案例中的项目评估有何独到之处？

（3）环保公共关系是公共关系的一个新领域，福特汽车巧打"环保牌"，其成功之处表现在哪些方面？

（4）福特汽车环保奖定位于 CSR（企业社会责任），请设想一下企业还可以运用哪些公共关系方式反映承担"CSR"的公共关系特色。

5.3.3 情境模拟：设计学院公共关系宣传活动实施方案

1. 实训目的

提高学院的知名度、美誉度，扩大学院的影响。

2. 实训时间

4 学时。

3. 实训地点

教室。

4. 实训要求

配合学院的招生宣传，组织一次宣传学院的公共关系活动。以班为单位，可以先通过老师了解学院的基本情况,然后由学生个人设计活动方案,在小组内讨论交流,相互启发,补充修改,最后在全班汇总,形成一个较完整的实施方案。

5. 实训手记

通过训练,我的收获是: _____。

5.3.4　情境模拟:撰写新闻舆论分析报告

1. 实训目的

通过本实训充分了解新闻报道对公共关系活动的影响,并能对新闻报道实践活动的开展起主要的补充作用。

2. 实训时间

1 学时。

3. 实训地点

教室。

4. 实训内容

每名学生各自找一篇有关企业的新闻报道,并对该报道做一次全面的新闻舆论分析。

5. 实训要求

主要是找准新闻报道是否是企业自我的一次公共关系活动策划,而且通过此报道企业形象宣传的效果得到增强,并能达到知名度和美誉度都确有一定程度的提高。教师应帮助学生参阅一系列的最新和最近的报纸和杂志,并指导他们寻找相关的新闻报道。

6. 实训考评

学生提交的分析报告是考评依据。考核首先看分析报告格式是否正确;其次看内容是否科学严谨;最后看知识面是否广阔。成绩的评定采取自评和教师综合评定的方法。

7. 实训手记

通过训练,我的收获是: _____。

课后练习

1. 如何设计公共关系实施方案?
2. 在你所在的机构中,组织一次"'××杯'公共关系基本原理知识竞赛",请写出策划方案,包括:活动主题、活动目的、活动内容、活动安排、活动组织工作、竞赛程序、竞赛规则以及竞赛题目等内容。如果你具体组织实施,请谈谈感受。

3. 公共关系实施过程中会遇到哪些障碍,如何克服?

4. 某商业零售企业对1000名消费者进行抽样调查表明,有400人知道该公司,其中只有20%即80人对该公司表示赞许,10%即40人表示进行消费行为时首选该公司。根据这一调查结果,你认为该公司应怎样开展公共关系工作?

5. 应该从哪些方面对公共关系效果进行科学的评估?

6. 请走入社会了解一些社会机构所进行的公共关系活动是否成功,并予以评价。

7. 选择一家酒店,分别从酒店的外观、服务人员的工作质量、服务项目设置、酒店宣传等方面进行调查,针对酒店公共关系工作写出评估报告。

8. 公共关系评估工作,必须取得组织领导的支持,请结合实际谈谈公共关系评估工作应如何取得领导的支持?

9. 案例思考题。

案例1

事 与 愿 违

某大型商场开业在即,为使企业开业伊始便有较高的知名度,企业策划了一个别出心裁的活动,以期引起当地媒体的关注。开业当天,在商场外搞抛发礼券活动,每张礼券500元,共抛售1000张。活动当天,先后有数万人参加了争抢礼券活动。受活动影响,商场周围交通被迫中断,结果导致市政当局和部分市民的不满。同时,活动本身秩序失控,导致一些人被挤伤。对此,当地几家媒体对活动所带来的问题进行了报道。尽管活动的开展客观上使企业有了知名度,但知名度带给企业的却是企业不希望看到的结果。

思考讨论题:

(1) 公共关系实施中应注意哪些问题?

(2) 用所掌握的公共关系知识对该商场的开业活动加以评析。

案例2

精工表誉满全球的奥秘

1964年东京奥运会结束后不久,曾有日本人访问罗马。在一家餐厅里,当侍者看到这位日本人手腕上戴的是瑞士产品时,竟疑惑地问:"您真的是日本人吗?"侍者诧异日本人竟然没戴在东京奥运会上叱咤风云的日本精工表。侍者的态度不仅反映了公众对精工表的评价,这实际上也正说明精工计时公司,借助奥运会开展的公共关系活动的成功。从某种意义上讲,这也是对该公司公共关系活动效果的最好评价。精工计时公司的公共关系计划是如何实施的呢?

(1) 精心策划运筹帷幄

功夫不负有心人。精工表饮誉东京奥运会,其公共关系战略却要追溯到在东京举办奥运会的4年前,当奥运会一经宣布将在东京举行,日本主办单位决定的第一件事项就是大会的计时装置,当东京奥运会决定首次使用日本国产表后,奥委会的有些人士曾深感不安,唯恐发生故障使大会难堪。

日本精工计时公司决心消除人们的种种顾虑,制订了"让全世界的人都了解精工的计时是世界一流的技术与产品"的公共关系计划,确立"荣获全世界的信赖"为公共关系目标,"世界的计时——精工表",作为公共关系活动的主题。为此,精工计时公司着手制订并实施了一项长达 4 年之久的整体计划,开始了一场史无前例的公共关系活动。

(2) 巧妙实施逐层推进

首先,精工计时公司派遣本企业的公共关系人员到罗马奥运会,进行"奥米茄"计时装置的现状及设施使用情况的调查。根据调查结果,决定产品开发的程序,拟订全盘公共关系计划。同时,各公司也开始进行多种多样的计时装置技术开发工作。随着计时装置开发工作的顺利进行,精工计时公司的公共关系计划也已策划成熟。调查研究工作结束之后,整个公共关系计划便分为三个阶段实施。

第一阶段主要是全力以赴地开发计时装置技术并同时说服主办单位使用该企业的产品。另外,会场的布置也需要征得国立竞技场和东京都政府的认可。精工计时公司一方面积极从事游说工作;另一方面将新开发的计时装置提供给日本国内举办的各种运动会作为实验之用,其目的是为了向各委员会证明精工技术的可信度。真诚努力终结硕果,奥林匹克组委会于 1963 年 5 月正式决定东京奥运会全部使用精工计时装置。

第二阶段,在改进技术的同时,展开了以"精工的竞技计时表将被用于东京奥运会"为主题的公共关系活动。为了在世界范围内大造舆论,精工准备了奥运会预备会上所需的宣传手册,广告宣传也紧锣密鼓地开展。

进入奥运会前的第三阶段,公共关系的各种计划先后付诸实施,报纸、广播、电视等在报道与奥运会有关的消息时,都或多或少地涉及精工表,从而造成了"东京奥运会必须使用精工计时装置"的舆论。

由于精工与奥运会的完美结合,公共关系活动收到了奇效。当东京体育馆室内比赛大厅的竞技计时装置完成后举行盛大的落成典礼时,精工的技术被夸耀为日本科学的精华,无与伦比的结晶,终于实现了"精工——世界的计时表"这一目标。

精工计时公司为这次长达 4 年的公共关系战役投下的资本是:85 名技术员与 890 名作业员以及数百亿日元的财富。然而,公共关系成就的最好例证便是开篇的故事,在罗马人眼里,精工表可以跟瑞士表媲美,这足以说明精工计时公司此项公共关系活动的效果。

思考讨论题:

(1) 在现代社会的企业经营活动中,借助大型体育运动会传播企业形象已司空见惯。但是在许许多多的实例中,为什么精工计时公司的公共关系活动如此出类拔萃,效果如此显著?

(2) 本案例对你有何启示?

案例 3

只载一名乘客飞行的英航公司

1988 年 10 月 25 日,一架波音 747 喷气式客机从东京飞往伦敦,机上只有一名乘客。这架飞机是英国航空公司所属的 008 号航班,乘客是日本妇女大竹秀子,为什么一架飞机只载一人飞行？原来，在东京等候这架飞机的有191名乘客，可是，这架飞机因机械故障推迟起飞。其他190名乘客都经劝说改乘别的航班走了，唯独大竹秀子非008号航班不乘。在此情况下，英航毅然决定008号班机在修复后放弃另外的飞行，载着大竹秀子一个人开始了航程为13000千米、飞行时间为13个小时的长途飞行。在航行过程中，大竹秀子被请到头等舱，15名服务员和6名机组人员专为她一个人服务。她享用了水煮大马哈鱼、嫩煎猪肉等美味菜肴，又收看了专场电影，在睡意蒙眬中飞抵伦敦。大竹秀子一走下飞机悬梯，便被闻风而至的几百名记者团团围住。为了这次飞行，英航公司损失了整整10万美元。

思考讨论题：

(1) 英航公司该不该损失这10万美元？

(2) 请评估这次活动的效果。

案例4

"古典可乐"的诞生

1985年，美国可口可乐公司因为销售额比百事可乐公司低而处于竞争的劣势，为了增强产品的市场竞争力，可口可乐公司决定把老配方打入冷宫，宣布改用新配方。然而，可口可乐公司采用新配方并没有赢得社会的广泛欢迎。此前，公司曾对19万消费者进行了尝试调查，其中55%的消费者喜欢用新配方制成的饮料，据此，公司就以新配方进行生产，没想到激起许多人的强烈抗议，公司每天接到无数抗议信和抗议电话。一位女顾客在信中说："我一生只有两件事最重要：上帝和可口可乐。但是，你们现在夺走了一件。"不少顾客认为，老可口可乐风味独特，新可口可乐淡而无味。当年6月份，在美国旧金山竟然发生了"全国老可口可乐饮户协会"举行的一场抗议新可口可乐的大示威。在其他地方，有十几万人签名要求恢复可口可乐老配方。有些顾客组织了"老可口可乐俱乐部"，发动老可口可乐爱好者上街示威，甚至向法院提出控告。他们认为可口可乐公司改变配方是轻举妄动、盲目创新、忽视传统价值。更为重要的是，从当年5月份改用新配方以后，可口可乐销量大跌。在公众的巨大压力下，7月份，可口可乐公司召开紧急会议，决定恢复老配方生产。7月10日宣布恢复老配方并冠以新商标——"古典可口可乐"，同时，也采用新配方生产可口可乐新品种，以满足不同顾客的需要。这样一来，便形成了新老可口可乐两面夹击的攻势。于是，可口可乐的股票每股猛涨了2.75美元，而百事可乐公司的股票却相应的下跌了0.75美元。

思考讨论题：

(1) 结合本案例谈谈公共关系效果评估在公共关系中的作用。

(2) 本案例对你有何启示？

任务6

公共关系专题活动

如果公共关系要想影响对于公司的生存和成功必不可少的互惠互利关系,它就必须参与制定行动战略,并且将这种战略与随之而来的传播联系起来。

——[美]斯各特·卡特里普

今天真正的统治者是那些能够制造大众认同的"舆论工程师"。

——[美]贝奈斯

学习目标

- 做好开展公共关系专题活动的基础工作;
- 科学地选择公共关系活动模式;
- 组织开展庆典活动;
- 组织开展展览活动;
- 组织开展赞助活动;
- 组织开展联谊活动;
- 组织开展开放参观工作。

案例导入

别开生面的庆典活动

一天,美国某连锁店的公司总部办公楼前,鲜艳的彩旗在微风中轻柔地飘拂,争奇斗艳的鲜花传递着温馨的情意。络绎不绝的人群纷纷涌向这里,里里外外挤得水泄不通,记者的镁光灯不停地闪烁,一场别开生面的庆典活动在一种情趣盎然的氛围中拉开了序幕。

那一天,是该公司开业三十周年的纪念日。为了使这次纪念日的庆典活动在公众心目中产生轰动效应,培养员工对本公司的认同感、归属感,进一步增强凝聚力和向心力,公司总裁和有关人员经过精心谋划,确定这次庆典活动以"内求团结、外求发展、提高知名度、管理上台阶"为基本宗旨。

这场庆典活动奇就奇在亮相的第一个节目：公司总裁将为一位在公司连锁店门口擦了二十五年皮鞋的老黑人举办一次活动。在有色人种遭歧视、受凌辱的美国,这无疑是一个颇具影响的事件,引起了新闻界和广大公众的好奇心,尤其是黑人们更是普遍予以关注。华丽的大厅响起了一阵阵美妙的鼓乐声,总裁恭恭敬敬地端起酒杯说："女士们、先生们,承蒙诸位莅临本公司开业三十周年庆典活动,敝公司不胜荣幸。请允许我代表本公司的全体员工及我们的'上帝',向这位在商店门口擦了二十五年皮鞋的老人表达我们最诚挚的敬意和衷心的感谢,愿老人家健康长寿。然而,今天仅仅为老人举杯祝福仍难以溢表我们的心愿。"说着,总裁在众目睽睽之下蹲下身子,请老人坐下,亲自为他擦亮脚上的皮鞋。这突如其来的举动顿时令这位含辛茹苦、饱经风霜的老人老泪纵横,来宾们群情沸腾,欢声四起。翌日,美国的各种大众传播媒介多角度、多层次地将这一庆典活动辐射到全国各地,轰动了整个美国。

这家公司颇具特色的开业三十周年庆典活动,不仅进一步提高了该公司的知名度,树立起良好的社会形象,还极大地调动了公司员工们的积极性,增强了凝聚力、向心力。此后,该公司的营业额扶摇直上,利润成倍增加。

在开展公共关系活动中,除了大量的日常性工作要做外,各公共关系部门还要有计划、有目的地开展庆典等一些专项活动,也叫做公共关系专题活动。这些活动内容广泛,形式多样,有许多技术性问题需要把握。

6.1 知识储备

6.1.1 公共关系专题活动概述

公共关系专题活动是指有目的策划的、有明确主题的活动,亦称作公共关系的"特殊事件"。它是在确定了一个明确主题的基础上,围绕这一主题而设计一系列具体的活动内容和活动方式。策划公共关系专题活动是富于挑战性和创造性的工作,通过公关人员独具匠心的设计,使之成为日常公共关系工作的高潮,变"无心插柳"为"有意栽花",为企业创造了有利的公共关系时机。

1. 公共关系专题活动的作用

开展公共关系专题活动主要作用如下。

(1)制造新闻。吸引新闻媒介和社会公众的注意,以扩大组织的社会影响,提高组织的知名度。公共关系意义上所讲的制造新闻,是指在坚持真实性的前提下,举办具有新闻价值的活动,吸引新闻界和社会公众的注意,争取被报道的机会。公共关系专题活动因具有明确的主题、独特设计的活动内容,因而会成为新闻媒介和社会公众关注的"热点"。当然,策划者更应该主动与新闻媒介联系,使新闻媒介的参与成为整个活动的组成内容之一。

(2)为促销服务。通过公共关系专题活动制造有利的营销气氛,淡化推销色彩,使社会公众从感情上接受一种新产品、新服务,从而为进一步的销售活动开拓道路。

(3) 营造喜庆气氛。利用社会上传统的重大节目或企业自身富有意义的纪念日,举办一定的活动来表达企业对社会公众的善意,改善社会舆论和关系环境,改善企业内外部的人际关系。

(4) 联络感情。通过策划和举办公共关系专题活动,与社会各界广泛联络交往,为企业广结善缘,达到"争取有用的朋友"的目的。

(5) 挽回影响。当企业形象受到损害时,需要运用各种手段加以纠正。举办公共关系专题活动即为方法之一。可以通过针对性强的活动设计,改变公众原有的印象,纠正不利的社会舆论,使受到损害的组织形象得以恢复。

2. 公共关系专题活动的特点

公共关系专题是社会组织为了加强与特定公众的联系、扩大组织的社会影响,围绕某一确定目标而开展的特殊的公共关系活动。它一般具有以下特征。

(1) 主题的明确性。公共关系专题活动是专门为实现某一具体目的而举行的,具有明确的主题,活动的策划与程序的安排都要围绕这一主题进行。只有主题鲜明,才容易引起舆论和公众的关注和兴趣,从而使组织形象在公众的心目中留下深刻印象。明确的主题能让公众更好地知晓组织行为的目的及意义,加深公众对组织的了解和信任。

(2) 内容的丰富性。一项专题活动往往是一系列活动的组合。例如,一个庆典活动涉及宴请、仪式、联欢、新闻发布等专项活动。也就是说,一个鲜明主题需要各个活动来展示,专题活动有着丰富复杂的内容。

(3) 媒介的多样性。一个专题活动若要达到预期的目标,需运用各种媒介,如电子媒介、印刷媒介,通过声、像、光和现场、实物、纪念品以及报告、解说、咨询等各种形式来最大限度地吸引公众的注意力,引导公众参与,并借助各种可能运用的媒体来扩大专题活动的影响。

(4) 对象的广泛性。一般说来,组织举办专题活动所邀请或参与的对象比较广泛,具有不同的层次。例如,商场举办一个开张典礼,邀请的对象除了上级主管部门领导之外,也应包括兄弟单位的领导、新闻人士、社区的群众、供货商、顾客代表等。

(5) 目标的层次性。组织开展公共关系从根本上说为了宣传组织形象,使组织行为为公众所接纳,这是公共关系活动的总目标。专题活动作为特定的公共关系活动是为了塑造组织形象,从近期来看,则是通过活动吸引公众、赢得公众。专题活动目标的这种层次性,要求组织做到近期目标和长远目标的一致和统一。

(6) 程序的规范性。专题活动是一个环节、运作复杂的公共关系活动项目,要求有规范、完整的程序和步骤,讲究组织严密、安排得当。程序的规范化有利于活动按部就班地运作,及时进行监控,有效地协助各环节间的工作,使各项活动循序渐进、井井有条,从而保证活动质量。

3. 公共关系专题活动的基本要求

公共关系专题活动题材广泛,内容颇多。要使公共关系专题活动开展得有特色,有一定的影响面,要做到以下几点。

(1)明确的活动目的。任何公共关系专题活动都要有明确特定的目的,在活动中要努力促使其目的的实现。比如,通过开展纪念活动,使人们不忘历史人物对今人的影响,从而达到激励、教育人们的目的。美国通用汽车搞的历代汽车"进步大游行",就是选在汽车发明周年纪念时举行,车队慢悠悠地开出纽约,连贯"走访"了几个城市,所到之处有上万人的关注,意在让人们了解汽车的发展史,宣传通用汽车公司不朽贡献、可靠信誉、经营宗旨和最新技术成果。再比如,通过发布信息,解惑释义,消除误会,通过专项服务,联络感情,提高信誉等。

(2)鲜明的活动主题。任何一项专题活动都必须有鲜明的活动主题,它是专题活动目的的具体化,是专题活动的中心。主题要根据组织面临的主要问题,人们共同关心的问题和主客观条件来确定,如理论问题、社会问题,或以纪念某一重大节日、历史事件或历史人物等为主题。

(3)认真策划,周密安排。公共关系专题活动的主题确定之后,就应着手制订活动计划,包括确定活动的时间、地点、形式及规模,确定主持人、报告人、参加人员等。另外,还要安排与专题活动相联系的一些辅助活动。同时,还要组织一支精干的筹备队伍分工明确、密切合作,安排好活动的各项事宜,这是举办专题活动的组织保证。

(4)努力实施,确保成功。公共关系专题活动一般来说影响都是很直接的,效果也是明显的,但是,一项专题活动成功与否,评价是客观的。因此,要求每一项专题活动都必须既认真努力实施,又要慎之又慎,只许成功,不能失败,否则,稍有疏忽将酿成难以弥补的损失。

6.1.2 公共关系专题活动模式

公共关系活动模式是公共关系工作的方法系统,是由一定的公共关系目标和任务以及这种目标和任务所决定的数种具体方法和技巧构成的有机体系。公共关系的工作方法是极为广泛和多样的,但都没有一种包医百病的灵丹妙药。不同类型的组织机构,同一组织的不同发展阶段,或同一阶段中针对不同的公众对象及不同的公共关系任务,需要我们选择不同的公共关系活动模式。

1. 宣传型公共关系

宣传型公共关系是借助媒介开展宣传工作的公共关系活动模式。公共关系活动是一种信息传播活动。这种传播尽管与传统的宣传活动不尽一致,然而仍然需要采用一些宣传的手段和方法来达到信息沟通的目的。通过新闻媒介进行公共关系宣传是更多的组织从事公共关系活动所不可缺少的工具之一。

(1)宣传型公共关系的特点。

① 目的明确。宣传公共关系的目的就是要宣传组织的方针政策、价值观念、产品服务及有关信息。每次公共关系宣传至少有一个明确的目的,如果有几个目的,必须明确一个主要的。宣传媒介、方式、时间等都是根据目的进行选择的。

② 时效性强。宣传公共关系活动把有宣传价值的信息及时准确地传递出去,在相应的时间内能起到良好的宣传效果。

③ 传播面广。宣传型公共关系活动必须要借助传播媒介。任何传播媒介的接受公众都不是个别的,而是相应的群体,特别是全国性的报纸、杂志、广播、电视等媒介涉及范围大到全国各地的公众。

(2) 宣传型公共关系的方式。根据宣传对象的不同、宣传型公共关系可分为内部宣传和外部宣传两种方式。

① 内部宣传。内部宣传是公共关系人员最经常进行的工作之一。它的主要对象是内部公众,目的是可以让内部公众及时、准确地了解与组织有关的各方面的信息,如组织的现行方针和政策,组织各部门的工作情况,组织的发展成就、困难和挫折,采取的行动与措施,外界公众对组织的评价以及外部社会环境的变化对组织的影响等,以便鼓舞士气,取得内部谅解和支持。常用的手段有报纸、员工手册、黑板报、宣传栏、闭路电视、演讲会、讨论会等。例如,北京百货大楼的内部报纸《商海公共关系》、京海计算机公司办的内部刊物《京海纵横》,都是内部宣传的形式。

② 外部宣传。外部宣传的对象包括与组织机构有关的一切外部公众,目的是让他们迅速获得对本组织有利的信息,形成良好的舆论。外部宣传的形式有两种:一种是不借助大众传播媒介的宣传,包括举办展览会、经验或技术交流会等;另一种是借助大众传播媒介的宣传。具体有两种作法:一是花钱利用广告做宣传;二是不必支付费用,又易于为公众所接受的形式,即通过新闻节目播出。必要时还可以抓住公众关注的"热点",组织相应的活动,吸引新闻媒介前来报道,如前所述的"制造新闻"。

2. 交际型公共关系

交际型的公共关系是指不借助其他媒介,只在"人与人"之间的交往中开展公共关系社交活动的方式。交际公共关系借助于人与人之间的直接接触,进行感情上的联络,为组织广结善缘,建立广泛的社会关系网络,形成有利于组织发展的人际关系环境。

(1) 交际型公共关系的特点。交际型公共关系实际上是一种通过人际交往进行的传播,特别是注重建立良好的人际关系。其主要特点包括以下几方面。

① 直接性和双向性强。在实施交际型公共关系时,公共关系人员与特定的公众是面对面的直接地彼此交流。由于其交往对象十分明确、具体,其交流的内容也就更有针对性,同时能立即得到反馈信息,可以据此调整传播的内容和形式,因此容易收到预期的结果。

② 情感性和信息性并存。采用交际型公共关系时,组织与公众之间交流的不仅是有关信息,更突出的是情感。通过彼此的了解和情感的共同加深,更有利于创造"人和"的公共关系环境。

③ 选择性和稳定性明显。组织为了达到特定的目的,必然要选择具体交际对象和交际方式,一旦与交际对象建立正常的关系后,不会因双方信息与情感交流的时间中断而中断。

④ 以语言类符号为传播工具。交际公共关系往往不需要专门的媒介传播,主要是通

过交谈、函、电来进行,使用的主要是言语(口头语言)、文字(书面语言),还有表情、体态、手势、服饰、类语言等。

⑤ 个性化的色彩极浓。在交际型公共关系中,公共关系人员与公众都是以个人的姿态参与的,就是说"公共关系"的交往却以"私人关系"的形态来表现。其优点是可以通过"私交"来实现"公交"的目的,缺点是容易使"庸俗关系"乘虚而入。同时,在交际型公共关系中,传播的内容和形式受交际双方个人特质的影响极大,因此对公共关系人员及有关人员自身素质的要求比较高。

(2) 交际型公共关系的方式。交际型公共关系的方式可以依交际对象的特征分为团体交际和个人交际两类。

① 团体交际。团体交际是指组织与相关组织之间进行的交际活动,主要有联欢会、宴会、茶话会、慰问活动,以组织名义进行的礼仪性函电往来,还有结合记者招待会、座谈会、工作餐进行的交际等。

团体交际的特点主要有:

- 虽以组织名义进行,却是通过双方组织成员的个体接触来实施。
- 参加者是各自组织的若干人,容易形成热烈友好的气氛,特别是可以发挥每个参加者的交际才能,以个体才能的互补来促使群体交际收到尽可能好的结果。
- 活动形式生动活泼,话题范围可宽可窄、灵活多样。
- 由于时间和场合的限制,不如个体交际深入。

② 个人交际。个体交际是组织中的公共关系人员或其他员工个人与相关组织或个人之间进行的交际活动,主要是个人拜访、交谈,有个人签名的函电往来,还有结合商品推销、服务进行的交际等。

这里所说的个体交际和一般人际关系中的个人交际最主要的区别就是目标不同,即这里的个人交际以建立良好的公共关系为目标。它的主要特点是:

- 以个人为重点进行交际,无论从组织还是实施的角度看,都非常方便。
- 可以多次进行,便于深入地交际,因而也便于取得预期的交际效果。
- 可以借鉴处理一般交际关系的经验,利于加深已有的"私人关系"。

3. 服务型公共关系

随着社会发展,世界经济日益转变为服务型经济。根据公众的需求,社会组织策划各式各样的公共关系服务活动,通过优良、周全的服务活动来赢得公众的好评,塑造社会组织的良好形象,是公共关系工作的又一重要特色。所谓"服务型公共关系",是一种以提供优质服务为主要手段的公共关系活动模式,目的是以实际行动来获得社会公众的了解和好评,建立自己良好的形象。

(1) 服务型公共关系的特点。服务型公共关系既有服务特征,又有浓厚的公共关系色彩,相对于一般意义上的服务与公共关系,其基本特征包括以下几点。

① 道德效应与经济效益的统一。服务型的公共关系活动,从其策划依据、社会背景、与公众的切合点到活动的形式和内容,都表现出道德性。从某种角度看,它是一种正义的社会公德活动。有时它表现为社会公德宣传活动。例如,提倡艰苦奋斗,反对铺张浪费;

提倡文明、健康、科学的生活方式,反对愚昧、落后的陈规陋习;宣传诚实友爱、尊老爱幼、助人为乐、见义勇为等。有时它表现为开展社会、社区服务,为建设社会安全、环境优美、文体生活健康丰富的社区添砖加瓦;有时它表现为慈善捐助活动。这样的社会、社区性服务,无论其口号还是行为,都会产生一定的道德效应,是社会主义精神文明建设不可缺少的重要组成部分。但是,服务型的公共关系活动又具有经济效益。这主要体现在两个方面:其一,社会组织通过服务创造了良好的营销环境和消费氛围,促进了商品的流通速度,以此赢得眼前的商业经济利润。其二,社会组织借助服务性公共关系活动,塑造了良好的形象,赢得了公众的支持乃至高度评价,为社会组织长期发展准备了消费公众市场,获得了长远的商业经济利润。正因为服务的公共关系活动能够在经济上产生眼前效应与长期效应,因此日益受到有关社会组织的重视,视为新型的竞争方式。服务型公共关系活动这种融道德效应与经济效益于一体的特征,是其商业价值和道德价值双重效应的基础。它要求我们在实际工作中既不能因其道德性而排除其商业性,只讲付出而不讲利润,又不能因其商业性而排除其道德性,只求利益至上而忽略乃至抹杀道德服务。任何只求其一,漠视另一特征的做法,都不符合服务型公共关系活动的要求。

② 无形与有形的统一。公共关系中提供的服务产品,既可以是有形的,即实物产品,又可以是无形的,如搬运服务、寄存服务等。从有形性来看,服务型公共关系有时提供给公众的是一种实物形态存在的物质产品,给公众带来明显的实惠感。从无形性来看,服务型公共关系有时并不给公众提供实物产品,而是以"活动"形式提供帮助、协助,这种服务就是"不留下可以触摸到、同提供这些服务的人员分开存在的结果……"对于社会组织而言,无形的服务产品是一种特殊的带有利他色彩的服务劳动过程。因此,公众在接受社会组织服务过程中,如果服务产品是有形的,公众接触较多的是商品或产品;如果服务产品是无形的,公众接触较多的是社会组织的员工。服务型公共关系肩负着塑造社会组织综合形象的重任,既要塑造质量技术形象,又要塑造道德人格形象。因此,在操作上,它必然强调物质产品和服务劳动"活动"的统一运用,既为公众提供优质产品,又为公众提供义务服务,"虚实相互",有形与无形相辉映,实现公共关系的最优状态。

③ 综合性与专题性的统一。人类对于服务的要求是十分繁多的,凡是人类涉足的领域都存在服务需求。这样,服务在人类生活中就呈现出繁杂纷纭、种类繁多的色彩。就其形态而言,既有实物产品,又有活动"产品";既有物质产品,又有精神产品;既有生产技术服务产品,又有生活服务产品……这些不同类型的产品,以其独特的服务"效用",满足人的某种要求。人类需求的多样性,决定了服务范围的广泛性,使公共关系中服务具有综合性特征。但是,社会组织提供的服务,由于其职能和局限性,不可能充分顾及到人类需求的所有方面,往往带有一定的专题性、主题性,即根据公众需求与社会组织的相关程度,组织相应的活动,开展公共关系服务。

④ 长期性与集中性的统一。公众的服务性需求是永恒的,当一种服务性需求得到满足后,又会产生新的服务性需求,而公众又往往根据社会组织最近提供的服务业务来判断社会组织。因此,社会组织长期坚持开展服务型公共关系活动。公共关系服务的长期性特征要求我们在实际工作中做到:a.制订详尽的年度性乃至中长期的服务战略和计划,规范社会组织的长远性服务活动。b.根据公众的需求,合理安排公共关系服务活动的时

间,以便在不同时期均能为公众提供服务。c.坚持社会组织为公众服务的传统项目,每年在大致相同的时间里,开展内容相同的服务活动,能够使服务活动具有某种"历史悠远性",强化它的长期性特征。在具体操作上,服务型公共关系活动具有集中性、短期性的特征,即它要在某个时间内集中为公众服务,持续时间较短,有一个明显的结束时期,而集中开展的公共关系服务活动又体现了服务战略计划的要求。这样,长期性与集中性得到有机统一。

(2)服务型公共关系的方式。服务型公共关系,根据它与社会组织其他工作的关系,可以分为渗透式的服务型公共关系和单纯的服务型公共关系。

① 渗透式的服务型公共关系。渗透式的服务型公共关系是指社会组织渗透于业务、岗位之中开展的优质服务。渗透式的公共关系服务,对社会组织而言,是最基本的,它能够把服务与业务结合起来,以服务推动业务工作日趋科学,以业务工作保证服务的真正到位,因此深受公众欢迎。可以说,社会组织所有的业务范围都可以渗入服务,表现出为公众服务的本色。从科研设计到生产、营销都要接受社会组织服务精神的指导,社会组织的领导者、管理者、科研人员、生产人员、营销人员都是为公众提供服务的仆人。所以说,渗透式的公共关系服务主要包括售前服务、售中服务和售后服务。

② 单纯的服务型公共关系。单纯的服务型公共关系是指社会组织离开业务岗位而开展的服务活动。从公共关系角度来看,单纯的服务方式,公众看不到其中的"利己"动机,只表现为公众提供服务,更加具有公共关系效果。可以说,凡是公众需要的内容,凡是公众涉足的领域,都是社会组织服务的范围。因此,单纯的公共关系服务范围是十分宽广的。方式方法是多种多样的,常见的主要有:

- 提供相关服务。即社会组织根据公众的实际需求,主动向公众提供一些自己没有义务责任但又与自己的经营内容相关的服务项目。例如,商店免费为顾客开设商品寄存业务,摩托车厂家为所有牌号的摩托车提供维修服务。虽然顾客的商品不是在本店购买的,车主的摩托车不是本厂生产的,但有了这种服务,公众将深受感动,以后容易成为自己的忠实顾客。
- 组织社会公益服务。即选择符合政策、法律、道德要求的社会热点问题,如环境卫生、社会治安、种植树木等,组织员工义务劳动。这不仅可以树立良好的服务形象,而且可以推动精神文明建设。
- 开展资助、馈赠服务。当社会公众遇到困难时,社会组织及时组织募捐活动,筹集钱、物,从物质上、精神上帮助公众,这可以完善社会组织的人道主义形象。

4. 社会型公共关系

社会型公共关系是指组织利用各种社会性、公益性活动塑造形象的公共关系活动模式。类似普及性的宣传教育、社会福利事业的开拓及开展公益性活动等,都具有社会型公共关系的含义。

(1)社会型公共关系的特点。

① 内容的公益性。社会主义市场经济条件下的组织,不仅担负着一定的经济使命,而且要承担一定的社会责任,支持社会公益事业,促进两个文明建设。组织为公益事业做

出贡献,就是社会型公共关系。北京肯德基公司曾举行了"为了孩子、为了未来"大型义卖活动,义卖活动利润全部捐献希望工程,就是一种公益性公共关系活动。

② 影响面的社会性。社会型公共关系活动的内容是公益性的,因此与社会主义倡导的风尚相一致,往往能得到新闻界的热心支持和宣传报道,这必然在较短的时间内扩大组织的影响。同时,社会型公共关系的形式很多,特别是传播先进科学技术知识、赞助体育事业、举行义演等活动,能够使人产生兴趣、引人入胜,不仅给人以深刻的印象,而且引起人们的相互传播,其结果是提高了组织的知名度和美誉度,增加了社会公众对组织的认识和信任。

③ 利益的长远性。社会型公共关系活动不拘泥于组织眼前的一得一失,而是采取"放水养鱼"的策略,着眼于长远,为组织的发展铺平道路。实践反复证明:经过精心策划的社会型公共关系活动,往往可以在较长时间里发挥效益,具有潜移默化地加深公众对组织印象的作用,是一项战略性的公共关系实践。

(2) 社会型公共关系活动的方式。

① 以组织为中心展开的活动。这是指以组织的重大活动为契机。例如,利用组织开业、周年店庆、搬迁改建等各种专门性社会活动。由于活动的时机、内容、形式可由组织自行控制和选择,组织的话题与社会性话题结合得较自然、紧密,社会型公共关系的效果与宣传型公共关系、交际型公共关系、服务型公共关系的效果融为一体。不过,采用这种方式,需要通过各种手段,如邀请社会名流、各界代表、舆论机构参与,才能引起更多公众的注意和收到更大的效果。

② 以社区为中心展开的活动。这是指主办或参加与社区的安定、繁荣、发展有关的各种社会性、公益性、赞助性活动。采用这种方式,可以由组织发起活动,也可以参与、支持由政府、社会团体、其他组织发起的活动。这主要包括赞助体育事业、赞助文化事业、赞助教育事业、赞助慈善事业、大型酬宾活动、大型赈灾活动等。

5. 征询型公共关系

这是一种以采集信息、调查舆论、民意测验、监测环境为主要内容的公共关系活动模式。目的是了解社会舆论和民情民意,为社会组织决策提供依据。征询型公共关系活动方式有:组织市场调查、建立信访制度、设立监督电话、处理举报投诉、与新闻媒介建立联系等。征询型公共关系活动具有长期、细致、多渠道的特点,应当经常化、制度化,特别是要灵活迅速地捕捉有关的重要信息,保证社会组织与环境能协调一致地发展。开展征询型公共关系应把握以下几点。

(1) 诚心诚意。组织借助征询型公共关系活动加强与公众的直接沟通,目的是树立和巩固组织的形象。为此,组织必须以诚恳认真的态度,虚心地向公众"请教"。同时要主动向公众敞开心扉,倾听公众的批评、意见和建议。只有真心实意地面对公众,开诚布公地联系公众,才能赢得公众的理解、信任和支持,使组织在公众中的形象得以保持和发展。

(2) 畅通渠道。征询型公共关系立足于实现组织与公众的双向沟通,使双方能够借助某种中介充分地进行信息交流,达到彼此了解、相互信任的目的。因而,必须切实注重打通组织与公众之间的联系渠道,保证沟通渠道的畅通。渠道不通,信息传输不灵,沟通必然难以到位。国外不少企业重视"建议箱"的作用,许多公司发现建议制度可以有效地降低成本,这对我们不无启发。实践中,我国企业或其他社会组织也可以灵活运用诸如调查问卷、访谈、座谈、对话、意见箱、来访接待等方式多渠道地开展征询型公共关系活动,争取良好的效果。

(3) 决策反馈。开展征询型公共关系活动的目的是为了改善组织的公共关系状态,为完善组织经营管理活动提供依据。在充分了解了公众的愿望、要求、建议和意见之后,组织要依据公众民意来改进自己的工作,切实解决组织发展中存在的问题,并及时地把重要情况向公众通报。若缺少这一步,公众就会对组织的诚意和做法有看法,产生对组织的不信任,组织在公众中的地位和形象自然也会随之动摇。为此,组织开展公共关系活动时,应认真重视对公众意见信息的反馈,凡是公众有疑问的事情,都应"给一个说法",不能"装聋作哑",文过饰非,否则组织就会从根本上失去公众的支持力量。

6.1.3 公共关系专题活动的组织

在开展公共关系活动中,除了有大量的日常性工作要做外,公共关系部门还要有计划、有目的地开展一些专项活动,也叫做公共关系专题活动。这些活动内容广泛,形式多样,有许多技术性问题需要把握。

1. 庆典活动

庆典活动是指公共关系部门举办的庆贺活动、典礼仪式以及具有特殊文化、社会意义的活动项目,其主要形式有:开业典礼、周年纪念、节日庆典等。

(1) 开业典礼。开业典礼一般是指一个组织开张、一所重要机构成立所举行的仪式,它是公共关系专题活动中比较特殊的一项活动。

① 开业典礼的特点及作用。开业典礼有如下特点。

- 它是一个组织诞生的标志,是开展某项重大活动的开始,因此它往往具有特别的意义。如同文学作品的"开篇"、戏剧中的"开场"、电影中的"序幕"一样。"良好的开端是成功的一半","开张大吉"往往会给公众留下深刻的印象。
- 开业典礼是一个新的社会组织公共关系活动的开始。随着组织与公众的第一次会面,公共关系也随之形成。对这个组织来说,从此也就拉开了公共关系活动的序幕。
- 这种专题活动形式比较正规,声势比较大,隆重、热烈、规格高,容易产生轰动效应。

开业典礼作为社会组织展现自身、赢得公众的一种有效的活动形式,对于联系公众扩大组织的影响,提高组织自身的美誉度具有十分重要的作用。因为,任何一个组织的诞生,总希望自己在社会上能占有一定的地位,能对社会做出一定的贡献,在社会上产生一定的影响。当然,要实现这种目的,不能靠举办一两次活动就能办到,而需要组织长期不懈的、持之以恒的努力,在与社会的长期交往中逐步实现。但是,无论如何,交往关系总要有一个开头,而且这个开头往往具有决定成败的关键意义。开业典礼就是一个组织向社会的第一次亮相。通过这样一种形式,既为展示组织自身形象创造了良好的氛围,又为公众了解组织提供了机会。成功的开业典礼能够给公众留下深刻美好的第一印象,也为沟通组织和公众之间的联系,为以后的长期交往打下良好的基础。

②　开业典礼的组织和安排。开业典礼是一项比较复杂的专题活动,需要公共关系人员精心地组织和安排。一般说来,开业典礼的组织和安排包括以下两个方面。

a. 是做好开业典礼的筹备事宜。这主要包括:

- 撰写典礼的具体程序。包括宣布典礼开始、介绍来宾、致答谢词、剪彩等。
- 拟定出席典礼的宾客名单。邀请的宾客要具有广泛的代表性,要尽量邀请一些知名人士或新闻记者参加。邀请出席的请柬要尽可能早些发出,以便被邀请者安排时间按时赴会。
- 确定致辞人员名单,并为本单位负责人拟定答谢词、贺词。
- 确定剪彩人员。参加剪彩的除本单位负责人外,还应在宾客中邀请地位较高且有一定声望的知名人士同时剪彩。
- 落实各项接待事宜。要把典礼仪式的各项服务工作落实到人,明确任务,提出具体要求,保证人员岗位和不出差错。

b. 典礼进行中及结束后的工作安排。主要有:

- 典礼仪式过程中为了活跃气氛,可以适当安排一些助兴节目,如鞭炮、礼花、歌舞表演、舞龙耍狮、游艺活动等。
- 为了使上级、同行和公众了解组织,适当组织参加典礼的宾客对本组织的工作现场、生产设施、服务条件、商品陈列等进行参观。
- 典礼活动结束后,要通过座谈会或留言簿等多种形式广泛征求宾客的意见和建议,以检测效果、总结经验。

③　举办开业典礼应注意的问题。

a. 准备要充分。开业典礼一般形式比较正规,规模也比较大,举办前尽量要事无巨细、设想周全。只有准备充分,才能有备无患,应付自如。

b. 举止要热情。举办开业典礼是组织的第一次亮相,要求全体人员注意礼仪、礼节,对来宾要热情周到,举止文明、落落大方。

c. 头脑要冷静。开业典礼一般气氛比较热烈,受情绪感染,有时会出现一些意想不到的事情,组织者要始终保持清醒的头脑,善于观察苗头,对可能出现的不测,及时引导,巧妙地予以扭转,切不可意气用事或惊慌失措。

d. 抓住时机,有所创新。当庆典过程中出现一些意想不到的事情时,要善于抓住时机,有所创新。上海一家商厦试营业时,一位顾客不慎摔碎了大型导购灯箱。据说,修复灯箱需要 6 000 元费用,可是,这家商厦的经理却提出只需这位顾客赔偿一元人民币,其余部分由商厦承担。这种做法不但使顾客深为感动,而且造成了强烈的社会反响和轰动效应,引得报界、电台等新闻机构纷纷报道和采访。这是抓住时机、有所创新的极好例子。

e. 指挥要有序。比较大型的开业庆典活动,人员众多、场面热闹,若组织不好,容易乱套。因此,组织者必须周密安排、明确分工、指挥有序。要建立联系系统,使参加者的情绪受感染,不知不觉地予以接纳,这就要求组织者具有敏锐的观察力和高超的鼓动技能,善于根据公众情绪变化，不断把气氛推向高潮，提高传播效果。

（2）周年纪念。组织的周年纪念，也是每年一次开展公共关系的极好时机。因为组织的类型、特点、性质不同，所处的具体环境、所具备的条件以及主观追求的目标不同，因此，同开业庆典一样，组织的周年纪念活动形式也是多种多样的。广州中国大酒店在开业一周年纪念活动中以照一张全酒店2 000名员工参加的"中"字照作为公共关系活动主题，并以这张照片为主线制成名信片寄往世界各地曾经住过酒店的宾客和赠予社会各界知名人士，以此来联络感情、扩大影响、吸引公众。

组织周年纪念的形式丰富多彩，但是无论何种形式，都必须注意以下几点。

① 周年纪念活动必须有明确的主题。如，中国大酒店开业一周年的庆祝活动公共关系人员设计的主题是："中外通商之途，殷勤款客之道。"这就突出了酒店特别为来华经商者提供先进、完善服务的特色。

② 注意介绍本组织的成就。周年纪念活动对内可以增强凝聚力，对外也是宣传自己的极好机会。因此，要注意宣传、介绍本组织的成就、本组织生产经营特色、产品质量、经营方针和宗旨以及所取得的经济效益和社会效益。美国通用汽车公司就是通过具有特色的周年纪念活动向公众宣传该公司对汽车发展所作的贡献。

③ 感谢各界同仁及朋友的支持。组织的发展离不开各界的广泛支持，组织可以利用周年纪念的机会，有的放矢地提出感谢的具体单位及单位的主要领导，以此联络感情。

④ 提出未来的发展计划。要注意说明本组织存在的社会价值以及今后对社会发展的贡献，并表示今后要继续求得社会各界朋友的支持和爱戴。

（3）节日庆典。世界各国、各民族、各地区及组织都有自己的节日，有的是传统节日，有的是具有纪念意义的节日。可以说，所有的节日都值得庆贺，都具有纪念意义，也是开展公共关系活动的大好时机。随着改革开放，我国各地相继举办了一些具有地方特色的节日，如青岛的啤酒节、上海的电影节、潍坊的风筝节和大连的服装节等。这些节日对于塑造地方形象，扩大影响都起着十分重要的作用。以下是举办节日庆典要注意的问题。

① 确定举办节庆的时间、地点。节庆的时间应相对固定，不宜朝令夕改。地点的选择应适合节庆的主题。如"桃花节"、"樱花节"一定要选有桃花和樱花盛开的地方。

② 设计每年节庆的宣传口号和节徽，为了使每年的节庆活动有新意，有些节庆的口号可以一年一换，也可采取社会征集的办法，引起更多人的关注。

③ 周密策划，力求使每一次节庆活动内容和形式都丰富多彩、独具特色。活动方案的形成既可由专家设计，也可采取参加单位提出自己的活动方案后，由总负责部门协调。

④ 具体活动实施，要错落有序、宽松结合起来。节庆活动要在最吸引人的地点、时间举行，同时，要注意交通秩序，保证安全。

⑤ 要和新闻机构加强联系，准备好宣传、报道方面的材料，加强宣传的力度，使整个活动取得良好的社会效益和理想的经济效益。

2. 展览会

组织通过举办展览会，运用真实可见的产品和热情周到的服务，全面透彻的资料、图片介绍和技术人员的现场操作，吸引大量的参观者，使其留下深刻的印象。它是组织重要的公共关系活动之一。

(1) 展览会的特点。展览会是一种独特公共关系活动方式,它具有如下特点。

① 形象的传播方式。展览会是一种非常直观、形象、生动的传播方式。展览会通常以展出实物为主,并进行现场示范表演,如在产品展览会上,有专人讲解和示范产品的使用方法。这种直观、形象的活动,容易给参观者留下深刻的印象。

② 极好的沟通机会。展览活动给组织提供了与公众直接沟通的极好机会,通常展览会上都有专人解答参观者的问题,并就他们感兴趣的问题进行深入讨论。这样参展单位在让公众了解本组织的同时,还能及时了解公众对本组织传播内容的反映,参展单位可以根据公众反馈的信息进一步做好工作。

③ 多种传媒的运用。展览会是一种复合的传播方式,是同时使用多种媒介进行交叉混合传播的过程,它集多种传播媒介于一体,有声音媒介,如讲解、交谈和现场广播;又有文字媒介,如印刷的宣传手册、资料;同时还有图像媒介,如各种照片、录像、幻灯等。这种复合性的沟通效果是其他传播媒介无法比拟的。

(2) 展览会的组织。举办展览会要精心组织,做好以下细致全面的工作。

① 明确展览会的主题。每一次、每种类型的展览会都应有明确的主题和目的。只有主题明确,才能提纲挈领,对所有展品进行有机的排列组合,充分展示展品的风采。否则主题不明,眉毛胡子一把抓,很难把展品、各类资料有机地结合起来,杂乱无章,势必影响展览效果。

② 搞好展览整体设计。任何一项展览都是一项系统工程,要求必须有一个详细的整体设计。包括展览场地、标语口号、展览徽志、参展单位及项目、辅助设备、相关服务部门的设置和人员安排、信息的发布与新闻界的联络、对工作人员的培训等,都需要全面设计,周密安排。否则在某一个环节上安排不当,都会影响整个展览的效果。

③ 成立对外新闻发布机构。成立对外新闻发布的专门机构,负责与新闻界进行密切的联系,展览过程中往往会发生许多有新闻价值的东西,这就需要有关人员以敏锐的观察力去挖掘、去分析并写成各种新闻稿件发表,以扩大影响。同时,要组成专门的机构,专门负责新闻发布的计划,如确定发布内容、发布时机、发布形式等,这样效果会更好。

④ 进行展览的效果测定。展览的效果一般体现在观众对展品的反映,对组织形象的认识以及对整个展览会从内容到形式的总体看法等方面。为了检验展览会大小,检验举办各类展览活动的目的是否达到,必须对展览效果进行检测。测定的方法很多,如设立观众留言簿,召开座谈会听取反映,检验公众对展品的留意程度等。

3. 赞助会

赞助是指组织对某一社会事业、事件无偿地给予捐赠和资助,从而扩大组织的知名度与美誉度,树立美好形象的活动。赞助会是某项赞助采用的具体形式。

(1) 赞助的意义。赞助对组织的发展具有特殊而重要的意义,具体表现为以下三点。

① 提高组织知名度。赞助可以使组织的名字伴随所赞助的事件一起传播。如奥运会是举世瞩目的体坛盛会,收看的公众覆盖面非常广,遍布全世界,这样的赞助活动对组织知名度的提高是可想而知的。

② 提高组织的美誉度。由于赞助活动所赞助的往往是社会大众所关注、支持的事业,因此赞助可以树立一个组织关心公益事业的良好形象,改变营利性组织"唯利是图"的商人形象。

③ 履行组织的社会责任。救灾扶贫,支持公益事业,对社会每个成员来说,人人有份,赞助活动正体现了组织在建设精神文明、履行社会责任和义务方面的积极态度。

(2)赞助的类型。赞助活动的类型很多,常见的赞助类型有以下几种。

① 赞助体育事业。赞助体育事业主要包括为体育馆捐资和赞助大型体育比赛,其中以后者居多,因为体育比赛是当今的社会热点之一,对其进行赞助,往往可使本组织迅速扩大影响。

② 赞助文化活动。主要指赞助电影、电视节目的制作,赞助广播节目、报刊开辟专栏,赞助文艺表演,赞助知识竞赛、艺术节、文化节等大型文化活动。这种赞助活动,不仅有助于社会主义文化事业的发展,有助于全民族文化素质的提高,也有助于培养组织和公众的良好情感,提高知名度。

③ 赞助教育事业。教育的发展是关系到国家千秋大业的大事。赞助教育事业,既有利于教育事业的发展,也会使组织从中受益。赞助教育的方式,主要有赞助奖学金,赞助学校教学、科研经费、仪器设备、基本建设经费,赞助社会办学等。

④ 赞助社会福利事业。这主要指为贫困地区、残疾人、孤寡老人和荣誉军人等提供帮助活动。这类赞助体现了组织高尚的道德品质,也是组织向社会表明其承担社会义务和责任的手段。

不管赞助对象是谁,赞助单位向单位和个人提供的赞助物品主要有四类:一是金钱,赞助单位以现金或支票的形式,向受赞助者提供赞助。二是实物,赞助单位或个人以一种或数种具有实用性物资的形式,向受赞助者所提供的赞助。三是义卖,赞助单位或个人将自己所拥有的某件物品进行拍卖,或是划定某段时间将本单位或个人的商品向社会出售,然后将全部所得以现金的形式,再向受赞助者提供赞助。四是义工,赞助单位或个人派出一定数量的员工,前往受赞助者所在单位或其他场所,进行义务劳动和有偿劳动,然后以劳务的形式或以劳动所得来提供赞助。

(3)赞助会的组织。赞助活动实施之际,往往需要举行一次聚会,将有关的事宜公告于社会。这种以赞助为主题的赞助会,在赞助活动中,尤其是大型赞助中,大都必不可少。赞助会一般由受赞助者操办,也可由赞助者操办。

① 场地的布置。赞助会的举行地点,一般可选择受赞助者所在单位的会议厅,也可租用社会上的会议厅。会议厅要大小适宜,干净整洁。会议厅内,灯光亮度适宜。在主席台的正上方,需悬挂一条大红横幅,在其上面,应以金色或黑色的楷书书写"某某单位赞助某某项目大会",或者"某某赞助仪式"的字样。赞助会会场的布置不可过度豪华张扬,略加装饰即可。

② 人员的选择。参加赞助会的人员既要有充分的代表性,又不必在数量上过多。除了赞助单位、受赞助者双方的主要负责人及员工代表之外,赞助会应当重点邀请政府代表、社区代表、群众代表以及新闻界人士参加。所有参加赞助会的人士,与会时都要身着正装,注意仪表,个人动作举止规范,以与赞助会庄严神圣的整体风格相协调。

③ 会议的议程。赞助会的具体会议议程应该周密、紧凑,其全部时间不应超过一小时。其议程是:

第一,宣布会议开始。赞助会的主持人,一般应由受赞助单位的负责人或公共关系人员担任。在宣布正式开会之前,主持人应恭请全体与会者各就各位,保持肃静,并且邀请贵宾到主席台上就座。

第二,奏国歌。此前,全体与会者须一致起立。在奏国歌之后,还可奏本单位标志性歌曲。

第三,赞助单位正式实施赞助。赞助单位代表首先出场,口头上宣布其赞助的具体方式或具体数额。随后,受赞助单位的代表上场。双方热情握手。接下来,由赞助单位代表正式将标有一定金额的巨型支票或实物清单双手捧交给受赞助单位代表。必要时礼仪小姐要为双方提供帮助。在以上过程中,全体与会者应热烈鼓掌。

第四,双方代表分别发言。首先由赞助单位代表发言,其发言内容重在阐述赞助的目的与动机。与此同时,还可将本单位的概况略作介绍。然后由受赞助单位代表发言,集中表达对赞助单位的感谢。

第五,来宾代表发言。根据惯例,可以邀请政府有关部门的负责人讲话。其讲话主要肯定赞助单位的义举,呼吁全社会积极倡导这种互助友爱的美德。该项议程有时也可略去。至此赞助会结束。

会后,双方主要代表及会议的主要来宾应合影留念。此后,宾主双方稍事晤谈,来宾即应告辞。

(4) 赞助应注意的问题。

① 进行赞助研究。赞助研究即是对赞助对象与本组织的关系以及赞助方式及效果等问题的研究。赞助可以由组织主动选择对象予以支持,也可在接到请示后再做出反应。一般来说,组织要想获得好的信誉投资就应采取第一种主动赞助形式,这就要求对赞助进行认真研究。赞助研究应从组织的政策入手,从需要赞助的事业、事件出发,核算进行赞助的成本以及分析赞助将产生的效果,并且注意防止赞助活动离组织整体赞助的主题太远,保证在赞助活动中,组织、公众和社会同时受益。

② 遵循赞助原则。赞助活动要注意遵循一定的原则。主要包括:影响力原则,即赞助活动的影响面要大、影响力要强,要与所赞助的事件成正比例关系;经济力的原则,即所赞助的经费、物质,必须为本组织所能承担的限度,要合理适当,量力而行;政策许可的原则,即赞助的对象、经费的开支等,必须符合国家的政策规定。

③ 制订赞助计划。在进行赞助前,应遵循一定的原则,制订切实可行的赞助计划。赞助计划包括:赞助对象的范围、数量,赞助经费的预算,采取的赞助方式与步骤以及赞助宗旨等。赞助计划是赞助研究的具体化,可以控制赞助的范围,防止赞助规模超过组织的承受力,不能浪费,做到有的放矢。

④ 审核评定赞助计划。审核评定赞助计划是由领导决策机构的成员或有关方面的专家,对赞助计划或方案进行分析讨论审查评定的过程,是一种可行性的论证。审核评定赞助计划包括对具体的赞助方式、赞助款额以及赞助动机的审核和评定。

⑤ 赞助计划的具体实施。赞助计划的实施要成立或指定专门机构和人员负责,要与

接受赞助的一方签订办理一定的赞助手续。赞助负责人要组织人员切实落实各项具体的赞助项目,并且要监督接受赞助一方合理使用赞助资金,积极实施赞助计划,使赞助与接受双方都获得良好的社会效益和经济效益。

⑥ 赞助效果的测定。每次赞助活动完成之后,都应对赞助的效果进行调查测定。把赞助结果与计划相对照,看完成了哪些预定的指标,哪些指标没有完成,并找出各自的原因,为今后的赞助活动提供参考资料。

4. 联谊活动

公共关系联谊活动是同公众进行情感交流、信息沟通的一种特殊的群体传播形式,是"感情投资的"一种重要手段,其目的就是要强化、扩展与某些目标公众的关系,促进组织的"人缘"、"声誉"向更好的方向发展。

公共关系联谊活动的类型从内容上可以分为经济联谊、文化联谊、科技联谊等;从联谊活动的范围和对象上还可以分为内部公众的联谊和外部公众的联谊。内部公众的联谊,如职工联谊会、股东年会、青年联谊会、妇女联谊会等。外部公众联谊会有:顾客联谊会、读者联谊会、社区联谊会以及与系统领导和上级主管部门的联谊会,与业务联系密切的"关系单位"之间的联谊会等。另外,像我国一年一度的春节联欢晚会,在某种意义上讲也是一种公共关系联谊活动,它对于传达党和国家的各种信息,沟通我国各族人民的感情,形成强大的凝聚力和向心力,激励人们在新的一年努力工作,取得更大的成绩,都具有十分重要的作用和意义。

公共关系联谊活动的具体形式很多,主要包括各种类型的茶话会、座谈会、聚餐会、舞会、卡拉OK演唱会、游艺大联欢、文艺晚会、电影晚会等。再有,有的联谊活动甚至会持续一年以上。如某大学举行建校100周年校庆。一年前就成立了校庆筹备委员会,并陆续开展了活动,如摄制校庆影片、出版校史、印制校友通信录、主持召开学术研讨会、举办展览,在学生中开展各种竞赛活动、组织体育、文艺活动、印制校庆纪念品、成立旅游团、举办报告会。在校庆的日子里,还要举办大型庆祝仪式和联欢晚会,老校友和广大师生还会通过拍照和其他多种联谊活动融洽感情、增进友谊,把学校几十年风貌再现出来。校方把这些照片、宣传资料和纪念品寄给远在世界各地的校友,会更加扩大知名度。总之,这是比较大型的,持续时间比较长的联谊活动。实际上,无论哪种形式的联谊活动都必须精心安排和巧妙设计。

5. 开放参观活动

开放参观活动是指一个国家、一个地区、一个组织敞开大门让公众来实地走走看看,以加深公众认识和了解的一种活动。一个组织要想使公众更好地认识自己,可以用事实本身证明自己的存在是有利于社会、有利于地区、有利于公众的,敞开门户,让社会各界人士产生对本组织的兴趣和好感,提高美誉度,而且还会收到验证宣传真假、消除怀疑之功效。它对于塑造组织的良好形象、提高声誉都有着十分重要的作用。举办各类开放参观活动要注意以下问题。

(1)明确参观目的,确定开放参观的主题。想通过这次活动达到什么样的效果,要给参观者留下什么印象？首先要明确目的,确定参观的主题。一般说来,组织参观活动的目的主要包括这几个方面:一是为了扩大知名度。由于组织的知名度不是很高,需要拓宽公众对其组织自身的了解程度。二是为了维护和进一步提高组织的美誉度。三是为了密切与社会各界人士和社区公众的关系,广结良缘。四是为了澄清疑点、求得谅解。由于社会公众对组织产生了某些怀疑和误解,希望通过参观澄清事实、消除误解。例如,1990年,我国政府决定在深圳大亚湾修建一座核电站。但是,此时恰巧核电站经受了1979年美国三里岛事件之后,在苏联又发生了1986年切尔诺贝利核电站核泄漏事故。消息见诸报端之后,引起世界各国人民广泛关注。中国香港地区各界尤其震惊,签名反对中国政府在邻近香港地区的大亚湾修建核电站。一时间,满城风雨,民心大乱。但是,这场暴风雨很快就平息了,其中一个很重要的原因,就是中国政府组织香港居民选派代表参观大亚湾核电站之地,现场向他们介绍了安全情况。目的就是让他们放心,大亚湾核电站不会危害香港人民的健康与安全,还会为香港人民提供充足的电力。这次参观目的明确,主题鲜明,效果也很明显。

（2）制订切实可行的参观计划。参观活动按其规模来分,有大型参观活动和中小型参观活动。大型参观活动规模比较大,参与人数比较多,档次比较高,经历时间相应也长一些。小型参观活动在规模、人数和时间上小一些、少一些。但是,无论哪一种参观活动事先都必须有充分的准备、周密的安排。在参观的路线、范围、内容方面,在向参加者提供的情报资料、说明书、纪念册方面,在人员安排、产品展示及服务等方面,都应事先制订出详尽的、切实可行的计划。

（3）搞好参观的具体组织工作。搞好参观的具体组织工作包括:一是确定参观日期,最好安排在特殊节日,如逢年过节、开业庆典、周年纪念等。二是发出邀请和告知参观事项。三是接待服务工作,编写来宾名册、解说词,布置接待室和休息室,印制资料和准备纪念品等。四是向导工作。向导工作是组织参观活动的关键环节,要事先进行培训。参观时,向导要戴标志。

（4）处理好开放与保密的关系。参观要遵循公开化的原则,但是,由于这样那样的原因,每个组织往往都有自己所不宜外露的秘密。怎样处理开放和保密的关系,就需要公共关系部门精心设计,既能保证正常的参观秩序和效果,又能防止不宜公开的秘密泄露。参观结束后,还应及时收集反映,分析本次参观活动的收获和不足,以备借鉴和参考。

6.2　拓展阅读

6.2.1　公关活动中的项目管理

俗话说,公关活动"创意也许可以是三流的但执行必须是一流的"。这说明一个公关活动的成败关键取决其在整个项目操作中的各项细节的管理把控,细节决定一切。细节的把控体现在哪些方面呢? 让我们从以下三个方面分析。

1．活动项目前期沟通

任何一个活动项目前期沟通很重要，这就是说根据活动要求，把活动中的每一个信息点和相关的要求准确无误地传递给相关供应商。

那么，一个活动项目都需要沟通些什么呢？一般来说，活动项目前期分为礼仪管理沟通、摄影摄像管理沟通、主持人管理沟通、VIP 管理沟通、演艺管理沟通、餐饮管理沟通、安保管理沟通、礼品管理沟通等。

上述这些细项中需要我们与供应商沟通哪些内容呢？如礼仪管理的沟通，我们前期需要告知供应商筛选符合活动要求的礼仪，提供符合活动特点的服饰，告知活动流程、细节内容，并进行化妆、站姿等培训。

再比如主持人管理沟通，需要提前告知主持人活动的相关细节，其中包括活动背景、活动人数、活动嘉宾构成、活动环节、活动地点、活动时间、服装要求等。

2．执行文案的撰写

所谓执行文案，就是活动中需要的执行手册，它是一个活动沟通顺利进行的有力保证，将活动项目所涉及各个岗位的职责及时间安排都撰写在执行手册中，有助于后期参加项目的人员能够快速了解项目，明确分工，并了解自己的岗位要求。

执行手册一般包含活动基本信息、整体活动流程安排、职责分工、AV 流程控制表、物料清单、摄影摄像管理、礼仪管理等，再根据活动流程及安排将活动时间、工作内容、工作要求填写到活动列表每个岗位职责中去。如一个摄影的流程管理安排表，能够让我们清晰地看到摄影的时间安排、工作地点、拍摄内容及相关要求。

我们以往做执行手册过程中出现了一个误区，从常规执行手册目录上分析就是一个"已确认信息的汇总资料"，实际上对现场并没有真正起到执行管理的作用。因此我们提出了一个方法，也可以算是一套标准。

那么执行手册究竟如何撰写？我们认为，除了应有的确认信息外，还需要将现场的分工内容以文字资料进行详细描述。这里给出一个活动执行五要素方法论：时间、地点、做什么、怎么做、备注。如摄影摄像管理表中的内容一样，礼仪管理、搭建管理、演艺管理、主持人管理等，都可以将现场的执行内容提前以文字内容写出来，这样做的好处有如下几点。

（1）保证执行效果、降低风险。在活动中各岗位按照活动执行手册中的内容进行培训，可以确保每项工作实施内容准确无误，保障活动的顺利进行，降低活动各环节的出错率。

（2）适合新人培训。新人可以按照活动执行手册中一个岗位职责规定直接进行操作，可降低对新人进行项目培训的沟通成本。

（3）体现专业度，让客户对我们在执行层面的经验更加放心。

3．现场的执行管理

由于活动现场的管理事务繁杂，如何控制好现场的各项工作，保证活动顺利进行，这就要求活动的管理者在事前项目沟通以及执行文案的撰写上准备充分,既要将项目所有的细节及要求与各类供应商谈清,还要把岗位分清楚以及各岗职责及要求写细,最后在现场由活动管理者统一管理各方面负责人,协调和控制整个现场工作。

一般在活动的现场活动管理人员主要工作是:监督和控制各种岗位人员的到场和准备情况。例如舞台灯光音响视频是否已经安装和调试完毕,为领导嘉宾准备的水、胸花等是否齐备,演职人员及主持人是否到齐,媒体记者是否已安排妥当等;负责各岗位之间的信息沟通及确认。

参与活动的各个方面都需要互相配合,各岗位人员应当及时传达他们之间的信息和各种配合要求,负责解决各岗位提出的各种要求和出现的各种问题,及时了解各岗位工作进展情况等。

可以看出现场的执行管理阶段是体现一场活动成功与否的重要阶段,所以活动中的管理者在各个事项上需要做到事无巨细,这样才能保证活动顺利进行,并取得良好的效果。

（资料来源：趋势中国活动中心总经理董冬.公关活动中的项目管理.国际公馆,2012(5)）

思考题:

(1) 阅读本文后,对公关活动"创意也许可以是三流的但执行必须是一流的"这句话你如何理解?

(2) 本文对你还有哪些启发?

6.2.2　成功举办公关活动二要素

公关是一只小蚁能决千里之堤的行当,决不允许有任何闪失。

从酒会、发布会、接受媒体采访、公司庆典到相关公益活动,任何组织和企业都离不开无处不在的公关活动。有些企业是潜意识或策略性的前导公关,有些则是被动或主动的公关。但是,不管哪种形式的公关活动,都是一种传递信息的实践,通过将信息有效传递给公众或目标群体,改变他们的观点,进而影响他们的行为,而这些信息,就代表了企业的个性和理念。随着西门子在中国市场的快速发展,外部、内部的公关活动也是接二连三地进行。如西门子在华首家办事处一百周年、西门子员工大会、企业公民项目等。这些成功的公关活动,无疑为企业增光添彩。那么,影响公关活动成败的关键要素是什么?

1. 公关活动成败关键一:概念

概念就是活动的筹划案,决定一个公关活动的感觉,让目标群体感受到这是他们的活动,他们的语言圈。西门子在 2004 年宣布,将大力推动新的地区化政策,把全国的地区办事处从当时的 28 家增加到 60 家,以便更好地贴近客户,了解和满足需求,从而实现增长。

首先,要确定公关活动的目的。公关活动的计划和策划方案,每项活动的筹划都要以支持、推动企业的发展策略为目的。西门子的地区化政策推行是一个全国性的策略,为促进该项政策的快速实现,市场公关团队策划了新地区办事处成立的公关活动概念。此项公关活动的目的,旨在打开西门子与新进入地区市场客户、有关政府领导、媒体沟通的通道,向他们介绍西门子新的地区政策,借此机会表达西门子在当地投资的信心,阐明西门子接近和服务客户的做法,从而强化其客户导向、具竞争力和值得信赖的形象,为在当地的长期发展奠定基础。在确定活动概念时,作为市场公关负责人,绝不要因为觉得某项活动本身很好,就盲目筹划公关;也不要因为手头有预算,就组织活动。没有清晰目的的公关活动,就像一朵飘过的云彩,虽然飘过,却因没有落下一滴水而没有被人记住,没有市场反响。

其次,要定义公关活动的目标群体。通常,公关活动是面对某些特定的公众群,市场公关负责人切忌贪心,认为一个公关活动能影响越多人越好。所以,在每一次公关活动中,要把有限的资源集中在你的目标群体,实现有效公关。因为每项活动的资金费用都是有限的,更重要的是,同样的信息和观点通常易于为某些群体所共享,而不是整个社会所共享。要知道,所有公关活动要实现的是有效的影响,最终在特定群体中共享你的信息,改变他们的观点,进而改变他们的行为——对企业的认可。即使目标群体是全社会所有人员,你也不可能在一个公关活动中满足所有群体,而是要通过面对不同群体的不同活动达到影响所有群体的目的,最后实现普遍影响。

在西门子新地区办事处公关活动中,结合公司的目标,我们确定了此项活动的目标群体,即当地主要客户、有关政府领导,并将此项活动定位为西门子与目标群体之间的高层对话。而另外一个重要群体——新闻媒体,则是实现和媒体面对面的透明沟通,同时通过他们向我们的目标群体和大众再次强调西门子在当地的承诺。

最后,要确定核心信息。西门子成立新的地区办事处庆典活动的核心信息就是:新的地区化策略以及更贴近更有效地服务于当地顾客,加强与当地合作伙伴的关系。核心信息将贯穿整个公关活动的每个阶段每个角落,从公司内部与各集团各部门沟通,包括既要与管理层沟通,也要做到与销售人员的充分沟通,确保核心信息为他们所接收,然后才能有效地对外传递,从邀请到庆典现场设置、程序安排都是核心信息的传递。我们常提到"水滴石穿",可是如果水不持续滴在一个点上,石头还能穿透吗?

2. 公关活动成败关键二:细节性的执行力

细节的执行决定着来宾的心情,我们都看过太多美妙的策划,最后却听到不绝于耳的抱怨,看到一个乱哄哄的现场,投入的资金和努力换不来满意度。为什么?那是因为没有严格到位的细节执行。

细节是一张列不完的菜单,比如客户来了有没有熟悉的、地位相当的公司人员接待引见、比如灯光是不是让某位来客觉得刺眼,演讲台是不是让高个子发言嘉宾觉得看不见讲稿。这些都影响他们的心情。在该项活动的执行方案中,我们确定的是立体多方位的执行,如硬件方面,我们为活动流程设计、地点和时间选择、现场布置、庆典亮点、高潮的设计等配备了专门人员和方案。软件方面,则包括氛围的预设,相关人员包括从管理层、销售人员角色和任务的分配,目标群体的沟通接待等都在最初设计了详细的执行方案。另外,还要事先准备活动现场的备用方案,对可能出现的意外做出补救措施,比如准备双份启动仪式的器具,比如讲话嘉宾突然来不了怎么办等。这些备用方案,虽然可能一年都用不上一次,但是公关决不允许有任何闪失。

（资料来源：西门子（中国）有限公司公共关系部华南区经理郑泽群.成功举办公关活动二要素.经理人,2006(2).）

思考题：

(1) 对本文中"公关决不允许有任何闪失"一句话你是怎样理解的？

(2) 公关活动成败的关键何在？请谈谈你的看法。

6.3　实践训练

6.3.1　案例分析：《北京青年报》大型慈善晚宴公益活动

2004年8月7日,由北京青年报社、北京市慈善协会、北京青少年发展基金会、凤凰卫视、北京电视台、北京广播电台联合主办的"爱心助飞梦想"大型慈善晚宴在北京饭店宴会厅举行,工商、演艺、外交、科技等各界名流500多人出席了晚宴。北京赢虎公共关系有限公司负责此次公关活动的全程策划和晚宴活动的具体执行。晚宴活动鲜明的主题、新颖的创意和活跃的氛围,使得这场公益活动收到了最大化的传播效果。

1. 项目背景

《北京青年报》创刊于1949年3月,是一张以青年视角反映时代、面向社会最活跃人群的综合性日报,订阅量北京第一,是中国北方地区最厚的日报,是北方地区最具影响力的媒体之一。目前,正处于全面走向市场化经营的《北京青年报》,虽然已成功地初步打造了新型的报业产业链,但从报社未来集团化、产业化的长远发展考虑,保持并提升《北京青年报》这个品牌的知名度与美誉度,加强品牌的厚重感与亲和力势在必行。有鉴于此,《北京青年报》确定了中国首位慈善家李春平先生作为发起人,而本次活动定位在中国最具规模与影响的非商业性、纯慈善的公益活动。"爱心助飞梦想"慈善晚宴是现代慈善理念的精辟诠释,表现了《北京青年报》对社会的高度责任感与人文关怀。

2. 项目调研

能够容纳500人就餐、有表演、高规格的场地在北京并不多,经过多处场地实际调查,最终选择了北京饭店C座首层大宴会厅。

本次活动将汇聚来自政府、文化体育界、汽车制造业、饭店、旅游业、IT及通信、房地产及家居、医药健康业、商贸业、餐饮业、公关及广告业、金融保险业、汽车销售业、房地产女性职业经理人俱乐部、北大女性管理者班等行业精英、时尚名人达500人之众,并且每人须捐助2 000元人民币作为援助基金。如何通过公关传播吸引人们的关注与参会,扩大社会影响力,是摆在公关人员面前的一大难点。

本次活动的主持人、演员均为社会精英和时尚名流,其一般行程档期都比较紧密,大多难以抽出时间配合主办方提前沟通彩排,如何在时间不充裕的前提下充分告知其活动流程安排、串场台词、随时发生的变化调整以及现场的临时协调,对于工作人员是极大的挑战。

500人的现场控制,且所有嘉宾均对号入座,这需要大量有经验的现场协调和服务人员。如何充分调动、统筹协调北京青年报等各方面人力资源,既不发生重复劳动、又不会出现岗位遗漏是现场控制的又一重点。

本次活动是纯公益性的,在需要费用支出的项目上尽量争取以赞助形式解决,导致在活动的执行层面有多方参与。如何有条不紊地把各项工作安排得当、准确到位是决定活动成功与否之关键。

3. 项目策划

(1) 公关目标

在社会上树立和呼吁关注贫困中学生、艾滋病人的行为;让更多的人意识到,对弱势群体的捐助不要仅仅停留在物质层面,更多的应该是精神层面的帮助;提升《北京青年报》的美誉度和关注度;使慈善晚宴成为可持续发展的品牌。

(2) 目标受众

全国范围内的各大媒体、政府主管部门、有爱心的大众、社会名流。

(3) 项目主题

"爱心助飞梦想"慈善晚宴。

树立全新的慈善理念——慈善不仅是物质上的援助,慈善也是精神上的关爱。本次晚宴的主线为"梦想",通过从梦想告白到圆梦行动的互动,使善良的人们真正地走到那些弱势群体们的内心世界,一份爱心圆一个梦想,捐赠已不再停留在物质的表面,它更是一份精神上的关爱。同时,也使有限的善款发挥出最大的意义。

4. 项目策略

(1) 传播策略

以慈善晚宴为核心进行,注重传播的深度与高度;充分利用政府、组织及北青报自身的影响力;重视借势传播,利用主流舆论影响受众;利用近期社会热点事件,增强慈善话题的关注度。

(2) 活动策略

充分调动各方面资源,最大限度地"借势";以时尚、愉快的方式表达慈善;温暖感人、匠心独具的细节设计。

(3) 媒体宣传计划

媒体构成:以北京青年报为主进行持续、深度报道,北京电视台、凤凰卫视、中央电视台新闻频道、新浪网、搜狐网、Tom网、网易、新华网和北京日报、北京晚报、北京晨报、京华时报、新京报、光明日报、人民日报、经济日报、经济观察报、中国经营报为辅,以户外路牌广告为补充的全方位媒体覆盖。

传播形式:日常新闻稿件、媒体专题报道、活动深度报道、热点话题讨论、活动新闻专访、活动图片新闻、网媒专题新闻、电视新闻报道。

晚宴前期——集中强度(2004年6月~7月中旬):晚宴信息发布、晚宴组织进程、主题概念传播。

晚宴中期——集中深度(2004年7月中～8月7日):深入阐释晚宴意义、热点话题讨论与报道、多角度新闻报道(如政府、受捐者、组织对晚宴的看法)。

晚宴后期——集中广度、高度(2004年8月中～8月底):晚宴活动报道、制作专栏节目、媒体现场采访、活动主办方代表专访、活动发起人专访、影视媒体的集中报道、晚宴后期对社会行为的影响。

5. 项目执行

(1) 活动前期

真情故事与精彩设计互动:在本次慈善晚宴开始之前,一经《北京青年报》报道之后,即引起社会各界广泛关注,政府主管部门、社会名流们给予了极大的帮助与支持。活动组委会的捐赠报名热线电话不断,纷纷表示愿为慈善事业做自己力所能及的贡献,募捐集征工作火热进行,年龄最小的参会嘉宾是一名五岁的儿童,他开心地捐出自己的2 000元压岁钱。在设计整个晚宴流程的同时,高度关注前期的公众反应,并以此对晚宴的结构和流程进行调整和修订,把最感人的故事和人物都聚集在爱心的舞台上。

(2) 活动现场

一台开风气之先的慈善晚宴吸引了500位社会名流与精英的热情参与,也吸引了强势电视媒体的高度关注。活动现场无疑就是千万镁光灯下的直播间,它需要首先是安全无误,然后是精彩好看。但现场流程的控制最终呈现给观众的只能是一个又一个的精彩。

爱心见证:参会嘉宾在现场设置的一面活动主题爱心墙上签名后,再将自己的指印留在签到台的爱心手印泥上,让其更深刻地感受到对慈善事业支持的使命感。

慈善晚宴启动仪式:现场邀请6位领导上台,接过6位由宏志班学生装扮的小天使手中的爱心瓶,为舞台上的梦想树进行爱心浇灌,使原本暗淡无光的梦想树顿时焕发生机(梦想树上灯光亮起),从而将现场嘉宾的心紧紧联系在一起,生动表达了慈善事业需要全社会共同来完成的深意。

爱心采摘:通过主持人的现场感召,许多嘉宾积极登台摘取梦想树上的梦想卡,并进行捐助,使更多的人积极参与到帮助艾滋病患者和贫困高中生的行列中,再加上李春平先生现场捐助的一百万元,更是提升了公众对慈善事业的主观能动性,在晚宴现场实现了第一个奉献爱心的小高潮。

爱心拼图:通过现场嘉宾的齐心协力共同完成由"笑看未来工作室"提供的作品,形象表达了梦想的最终实现,除了需要爱心人士的帮助,更需要个人的努力,巧妙地凸显出"爱心助飞梦想"主题中的"助飞"。

爱心义卖:改变过去的拍卖形式,让各位嘉宾依据个人实际情况进行爱心价格的填写,其更深层的目的是要告知现场嘉宾"义卖有价,爱心无价"。

爱心传播:通过现场设置直播间的方式,让晚宴现场的爱心情感在第一时间传播到社会的各个角落。

活动尾声:善款的落实见证了慈善组织和活动主办方公信力。本次活动的全部善款是一对一的,要确保每一份捐赠均落实到一位受助对象,实现其一个愿望。

（3）进度安排

筹备期（6月初～8月初）：前期准备与客户确认；中期制作执行；后期拾遗补缺与培训彩排、所有物料确认、嘉宾名单与人员编号列表。

现场（8月7日当天）：会场搭建（12点以前）、活动预演（13:00～16:00）、主持人沟通（15:30～16:30）、工作人员碰头会（16:30～17:00）、活动执行（17:30～20:20）。

会后（8月8日～22日）：影像资料提交（VCD及相册）、善款落实、后续报道、媒体监测、总结报告撰写、评估会议。

每部分都有大量繁复的工作，由明确分工的项目团队分别理清脉络，制定科学的时间表，有条不紊地推进。

（4）流程调整

"爱心助飞梦想"慈善晚宴举办的日期与亚洲杯足球赛最火爆的一场比赛重合，为此流程设计在当天早晨进行了调整，具体如下：现场活动时间提前半小时结束，流程压缩；活动时间改为：17:30～20:20，长达170分钟；现场流程保留9大环节，演员、工作人员的重新安排与沟通；临时增加500位嘉宾的安心时间提示。

其他现场临时调整的还有：主持人临场前到位，半小时的台词沟通；场地搭建和AV设备等第三方的协调监督及物料的临时补缺；500位名流嘉宾与会的沟通与落座安排；现场灯光音响配合，礼仪人员管理、伴舞演员们的候场安排等。

这些调整使得活动现场的一切危机化险为夷，整场晚宴进行有序、气氛融洽、高潮迭起。

6. 项目评估

（1）最高的评价

根据共青团北京市委的情况通报，国家领导同志观看此次晚宴的报道后非常高兴，认为：《北京青年报》的这次活动很好，北京是政治文化中心，就应该多做这样的好事。

（2）最多的募款

整场晚宴一共为艾滋病患者和贫困高中生募捐到200多万现金，成为截止到2004年非政府性慈善活动中金额最多的一次。

（3）最大的规模

到场嘉宾超过500人，是截止到2004年出席慈善界盛会人数最多的一次。

（4）最佳的满意度

本次慈善晚宴立意深刻的主线设计，创意新颖的流程安排，得到《北京青年报》高层主管的高度赞扬与认同。活动结束后一直持续的关注与褒扬，达到甚至超过了预期目标。

（5）最大气的典范

活动风格大气，细节设计寓意深刻、惊喜不断。成为此后慈善晚宴竞相学习效仿的典范。时至今日，说起慈善活动，"爱心助飞梦想"慈善晚宴仍是必须提及的榜样。2005年6月，著名杂志《时尚芭莎》举办了"让慈善成为习惯"大型活动，对"爱心助飞梦想"慈善晚宴再次给予了高度赞誉。

（6）最盛大的曝光

媒体报道力度大，除了《北京青年报》斥资几百万动用上百个版面进行全程深度报道之外，众多重量级媒体对该晚宴争相报道。凤凰卫视整体晚宴录播、北京电视台节选录播、北京人民广播电台新闻广播现场直播、中央电视台知名栏目《综艺快报》大篇幅报道。

（7）突发事件处理

开场前，序幕曲目的临时变更。由于活动前期的内部培训为工作人员做了良好的预警培训，得知此信息后现场工作人员快速的与主持人完成了串词内容的变更。

现场嘉宾对六幅名家作品的热情出乎意料，把晚宴气氛一次次推向高潮的同时，也使晚宴可能出现后续活动延时的情况，经与《北京青年报》迅速沟通，采用了在后期报道中刊登购买者姓名的方式，使活动顺利执行。

活动当天早9时，被紧急通知整体活动时长需要压缩掉半小时，活动组对此迅速做出反应，于下午15时提交出一套修订的流程安排与串词，并以最短的时间完成了告知工作。此项工作不仅仅反映出执行团队良好的心理素质，更表明对整场晚宴绝对的控制力。

"爱心助飞梦想"慈善晚宴活动成功落幕，社会反响热烈，为慈善晚宴成为持续发展品牌打下坚实基础。不仅活动当晚所有义卖物品全部拍出，所有梦想得到捐助实现，活动结束以后捐款热线仍然电话不断，公众纷纷表示愿意向弱势群体伸出援手，在社会上掀起了献爱心的高潮。

（资料来源：http://www.docin.com/p-322846902.html.）

思考题：

（1）本案例策划有哪些独到之处？

（2）本案例还有哪些不足？

6.3.2　情境模拟：专题公共关系活动各岗位规范训练

1. 实训目的

熟悉在开业庆典、参观等特定公共关系活动中的各岗位工作要求，提高在这些特定公共关系活动中的业务能力。

2. 实训时间

4课时。

3. 实训地点

专业实训室。

4. 实训步骤

可以把全班学生分成若干组，必须男女适当搭配，让他们在组内完成分工，然后事先把场景给定，给每一个小组一定的准备时间，在进行模拟时，教师应该在旁边给予一定的点评,如果能够评比,效果更好。

5. 实训场景

以下场景供学生参考。

(1)某商场开业,你作为迎宾组负责人,将如何组织开展工作(不是工作计划,要能模拟出实施场面)。

(2)某车展开幕,本次车展来了许多知名宾客进行参观,你作为本次车展的解说员,将为这些知名宾客进行解说,你将如何开展工作(这些知名宾客以演员、歌手为主,可以让一些同学扮演宾客)。

6. 实训手记

通过训练,我的收获是:_____。

课后练习

1. 什么是公共关系和专题活动,它有哪些作用和特点?
2. 公共关系专题活动有哪些模式?请分别介绍一下。
3. 常见的公共关系专题活动应如何组织?
4. 如何针对不同的目标公众开展相应的公共关系活动?
5. 就你身边值得纪念的日子模拟举办一次庆典活动。
6. 力士有限责任公司为了推广自己的新产品,与一家百货商场达成协议,拟订在该商场门前广场举办新产品展示会。在活动方案拟订后,由公司的公共关系部承担本次活动实施的筹备工作。请问应该从哪些方面入手?
7. 清泉饮品股份有限公司一直热衷于社会公益事业。最近公司董事会决定赞助2006年在德国举办的"世界杯"足球邀请赛,请结合本次活动说明组织社会赞助活动应注意哪些问题。
8. 大华商贸有限公司为答谢新老商业伙伴对公司的厚爱,决定在友谊宾馆举行一场公司与客户的联谊活动。请你帮助确定本次公共关系联谊活动的内容和步骤。
9. 如何成功地策划一次对外开放参观活动?
10. 案例思考题。
案例 1

踩 踏 事 件

2004年春节刚过,北京密云灯展就拉开了序幕。元宵节前,灯展每天有游人为3 000人左右,但元宵节当天游人突破3万人,公园中十分拥挤,而公园中的彩虹桥既长又窄,最窄处不过3~4米。不幸的事情发生了,19时45分,彩虹桥上发生了严重的游人踩踏事件。这起恶性事故造成了37人死亡,15人受伤。事故原因并不复杂:元宵节观灯游人骤升造成公园人员拥挤,一游人在彩虹桥上不慎摔倒,引起身后游人拥挤踩踏而造成人员伤亡。

思考讨论题：

（1）造成踩踏事件的原因是什么？

（2）请用所学的公共关系知识来分析：在组织公共关系活动时应如何预防此类事故的发生。

案例 2

"人·交通·规范"
——壳牌公司公关赞助活动

随着我国社会经济的蓬勃发展，机动车的数量不断增加，交通安全问题日益受到政府和社会各界的普遍重视。据 2006 年年底有关数据显示，中国交通伤亡人数达平均每天 300 人。

普及交通规范教育，提高道路安全意识，预防悲剧的发生已成为社会的共识。作为一家世界领先的石油化工公司，荷兰皇家壳牌公司在全球范围内积极参与各种社会公益事业。作为在这一地区的运营公司，壳牌（大中华）集团在秉承企业的这一优良传统，在积极贡献于中国能源和交通等事业发展的同时，将在中国的公益事业集中在教育、道路安全和环保三大领域，从而树立鲜明的企业特色和良好的企业形象。

中小学生的自我安全保护能力较弱，他们的安全问题牵动着千家万户的心，为了加强对中小学生的安全教育，教育部规定每年 3 月的最后一个星期一为"中小学生安全日"，每年选择不同的主题，重点宣传某一方面的安全，2007 年的主题是"交通安全"。

2007 年下半年在上海交警大队的协助下，壳牌公司与上海科学教育制片厂合作拍摄一套大型系列交通安全科教片——"人·交通·规范"。该片全长 120 分钟，分 3 个部分，20 个小节，分别介绍了与行人、机动车和自行车有关的交通注意事项。该片针对不同的道路使用者，以科学的方法和丰富的实例，生动形象地介绍了道路安全常识和遵守交通规则的重要性。

公司选择全国范围内 18 个大中型城市的交管局和中小学校，向他们捐赠了近万盘这套科教片的录像带。这 18 座城市或有壳牌的办事处，或有壳牌投资的企业。这些城市市内交通发达，因而交通事故的发生率也很高。对这些城市的中小学生的交通安全教育将会显得非常有意义。

壳牌在中国的主要业务，与交通、道路紧密相关。通过这次系列活动，树立了壳牌良好的公司形象，有利于推动业务的发展。

壳牌捐赠录像带的消息见报后，收到 18 个城市之外的其他城市教育部门的来函，索要录像带，如浙江味县教育局、安徽省宿松县木梓乡教委等，这说明活动的社会效益十分明显。

（资料来源：胡华北，王家明. 大学生公共关系指导. 合肥：合肥工业大学出版社，2012.）

思考讨论题：

(1) 结合案例，分析一个组织该如何结合自身特点开展赞助活动。

(2) 本案例对你有哪些启示？

案例3

汽车厂商一厢情愿 新能源车展会上叫好不叫座

尽管本次上海车展国外各大汽车厂商纷纷将新能源车带到中国，但由于新能源车在技术上的可实现性有限和如何降低高科技带来的高成本问题，导致由这些问题引发的消费市场难以在短期内形成，新能源车进入中国仍有漫漫长路需要探索。

本次车展上亮相的新能源车虽多，但感兴趣的观众仅局限在专业人士的小范围内。相比起围者甚众的燃油车量产车型，新能源车显得有些"孤单"。目前新能源车发展遇到的最大瓶颈就是研发成本太高，而且国内的生产技术无法达到量产水平。

此次展出的第二代比亚迪ET就面临车身高重量大、成本价格居高不下的问题。ET的电池组有200多公斤，而燃油车的发动机也就几十公斤，另外电池车还要充电，就ET电动车而言，充满电虽然能跑480公里，但充电时间得5~6个小时。王鹏表示，尽管一直在控制成本，但比亚迪ET的研发仍然花费了大量的时间和精力，而且目前情况下这样的改进还远远不够。

而负责丰田混合动力型轿车普锐斯受众调查的工作人员介绍，受调查者中有30%的观众希望购买新能源车，但是大家普遍认为新能源车价格在20万元以内最合适，如果达到30~40万元将不考虑购买。而现在国外市场的同类型车却由于能源紧张开始涨价，离受众的心理预期价格又远了一步。

一位丰田专业解说员表示，丰田公司早就有意向中国市场投放混合动力型轿车普锐斯，但由于该种类型的新能源车进入中国汽车市场还是首次，中国政府部门的态度也比较谨慎。如果能够得到政府的政策支持，新能源车将得到不小的发展推动力。

思考讨论题：

(1) 本次展览推出的产品是什么？展览的效果如何？为什么？

(2) 厂家还需要开展哪些公共关系活动才能打开中国市场？

任务7

公共关系危机管理

虽然所有组织都认为,做好事前预防是最重要的保险措施,但是无论怎样,危机管理还是成为公共关系实务中最受人重视的技能。各种各样的组织,早晚都会遇到危机。

——[美]弗雷泽·P.西泰尔

21世纪,没有危机感是最大的危机。

——[美]理查德·帕斯卡尔

学习目标

- 树立科学的公共关系危机观;
- 能够正确分析公共关系危机的成因;
- 能够积极地进行公共关系危机的预防;
- 正确地处理一般公共关系危机;
- 科学地开展公共关系危机传播;
- 正确地处理网络公共关系危机。

案例导入

肯德基的"秒杀门"

2010年4月6日,肯德基公司在网上推出"超值星期二"三轮秒杀活动,64元的外带全家桶只要32元,于是在全国引爆热潮。但当消费者拿着从网上辛苦秒杀回来的半价优惠券(优惠券上标明复印有效)前往餐厅消费时,突然被肯德基单方面宣布无效。而肯德基发表声明称,由于部分优惠券是假的,所以取消优惠兑现,并向顾客致歉。但"各门店给出的拒绝理由并不一致"。于是,广大消费者认为是肯德基"忽悠"了大家,许多网友在各大论坛发表谴责帖子,不时出现"出尔反尔,拒食肯德基"的言论,有网友甚至把各地的秒杀券使用情况汇总,一并向肯德基投诉,肯德基陷入"秒杀门"。

4月12日肯德基发表公开信,承认活动欠考虑,未能充分预估可能的反响;承认网络安全预防经验不足,表示应对不够及时,个别餐厅出现差别待遇带来不安全因素;承认第一次声明中"假券"一说用词欠妥。6月1日肯德基在中国内地的第3 000家餐厅落户上海,公司高层首次就"秒杀"事件公开向消费者致歉。

"秒杀"是网上竞拍的一种方式。首先暂且不论电子优惠券的真假,肯德基各门店单方面以不同的理由取消活动,已侵犯了消费者的权益。实体店运用网络电子商务手段搞促销优惠活动,本无可厚非,但却因经验不足、处理不当带来了信誉的损失和消费者的流失。上例充分说明商家缺乏对商业本质的认识,不够珍视自己的品牌,对消费者不够尊重,其公关手段是很不成熟的。在当前的消费氛围中,消费者的维权意识越来越明显,维权手段也必然越来越多元化,企业必须高度重视与消费者之间的沟通与关系维护,防止出现恶性的消费维权事件,从而引发企业危机事件的发生。危机的管理手段再高明,也不及做好预案工作,把危机扼杀在萌芽阶段——"预防胜于治疗",这是企业在进行危机管理过程中应特别值得注意的。

组织形象时刻都会受到各方面因素的影响,并非总是处于理想的稳步发展状态,有时会因为某种非常性因素而导致公共关系危机。特别是在当今社会里,由于影响因素复杂多样,组织所处的社会环境变化加剧,各种组织出现形象危机的可能性也在不断增大。正如英国著名公共关系专家弗兰克·杰夫金斯所说:"今天我们生活在化学、核能、电气外加恐怖危机之中,必须承认,如不采取措施防止最大可能的危机,任何事情都可能发生。"公共关系危机会给组织造成危害,轻则影响企业正常运营,重则危及企业的发展甚至生存,或给相关公众带来极大的损失,给社会环境造成极大的破坏,因此,公共关系危机的预防和处理就成为企业经营管理工作最重要的一个方面,任何企业必须引起高度重视。

7.1 知识储备

7.1.1 公共关系危机概述

为了更好地预防和处理公共关系危机,我们首先要明确公共关系危机的含义和特征,树立科学的"危机观"。

1. 公共关系危机的含义

什么是公共关系危机呢?我们通常所说的危机,往往是指由非常性因素所引起的某种非常事态,其外延非常广泛,如经济危机、商务危机、管理危机、人力资源危机等。企业公共关系危机是各种危机中的一种特殊类型,它是由企业内外的某种非常性因素所引发的组织形象非常事态和失常事态,也是一种特殊的组织形象状态。从一般意义上来说,所谓企业公共关系危机,乃是指企业与其公众之间因某种非常性因素引起的、表现出某种危险的非常态联系状态,它是组织形象严重失常的反映。企业公共关系危机可导致企业与公众关系发生变化,使企业的正常业务受到影响,生存和发展受到威胁,组织形象遭受严重损害等。

企业公共关系危机的出现总是以一定的企业公共关系危机事件为标志的。所谓企业公共关系危机事件，一般系指企业内外环境中突然发生的恶性事件，故又有突发性事件之称。各种突发性事件，依其强度不同，可分为一般突发性事件和重大突发性事件两种。一般突发性事件主要指企业经营管理活动中的各种纠纷，包括企业内部纠纷、企业同消费者的纠纷、企业同其他社会组织或其他社会公众的纠纷等。重大突发性事件主要是指重大的工伤事故、重大的经营管理决策失误、天灾人祸造成的严重人身财产损失、假冒伪劣商品给企业和公众带来的严重危害等。无论是一般性突发事件还是重大突发事件，它们都是企业公共关系危机存在的表征，是看得见、感受得到的企业公共关系危机的表现。

2. 公共关系危机的特征

（1）必然性与偶然性。危机的必然性是指危机不可避免。亦即"只要有组织形象存在，就会有企业公共关系危机"；危机的偶然性是指危机的爆发往往是由偶然因素促成的。必然性是组织形象作为开放复杂系统的结果，偶然性则决定于系统的动态特征。

组织形象是个覆盖面广、结构复杂、层次众多的大系统，包含了许多彼此联系的复杂的子系统，是一个多输入、多输出、多干扰的多变量系统。加之组织形象诸要素中人员是占主导地位的因素，使之成为典型的主动系统，而主动系统就更具复杂性与不确定性。从控制论角度而言，任何一个大系统的一个部件和子系统都要为实现一定的功能而形成多层、多级或多段控制结构，而信息则是控制过程不可缺少的因素。若缺乏足够的信息，控制过程会立即成为无本之木。众所周知，信息传播是组织形象塑造不可或缺的因素，这一过程，从控制论角度看，是一种控制过程，即企业主体主动影响公众客体并希望达成和谐经营状态之目的的过程。从信息论角度看，就是信源通过信道向信宿传递并引发反馈的过程。信息在传递的过程中由于噪声的干扰势必产生失真现象，失真即有误差。古人云："差之毫厘，谬以千里"，故误差导致错误，错误导致危机。任何策划和决策都是以信息为基础的，且方案或决策的执行过程也是一个信息过程，而信息失真现象的存在，就为这一系列活动埋下了无法避免的隐患，这就是危机必然性的根源。所以说危机具有不可置疑的必然性特征。无论组织形象系统采取何种控制结构形式，信息经过多层次、多渠道、多阶段的传输之后，其失真现象必趋于严重，结果自然是系统的稳定性减弱，暂时保持一种作为开放系统所必有的动态平衡局面，一旦震荡度加大，危机便接踵而至。

危机的偶然性也不难理解。由于组织形象大系统是开放的，每时每刻都处于与外界的物质、能量和信息的交换和流动之中，其任何一个薄弱环节皆可能因某种偶然性因素而致失衡、崩溃，形成危机。打个比方，这就像已枯死的树枝，暂时可以在原位保持原状，但由于它暴露在外界环境种种力量作用之下，故可因偶然事由导致其原有地位与状态的改变：它可能被一阵强风吹落，可能被一场野火焚烧，也可能因禽兽的碰撞或登临而断裂，如此等等。

（2）突发性与渐进性。企业公共关系危机总是在意想不到、没有准备的情况下突然爆发的，它具有突发性特征。在本质上企业公共关系危机的爆发是一个从量变到质变的过程，也就是说，酿成企业公共关系危机的因素经过一个累积渐进的过程，通过一定的潜伏期的隐藏和埋伏后,如果未能得到有效控制,它就会继续膨胀。至一定程度后,就会形成企业公共关系危机的总爆发,并迅速蔓延,产生连锁反应,使公众与企业关系突然恶化,大量的顺意公众变成逆意公众,产生强烈不满。由于来得突然,又有很强力度,往往使企业措手不及,给企业造成很大冲击,使之有突临泰山压顶之感。

危机的突发性与偶然性有关联,而渐进性与必然性有联系。认识这一特征,一方面,可以使我们加强防微杜渐工作;另一方面,则应随时准备应付突如其来的危机事件。

(3)破坏性与建设性。危机在本质上或事实上固然起破坏作用,须尽力防范和阻止。但危机既然爆发了,一般足以表明系统中存在不可小看的问题,这就为企业检视自身状况做了最有力的提示。而福祸相依的辩证法告诉我们,危机的恰当处理也会带给企业新的收获。

这一特征可以从协同学角度来论证。协同学的创始人哈肯认为,一个系统的稳定性总是受两类变量的影响,一类变量在系统受到干扰而产生不稳定性时,它总是企图使系统重新回到稳定状态,起着一种类似阻尼的作用,且衰减得很快,简称之为快变量;另一类变量在同样的情况下总是使系统离开稳定状态走向非稳定状态,表现出无阻尼现象,且衰减得很慢,故称慢变量。当系统处于不稳定状态时,快变量使系统达到一种新的稳定平衡状态。如果原来的稳定平衡状态是一个无序状态,那么这个新的稳定状态就意味着有序的产生与形成。如果原来的稳定状态已经是一个有序状态,那么新的稳定状态就意味着更新的有序状态的出现,意味着系统的进化。

协同学的这一观点既能说明危机的必然性特征,又说明了危机的建设性特征。在企业公共关系危机这种不稳定状态中,企业公共关系危机工作就起着快变量的作用——维持企业这一系统的稳定性。强有力的企业公共关系危机管理工作必定会在原本无序的经营状态中建构更佳的形象大厦,或使原本有序的经营管理更上一层楼。

认识危机的破坏性,才不会掉以轻心,麻痹大意。认识危机的建设性,才会采取主动姿态,沉着冷静而满怀信心地面对危机,从中寻找并抓住任何可能的机会。总之,只有勇于面对并善于应对危机者,才有可能正确地认识到企业公共关系危机在破坏组织形象良好状态的同时,也为企业建立富有竞争力的声誉,树立企业的形象和处理企业的重大问题创造了机会。

(4)急迫性与关注性。企业公共关系危机总是在短时间内猛然爆发,具有很强的急迫性,一旦爆发即造成巨大影响,又令人瞩目。它常常会成为社会和舆论关注的焦点和热点。一时间,它可以成为一般公众街谈巷议的话题,成为新闻界追寻报道的内容,成为竞争对手发现破绽的线索,成为主管部门检查批评的对象等。总之,企业公共关系危机一旦出现,它就会像一枚突然爆炸的"炸弹",在社会中迅速扩散开来,对社会造成极大的冲击;它就会像一根牵动社会的"神经",迅速引起社会各界的不同反应,令社会各界密切关注。因此若控制不力或行动迟缓,必然产生严重后果,所以必须牢记"兵贵神速"这一兵法格言,强调企业公共关系危机管理方案的时效性。

3. 企业科学的"危机观"

企业公共关系危机事件的出现,具有较大的随机性,不好预测,而且受到不可控因素的牵制,来势凶猛,任何企业都希望与之无缘,但是只要企业组织存在,就可能出现危机事件。日本地震学家有句警语常被公共关系界引用:"大地震经常发生在人们忘记地震的时候。"很多企业都心存侥幸:这种事情不会发生在我头上,实际上,零风险的企业是不存在的,高管制行业(如城市供水、核电站、制药业)、财务变更期(如公司兼并)、高知名度的企业及其老板、上市公司、进步性企业、排名在行业前三名的企业、刚起步的企业、连锁企业等最容易惹上危机。这些危机有时是事出有因,有时是飞来横祸,有时是不白之冤……总之都是以破坏企业组织形象为代价的。

因此,在思想认识上,公共关系人员要高度重视企业公共关系危机管理工作,而要搞好这一工作,就离不开科学的观念。科学的公共关系危机观念,不仅反映了公共关系人员的业务素质,而且也是策略化、实效化、艺术化处理公共关系危机的保障。那么,对待公共关系危机事件,企业经营者和公共关系人员应具备哪些基本观念呢?

(1) 预防是解决危机的最好方法。"预防是解决危机的最好方法",这是英国著名危机专家迈克尔·里杰斯特的名言。它同样适用于企业公共关系危机。居安思危、未雨绸缪是对待公共关系危机的一条重要法则。众所周知,企业公共关系危机事件的发生,不仅给企业组织带来有形的物质财产损失,也会给企业带来无形的形象信誉破坏。因此,公共关系人员在对待危机事件的问题上,应该具有高度警觉的"防火意识",在这种意识的支配下,企业公共关系人员应该在日常工作中,按照企业的各项规范与制度要求,一丝不苟,使企业组织远离危机事件。这是公共关系人员对待危机事件的上上之策,是第一道防线。

但是由于种种原因有些危机事件是"防不胜防"的。此时第二道防线应及时发挥作用,即果断采取措施,把潜伏的危机事件消灭在萌芽阶段。一般而言,除了一些自然灾害、机船失事、火灾等非人为危机外,大多数危机事件都有一个演进过程,先由失误而形成危机隐患,由隐患而形成"苗头",由"苗头"而发展为抗争,然后爆发出危机事件。优秀的经营者和公共关系人员不会坐视危机事件的前期酝酿、恶化,等危机事件爆发出来后才着手工作,而是以消除隐患、扑灭"苗头"为首选之责。例如,在我国某市一家皮鞋店曾发生过这样一件事情,一天经理发现不久前进的一批鞋是劣质品,他赶紧让仓库保管员和柜台营业员清点存货,发现已经售出了六双。怎么办?按照惯例,应该是封存库存,与货主交涉办理退货,已售出的如有顾客找上门来,则同意退款。但这位经理不满足于这样做,他做出了几条旨在化解危机于萌芽之中的主动出击措施:首先,在店门口贴出启事,公开亮丑,向顾客致歉,恳请购买者前来退换。其次,发动营业员回忆,如有线索,经理携款登门致歉。几天后,先后有五双劣质鞋被换回来了。可是一周过去了,那第六双鞋子仍不见踪影。最后,经理亮出第三招,花钱到市人民广播电台播出"寻人启事"——"由于本店不慎,在进货中混进了一批劣质牛皮鞋,已售出的六双中追回五双,望第六双鞋的买主闻讯后前来鞋店办理退货,本店经理将当面致歉。"

这位经理没等公众找上门来就主动出击,使一场可能破坏企业形象的危机事件,不仅及时化解了,而且还有效地树立了自己诚实可信的形象。

(2) 正视问题,认真对待是处理公共关系危机的"出发点"。对待危机事件,公共关系人员理应"洞察秋毫",然而他们不可能"火眼金睛",有些危机事件突如其来,突然爆发出来了。

面对公共关系危机事件,任何愤懑、隐瞒、掩盖都于事无补。此时企业最明智的办法是,面对事实,正视事实,实事求是,认真对待,要敢于公开,善于及时地向社会公众开放必要的信息通道,以尽快求得公众的谅解和信任。

企业要采取"三不主义"的态度,即对危机事件不回避,对危机事件造成的后果不避重就轻,对自己应该承担的责任不推卸,实事求是地解决危机问题。

美国许多管理成效好的公司都牢固树立了这一观念,他们做到:

- 一旦发现问题,就毫不犹豫地正视它。
- 一旦感到情况不妙,就进行彻底大检查,以便在清理过程中能发现爆发危机的原因。
- 一旦发现危机来临,立刻通过传播媒介及时向社会各界通报危机的真实情况。
- 一旦危机已经来临,就集中所有部门的意志和力量去对待它,在任何关系到生死存亡的形式下,没有比求生更重要的了。

……

实际上,危机事件出现后,其规模有一个由小到大的发展过程,公众态度有一个由轻度不满到严重敌视的变化过程。在此初发阶段,如果能面对事实,面对公众,做出相应的改进措施,企业组织就能赢得公众的谅解,得以重整旗鼓,奋然发展。

美国纽约长岛铁路公司,是一家历史悠久、规模较大的公司。然而该公司一度声誉不佳,乘客对公司的服务与管理颇有不满,公司每星期收到的批评信竟达200多封。此时汤姆斯·古德法罗走马上任,接任该公司总经理。针对公司面临的困境,古德法罗采取了一系列"洗心革面"的措施。除在管理上纠正补漏之外,他把重建声誉的重点放在公共关系方面。公司为此提出了新的口号:"诚实是最好的办法。"从此,每当有麻烦事出现的时候,公共关系经理在新闻记者到来之前就将实情告诉乘客。火车误点,公司马上查出原因,尽快通知乘客。有一次因为罢工,交通堵塞,车厢每一个座位上都放了一个短笺:"星期三夜里乘车可能多有不便,因为……"

公司还努力使长岛铁路公司在乘客心目中显得富有人情味。在决定重新油漆车站时,他们特地邀请当地居民和乘客挑选颜色。开始油漆那天,他们精心布置了工作现场,又邀请了当地的新闻媒介前来采访。公司领导人同被邀请来的社区主要官员、社团领袖和工商界人士一道,穿着工作服一起动手刷油漆。第二天,几家报纸均以醒目的版面和标题报道了此事,并配有照片。此举在读者中赢得了良好的反应,认为长岛公司的"洗心革面"确有诚意。

公司还采纳公共关系人员的意见,将无人认领的雨伞借租给乘客使用。公共关系人员将此事写成新闻稿,并特别等到4月份再寄投到报社,以应"四月天,阵雨天"的民谣。

将重建活动推向高潮的是这家公司热烈隆重庆祝其125周年的庆典活动。为此,公司广邀乘客代表、社区居民、新闻媒介和社会各界人士前来参加庆典。新闻媒介将此事做了大张旗鼓的报道。

就这样只用了一年的时间,长岛铁路公司就在乘客中恢复了声誉,客运业务蒸蒸日上,利润成倍增长。为此该公司荣获《公共关系新闻》杂志颁发的"年度成就奖"。该杂志还将其事迹翔实报道,一时间广为传诵。

　　(3)及时果断,处乱不惊,方能化险为夷,安渡"危险期"。危机事件发生后,企业组织可能会"四面楚歌",新闻记者、政府官员、顾客公众等,都会来指责企业组织,一时间可能"风雨俱来",新闻曝光、政府批评、公众意见信等纷至沓来,企业组织压力极大,处于"危险期"。但是"危险期"不可能一直延续下去,总有一个"终期"。这主要是因为社会在不断变迁发展,新生事物、新的危机事件层出不穷,公众不可能只关注某一社会组织、某一危机事件,他们的关注热点会随着时间流逝而变化。但是在公众关注焦点未转变之前,企业组织如同危重病人一样,处于"危机期",公众高度敏感,措施不当,或稍有不慎,都可能激起公众的群愤之情,严重的还会断送企业组织的生存权。

　　反之,若能及时采取有效措施,及时化解危机,那么企业组织就能迅速赢得公众的谅解,重新获得公众的信任,顺利渡过危难,获得新的生存机遇和发展机会。

　　处理公共关系危机的第一定理就是:动手越早,危机越小。1996年美国国庆前夕,一位82岁的美国老人竟从百事可乐罐中倒出了一个注射器,这件事迅速成为各媒体的头条新闻。5天后美国先后有几十个州发生同类事情,公众惊慌加剧,百事可乐暑期销售直线下跌了3%。由于时间发生在星期五,总裁不在总部,等到星期一总裁处理这件事时,事态已近失控。好在接下来,百事在公共关系公司的帮助下,完成了几个漂亮动作,才使百事转危为安。百事最先慰问了那位老人,并带老人参观了封闭的生产车间,告诉老人及随行的记者,在生产线上,注射器和其他杂物绝不可能进入罐中。同时公司总裁在电视上发表演说,对因此事件引起的公众不安道歉;告诉公众百事公司正对此事件进行调查,百事公司是一个负责任的公司,如事件属实公司将做出赔偿;总裁最后再次强调,他坚信百事99%不可能发生这样的事。由于百事态度真诚,媒体和公众慢慢站到了百事一边,怀疑有人捣鬼。

　　事实证明,有人把注射器放入老人的可乐罐中,老人一无所知。真相一公布,百事马上在媒体上打出"感谢美国"的大幅广告,百事可乐的销量反而比事前上升了1%。

　　在这方面新加坡航空公司面对"台北空难事件"干净利落的善后工作堪称典范。2000年10月31日晚23时18分,台北机场一架新加坡航空公司飞机爆炸起火。在空难发生的30分钟后第一条新闻报道出街;两个小时后新加坡航空公司召开第一个新闻发布会,给出伤亡数字;4小时后公司总裁公布正在进行的调查内容;22个小时后,所有罹难家属到达事故现场;25个小时后,总裁来到台北;48小时后,仅新浪网就有140篇空难的跟踪报道;50个小时后,死难家属拿到第一笔救援费……

　　(4)通过危机事件处理可以坏事变好事,危机成良机。"危机"一词在汉语中大有讲究,一方面代表着危险的境遇;另一方面代表着大量的机会。这就是说,我们能以危机为契机,精心策划,则不仅能化险为夷,转危为安,而且还能变危机为良机,变坏事为好事。古人云:"福兮祸之所倚,祸兮福之所存",讲的就是这个道理。危机事件既已发生,就要认真处理,利用它来完善企业组织的形象,这是完全可能的。因为危机事件期间,企业组织成为新闻组织报道的热点对象,也是公众议论的热门话题,虽然公众开始是带着恶意来关注企业组织的,但是这毕竟也是一种关注。因此这就为强化企业组织的形象提供了一个机会。这好比一件衣服被不小心烧了一个洞,自然不是值得庆幸的事,但也成为裁缝师施展艺术才能的机会,优秀的裁缝师不会只是简单地把洞补好,他会利用补洞的机会,在洞处补出一朵美丽的鲜花，一个可爱的小动物，从而使衣服变得比以前还好看。在危机事件过程中，我们也要善于变坏事为好事，使本来不利于企业组织的危机事件，演化成宣传企业组织的机遇。

具体而言，"变坏事为好事"，应视危机事件的性质不同而确定出不同的目标。常见的情形主要有以下几种。

① 无中生有的危机事件。如果是无中生有的危机事件，我们不仅要澄清事实，而且还要进一步强化形象，发展形象，通过危机事件的处理，使各方面的社会公众更加信赖企业组织。如一年初夏，大连市民都不敢吃猪肉，因为听人说吃了猪肉会得病，其实猪肉是经过严格检疫的，这完全是公众的误解。但这种情况持续下去，对大型的猪肉零售企业尤其冲击大，如大连商场，作为一家大型商业零售企业，每天销售猪肉十几吨、几十吨，由于人们不敢买肉，营业额大幅度下降。为改变不利局面，他们把市卫生防疫站的领导及工作人员请来对其经营的猪肉进行检疫，再通过电视台的新闻节目进行现场报道，公布检疫情况，商场还推出两次检疫新举措。卫生防疫站经过认真考核在全市指定了 4 个"放心肉店"，大连商场是其中之一。这些做法使商场的猪肉销售走出低谷，重新树起了国营商业企业的良好信誉。

② 企业自身不当引起的危机。如果确实是企业组织自身不当而引发的危机，企业不仅要主动承担责任，而且要采取果断措施，塑造一种"脱胎换骨"的新形象。古人云："君子之过也，如日月之食焉。过者，人皆见之；更也，人皆仰之。"人是这样，一个企业也是如此。企业的发展过程中，因为工作不负责、失误而造成对公众的损害，只要能"闻过即改"，仍然能赢得公众的理解与信任——一种基于企业组织新形象之上的理解与信任。这年 6 月，刚刚成立 6 年，准备在海外市场上大展拳脚的中华自行车公司遇到了麻烦。负责爱尔兰市场销售的负责人紧急向公司通报：爱尔兰一位 12 岁的小姑娘骑着中华自行车（童车）摔伤。总经理听到汇报后，紧急赶赴爱尔兰处理此事。经过调查，发现导致小女孩摔成轻伤的主要原因有两个：一是在崎岖的路面上骑车；二是该童车的前轮胎钢圈变形。虽然该童车已售出一年多，保修期已过，但中华自行车公司必须承担轮胎钢圈质量而造成的责任。此时当地的媒体已把"中华自行车质量事故"炒得沸沸扬扬，人家有充分的理由表示对经济欠发达、改革开放时间不长的中国产品质量的怀疑，更密切地关注着中国人对于此事件的处理，中华自行车的海外销售代理公司也开始怀疑：与中国的企业合作是否稳妥。中华自行车辛辛苦苦培育出的爱尔兰、英国等地的市场开始动摇。公司总经理在慰问伤员及其家长后，立即做出如下决定：一是承担伤员一切医疗费并给予一定赔偿；二是一个星期内将 4000 多个爱尔兰用户所购买的该型号童车的钢圈全部更换（仅此一项公司用去港币 100 多万元）。这两项承诺立即在当地引起强烈反响，"认真的中国人"、"勇于承担责任的企业"等文章屡屡见诸报端，受伤的小姑娘及其家长对此事的处理结果深表满意，经销商们信心大增，销售市场销售回升。中华自行车并未就事论事，仅仅满足于做好"善后"工作，而是在企业内部掀起了一次"小题大做"、举一反三、深刻反省自我的活动。公司提出："不熟练掌握操作技术是员工之耻；不坚持控制产品质量是管理者之耻；不跻身先进行列赢不得消费者的满意和赞赏，是公司之耻。""三耻"强烈地震撼了每一个公司员工，"雪三耻"赢得消费者的心，占领欧美市场成为中华自行车公司的坚定信念和自觉行

动。中华自行车公司的"雪三耻"活动开始全面进行。一年后,中华自行车在爱尔兰的销售量增长了整整 10 倍。5 年后,深圳中华自行车(集团)股份有限公司一举登上"全国最大百家机电产品出口企业第一名"的宝座。

总之,让每个企业以积极正确的心态去面对不可知的命运,并在"危机"突如其来时能做出正确决策,是企业公共关系危机管理的最终目标。企业组织只有树立以上四个公共关系危机观念,才能更好地处理危机,重塑企业形象。

7.1.2　公共关系危机成因

分析组织公共关系危机产生的原因,对于制定正确的预防和处理对策有着十分重要的意义。组织公共关系危机产生的原因很多,一般来说,大致可以分为企业内部环境成因和企业外部环境成因两个方面。

1. 企业内部环境成因

内因是条件,外因是根据。从企业内部环境角度剖析企业公共关系危机的产生原因,无疑为企业公共关系危机管理奠定了坚实的基础。引起企业公共关系危机的内部环境原因主要有以下几个方面。

(1) 企业自身素质低下。企业自身素质低下不仅可能引发企业公共关系危机,而且在企业公共关系危机出现之后也难于自觉有效地处理危机。就企业自身素质构成来说,企业自身素质低下的核心是企业组织人员素质低下,这又包括领导者素质低下和员工素质低下。这两类人员素质低下都有引发企业公共关系危机的可能。特别是如果企业领导者自身素质低下的话,导致企业公共关系危机的可能性更大。现阶段由于我国的企业家正在逐步向职业化过渡,有些企业领导人知识结构不完善,素质低下,水平较差,对内部员工缺乏威信和感召力,不能激发员工的工作积极性,使企业缺乏凝聚力;同时,对外部公众缺乏平等意识和必要的尊重,有的耻笑外部公众,有的冷待外部公众,有的甚至谩骂殴打外部公众。如西安香格里拉大酒店丹麦籍总经理在饭店大堂当众殴打一位中国顾客而引发的企业公共关系危机即属此类。在企业经营中员工素质也很重要,员工素质必须与其所从事的事业相匹配,企业"桶"最低的一块木板必须与其"水平"和容量相称。如若不然,"一条鱼搅得满锅腥"的现象就会出现。如北京的国贸中心惠康超级市场员工对两名顾客强行搜身;沈阳商业城店员手操电风扇殴打顾客的电风扇风波;北京花花公子商店领班追打女顾客案等,诸如此类的事件、风波充分暴露了企业员工素质低下、亟待提高的问题。企业员工素质低成为制约企业发展的"瓶颈",这个问题不解决,企业随时都有可能与公众发生纠纷,产生危机,并因而成为舆论的焦点,这是每个企业最不希望看到的。

(2) 企业管理缺乏规范。这里讲的规范主要是指企业的管理制度和员工行为规范。管理缺乏规范的含义有两个:一是指企业组织基础工作差,管理的规章制度不健全,以至于工作无定额、技术无标准、计量无规矩、操作无规程,给组织管理带来极大的麻烦,也给公众带来诸多的隐患;二是指员工的行为无规范,以至于员工工作不讲质量,不讲服务礼节,不讲商务信誉,不讲职业道德,甚至严重损害公众利益和伤害公众感情,这些都有可能成为引发组织形象的祸根。

（3）企业经营决策失误。企业经营决策失误也是造成企业公共关系危机的重要原因之一。在现代社会中,企业的经营决策都应自觉考虑到社会公众、社会环境的利益和要求,不能有损于公众,有损于环境,否则,即属于决策的失误。经营决策失误情况繁多,主要体现为方向的失误、时机的失误、策略的失误等。各种失误都可能导致企业公共关系危机的出现,特别是其中的方向性和策略性失误更是导致企业公共关系危机的关键原因。如背离公众和环境的利益与要求做出决策,或采取有损公众和环境的策略实施各种决策,都是可能严重危及公众和环境的,也都有可能引发公众对企业的抵触、排斥和对抗,从而使企业陷入危机状态。如20世纪90年代"标王"秦池的落马、"巨人"集团的瘫痪都与企业经营决策的失误不无关系。

（4）企业法制观念淡薄。企业经营活动的正常开展,除了必须遵循企业经营的基本准则和社会伦理道德之外,还必须要守法,严格依法办事。因为现代社会是法制社会,市场经济是法制经济,企业的任何一员是否具有法律意识,是否知法、守法,是否将企业的经营活动置于法的监督、保护之下,这对于正常开展经营活动,规范企业管理行为,树立良好的组织形象有十分重要的意义。然而事实上,的确有的企业法律观念极为淡薄,置国家法律于脑后,霸气十足,随意践踏公众的基本权利,终于酿成企业公共关系危机。

（5）企业公共关系行为失策。现代社会的组织形象塑造工作实际上是一种社会信息交流工作。在信息交流的过程中,严格遵循以客观事实为基础的原则,是保证信息交流正常进行,求得企业与公众之间消除隔阂,达到动态平衡的基本要求。如违背这些原则,传播不真实,甚至有意弄虚作假、严重损害公众利益,那么再多的信息交流也无益于企业与公众间关系的协调,它只能为公众所坚决反对和抵制,只会使企业与公众之间的关系走向恶化,形成危机。这具体表现在以下方面。

① 策划不当,损害公众利益。以公众利益为出发点,是组织形象策划应遵循的基本原则。如南京某房屋开发公司曾向某女电影明星赠送价值20万元的别墅,结果并未引起轰动效应,反而伤害了公众感情,招来公众"向谁献爱心"的争论,这说明不从公众利益出发的策划是必然失败的。

② 形象公共关系活动缺乏必要的准备。企业要取得以塑造形象为目的的公共关系活动的成功,就得做好公共关系的前期准备工作,准备工作做得越充分越扎实,公共关系的成功率就越高,如果企业缺乏必要的准备,或者准备不周,都有可能引发危机,使好事变成坏事。

③ 企业忽视与公众的信息交流。传播沟通,通过企业和公众之间的信息交流和思想交流,可以优化组织结构,增进人际关系的和谐,取得公众对组织活动的谅解和支持,所以传播沟通对企业至关重要,但恰恰有些企业却犯了无视沟通或传播沟通意识淡薄的毛病,从而酿成企业公共关系危机。疏于传播沟通主要表现在:重视纵向的关系而忽视横向的关系,线条比较单一,缺乏双向传播的主动性,满足于上通下达和组织的自身评价,对外界发展变化缺乏迅速反应和反馈的机制;在工作方法上不愿意向公众宣传自身建设的情况,不愿意在平等的地位上与公众进行协商、交流,习惯于号召式的宣传,懒于做琐碎的沟通工作;企业发布信息不及时,缺乏针对性,使公众不能及时地了解到所需要的信息等。

可以说,在信息爆炸、误会频起的市场经济社会,"沉默"对企业来说不再是"金"。

④ 忽视公共关系调研,损害企业声誉。调研是公共关系运作的四个程序中最重要的一步,是制订公共关系计划,开展形象公共关系活动的基础,这就犹如中医看病必须首先"望闻问切"一样,没有"调研"必然贻误公共关系良机,出现偏差,使"病症"加剧,给企业带来不必要的麻烦,使之陷入公共关系危机之中。

2. 企业外部环境原因

外因是变化的条件。任何组织所处的环境都是异常复杂的,某一方面发生变化,尤其是突如其来的变化,会给组织以重击,使组织陷入困境,处于公共关系危机之中。因此,组织必须保持清醒的头脑,预知"春江水暖",在危机面前争取主动。以企业为例,公共关系危机产生的外部环境原因包括如下几个方面。

(1) 自然环境突变。这包括天然性自然灾害和破坏性建设两个方面。天然性自然灾害,是自然环境运动中完全遵循大自然规律(即不受人类行为影响)的环境要素所构成的,如山脉、河流、海洋、气温等。天然性自然所发生的变化,是不以人的意志为转移的变化,它往往给企业活动带来意想不到的突然打击,如地震、海啸、旱灾、涝灾、火山爆发、河流改道等。这些灾害具有很大的突然性、无法回避性和重大损失的特点,常常使遭受打击的企业面临灭顶之灾。破坏性建设灾害是一种人为的灾害,它指人类出于短视、无知、疏忽、决策失当等原因,没按客观规律办事所酿成的破坏机制。这种建设形同"破坏",且建设的规模越大,灾害损失就越惨重,所以,它是比自然灾害影响面更广泛的、迄今仍未被予以足够重视的潜在致灾源。"破坏性建设"灾害不仅包括人工诱发地震、滑坡、工业三废污染引起的全球性气候异常和臭氧层破坏、乱砍滥伐、盗伐加剧水土流失和沙漠化以及烟雾事件和城市噪声等新公害现象,还包括企业规划与设计欠妥造成的企业防灾能力脆弱等弊端。比如,企业动力、热力、供水、污水及垃圾的处理等无防灾和减灾能力,加剧着灾害的隐患。

(2) 企业恶性竞争。恶性竞争即不正当竞争,指市场经济活动中,违反国家政策法令,采取弄虚作假、投机倒把、坑蒙诈骗手段牟取利益,损害国家、生产经营者和消费者的利益,扰乱社会经济秩序的不良竞争行为。恶性竞争作为引起企业公共关系危机的一个外部因素,是指本企业受到外部其他企业的不正当竞争,使本企业面临严重的经营危机和信用危机,从而引发企业公共关系危机。在现实生活中,一些不正当竞争者或采用散布谣言来恣意损害竞争对手的形象,或盗用竞争对手的名义生产假冒伪劣产品,或进行比较性广告宣传有意贬低竞争对手的能力,或采取恶劣行径严重扰乱竞争对手的经营秩序等,这些恶意竞争行为,都可能导致企业严重的公共关系危机。

(3) 政策体制不利。国家经济管理体制和经济政策是企业难以控制的外部因素,它对企业的经营和发展产生重大影响和制约作用。一般来讲,任何企业都希望国家经济管理体制和经济政策有利于本组织的生存和发展,但这些希望在某些特定情况下又总是不可能完全达到的。如果体制不顺,政策对企业发展不利,那么企业就可能在经营活动中遭遇很大风险,出现严重问题,甚至陷入一种欲进不能、欲退不忍、欲止不利的困境。在这种情况下,出现暂时的企业公共关系危机是完全有可能的。特别是传统经济体制的约束,传统经营观念的影响、行业封锁、产品垄断等种种弊端,甚至可以把一个企业逼向绝境。

（4）科技负影响。人类社会的科学技术进步，既可以给企业带来创新发展的机遇，也会导致企业原有技术的落后与贬值而出现危机。新材料新工艺的出现，会使企业如虎添翼；而新技术新标准的颁布也会使企业的产品在顷刻之间由合格变为不合格。因此科技进步规律对企业公共关系危机的发生往往具有突发性的作用特点。因科技进步而导致企业公共关系危机的原因表现在两个方面。

① 技术本身的危险性导致危机。高技术本身内含的风险性，其导致的企业危机往往表现为重大技术设备的严重事故。如举世震惊的苏联切尔诺贝利核电站爆炸事故，使6 000多人丧生即属此类。

② 技术进步带来技术标准变化导致危机。技术进步所带来的技术标准的变化，对企业的影响是广泛的。由于企业技术手段（设备）不可能总是处于先进发达状态，所以企业总是受到高新技术及其高标准规范的冲击。每项新质量标准的实施就意味着在原标准下的产品合格变为新标准下的不合格。

（5）社会公众误解。公众对企业了解并不都是全面的，有的公众会因获得的信息较少或专听一面之词而对企业形成误解，尤其是当企业在产品质量、原料配方、生产工艺、营销方式、竞争策略等方面有了新的进步、新的发展、新的探索，但公众一时还不能适应或一时认识跟不上，用老观念、老眼光主观判断，草率下结论，更易造成危机事件。公众误解包括几个方面：一是服务对象公众对企业的误解；二是内部员工公众对企业的误解；三是传播媒介公众对企业的误解；四是权威性公众对企业的误解等。无论是哪一类公众对企业的误解，都有可能引发企业公共关系危机。特别是传播媒介公众和权威性公众对企业的误解更可能使误解范围扩大，程度加深，形成极为不利的舆论环境，带来企业严重的企业公共关系危机。

（6）社会公众自我保护。随着现代科技的发展和保护消费者权益的法律不断完善，消费者正在觉醒，并且学会了运用法律的手段保护自己的利益。企业原来认为合理的、正常的东西，现在在消费者的思想中已变成不正常的和非合理的，他们对企业的所作所为提出抗议，如反暴力行为、反污染行动等，这就使得企业面临着新的造成危机的可能。所以客观上公众自我保护意识的增强也是企业公共关系危机增多的一个原因。

（7）全新传媒出现。国际互联网（Internet）是人类社会从未有过的全新的传播媒体，它是21世纪信息高速公路的雏形。它可以进行文字、数据、图像、声音多媒体的沟通，具有许多诱人的诸如范围广泛、双向互动、个性化、快捷性、低成本等不同于其他电子媒体的传播特征。它的出现使人类进入了网络时代。上网的人数在成倍增加，国际互联网越来越成为全新的重要传媒。互联网的威力是十分强大的，任何一个对企业不满的顾客，都可能成为高破坏力的"危险分子"。2007年在日本就发生受气顾客上网告发，"东芝"公司声誉大受影响的事件。可见，新兴传媒的出现客观上增加了企业公共关系危机出现的几率，对此企业不可不察啊。

以上是从企业组织所处的内外部环境来分析容易诱发企业公共关系危机的诸多方面原因，实际上任何危机的发生都并非一个原因促成，都是多个原因综合作用的结果。只有对造成企业公共关系危机的原因进行深入剖析，才能拿出充分的依据，为正确处理形象危机奠定坚实的基础，同时，明确导致企业公共关系危机的因素也为企业预防形象危机的发生提供了可能。

7.1.3　公共关系危机预防

除了一些自然灾害、机舰失事、火灾等非人为因素造成的危机外,企业危机大多是可以预防的。预防是企业危机管理的重要组成部分,涉及企业管理的各个环节、各个岗位、各个部门,以及每个员工,甚至涉及设备、环境、管理方式和管理职能,是一项复杂的系统工程。在当今社会里,由于企业组织自身的构成因素复杂多样,所处的社会环境变化加剧,因而各种企业组织出现危机的可能性都在增大。在这种情况下,任何企业都应重视危机预防的管理工作,且都必须运用科学规律、科学规范、科学方法、科学手段进行危机的预防管理。正如美国学者戴维斯·杨所说:"面对任何危机,你首要的目标是尽快结束危机,而比这更重要的是要做到防患于未然。"危机预防管理水平如何是评价一个企业的管理水平、衡量一个管理人员的管理能力高低的一项重要指标。

企业危机预防管理是企业危机管理的基本工作内容之一,是企业为预防和平息危机,对自身危机隐患及其发展趋势进行监测、诊断与预控的一种特殊的管理活动,其目的在于防止和消除企业危机隐患,保证企业经营管理系统处于良好的运行状态。"其手段是在企业中一种对危机能加以预警和预控的组织自免疫机制。"正确地进行企业危机预防对树立企业员工的危机意识,减少企业危机的发生概率,提高企业危机的处理水平都具有重要意义。

企业危机预防的具体对策体现在如下几个方面。

1. 寻找薄弱之处

很多企业尽管可能是行业的翘楚,但是或多或少的会存在薄弱的地方,善于发现自身的弱点是现代企业的必修课,连微软都声称离破产只有 18 个月。企业需要反思,哪些薄弱问题可能会导致企业陷入危机? 企业可以通过企业内外部,如企业董事会成员、离职或退休的员工、政府官员、社区居民、新闻媒体、行业分析人士等方式获得相关信息,这样,企业就可以准备两张表,第一张表包括那些最有可能发生的弱点/潜在危机,各项目按先后顺序排列,以红色、黄色和绿色三部分加以区别。第二张表则列出对企业可能构成严重损害程度的企业弱点或潜在危机。

(1) 编制"发生可能性"表

潜在危机/"发生可能性"

最有可能发生(红色):

①

②

③

④

⑤

能够发生,但在近期内不会发生(黄色):

①

②

③

④

⑤

不可能发生(绿色):

①

②

③

④

⑤

(2) 按"对企业可能造成严重损害"的顺序排列相关弱点及潜在危机

潜在危机/"对企业的损害"

会造成严重损害(红色):

①

②

③

④

⑤

会造成损害,但是能够加以管理(黄色):

①

②

③

④

⑤

会造成很轻微的损害,并且可以很容易地加以管理(绿色):

①

②

③

④

⑤

在分析以上两个表的基础上编制第三张组合表,要特别注意那些被认为是既可能发生,又会对企业造成最大损害的弱点/潜在危机。首先从前两张表中同时被列为"红色"的弱点/潜在危机开始归纳,接着是在一张表中被列为"红色"而在另一张表中被列为"黄色"的弱点/潜在危机。下一步,记下前两张表中同时列为"黄色"的弱点/潜在危机,然后是"黄色"和"绿色"的弱点/潜在危机,最后归纳在前两张表中同时被列为"绿色"的弱点/潜在危机。这样就把所有可能的薄弱方面按先后顺序排列出来,企业会直观地看到哪些薄弱环节应该进一步加以明确、防范。

（3）可能发生的严重损害

最有可能发生,会造成严重损害（红—红）:

①
②
③
④
⑤

最有可能发生,会造成损害,但可以管理（红—黄）:

①
②
③
④
⑤

会发生,但在近期不可能发生,会造成严重损害（黄—红）:

①
②
③
④
⑤

在短期内发生的可能性很小,会造成损害,但可以管理（黄—黄）:

①
②
③
④
⑤

弱点分析会帮助企业识别出应该需要多加关注以防止它们变成主要问题的薄弱环节,同时也为企业将来的危机计划活动提供了需要注意的方面,这是其最大的效用,进行危机预防首先要重视弱点分析。

2. 进行预警分析

企业危机预警分析,是对企业危机风险进行监测、识别、诊断与评价,并由此作出警示的管理活动。在企业组织内部,预警对象包括企业的领导者、管理人员和全体员工,预警的目的是引起他们对危机的了解和重视,以便于他们做好必要的应对准备。在社会组织外部,预警的对象是可能出现的与危机密切相关的公众,预警的目的是将危机信息通告给他们,以便于他们及时离开危机险境,有效避开危机危害。

（1）危机风险监测。危机风险监测是指对社会组织系统中已经或可能出现的危机风险进行监视和预测,收集各种反映危机风险的信息、信号,这是一项非常重要的工作。进行企业危机风险监测,要根据不同企业的具体情况,把最可能引发危机的影响因素或最可能出现危机的实践领域作为重点对象。要采取有效的监测手段,对监测对象的活动过程进行全过程的关系状态监视,对大量的监测信息进行整理、分类、存储,建立监测信息档案,形成系统有序的监测信息成果。

（2）危机风险识别。危机风险识别是指根据危机风险监测收集的危机风险的有关信息,在比较分析的基础上,判断危机风险实际存在的状态。危机风险识别必须在把握通用的状态识别指标和专用的危机状态识别指标的基础上,进行综合分析、反复研究、多方判断,对危机迹象识别进行方向和数量方面准确有效的描述,以达到对危机全面而深入的把握。

（3）危机风险诊断。危机风险诊断是指对已被识别的危机风险进行基本成因分析和发展趋势预测,为危机预控提供根据。这是危机预防十分重要的环节。由于危机风险发展趋势是建立在准确的危机风险成因分析的基础上,因此必须深入、具体、客观地分析危机产生的原因,运用科学的方法,以保证预测结论符合逻辑并准确有效。

（4）危机风险评估。危机风险评估就是对危机发生的可能性的大小和危机造成的潜在影响进行衡量,使危机管理者能更全面、更准确地预测和管理危机风险。其核心是进行危机的损失性评价,即可能出现的危机对企业的公共关系、经营管理、相关公众、社会环境将造成的危害。坚持定量评估方法与定性评估方法相结合是开展危机风险评估的关键。

3. 实施预控对策

企业危机预控是指根据预警分析的活动结果,对企业组织可能出现的危机事态进行早期矫正与控制的管理活动。发出危机警示并不是危机预防管理的根本目的,对危机进行有效的预控才是危机预防管理的根本目的。预控对策的活动内容包括以下几个方面。

（1）思想准备。企业的每一个员工都要从思想上做好应对各种危机的准备。这就是我们通常所说的要具有"防火"意识。在日常工作中,企业员工尤其是管理者、领导者要在高度警觉的"防火意识"支配下,尽力协助、指导有关部门科学地设计生产工艺、科学配方,把好原料的质量关,搞好生产调度安排,加强企业的安全保卫工作和财务管理,完善售后服务制度等。要使组织的员工具有应对各种危机的思想准备,关键是要开展各种危机教育,让全体员工都了解危机的特征和危害,使全体员工都具有一种危机感,并由此增强他们的危机意识,帮助他们形成优化自身行为、预防各种危机的思想。

（2）组织准备。这是指为预控对策行动开展的组织保障活动,具体体现在：第一,设置危机管理机构。危机预防管理与特定的危机处理不同,特定的危机处理是一次性的,而危机预防管理是日常性的,这是由于危机在现代社会组织中广泛存在的特性所致的。危机预防管理的日常性,决定了危机预防管理不能只是应急,而应该不断地长期进行。因此,在企业中,设置危机日常管理机构是非常必要的。危机日常管理机构的设置,不仅可以由其承担危机风险的日常监测、识别、诊断、评估和预警、预控工作,而且可以向组织内外公众表明企业组织认真负责的管理态度。危机管理机构一般由职位较高的组织者、公共关系部门负责人组成,他们必须具备市场推销、业务推广、售后服务,人事、管理、技术以及善于与人沟通等方面的特长,彼此之间应该配合默契,成员组成的原则是领导主持,专家依据需要参与,要优势互补。第二,建立危机管理制度,约束组织成员的公共关系行为,保证组织危机管理方针、政策、措施的有效实施。建立危机管理制度很重要的一个方面是确定危机发生时共同遵守的准则,如危机发生时尽量不要混淆事实真相;不要做无谓的争论;不要小题大做;不要在事情未弄清之前随便归罪于别人;不要在实施沟通计划时偏离企业的政策等。第三,训练危机应急队伍。一般应抓好以下几件事:一是进行旨在提高应对危机事件能力的培训;二是进行危机事件的应对策略的培训;三是进行各种企业危机处理案例库的建设,让企业从中吸取经验教训;四是进行综合性的预防演习,这种演习不但可以检验危机管理预案的可行性程度,修正不足,还可以提高企业组织的反应速度,强化企业组织自身的行为。

(3)条件准备。危机的预防和危机事件的处理都离不开必要的物质条件。准备好各种物质条件,为危机的预防和处理提供必要的物质保证,是危机预防管理阶段的一项重要的基础工作。在危机管理中,一般需要准备的条件大致可以分为三类:第一,危机管理经费的准备。危机管理离不开充足的经费支持。第二,危机管理设施的准备。预防管理阶段,一般应有开展危机监测的各种工具和危机信息处理的各种工具。在危机事件处理中,所需的硬件设施也是比较多的,这些硬件设施同样平时就要有所准备,并要安排有关人员学会其操作,这些硬件设施主要包括:复印机、传真机、能收发电子邮件的计算机、连通内线和外线的多部电话机、移动电话、数码摄像机等。第三,危机管理信息资料的准备。每一个企业需要有重要的内外公众的基本情况、企业基本状况等能随时取用的书面材料,这些资料要归类存档,以便于查询,使企业尽快地解决危机。

(4)基础工作。预防企业危机的基础工作是十分重要的。危机"病毒"是普遍存在的,它环绕在企业周围,每时每刻对企业都构成威胁,任何企业想战胜危机,超越危机,就必须努力增强自身的"免疫力",苦练内功,夯实基础,正所谓要打造转危为安的方舟,就必须有厚积薄发的底蕴,企业只有做好各项基础性工作,才能保证企业的效率高、质量优、服务好、效益大,才能增强企业对环境的适应能力和竞争能力,使企业管理系统有序地进行,减少和消除企业所存在的"危机"。为此企业要不断强化危机意识,全面提高员工素质,加强与各类公众沟通,建立"揭短露丑"的信息反馈系统,严格执行科学的管理制度,保证良好的产品质量和服务质量,及时理顺公众情绪,防止因一些枝节问题引发企业危机。

(5)危机处理。危机处理只是一种"例外"性质的"预防"对策,即只有在特殊情况下才采用的特别管理方式。它是在企业管理系统已无法控制企业状态的情况下,以特别的危机处理措施介入到企业的危机管理过程中,一旦危机事件解决,企业形象得到恢复,危机处理的任务便完成了。实际上从某种意义上说,危机预防才是危机对策中的上策,"预防是解决危机的最好方法",危机处理是不得已而为之的下策,无论何时,"防患于未然"都是具有重要意义的。

7.1.4　公共关系危机处理

由非常性因素引发的企业公共关系危机,是企业的一种具有严重危害的不良公共关系状态。面对这种公共关系状态,企业绝不能置之不理、任其自流,而应采取一切有效措施做出妥善处理。

1. 公共关系危机处理"三部曲"

企业危机的突发性、破坏性、急迫性表明,企业公共关系危机处理必须以及时的反应、最大的努力严格控制局势,迅速查清原因,积极采取措施,尽力挽回影响。因此必须首先制定出一个反应迅速、正确有效的企业公共关系危机处理程序,以避免急迫过程中的盲目性和随意性,使企业公共关系危机处理有序进行。企业公共关系危机处理的通用程序包括以下三个方面。

(1) 采取紧急行动。企业公共关系危机一旦出现,企业就应对其做出反应。具体的工作内容有如下几个方面。

① 启动危机处理专门机构。企业公共关系危机爆发后,企业应立即启动危机处理专门机构。危机处理专门机构(the public relations emergency headquarters,PREH),是危机处理的领导部门和办事机构。一般由企业的主要领导负责,公共关系人员和有关部门负责人参加。这个机构对于保证危机事态能够顺利和有效地进行处理是十分必要的。危机处理的专门机构主要有三方面作用:一是内外联络;二是为媒介准备材料;三是加强对外界公众的传播与沟通。

② 迅速隔离危机险境。当出现严重的恶性事件和重大事故时,为了确保企业及公众的生命财产不受损失或少受损失,要采取各种果断措施,迅速隔离险境,尽量使各种恶性事件和重大事故所造成的损失降低到最低限度,为恢复企业的良好公共关系状态提供保证。在公共关系工作中,危机险境的隔离应重点做好公众的隔离和财产的隔离,对于伤员更是要进行无条件的隔离救治,这也是危机过后有可能迅速恢复组织形象的基础。

③ 控制危机蔓延态势。在严重的恶性事件爆发后的一段时间内,危机不会自行消失,相反,它还可能进一步恶化,迅速蔓延开来,甚至还要引起其他危机的出现。因此必须采取措施,控制危机范围的扩大,使其不致影响别的事物。

(2) 积极处理危机。经过第一阶段采取紧急行动,可控制危机造成的损失,尽量做到危机损失最小化。之后,企业要从危机反应状态进入积极处理状态。在这一阶段关键是要遵循正确的工作程序,融积极性与规范性于一体,确保有效地处理危机。

① 调查情况,收集信息。企业出现危机事件后,应及时组织人员,深入公众,了解危机事件的各个方面,收集关于危机事件的综合信息,并形成基本的调查报告,为处理危机提供基本依据。公共关系危机调查在方法上强调灵活性和快速性。一般主要运用公众座谈法、观察法、访谈法等方法进行调查。在内容上,公共关系危机调查强调针对性和相关性,一般侧重调查下列内容。

一是迅速收集现场信息,以便准确分析事故的原因。

二是详细收集危机事件的信息,包括危机发生的时间、地点、原因、人员伤亡情况、财产损失情况、事态发展情况、控制措施以及公众在事件中的反应情况。

三是根据危机事件提供的线索,了解危机事件出现的企业组织背景情况,公众背景情况,找出企业、公众与危机事件的关键点。

四是调查受害公众、政府公众、新闻媒介及其他相关公众在危机事件中的要求。

要注意从事件本身、亲历者、目击者和有关方面人士那里广泛全面地搜集本次企业公共关系危机的信息,无论是现场观察还是事后调查,都应详细地做好记录,除一般文字记录外,最好利用录音、录像、拍照等方式进行更为客观的记录,为进行危机处理提供充分的信息基础。危机事件的专案人员在全面收集危机各方面资料的基础上,应认真分析、形成危机事件的调查报告,提交企业的有关部门。

② 分析研究,确定对策。企业危机处理人员提交危机事件的专题调查报告之后,应及时会同有关职能部门进行分析、决策,针对不同公众确立相应的对策,制定消除危机事件影响的公共关系方案。在这个环节中,最重要的工作就是对危机影响到的各方面公众采取相应的对策。对策如何,直接影响着公共关系方案的运作和效果。

③ 分工协作,实施方案。企业制定出危机处理的对策后,就要积极组织力量,实施初步既定的消除危机方案。这是工作的中心环节,在实施过程中应注意:调整心态,以友善的精神风貌赢得公众的好感;工作中力求果断、精练,以高效率的工作风格赢得公众的信任;认真领会公共关系活动方案的精神,做到既忠于方案,又能及时调整,使原则性与灵活性均得到充分的体现;在接触公众的过程中,注意观察、了解公众的反应和新的要求,并做好说服工作。

④ 评估总结,改进工作。企业在平息危机事件后,一方面要注意从社会效应、经济效应、心理效应和形象效应诸方面评估消除危机的有关措施的合理性和有效性,并实事求是地撰写出详尽的公共关系危机处理报告,为以后处理类似的危机提供参照性文献依据;另一方面要认真分析危机事件发生的深刻原因,切实改进工作,从根本上杜绝公共关系危机事件的发生。

(3) 重塑组织形象。即使企业采取积极有效的措施处理危机,企业的形象和销售额都不可能完全恢复到危机发生前的水平。公共关系危机对组织形象造成了损害,其不利影响会在今后企业的生产经营中日益显露出来。因此,企业公共关系危机得到处置,并不等于企业公共关系危机处理结束,企业公共关系危机处理还要进入重建企业良好形象的阶段,只有当组织形象重建,才谈得上转"危"为"安"。

① 树立重建企业良好形象的强烈意识。在危机处理中,企业除了平时要有强烈的公共关系意识外,还必须树立强烈的重建良好公共关系形象的意识,要有重振旗鼓的勇气,要有再造辉煌的决心,而不能破罐子破摔,须知,只有当企业的形象得到重建,才谈得上良好的公共关系状态,企业公共关系危机处理才谈得上真正完结。

② 确立重建企业良好形象的明确目标。在重建良好组织形象的过程中,确立重建良好形象的目标是必不可少的一个步骤。总的来说,重建良好形象的目标是消除危机带来的形象后果,恢复或重新建立企业的良好声誉,再度赢得社会公众的理解、支持与合作。具体来讲,大致可以分为四个方面:第一,使企业公共关系危机事件的受害者或其家属得

到最大的安慰;第二,使利益受损者重新获得作为支持者的信心;第三,使观望怀疑者重新成为真诚的合作者;第四,更多地获得新的支持者。只有达到上述目标,公共关系危机的处理才算是全面的和完善的。

③ 采取建立良好组织形象的有效措施。企业在确立了重建良好公共关系形象的明确目标之后,关键是采取有效措施实施,达到这些目标。这些措施包括对内和对外两个方面。对内,一是要以诚实和坦率的态度安排各种交流活动,以形成企业与其员工之间的上情下达、下情上达、横向连通的双向交流,保证信息畅通无阻,增强组织管理的透明度和员工对企业组织的信任感;二是要以积极和主动的态度,动员企业组织全体员工参与决策,作出组织在新的环境中的生存与发展计划,让全体员工形成"乌云已经散去,曙光就在前头"的新感受;三是要进一步完善企业组织管理的各项制度和措施,有效地规范组织行为。对外,一是要同平时与企业息息相关的公众保持联络,及时告诉他们危机后的新局面和新进展;二是要针对企业组织公共关系形象受损的内容与程度,重点开展某些有益于弥补形象缺损、恢复公共关系状态的公共关系活动;三是要设法提高企业组织的美誉度,争取拿出一定的过硬的服务项目和产品在社会中公开亮相,从本质上改变公众对企业组织的不良印象。

2. 公共关系危机处理的总体策略

在企业公共关系危机处理的过程中,策略是针对公众心态、需求的不同而进行的决策定位,它要为维护、恢复和发展组织形象服务,同时要适应公众的心理特征、个性背景。企业公共关系危机的处理必须按照一定的程序进行外,还必须重视有关的策略。企业公共关系危机处理的策略是指具体进行企业危机处理所须采取的对策与方式及其相应的原则规范。重视讲究企业公共关系危机处理的策略,对于尽快平息企业公共关系危机,有效重塑企业的形象,迅速恢复改善公共关系状态,具有十分重要的意义。企业公共关系危机处理的总体策略实际上就是企业公共关系危机处理的原则规范,主要包括如下内容。

(1)积极主动。在处理企业公共关系危机时,无论面对的是何种性质、何种类型、何种起因的危机事件,企业都应主动承担义务,积极进行处理,即使起因在受害者一方,也应首先消除危机事件所造成的直接危害,以积极的态度去赢得时间,以正确的措施去赢得公众,创造妥善处理危机的良好氛围,而不应一开始就采取消极、被动的态度,追究责任,埋怨对方,推诿搪塞,从而贻误处理危机的时机,造成危机处理的被动局面,引发更大的危机。

国外有一个"35次紧急电话"的公共关系案例。美国女记者基泰斯到东京探亲,她在东京的奥达克余百货公司买了一台"索尼牌"电唱机,准备送给东京的亲戚,回到住处后她发现该机未装内件,是一台空心唱机。当她第二天准备到公司进行交涉时,该公司打来紧急电话,在一连串的道歉之后,说该公司副经理将登门拜访。50分钟后,百货公司副经理和一名职员匆匆赶到,送上一台新唱机,并外加一盒蛋糕、一条毛巾和一张著名唱片,在谢罪的同时,他们讲述了公司自行发觉并尽快纠正这一错误的经过:当天下午4点32分,售货员发现售出一台空心唱机后,立即报告警卫人员迅速寻找这位美国顾客,但为时已晚,遂报告监理员,他又向监督和副经理汇报。经分析,决定从顾客留下的"美国快递公司"的名片这一线索出发,当晚连续打了 32 次紧急电话向东京周围的旅馆询问联系。另外还派专员用长途电话向"美国快递公司"总部打听,结果从快递公司回电中知悉这位顾客在纽约母亲家中的电话,随即再打电话了解到这位顾客在东京亲戚家的电话,结果终于在她离开之前,打通了电话,找到了"空心唱机的"买主,更换了唱机,取得了这位美国顾客的充分谅解和信任。此事曾被美国公共关系协会推举为世界性公共关系范例,可以看出日本公司是靠着积极主动而避免一场危机的。

积极主动还表现在维护公众利益上,公众之所以反抗企业组织,"制造"出危机事件来,最根本的原因就是公众感到在利益上受到了一定程度的损害,他们要运用新闻、法律武器保护自己的合法利益。因此,企业要以公众利益代言人的身份出现,主动弥补公众的实际利益和精神损失。

(2) 情谊联络。在危机事件中,公众除了利益抗争外,还存在强烈的心理怨怒,因此在处理中企业不仅要解决直接表面的利益问题,而且要根据人的心理活动特点,采取恰当的心理情谊策略,解决深层次的心理、情感问题。

情谊联络策略,主要是为了强化企业组织与公众的情感关系。有的因生疏而造成的危机事件,直接利用情谊联络的方式,就可以达到消除危机、增进友谊、发展感情的目的。公众都是有感情需要的人。公众情感是在对企业组织的评价和情感体验的基础上形成的,具有重要的行为驱动作用,是公众理解和支持企业组织的动力源泉之一。在大量的危机处理过程中,有意识地施加情感影响,可以大大强化其他措施的影响力,树立组织的良好形象。

(3) 如实宣传。企业公共关系危机处理的一个重要原则就是如实宣传,实事求是。危机发生后要如实地与公众沟通,并主动地与新闻媒介取得联系,公开事实真相。对于新闻媒介记者和广大公众,都不能因为他们不在现场,不知底细,或不懂某一专门行业对其弄虚作假,更不能对其采访和打探情况设置障碍。总之,对各方面公众都要如实宣传,这也是危机处理的基本要求。1993 年 8 月 5 日,深圳发生大爆炸事件后,市政府立即作出决定:"要抢先于境外传媒作出报道。"市政府马上向国内传媒提供了第一手资料,避免小道消息流传,以讹传讹。新华社、中新社都在同一时间发布消息,包括死伤人数、地点及爆炸性质,由于沟通及时,避免了公众的过分恐慌,使公众和新闻界不去"估计"和作出缺乏现场感的"分析"。

(4) 超前行动。企业公共关系危机尽管具有潜伏性的特征,但许多事情还是可以预测的,只是不知道什么时间、什么地点爆发罢了。这一策略就是指企业要通过经常的调查分析,及早发现引发危机的线索和原因,预测出将要遇到的问题以及事件发生后的基本发展方向和程度,从而制订多种可供选择的应变计划。对一切有显露的问题要积极采取措施,及早做出处理,将危机扼杀在萌芽状态。对没有显露的问题也要细心观察,做好防御,以便在问题显露时做出快速反应,努力减少危机造成的损失。

(5) 富有创意。公共关系工作的最大特点是创造性,处理形象危机更要发挥创造性,渗透着创造性的危机处理,其结果往往是"旧貌换新颜",有时甚至还会出现一个出乎人们预料的美好结局。其实,所谓创造性策略就是在设计危机处理方案时,在充分考虑各方面的条件和因素的前提下,因人、因地、因事制宜,争取对公众、社会、企业都有益处。

（6）注重后效。企业公共关系危机处理要注重后效。这是指既要着眼于当前企业公共关系危机事件本身的处理，又要着眼于企业组织良好公共关系形象的塑造。不能采取头痛医头、脚痛医脚的权宜之计和视野狭窄、鼠目寸光的短期行为，而应从全面的、整体的、未来的、创新的高度进行企业公共关系危机事件的处理。因为危机与机遇并存，所以，形象危机的处理必须努力取得多重效果和长期效益。

3. 公共关系危机处理中的传播沟通

传播沟通在管理的任何时候都十分重要，缺乏良好的沟通，任何的管理行为都无法有效地实施。企业公共关系危机发生后更离不开传播沟通，它是迅速处理企业公共关系危机的关键。

（1）危机处理中的传播沟通策略。企业在危机事件出现后，为了求得公众的准确了解，深入理解，全面谅解，很有必要向广大公众传播有关信息。因此，在形象危机的处理中，为了增强信息传播的有效性，策划者必须提出一定的传播对策，以确保企业公共关系危机处理的顺利进行，取得良好的危机处理效果。

① 迅速开放信息传播通道。企业公共关系危机事件的出现，往往会引起新闻媒介和广大公众的关注和瞩目，这时企业必须做到迅速开放信息渠道，把必要的信息公之于众，让公众及时了解危机事态和企业正在尽职尽责地加以处理的情况。面对新闻界的竞相报道和社会公众的着意打探，如果企业组织在这时隐瞒事实，封锁消息，不仅不会给企业带来什么好处，反而会引起新闻界公众的猜疑和反感，促使他们千方百计地从各种渠道收集材料，挖掘信息，这就很容易出现失实和不利的报道，从而更有可能给该企业的危机处理带来麻烦而产生新的形象危机。这时的社会公众也是最容易产生猜疑、误传或者轻信不良信息的，这更会给企业造成不利的社会影响。因此明智的做法是，开放信息传播渠道，公布事实真相，填补公众的信息空白，让新闻界传播客观真实的信息，让广大社会公众接受客观真实的信息。

当然，开放信息传播渠道并不是让公共关系危机事件及其处理情况的有关信息放任自流，而是要让其有秩序地传播。这样，就要求企业要做好信息传播的基础工作。

首先，准备好要传播的信息。这主要包括信息的收集、整理、分析、加工等内容。一是信息的搜集，信息的搜集一定要全面，要通过有关途径取得完整的企业公共关系危机事件及其处理情况的一切信息。二是信息的整理，其关键的问题是对已收集的信息进行分类存档，以备查用，或为新闻界提供原始材料。三是信息的分析，即分析各种信息的真实性、可靠性，以及有这些信息反映的企业公共关系危机事件及其处理过程的发展情况。此外还要对这些信息中哪些应尽早传播，哪些应稍缓传播，哪些应大范围传播，哪些应控制范围传播等做出具体分析，拿出具体意见。四是信息的加工，即对需要的信息进行内容和形式的加工，其目的是确保信息传播的真实性和准确性，帮助新闻界做出正确的报道。

其次，确定信息的发布者。即确定企业公共关系危机事件及其处理情况的正式发言人。发言人最好由危机处理专门机构正式确定，也可以临时委任。发言人的人选应视危机事件的性质和严重程度而定。在发生重大危机事件的情况下，一般由总经理担任。发生一般危机事件的情况下，一般由公共关系部经理担任。确定发言人的目的是确保对外传播信息的准确性和权威性,因此,在企业公共关系危机处理的过程中,危机处理专门机构的信息要全部汇向指定的发言人,发言人要完全了解和明白企业将要发布的信息。

再次,设立一个信息中心(PIC)。在企业公共关系危机事件中,尤其是重大的危机事件发生后,前来采访的记者会很多,前来咨询的公众也会川流不息。这时必须考虑设立一个信息中心。信息中心的任务是负责接待前来采访的记者和前来咨询的公众;负责为新闻记者指引采访的路径,并为其提供通信、休息乃至食宿的方便;负责向公众解答有关的咨询问题,并将公众的意见做好记录;在危机处理专门机构的统一部署、统一指挥下负责公布危机处理的进程。信息中心的负责人一般由危机处理专门机构委派的发言人担任,也可以由企业公共关系部经理担任。

最后,始终坚持两个原则。在企业公共关系危机处理的过程中,整个传播过程都要贯彻两个基本原则:一是统一口径原则(one voice principle);二是充分显露原则(full disclosure principle)。危机处理的传播工作很重要,因为一言既出,事关全局,影响甚大,传播出去,驷马难追,所以必须注意统一口径,避免企业人员的言辞差异。坚持统一口径原则还能给公众留下企业是团结战斗的整体,企业领导人有能力、有决心、有诚意处理好这一公共关系危机事件的美好印象;还要坚持充分显露原则,对有关危机事件及其处理的信息知道多少要传播多少,不要有所取舍,更不要隐瞒或歪曲。

② 有效控制新闻传播走向。开放的信息传播通道有利于避免新闻记者和广大公众的猜疑、误传,为人们提供了可靠的信息来源。但是,由于新闻记者和广大公众对于企业公共关系危机事件所持的态度不同,看问题的角度不一,因而也有可能使信息传播朝着不利于企业公共关系危机顺利处理、组织形象恢复重建的方向发展。所以,在开放了信息传播通道后,还必须有效控制信息传播的走向。

首先,尽力进行事前控制。这是指在新闻媒介发布有关信息之前所进行的新闻传播走向控制,它是新闻传播走向控制最为主动的办法和最为有效的措施。具体办法有:请权威人士发布信息;以书面形式发布信息;制作完整的新闻稿件,聘请权威新闻机构的新闻记者担任新闻代理人;邀请政府官员出面发表见解等。企业若能做好事前控制,对尽快摆脱危机,恢复正常的公共关系状态是十分有利的。

其次,适当进行即时控制。这是指新闻媒介即将发布有关信息之时进行的新闻传播走向控制。这种控制一般难度较大,因为记者如何写报道一般不容易知道。一般要重点掌握前来采访记者的情况,如有哪些记者曾前来采访过,他们是哪些新闻机构的记者。在此基础上,向新闻机构及时传达信息,并通过原来与新闻机构建立的各种联系,借助于相关人物及时纠偏。

最后,设法进行事后控制。这是指新闻界在发布了有关偏向信息之后所进行的新闻传播走向控制。这方面的办法主要有:当新闻记者发表了不符合事实真相的报道时,可尽快与新闻机构接洽,向其指明失实之处,提出更正要求;当新闻记者或新闻机构对更正要求有异议时,可派遣重要发言人,如当事人或受害者本人接受采访,反映真实情况,争取更正机会;当新闻记者或新闻机构固执己见、拒不更正时,可用积极的方式在有关权威媒介上发表证明正面申明,表明立场,要求公正处理,必要时可借助法律手段,但要慎重采用。

③ 消除危机处理中的谣言。谣言是毁坏组织形象、涣散企业组织的恶魔，企业在形象危机处理过程中，应注意预见谣言产生的可能性，一旦谣言产生，要沉着应战，遇事不慌。危机事件中产生谣言的主要因素有：公众缺乏可靠的来自正常信息渠道的信息，人们得不到正常渠道的消息，就会向非正常渠道获取，就难免谣传纷起；公众缺乏完整的信息，信息不完整就会给人留下想象或捏造的空隙，从而产生谣言；危机形势紧迫，公众担忧和恐惧，感到形势无法控制，对前景丧失信心，悲观失望，任由事态发展，也会产生各种谣言；传闻失实，小道消息流传，使公众对正常渠道的信息产生怀疑，这种怀疑使一些人信谣传谣；从企业传出的信息有出入，不是统一口径，公众从企业听到不同的声音，自然会产生思想疑虑，这种疑虑是导致谣言产生和流传的基础。

企业消除谣言首先要消除产生谣言的气候和土壤。在企业公共关系危机处理中，要认真研究以上因素，仔细分析和观察事态的发展，保证信息渠道的通畅，并积极沟通，这样就能在一定程度上防止谣言的产生。谣言一旦产生，企业要以积极郑重的态度对付谣言。辟谣的对策包括：首先，要分析谣言传播的范围、造谣者的意图和背景、谣言的起因，以及谣言造成的影响，在分析的基础上寻求阻止谣言流传的最佳方案。其次，要选择恰当的媒介，及时提供全面的、确凿的事件真相，让事实讲话，让行动证明，动员一切可以动员的力量（包括企业员工和本地区的行政首脑、知名人士、舆论界权威和一切有社会影响的人），通过多种渠道、多层次的宣传，防止谣言的流传。最后，在企业内部广泛地开展谈心活动，进行各种形式的信息发布，让企业全体人员体会到企业辟谣的决心，加强企业的凝聚力。辟谣方案实施前，应召开基层人员座谈会，听取意见，保证辟谣工作的实施。

（2）危机处理中的内部沟通。真正做好危机管理工作，需要企业高度重视内部人力资源的利用与潜力挖掘，在内求团结的基础上才会使得员工为企业的转危为安贡献才智。企业内部沟通对于危机中的企业来说至关重要。

① 内部沟通的作用。首先，通过沟通，员工可以详细了解危机状况，容易焕发出员工对企业处境的同情并增强责任感。如在 PPA 风波中，中美史克公司向员工传递了危机相关信息，通报了企业举措和进展，企业的推心置腹、坦诚相见和诚挚果断打动了员工，在企业内部积极赢得公众的信赖，员工空前团结一致，员工与企业同患难共命运。但如果企业没有事先与员工作深入沟通，他们是不会表现出忠诚的，往往会在企业危机最需要员工支持时却找不到合适的、值得依赖的人。其次，避免谣言从内向外传播。企业进行了有效沟通之后，员工会减少对企业的胡乱猜测，避免去做任何他们认为可能伤害到企业的事情。最后，通过沟通，使员工安心于本职工作，保持工作的积极态度。危机中的企业很容易出现人心涣散、各种问题接踵而来的情况，增加了危机的破坏程度。通过内部沟通，可以让员工充分了解危机情况与企业进展状况，这样员工就不会被危机分散注意力和压垮，更可能对于危机解决持积极乐观的态度，并自觉地充当企业危机管理的宣传者，有助于说服顾客、供应商和其他公众产生同感。

② 危机中如何与员工进行沟通。首先，尽快和员工沟通。对于危机中的内部沟通，很多危机管理专家都强调一个"快"字。在危机发生之后，员工们应该得到在通过其他途径了解危机情况之前获知危机真相的权利，让他们成为企业喜怒哀乐的分享者。企业应该就危机形势与所有员工开诚布公地进行沟通，让员工清楚地知道企业可以公开的信息，

如果有可能,可以采纳员工对危机的建议。如果危机比较严重,发生员工伤亡损失事故,要尽快通知员工家属,做好慰问及善后处理工作,并争取把这些坏消息毫不隐瞒地告诉其他员工。其次,尽可能多地向员工传达有关信息。在危机中,员工希望知道尽可能多的危机情况,尤其是一些核心信息,谁也不希望被隐瞒。如果员工觉得自己能够以一种真实的不被操纵的方式了解整个情况,他们可能会更支持企业,但如果企业认为员工想要知道的是机密的事,要注意向员工解释为什么现在不能告诉他们。此时,企业可以根据需要细分员工,根据不同级别,采取不同的沟通方式。再次,设身处地地为员工着想,确保所有的员工基本上能同时得知所有重要的信息。站在员工的立场上,企业有义务说明什么,会希望通过什么途径知道这些信息,时间间隔会是多长?此时,同时将消息传达给所有的员工可以使被传达的信息保持一致性,可以减少员工通过其他的途径得知这些信息而出现信息偏差的机会,有利于企业沟通工作的开展。再其次,要为员工提供更多的机会来表达个人意见。在危机中,员工需要有机会来提问题,探究问题的根源以及发泄不满。企业要通过诸如领导个别接见、部门或员工大会等途径给员工提供充分的提问机会,收集和了解员工的建议和意见,做好说明解释工作,让员工知道在出现新的信息和事情有所改变时,企业会及时与他们进行沟通,确保员工对于危机变化的情况都能及时了解,让员工随着企业的行动而行动。最后,选择合适的发言人。企业要确定需要传达的信息以及企业中最适合的、能够最有效传达此类信息的人员,保持内部沟通的良好效果。谁是发布这一信息最可信的人?是应该由企业高级管理者宣布,还是由直接涉及此信息的决策人宣布更合适呢?这些问题要切实考虑好。

③ 企业内部沟通的途径。在危机中,企业要考虑选择效果最好的沟通工具来传递信息,向员工告知事故真相和企业采取的措施,使员工同心协力,共渡难关。下面是一些企业可能会采用的沟通途径。

- 员工大会与部门会议。召开员工大会与部门会议是企业说明重要问题的惯常做法,也是最权威、最正式的内部沟通方法之一。当企业员工人数比较少或者员工分散在许多地方但可以实现电视、电话会议时,所宣布的事会对企业产生很大冲击,需要一个人同时向所有的人传达同一个信息时,员工大会这种形式是很实用的,通常效果也最好。要注意的是,应该留有大量的时间用于回答员工的问题,倾听他们的评论和建议。如果所宣布的事并不是很紧急或者企业太庞大以至于无法召开员工大会时,所传达的信息对某些部门的影响要超过其他部门,部门层次的会议就是最合适和有效的了。在企业高层官员简要传达后,各部门经理可以根据自己的领域进行发言,以表达他们对企业所采取行动的支持和信任,也要注意留出足够的时间来回答问题或听取员工的意见和评论。
- 企业简报、公告牌或企业报纸。在危机中,企业简报、公告牌或企业报纸是强化关键信息和提醒员工有关企业的信息和行为的便利工具,可以承担起内部沟通的媒介作用,尽可能反映危机的真实情况以及危机管理的措施。只是由于企业报纸的出版周期会长一些,不利于危机的快速反应。一般来说,企业多采用企业简报、公告牌在企业内部随时发布信息及时向员工通报企业的行动趋向。
- 单独会见。单独会见是企业领导经常采用的内部沟通措施,可以很直接、随意地交流看法。当所传达的信息只会影响少数员工,并且需要他们理解企业决策以及对他们产生的影响非常重要时,或者传达的信息特别敏感和重要时,单独会见是最有效的。

- 电话与电话会议。电话作为便捷的沟通工具,在企业里应用最为广泛,危机管理中很多信息的传递都会涉及电话。当企业需要快速传达所要沟通的消息,并且不会因为这样做过于私人化而让员工反感时,可以考虑打电话。当只向很少的人传达信息,并且在传达的时候不需要同时联系多个员工时,电话是最有效的。而当处在不同位置的几组员工需要迅速知道信息而且能有机会提出问题并给予反馈时,电话会议也是一种有效的沟通方式。

- 互联网络。互联网络是现代社会沟通的便捷手段,很多企业通过内部局域网的建设,构筑了企业的网上世界。企业可能采用电子邮件、网络寻呼与电子公告牌等方式随时向员工发布最新的重要信息,提供最新的管理策略,以及寻求员工们的建议与支持。

- 非正式传播渠道。员工在工作中形成的一些人际关系构成了企业内部非正式传播的交流网络,传播形式多表现为小道消息。这种小道消息往往传播速度快,不受时间、地点限制,容易使双方产生亲切感,能够立即得到信息反馈并可根据信息反馈及时调整谈话内容,能够获得正式传播达不到的效果。小道消息具有两面性,公共关系人员如能善加利用,通过员工在生活中形成的一定人际关系所构成的非正式传播交流网络进行传播,传递正式传播所无法传送或不愿传送的信息,可以达到理想的传播效果。

(3) 危机处理中的新闻发布。在危机中,企业可以通过什么途径进行沟通,如何保证效果,是危机传播管理工作应该考虑的核心问题。一般说来,企业与新闻媒体接洽、沟通,争取其公正客观的报道,可以利用的形式主要有以下两种。

① 新闻稿。新闻稿是一个由企业自己拟订的,用来宣布有关企业信息和官方立场的新闻报道,妥善发布危机情况的是"明确"的新闻信息。新闻稿可以是企业声明,可以是企业新闻,也可以根据情况和需要决定其具体形式。通常,新闻稿篇幅短小精悍,当危机具有新闻价值时,企业可以及时分发给有关新闻媒体。实际上,许多企业都备有新闻稿,以便紧急情况下派发。大多数公共关系专家都认为,在危机中,新闻稿很难成为企业的唯一声明,但有助于说清事实真相,提供详细的背景信息,在企业希望把同样的信息同时传递给多家媒体的时候,采用新闻稿是最有效的。

② 新闻发布会。如果危机引起了较大的关注,企业应该考虑召开新闻发布会,本书任务3中对新闻发布会已经做了介绍,这里着重介绍一下企业危机发生时如何接受媒体采访。接受新闻媒体采访是危机中企业领导和新闻发言人的必修课,因为记者总是渴望知道得更多,而企业领导和新闻发言人无疑是最佳采访对象,这时企业就要考虑如何面对新闻媒体的专访问题了。一般来说,当企业要给媒体提供特定的线索或消息时,最好是采用一对一的媒体专访,这也是与个别媒体联系的最好方法。不过,在采访过程中,很容易遇到记者提出的一些难题。记者为了获得更多的新闻素材,往往会采用职业技巧来让被采访者自动地落入记者的圈套中,甚至是采用欺骗的手段,特别是对那些不能够给予媒体

很好配合的企业,记者会竭尽全力地挖掘企业的新闻价值。此时,企业领导和新闻发言人就迫切需要提高个人能力,掌握应对记者的基本技巧。下面结合中美史克公司新闻发言人杨伟强就《中国经济时报》记者的专访,描述记者算计的技巧以及应对建议。

第一,错误前提。记者故意以一个声明作为问题的开端,测试企业是否会更正这个声明。真正的问题也许跟这个前提毫无关系,但记者会用它来判断企业的反应。要是没有反应,记者就会据此推断企业对于这个前提的某些看法。

对策:如果该前提不正确,在回答问题之前应立即给出实际情况,进行纠正,绝对不要接受一个错误的前提。

记者:有人认为,国家药监局的政策有点仓促,中美史克是否承担了不该承担的损失?

杨伟强:药监局作为国家药品安全管理部门,肯定要对全国老百姓的健康负责。回到我刚才说的,这就是大我与小我的关系。我是相信药监局既想保护企业,也想保护老百姓的健康,一旦两者发生冲突时,政府自然要把12亿人口的利益放在第一位,小我要服从大我。

第二,假设情况。记者想要企业来谈论某些企业也许会回避的事情时,最常用的方式之一就是通过对某些可能发生或者根本不会发生的事提问,希望企业能够谈谈这件事,从而使企业透露某些具有新闻价值的信息。

对策:告诉记者企业不会就假设的情形发表看法,而且要管住自己不这么做。

记者:根据你个人以及企业所知道的专家意见,你认为康泰克到底有没有问题?

杨伟强:一个人或者几个人的看法不足为据,要想得出一个权威的结论,必须有一个专家群的统一意见。

第三,我听到一个谣言。有些记者为了对企业内部信息了解更深入,也许会看一看企业对他们事先捏造的事情有何反应,从而在无意中从一个有趣的角度涉及关键主题。

对策:如果谣言不是真的,就应该立刻加以否定,还要注意给出企业合理的理由,最好随时准备好一些有利于企业申辩的材料,以便更有说服力地答复这些问题。

记者:PPA事情出来后,就有消费者给我们打电话说,他吃康泰克有副作用,康泰克早就应该被禁。对这一问题,你如何看待?

杨伟强:康泰克在中国销售了12年,之所以能在市场上发展这么多年,不是靠我们打广告能做到的,靠的是这种药在大多数人那里是安全的、有疗效的。从销售开始,如果平均每次服用4~6粒,那么全中国就有8亿多人次服用过这种药,如果没有疗效,恐怕早就被扔到臭水沟里了,怎么会生存12年呢?但药的副作用是客观存在的,对有些人副作用可能会大些,对有些人可能会小些。

第四,对竞争做出评论。很多时候,记者会要求企业对竞争对手进行评论,这些问题可能很自然地涉及竞争对手的新的广告活动、企业领导或转移到新目标市场的决策,但是企业要知道这有可能会引起企业与同行之间的敌对。

对策:把不谈论竞争对手作为企业的行为准则,尤其是在危机中,向记者说明企业的处境并争取其理解。需要注意的是,企业不可能完全了解竞争对手所做出的决策,而且任何企业也不会愿意让竞争对手来剖析自己,所以,企业最好不要对此抱有什么幻想。

记者：你们的竞争对手在 PPA 事件发生后利用了这一市场空隙，你怎么理解？

杨伟强：在事情发生以后，我们的一些竞争对手必然会利用这个机会多占些市场份额，也有和我们代理商接触的，这很容易理解。但在这个问题上，我们的代理商始终和我们站在一起，这令我非常感动。

第五，固执的记者。有时候，有些记者为了获取独家新闻，会试图要挟企业提供他们正在寻找的信息，要是企业不愿配合，他们就会以报道不利的新闻或从其他地方查找信息来威胁，给企业造成压力。

对策：企业冷静地向记者表明记者可以做任何他们想做的事，但企业不会背离自己的原则和判断，同时简要地解释一下企业为什么不愿深入的原因。

记者：康泰克在中国感冒药市场上占的市场份额有多少？

杨伟强：说不清楚。你们知道，现在各种对市场份额的统计很难说是准确的。

记者：你们的产量有多少，是否可以透露一下全年的销售额？

杨伟强：这不可以说。药品是有季节性的，冬天和春天一般是感冒高发季节，感冒药的市场需求就大，是感冒药销售的黄金季节，这段时间产量就会相对大一些，反过来，夏季的产量就小一些。

第六，对新闻媒体说"无可奉告"。很多经验表明，企业"无可奉告"只会显得企业本身不可信或者在试图逃避问题。

对策：在回答记者的提问时，尽可能不说"无可奉告"，只要企业有所准备，就应该多披露一些内情。为了避免说些不利的事无法直接回答被问的问题，可以采取多种方法予以转移话题而不要总是说"无可奉告"。

记者：康泰克的停产给企业造成了多大的经济损失？

杨伟强：暂停使用康泰克确实给企业带来了经济损失，但是这里边有一个大我和小我的关系。从大我的角度来看，我们认为，政府做出这样的决定，是对消费者负责，是有道理的。

7.1.5 网络危机管理

在 21 世纪的今天，网络作为一种大众媒体，其重要性日益得到重视，企业通过网络可以更好地宣传自身及产品，甚至利用网络完成企业经营中的一些重要职能，例如采购、支付及售后服务等，而公众通过网络可以更便捷地了解企业和产品，满足自己的消费需求。但是，正是网络传播的种种特点，为网络危机的产生提供了温床，使得网络成为企业经营的一把双刃剑，全球约有高达 20% 的企业曾因为网络攻击而产生企业危机。为此，如何防范和化解网络危机是每个企业都必须重视的新课题。

1. 网络危机概述

网络危机是指由网络产生、传播或扩散升级的具有严重威胁及不确定性的情境。网络危机及其后果可能会对企业及其员工、产品、服务、资产（股价）和声誉造成巨大的损害。例如巨能钙事件，雀巢奶粉事件，肯德基苏丹红事件、网易社区被黑事件、康师傅的"水源门"事件、王石"捐款门"事件等都是网络危机的典型。

（1）网络危机的表现形式。

① 网络谣言。网络谣言是网络上十分常见的对企业具有很强杀伤力的网络危机。造谣者出于娱乐、发泄或者因商业竞争以及政治斗争的需要散布网络谣言。例如，肯德基就曾经深受网络谣言之苦，该谣言声称肯德基是用转基因工程培育的快速成长的无头鸡作为生产原料的，消息迅速传遍世界各地，对肯德基的名誉打击不小。

② 病毒及黑客攻击。这是使企业网站及相关经营职能陷入停滞的常见原因。例如，黑客攻击索尼官方网站，导致首页出现许多辱骂言论，索尼只得更换域名指向才挽回局面。

③ 一般性事件的升级。一般性事件是指企业生产和经营中发生的个别产品质量问题或者服务的纠纷。一般性事件经由网络扩大升级，是一种常常被企业忽视或反应缓慢的网络危机。例如，康师傅的"水源门"事件，在第一篇网络帖子出来后，康师傅明显对其随之引发的舆论批判狂潮预料不足，所以回应态度与控制策略明显不尽如人意。于是"水源门"议题在多种因素的作用下，被催变成为一场网络的话题狂欢宴，不仅针对水源问题，康师傅作为方便面企业，作为饮料企业，它过去被消费者所忽视的一个又一个问题再次被重新提出来，使得康师傅"水源门"事件大规模爆发。

（2）网络危机的特点。网络危机的特点可以结合网络时代传播的特点理解如下。

① 传播的即时性。也就是传播速度特别快，一则信息可以在很短时间内迅速被全球多个不同网络传播平台予以发布，一分钟前被新浪刊出，一分钟后就可以被搜狐、网易等转载，再过一分钟就有可能在诸如天涯、凯迪、猫扑等社区引发讨论，再过几分钟就有可能在网上被传得铺天盖地，可能几十分钟后就传遍了世界。

② 传播内容的不可控性。也就是传播内容难以控制，互联网传播不同于传统传播模式，可能只有少数传统媒体才有传播机会，一条信息要经过各个不同编辑层层审核才会发布，而互联网上面有大量论坛、博客、各种类型的网站，这些地方都可以发布信息，互联网上还有各种聊天室、即时通信工具等，也可以瞬时把信息传播出去，这些情况下发出什么样的信息，完全是无法控制的。

③ 话语权相对平等性。互联网不同于传统传播模式的一个非常重要的地方就是，话语权平等，当然这个平等是相对而言，在传统媒体环境下，只有媒体才有信息发言权，而在互联网环境下，谁都可以说，各种信息同时被展现在网民面前，而不是传统模式下的只有筛选后的信息才能传播。这样，一个默默无名之人可以在网上批评一个著名企业，而他的批评言论还有很大机会被广泛传播，这在传统传播模式下是不可想象的。

④ 信息的长期残留性。在互联网上即使问题得到了解决，负面信息也会遗留在互联网上。而且很容易让网民找出来，这样就会一直影响企业的形象。而传统媒体，广播电视是过后就消失了，报纸杂志一般人也不会经常去找以前的资料。而网络不同，随着搜索引擎的出现和技术的提高，很久以前的信息都很容易被网民找到。

互联网由于是一个新生事物，它具有与传统传播模式很多不同的特点，同时由于出现时间比较短，这样很多企业在应对经验和策略上都存在很大不足。因此，在互联网时代，保持企业形象和危机管理变得越来越重要。

2. 网络危机产生的原因

网络危机是在网络环境下产生的,所以网络危机产生的原因是和网络传播的特点相对应的。一般来说,网络危机产生的原因有以下几方面。

(1) 网络作为媒体的自由度更高。传统媒体由于法律法规的限制以及传播范围上的约束,发布的信息一般来源于官方,故可信度较高,可以有效限制谣言及一般性事件的升级和扩大。而网络媒体由于论坛(BBS)、博客(BLOG)和网络社区的存在以及网络发言的匿名性,信息的来源复杂,审查也较传统媒体宽松,因此网络诽谤和传递谣言比以前更加容易;而对网络谣言的受害企业而言,与传统谣言和诽谤相比,网络谣言的威力和影响力都更大。

(2) 网络的传播速度更快。在网络资源中,大量的中小网站没有自己的采编队伍,因而大量采用转帖、复制或者直接引用的方式传播信息,使得同一信息在短时间内充斥各个网站和社区。这种信息传播方式的速度比传统媒体那种采访、撰写、审查、刊登或者获得授权转载、引用的典型方式要迅速得多,成本也低得多,从而导致企业面对网络危机的反应时间大大缩短。一些小事件可以演变为难以控制的危机,一些原本站不住脚的谣言经过"三人成虎"似的复述以及添油加醋般的改编会影响广大受众的判断。

(3) 网络的互动性。有人曾经说过:"网络让每一个人都有机会成为发言人。"这话虽然有一些夸张,但是网络的广泛参与性如此可见一斑。互联网的出现极大地刺激了广大公众参与社会事务的积极性。这样,通过网络讨论,一些普通事件和纠纷会升级到对整个品牌和企业的攻击;一些孤立的经济事件容易上升到政治和民族感情的高度,产生超越产品和服务本身的危机。例如,美国耐克公司和日本立邦公司的广告风波经过各大论坛的讨论和渲染,都被上升到中美、中日关系的层面,大大超出了厂商的控制范围。

(4) 网络的脆弱性。整个互联网是由一个个相对独立又紧密连接的节点和终端组成的。网络的开放性和无界性造成了"脆弱"这一网络的特点。任何一个终端通过一定的路径都可以访问到另一个终端,甚至可以更改、替换该终端的内容。据媒体报道,40岁的英国黑客格里·麦克金诺利用完全从网络上获取的技术,从家中的计算机上先后袭击了包括美国航天局(NASA)、五角大楼及美国海军基地在内的200多台计算机,造成了70多万美元的财产损失及其他无法估量的后果,被称为"历史上最具破坏性的军网黑客"。层层设防的美国军网尚且如此,普通企业的网站及网上经营的安全性就更值得担忧了,很多网站几乎是毫无防备地暴露在危险之中。

3. 网络危机的预防与处理

(1) 网络危机的预防。面对网络环境下传播模式的巨大变革,企业应对危机的传统公共关系策略遇到了空前的挑战甚至颠覆。如何有效地建立并完善应对网络危机的公共关系策略成为摆在企业面前的重要课题。在企业日常运营中,应加入防范网络危机的工作,使得防范网络危机日常化、制度化,力求从机制上减少或者快速发现危机的发生。为此,企业应该从以下几个方面入手。

① 设立网络安全专员。鉴于网络危机的破坏性以及预防和化解危机所需要的专门

知识,企业有必要在公共关系部门或者网络部门下设网络安全专员。统筹企业日常的危机防范工作以及危机发生时的企业公共关系策略安排和资源配置。由于网络危机发生的根源可能存在于企业生产经营的各个过程而且可能牵扯多个部门,危机发生时很有可能出现职责不清的情况,这个时候,训练有素的网络安全专员就可以统筹规划,以标准的程序处理危机,而不会出现部门间扯皮的现象。

② 建立网络危机监测体系。化解网络危机最好的办法就是早期发现,这就需要企业建立完善的网络危机监测体系,把网络危机监测纳入到正常的经营活动中去,防微杜渐,最大限度地在危机没有扩散的时候就消灭它。监测工作包括定期浏览三大门户网站(网易、新浪、搜狐),各大传统媒体的网络版(《人民日报》网络版、新华网等)和主流的有较大影响的网络论坛和社区(天涯和猫扑等)查找和企业相关的信息,识别和分辨出可能的网络危机苗头;定期利用主要搜索引擎(Google、百度和雅虎等)以企业名以及企业的主要产品和服务名为关键字进行搜索,查看相关的新闻和评论,发现问题及时上报解决,杜绝不良信息上升为网络危机的可能;定期检查企业网络设备和防火墙系统的安全性和稳定性,及时更新和升级杀毒软件和防黑客攻击软件,使得企业网络更加安全。

③ 建立、健全网络危机应急预案。网络的特点注定了网络危机的不可预测性,企业不可能知道网络危机在何时、何地,以何种形式、何种规模发生,所以必须在专门人员的指导下,于危机来临前就建立和健全网络危机处理应急预案,充分考虑网络危机发生时可能出现的状况,提前制定危机发生时企业将要采取的措施、步骤和人员安排。这样可以规范网络危机发生时的应急管理和应急响应程序,明确各部门的职责,可以有效提高企业抵御网络危机的能力。

④ 加强全员网络安全培训。网络危机涉及企业的方方面面,和企业的每一个人都息息相关,不光是网络安全专员,网络部门或者是公关部门的事情。企业定期进行全员的网络安全培训可以增强员工的网络危机防范意识,熟悉网络危机应急的步骤和任务,在危机发生时可以更好的配合网络安全专员的工作,形成解决危机的“合力”。

(2) 网络危机的处理。当企业确定网络危机发生时,企业应该迅速反应。公关专家帕金森(Parkinson)认为,网络危机中因为传播失误所造成的真空,会很快被颠倒黑白、胡说八道的谣言所占据,“无可奉告”类的外交辞令尤其会产生此类问题。网络危机的来临犹如野火燎原,蔓延迅速,所以企业在面临网络危机的时候务必迅速反应,以积极务实的态度面对问题,主动的抢占媒体先机。为此,企业可以采取的措施如下。

① 成立以企业高层领导为组长,网络安全专员牵头,网络技术部门、生产部门、公关部门、客服部门和法律部门等各方组成的网络危机处理小组。由于网络危机形式的多样性和复杂性,危机处理小组必须由各个相关部门的同事组成,这样可以确保处理危机时需要的各项资源和专门知识;危机处理小组必须由企业高层挂帅,确保处理小组的工作畅通无阻。

② 发表企业声明或者道歉。在网络危机袭来之时,企业必须发表官方的声明以正视听,这样起到拨乱反正、澄清事实的效果。在产品和服务出现缺陷的时候,应该公开道歉。企业发表官方声明和道歉的形式有:召开新闻发布会;在官方网站提供声明网页,并以首页链接或者自动弹出的方式出现;向主流报纸、电视台、专业杂志以及主流网络媒体发

送声明新闻稿,并且利用与媒体的关系使声明在相关媒体显著位置出现;在主流讨论区和论坛发表官方声明帖,可能的话使之置顶显示。官方声明和道歉必须显示出足够的诚意和耐心,必须正视问题而不能试图掩盖或者狡辩,那样做只能增加危机扩大的可能。例如亨氏公司在爆发苏丹红事件之后表示"工商部门检测表明,每瓶问题产品只含 0.6‰的'苏丹红',只相当于抽半支烟。"这一好似狡辩的官方声明丝毫无助于问题的解决,舆论一片哗然。而当亨氏随即把责任全部推给供货商之后,这一品牌在消费者心目中的地位已经不可挽回;肯德基在苏丹红事件后的诚恳道歉迅速赢得了消费者的尊重和理解,圆满地化解了危机。正反两个事例说明了企业网络危机处理中态度的重要性。

③ 采取实际行动解决问题。只有实实在在的处理危机的行动才可能化解危机,赢得信任。对于网络病毒以及黑客攻击可以采取的行动有:迅速组织技术力量进行维修,力求尽快恢复网站和服务;承诺加强网络维护的人员、技术和设备,给消费者和网民以信心;配合公安机关追查攻击来源,必要时运用法律武器维护自己的权益。

对于网络谣言,企业可以说明事实真相,必要时可以提供权威部门的质量检测报告等;指出谣言的不实之处及谬误,揭露谣言的险恶用心,这样可以赢得公众的信任和同情;表示欢迎消费者和舆论监督,可以邀请消费者和媒体代表参观企业及其供货商的生产过程,让公众眼见为实。

对于企业发生的一般性的质量问题和纠纷,企业应该保证退换或者召回相关产品;封存并销毁有问题的产品,可以邀请公众监督;对受到伤害的消费者进行及时赔偿;更换出现问题的原料的供货商;让权威部门出具整改后的检测报告。企业面对网络危机的时候只有采取这样一系列的行动,才有可能从源头上解决危机。

④ 强化危机后的传播工作。在网络危机解决后,企业要通过各种网络媒体让这些信息分散在互联网上,这样可以在将来网民借助搜索引擎进行搜索相关信息时,不至于搜索到的仅仅是一堆的负面信息。同时,我们要记住事后反思是必须要做的事情,只有有效的反思才能总结经验,不管这次应对处理效果如何,要争取下次不犯同样的错误。

7.2 拓展阅读

7.2.1 危机管理的"金科玉律"

英国危机管理专家迈克尔·里杰斯特在《危机公共关系》(复旦大学出版社,1995 年)一书中提出了危机管理的基本指导方针,为国内外学者和企业所认可和采用,值得企业参考。

1. 做好危机准备方案

(1) 对危机持一种积极的态度。

(2) 使企业的行为与公众的期望保持一致。

(3) 通过一系列对社会负责的行为来建立企业的信誉。

(4) 时刻准备在危机过程中把握时机。

（5）企业应建立一个危机管理小组。

（6）分析企业潜在的危机形态。

（7）制定种种预防危机的对策。

（8）为处理每一项潜在的危机制定具体的战略和战术。

（9）组建危机控制和检查专案小组。

（10）确定可能受到危机影响的公众。

（11）为最大限度减少危机对企业信誉的破坏，可以建立有效的传播渠道。

（12）在制订危机应急计划时，多倾听外部专家的意见。

（13）把有关计划落实成文字。

（14）对有关计划进行不断的演习。

（15）为确保处理危机时有一批训练有素的专业人员，平时应对他们进行培训。

2．做好危机传播方案

（1）时刻准备在危机发生时，将公众利益置于首位。

（2）掌握报道的主动权，以企业为第一消息来源，例如向外界宣布发生了什么危机，企业正采取什么措施来弥补。

（3）确定传播所需的媒体，如名称、地址及联系电话。

（4）确定媒体需要传播的外部其他重要公众。

（5）准备好背景材料，并不断根据最新情况予以充实。

（6）建立新闻办公室，作为新闻发布会和媒体索取最新资料的场所。

（7）在危机期间为新闻记者准备好通信所需的设备。

（8）设立危机新闻中心，以接收新闻媒体电话，若有必要，一天 24 小时开通。

（9）确保企业内有足够训练有素的员工以应付媒体和其他外部公众所打来的电话。

（10）应有一名高级公共关系代表置身于危机控制中心。

（11）如果可能，把危机控制中心设在一间安静的办公室内，以便危机管理小组的领导和新闻撰稿人能在危机控制中心工作。

（12）准备一份应急新闻稿，注意留出空白，以便危机发生时可直接充实发出。

（13）确保危机期间企业电话总机能知道谁打来的电话，应与谁联系。

3．危机处理

（1）面对灾难，应考虑到最坏的可能，并有条不紊地及时采取行动。

（2）在危机发生时，以最快的速度建立“战时”办公室或危机控制中心，调配经受过训练的高级人员，以实施控制和管理危机的计划。

（3）使新闻办公室不断了解危机处理的进展情况。

（4）设立热线电话，以应付危机期间外界打来的各种电话，要选择接受过训练的员工来负责热线电话。

（5）了解企业的公众，倾听他们的意见，并确保企业能了解公众的情绪；如果可能，运用调研来调整企业的假想。

（6）设法使受危机影响的公众站到企业的一边，并帮助企业解决有关问题。

（7）邀请公正、权威性机构来帮助解决危机，以协助保持企业在社会公众中的信任度。

（8）准备应付意外，随时准备改变企业的计划，不要低估危机的严重性。

（9）要善于创新，以便更好地解决危机。

（10）别介意临阵脱逃的人，因为还有更重要的问题要处理。

（11）把情况传给总部，不要夸大其词。

（12）危机管理人员要有足够的承受能力。

（13）当危机处理完毕，应吸取教训，并以此教育其他同行。

4. 危机传播

（1）危机发生后要尽快地发布背景情况，表示企业所做的危机传播准备，准备好消息准确的新闻稿，以告诉公众发生了什么危机，正采取什么措施来弥补。

（2）当人们问及发生什么危机时，只有确切了解危机的真正原因后才对外发布消息。

（3）不要发布不确切的消息。

（4）了解更多事实后再发布消息。

（5）宣布召开新闻发布会的时间，以尽可能地减轻公众电话询问的压力，做好新闻发布会的全面准备工作。

（6）记住媒体通常的工作时间。如果产生巨大的灾难，企业也许会接到世界各地（不同时区）打来的电话，如果必要，新闻办公室要 24 小时工作。

（7）如果报道与事实有误，应予以坚决回击。

（8）建立广泛的消息来源，与记者和当地的新闻媒体保持良好的关系。

（9）要善于利用和控制危机传播的效果。

（10）在危机传播中，避免使用行话，应用简洁明了的语言来说明企业对所发生事情的关注。

（11）确保企业在处理危机时有一系列对社会负责的行为，以增强社会对企业的信任度。

思考题：

（1）危机管理的这些指导方针对企业危机管理有何意义？

（2）请课外阅读迈克尔·里杰斯特的《危机公共关系》一书，并参照本书 1.2.1 迈克尔·里杰斯特的"公共关系是一种管理职能"的演讲，写一篇读后感。

7.2.2　戴维·赫斯特的"危机与振兴理论"

美国管理专家戴维·赫斯特在其所著的《危机和振兴：迎接组织变革的挑战》（王恩冕等译，中国对外翻译出版社，2000 年）一书中揭示了企业组织成长过程中危机发生的根本原因，提出了危机与振兴理论，内容如下。

1. 学习型组织——猎人社会的动力机制

一个组织发展的"幼年期"（初创时期）是一个典型的学习型组织，如图 7-1 所示是一个"猎人社会"的动力机制。处在这一时期的组织注重学习各种东西，包括学习掌握高难技术，学习对不同公众的要求做出反应，学习筹集幼年企业发展所需的资金，等等。这种学习通常是试错式的。

（1）创业者（人员）：他们是具有非凡技术和经验的人，具有特殊热情的人，对该领域里的异常现象和未开发的机遇十分敏感。

（2）角色：角色是自行选择的，每个人的角色都反映了其天生的爱好和本领，每个人都身兼数职，承担着自制机制认为最合适的角色。这个阶段没有组织来物色人选，组织与其外部环境之间没有清晰的界限，组织与其外部环境之间同步发展。

（3）小组：人们以无固定程式的方式来开展工

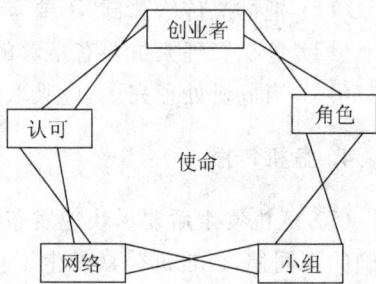

图 7-1　学习型组织

作，这一要求通过建立一些非正规、多技能的小组来实现。小组内部之间应密切合作与交流，便于人们解决遇到的各种问题。

"幼年"期组织都面临着复杂、无序和"棘手"的问题，在紧急情况下（在"幼年"期组织里，几乎每件事都是紧急的），人们没有时间考虑等级和规矩，谁能干就由谁来干，人们好像从天而降，问题解决之后又同样接踵而至。

（4）网络：组织通过在一些人之间进行一些相对固定的交易而组成，这些固定的交易形成了一个小型的、有着相对密切联系的系统。成员聚会，进行大量交流，加强网络成员联系的强度，并使之可能形成联系密切的系统，这个系统就是网络，交流是自然的、公开的。

（5）认可：最初由于有共同的兴趣，大家志同道合，将组织成员吸引到一起来，使其齐心协力，这往往是精神上的东西，而不是金钱，将企业凝聚到一起的报酬制度不是以金钱为前提的。

（6）使命：在组织"幼年"时期的成长过程中，所有组织员工树立起一种超越个人抱负的共同使命感，使人们在协调一致的基础上，充分发挥个人的独创精神，而不是对人们进行监督与控制，这种价值观赋予个人以行动的权利，又使他们互相协调一致，这种使命感的建立往往是某个人，通常是创始人对未来的展望而促成的。

2. 运作型组织——牧人社会的动力机制

由于初创的企业在起步时是非正规的学习型组织，组织在"幼年"时期，其学习通常是试错式的，而在残酷无情的竞争环境里，错误往往是致命的：许多初创组织常常以失败而告终，组织的成员会像猎人们一样，不是加入到其他较为成功的团队里，就是自己去创业，可是幸存下来的组织迟早会变得越来越像牧人。他们的重点会从学习转向运作、从建立常规转移到恪守常规上来。这些组织当然还会学习，但是，在诸如产品特性、生产技术和市场等重大问题得到解决之后,即使是在新兴的行业里,学习的范围也会逐渐缩小,组织从"学习为主"向"业绩为主"过渡,由"猎人"而成为"牧人",如图7-2所示。

(1)使命→战略。随着一个共同的组织目标或使命的建立和明确,人们就可以采取相应的、有条理的组织行动了。由于弄清了因果关系,组织内部的行为变得合理了,人们便开始借助一个理论框架来解释他们的行动。一向被证明是成功的,行动模式会被一再重复。这种模式被归纳为统一的概念并确定下来之后,便称作战略。战略是"硬性的"使命,战

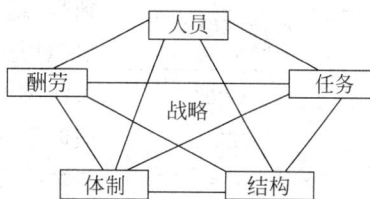

图7-2　运作型组织

略把使命变成了可操作性的东西,会限制人员的流动,为组织的所有要素划定界限,并把限制加以制度化,由于有了这些限制,羽翼未丰的学习型组织转变成运作型组织,猎人社会的动力机制向牧人社会的动力机制转变,试错式的学习成果被转化为运作常规,个人在组织背景中的学习成果被整理成条文,并且在等级结构中加以正规化。

(2)角色→任务。组织在"幼年"时期,每个成员的角色是自行选择的,现在不同了,每个成员都有明确的工作内容和标准的操作规程,所需技能变得越来越容易理解,业绩也可用常规标准来加以衡量了。由于组织将重点转到了创造可靠业绩所需的常规和技能上来,理想便退到了第二位,创始人原有的激情开始降温。

(3)小组→结构。这时组织的运作常规及各部门职责范围也相应落实,分工明确,责任到位,以确保整个机构正规化运行,那些参与性强、技能种类多且灵活性大的小组被专业化部门所取代,这些专业化部门的活动由各种规章制度、规程和各级管理人员的计划来加以协调。如果不把日常活动变成常规,管理部门就什么也干不了,只能随时准备救急。等级制的出现,很可能是成熟组织中最难以觉察的老化的开始。因为一方面,它对组织生产的有价值的产品和服务、生产工艺和技术等起着至关重要的控制作用;另一方面,它又是一个主要的制约因素,防备人们轻易改变生产工艺、产品和服务。

(4)网络→体制。"幼年"组织提供"密集"信息的那些细密、丰富的网络,被专门使用"稀薄"信息的系统所取代,变得薄弱、微不足道。非正规的"信息小道"将作为原先学习型组织的残余而幸存下来,但它的功能也会因为缺少面对面的交流机会而难以发挥。在极端正规的组织中,可能会把小道消息称作"流言蜚语"和"阴谋诡计",会损害羽翼渐丰的组织形象。初创时期的那种亲密的同志关系在一个数量众多、人员分散的劳动大军中不可能再存在下去。创始人的时间被分割得越来越细,员工们见到他们的机会越来越少,信息被越来越多地运用在控制方面——即及时发现与预定目标和标准不符的环节。组织与环境也被清晰地划分开了,通过一系列条条框框来取代一度是乱纷纷的信息,打着战略的旗号,在审视自我时,即使面对否定这些框架的证据,却依然维护这已被认可的框架。

(5)认可→酬劳。随着组织的经济稳定增长,非正规的精神鼓励在一开始会有所增加,但是,由于正规物质报酬制度所确定的现金付酬可能最终完全取代精神上的鼓励。任务内容一旦明确,相应的技能就能确定下来,工作进度也能确定下来了,正规的工作评估方法也有了。组织成员将开始收集炫耀成功的装饰物,"老资格"的成员会把自己同"新来乍到"的人区别开来,这都将加快正规报酬分配制度的建立。

（6）人员也发生了变化。人是组织中最后一个发生变化的，而且是变化得最慢的要素。元老们厌恶开创新的领域，留下的"空缺"由专业管理人员填充，由于专业管理人员的到来，组织往往离"死亡"近了一点。他们无视组织变化，忽视组织历史，无视组织原有宗旨。管理者所推行的运作结构可能无法觉察到环境上的细微变化，短期效果可能很出色，但是成功的果实就隐藏着失败的种子，公司的生存开始受到威胁，最后终将有一天危机爆发，而且往往是致命的。

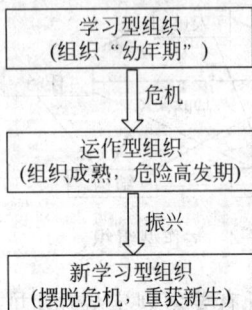

图 7-3 危机与振兴理论

危机的到来如同人体发烧，组织内将会调动所有力量去抗争，去抵御内外病毒的侵袭。这时如果组织内免疫系统增强，就会使公司重获新生。建立具有较强免疫功能的危机管理系统的最佳组织结构，则是运作型组织再向学习型组织转变，如图 7-3 所示。这个危机管理系统便是能调动公司所有人员进行开放式交流与传播，并激起人们使命感的灵活性体系。

所以建立新的"学习型组织"，形成相应的危机管理组织系统，使组织内部进行自上而下地统一行动，这是企业摆脱危机的根本所在。

思考题：

（1）美国管理专家戴维·赫斯特的"危机与振兴"理论对我们认识企业危机以及企业危机发生的根本原因有何意义？

（2）试分析运作型组织为何危机高发，它怎样才能成为新学习型组织？

7.3 实践训练

7.3.1 案例分析：泰诺中毒事件

泰诺是麦克尼尔实验室开发的，而这家制药公司则于 1959 年被强生公司收入账下。在 1960 年之前，泰诺是作为处方药被专卖的，其中仅有的活性成分对乙酰氨基酚是任何一家制药公司都能够生产的化合物。在整个 20 世纪 60 年代和 70 年代早期，作为对肠胃影响较小的阿司匹林的替代品，泰诺仅仅通过医疗贸易杂志刊登广告，直接向医生和药剂师推荐。但是到了 20 世纪 70 年代中期，这种药物开始"飞黄腾达"。1976 年强生公司又推出了超强泰诺。超强泰诺是第一种每粒胶囊含有 500 毫克止痛剂的非处方止痛药（一般止痛药每粒含有 325 毫克止痛剂，"超强"药则要求每粒含有 400 毫克止痛剂）。超强泰诺被鼓吹为"在没有处方的情况下所能买到的最有效的止痛药"，其销售额也不断飙升。到 1979 年，泰诺品牌已经占据非处方止痛药市场 25% 的份额，其中超强泰诺的销售额占 70%。由于超强泰诺的成功，一些竞争者纷纷开始效仿。1981 年，泰诺占据了 35% 的市场份额，是位列 2~4 位止痛药物所占市场份额的总和。各种泰诺产品当年为强生公司带来的销售额预计超过 4 亿美元。到了 1982 年初，在首席执行官詹姆斯·伯克和强生公司的其他高层管理者看来，泰诺的增长势头已经不可阻挡，然而一场危机却悄悄地降临到了泰诺的头上。

1. 泰诺的第一次中毒事件

1982年9月29日,星期三。这天上午,居住在芝加哥近郊且相距不远的12岁的小女孩玛丽·凯勒曼和27岁的邮政职员亚当·贾纳斯同时神秘死亡。当天晚些时候,贾纳斯的兄弟也因同样的原因神秘死亡,他的妻子则陷入昏迷,并且后来再也没有醒来。由于两起事故惊人地相似,医疗卫生监管部门准备将整个地区隔离。在这两起事件中,受害者近期都曾服用过超强泰诺。现场检查很快证实了当局最坏的担心。在超强泰诺胶囊中发现了氰化物,这是一种作用迅速的剧毒物质,而几位死者正是因为服用了这种药物而死亡的。

(1)迅速反应。1982年9月30日(星期四)上午,詹姆斯·伯克得到了有关中毒事件的消息。这种悲剧的发生是不可思议的,这个行业从来没有发生过这样的事情。伯克立即意识到,他的公司面临着非常严重的公共卫生问题。他最担心的是,麦克尼尔的某个工厂可能发生了污染事件。

来自芝加哥的报道基本上算是好消息。库克县的卫生官员在对所有死者进行完尸检工作之前拒绝发布任何数据。

上午11:30,传来消息说27岁的家庭主妇和4个孩子的母亲玛丽·赖纳当天早些时候死亡。她的钱包中有6粒超强泰诺胶囊,其中4粒的氰化物测试呈阳性。

伯克决定在公司层面上承担起危机管理的责任。负责麦克尼尔管理工作的公司集团董事长韦恩·尼尔森当时正在澳大利亚。伯克回忆道:"我的第一反应就是打电话找到他,并了解可能发生的情况。我记得他说,他愿意拿他的奖金和一年的薪水控制措施。这让我有些放心,但我依然非常担心,因为我们当时不知道中毒事件仅在芝加哥地区发生。"

中午时分,库克县的官员举行了一个新闻发布会,他们在会上确认所有的死者均死于氰化物中毒。他们指出,在死者附近发现的超强泰诺药瓶中,只有随机的几粒胶囊发现有氰化物。所有的瓶子的批号都是MC2880。这些胶囊来自麦克尼尔在宾夕法尼亚州华盛顿堡的一家工厂,这家工厂总共生产了93 000瓶超强泰诺,共470万粒。

麦克尼尔消费产品子公司董事长,48岁的戴维·科林斯在得知危机后的半个小时内就乘坐直升机飞往华盛顿堡。当他到达时,他发现工厂的管理者正在电话和麦克尼尔总裁约瑟夫·奇萨的办公室之间来回奔跑。科林斯前往麦克尼尔的首要任务是搞清楚工厂何处用到氰化物。高层管理者向他保证,在这个工厂内根本没有氰化物,他把这个消息发到公司总部。然而,令科林斯吃惊的是,他后来了解到,工厂内的确有少量的氰化物,这是按照FDA的要求所进行的质量控制程序的一部分,用于测试泰诺生产原料的纯度。强生公司公共关系人员随后不得不向媒体说明这一情况,因为公司此前宣传在制造场所没有使用氰化物。

(2)关键举措。1982年秋天,强生公司在泰诺危机的早期阶段中采取了两个关键性举动,维持了新闻媒体和公众对它的信心和信任,并在后来重振了泰诺业务。

首先是它对新闻界迅捷而自发的回应。从接到记者的第一个电话开始,到后来最初几周内的2 500个甚至更多的记者电话,公司的态度是完全坦率和真诚的。媒体和公众能获知一切现有的信息从而得到保护。新闻媒体赞扬了公司这种公开性的积极回应,并得出了早期结论——强生公司也是芝加哥悲剧的一个牺牲品。

公司的另一个重要举措是立刻采取行动来保护它的客户,这是公司信条的第一要旨。后来的结果是从全国市场收回所有超强泰诺胶囊,这会耗费公司数百万美元的资金。但公众了解这个决策的意义,并继续给予强生公司、麦克尼尔和泰诺品牌以信任,以表达他们对公司决定的赞赏。正是这种持续的信心和信任,使公司后来将产品推回市场,并使其再次成为最受欢迎的处方类止痛药品。

公司还通过其他方式表现了它对客户的重视。危机发生的当天下午,强生公司就设置了"800"热线来处理铺天盖地的客户质询。成百上千的电话得到答复,志愿员工们耐心地给打电话的客户以尽可能多的信息。这种场面持续在公司总部上演。

9月30日的傍晚麦克尼尔撤回了已分销到31个州的MC2880批次产品,尽管实际上目前发生的死亡仅限于芝加哥地区。同日,450 000份电报发往医生、各家医院和商业部门,警告禁止使用泰诺,直至芝加哥事故得以澄清。各种形式的泰诺广告被无限期地中止。傍晚,第六位死者是一位来自伊利诺伊州的两个孩子的母亲,死于氰化物中毒。在她家中发现了一瓶标有1910MD编号的超强泰诺胶囊。在抽查的三粒胶囊中发现其中一粒含有氰化物。

批号1910MD生产于得克萨斯州的朗德罗克,除了装船运往芝加哥的货物,其余被全部分销到美国西部各州。中毒会同时在两个不同的生产车间发生是极不可能的,至少有一瓶有毒的胶囊来自其他胶囊不同的地点,这一事实强有力地表明中毒事件发生在芝加哥而不是在生产过程。然而从星期五全天到周末,172 000瓶批号为1910MD的胶囊被确认并撤离货架。同时,强生公司与FDA联系,开始撤回所有芝加哥地区的超强泰诺胶囊,并在美国全国的媒体发布禁用该产品的警告。麦克尼尔新老交替关闭了在圆岩和福特华盛顿的工厂,直至芝加哥的死亡原因得以澄清。

虽然超强泰诺胶囊已经撤出了许多地方的货架,但还没有大范围地调回和销毁该产品。1982年10月1日,星期五,伯克和强生的总裁戴维·克莱尔开始秘密讨论从全国撤回药品的选择。公司内部有反对这项举措的争论。这次撤回行动会引发全行业的恐慌吗?应该撤掉哪些泰诺药品呢?强生公司药品撤回会完全满足杀手的欲望并给他(她)以向其他药品下毒的动机吗?

无谓的惊慌已经充斥四周。近1亿美国人过去已服用了泰诺,每一个由药物致死的人都成为可疑的牺牲品。伯克说:"我可以给你举一个我记得令人难以置信的例子",一个卡车司机被发现死在路边他自己的车厢里,身边有一瓶已开启的他曾用过的泰诺,他被送往医院,氰化物检验呈阳性,于是被归咎于发生于该国不同地点的又一起中毒事件的牺牲品。这与芝加哥是无关的。如今,我们要花费时间来解决这样的问题,当你进行氰化物检验时,你要检验这个人是否是氰化物过量者。而吸烟过量往往是氰化物过量者。该司机是患有心脏病的嗜烟者,恰巧服用了泰诺。

伯克决定等到周末结束再做出最后决定。

(3) 重要决策。10月4日,星期一清晨,伯克飞往华盛顿会见FBI主任威廉·韦伯斯特和FDA主管阿瑟·海斯。周末后的第七个牺牲品,芝加哥35岁的葆拉·普林斯被确认身份。对伯克而言显然危机已上升到美国全国级别的重要性。这不再是麦克尼尔的紧急事件。匿名和满不在乎的恐怖行动危及到了美国的零售业。伯克和戴维·克莱尔留下这样的印象,在美国的商店中发生的疯子般的放纵事件具有可怕的寓意。

出乎伯克意料的是,韦伯斯和克莱尔都坚决认为从美国全国收回药品会在当时构成矫枉过正。FBI主要关注仅有几星期之遥的万圣节,担心收回药品的这个剧烈举动可能会激发每一年万圣节他们都必须面对的美国国内的疯狂举动。"我听后表示同情。"伯克回忆,"但无论站在公众的立场还是从公司的业务着眼,我都认为这不是正确的解决方法。我有合法的权利收回药品,但我也不想使两个监督机构感到为难。"

10月5日,星期二的晚上,消息传到华盛顿,在加利福尼亚奥罗维尔发现泰诺胶囊中含有番木鳖碱。这是芝加哥以外发生的第一个中毒事例。随着新闻界蜂拥而至,政府对撤回药品的反对消失了。10月6日,星期三,公司宣布3 100万瓶泰诺被撤出了全美所有商场的货架,并将被销毁。

第一个星期结束时,强生公司在FBI和FDA的帮助下,对超过800万粒泰诺胶囊进行了检验。共计75粒胶囊发现含有氰化物,全部在芝加哥地区。泰诺的市场份额跌落至不到7%。除此之外,强生公司还必须承担收回、检验和销毁上百万瓶胶囊的成本。伯克估算公司在整个过程中的损失超过1亿美元。

随着时间的推移,行业分析家对泰诺的市场复苏能力变得更加悲观。《纽约时报》预测销售会持续下滑,《华尔街日报》报道:"时间过去了,没有一个嫌疑犯被抓到,也没有指定这种看似随机性的谋杀动机,这不利于泰诺声誉的上升。"

纽约大学的市场营销教授本杰明·利普斯坦在《华尔街日报》中指出:"强生公司面临他们所遇到的最困难的问题——如何驱逐恐惧过后的残留因素。我头疼,但这次我服用了拜耳(另一种止痛药)。在家里我有泰诺胶囊,但若有人要用它,我将被人咒骂。"《纽约时报》引用了广告代理机构执行官杰瑞·德拉·弗米那的话:"我认为在这种声誉下麦克尼尔不可能再卖出任何产品,也许会有广告人认为他能够解决这个问题,如果我想雇用他,那也只是因为他会变戏法。"

强生公司在第一次中毒事件发生后不到一星期,就开始自己作消费者研究调查。公司发现虽然人们不认为把中毒应归咎于服食了药物,但他们还是对此感到恐惧。10月8日,星期五,强生公司宣布了将泰诺胶囊全部换成泰诺药片的计划,这种形式被认为不容易做手脚,因此更加安全。同日,伯克在《华尔街日报》上说道:"我们觉察到大家内心对强生公司及其品牌极大的善意和信任。公众不会责备我们,他们感觉我们和其他人一样也是牺牲品。"

在公司内部,伯克告诉他的员工只要每个人做好本职工作,公司就能挽回70%～80%的业务。事后伯克承认这只是他的推测,但他必须用这句话给员工以信心来完成所面临的艰巨工作。

10月11日,危机发生后的第10天,强生公司的执行官们做出了挽救品牌的决策——成立了由伯克、戴维·克莱尔、威恩·尼尔森、劳伦斯·福斯特、普通辩护律师乔治·弗莱泽和执行委员会成员阿瑟·奎提等人组成的泰诺战略委员会,在泰诺身后集合了公司全部的力量。"我们预定早上8:00在我的办公桌前会面,晚上18:00再次碰面以回顾全天发生的状况。"伯克回忆,"实际上我们在办公桌前花费了大量的时间,整整6个星期我们互相冲着对方大喊大叫。我们剖析组织中的每一个人，动员他们去了解这项工作。"

后来的独立调查显示，有45％以前使用泰诺的人由于最近发生的事故将不再服用该产品。许多人没有意识到中毒事故仅涉及泰诺胶囊而不是药片。美国的零售商把所有类型的泰诺全都撤下了货架。

中毒事故发生不久，全美国泰诺的零售订购下降超过25％，而安那辛-3的生产者全天开工来提高其产品的产量。10月中旬，百时美—施贵宝开始对百服宁和艾可斯丁实行降价25％的优惠措施。

仍然会有挥之不去的负疚感。"我猜这是人类的本性。"伯克讲道，"我们感觉似乎自己做了什么糟糕的事，尽管我们知道我们没有。我指的是，这儿是世界上最大的健康保护企业，经销使人们安康和解除痛苦的产品，我们对此感到骄傲，但事实上有人死亡并且死于服用了我们生产的药品。"

强生公司的执行官们还是有理由乐观的。首先是10月15日，麦克尼尔的消费者产品主管约瑟夫·奇萨正式收到了FDA的来信，证明麦克尼尔对泰诺胶囊中毒事故没有任何过失和疏忽的罪责。而且，由于泰诺以前在市场上的优势地位，竞争者似乎还没有其他产品能够填补空白。调查发现，撤下泰诺的货架要么是空的，要么是贴着私人商标和普通品牌的药品——没有诸如安那辛和百服宁这样在美国属于国家级的主要品牌。尽管安那辛和百服宁都是解热镇痛产品，在10月份收到了大幅上涨的订单，但在中毒事故发生前它们占有的市场份额太小，以至于这种产量上升并没有对市场总体产生影响。竞争者们还发觉，很难做到不显得用心险恶地来利用发生在泰诺上的麻烦。

想到这些，公司的执行官们就重新充满热情地投入到去重建品牌的工作里去。10月22日是返货三个星期后泰诺的广告首次露面的日子，强生公司的医疗主管托马斯·盖茨医生出现在广告中，他强调说中毒只是地区性的事故，而且仅包括胶囊。他还请求消费者们继续地给予泰诺信任。早在几天前，强生公司已发出了61 000份署有盖茨签名的"亲爱的医生"信，描述了公司应对危机时所采取的步骤，包括自发地收回泰诺胶囊。在信和广告中，盖茨建议病人和消费者使用非胶囊形式的泰诺，直至麦克尼尔重新销售能够抗击侵害的胶囊药物。

（4）重新包装。没有什么比引进新包装更重要的任务了，伯克亲自领导着委员会向抗击侵害产品的方向前进。整个行业竞相以抗击侵害型的药物包装领先市场。

紧随泰诺中毒事故有一连串产品被侵害的事件，使得行业先于监管要求而考虑采取行动。来自丹佛的报道说，在三瓶强力艾可斯丁药中发现了含汞的氯化物，在药性最强的安那辛中发现了老鼠药，维生(Visine)眼药水中含有盐酸。艾可斯丁的生产商，百时美—施贵宝将其产品撤出了丹佛零售商的货架；美国家用产品公司和Pfizer分别作为安那辛和维生的制造商，将这种侵害产品行为标注为"隔离事件"，没有采取行动。

医药行业分析家预测，持久保护性的包装技术将会耗费制造商们好几百万美元，主要包括给目前市场上尚不能抗击侵害的药品进行替换的成本。并且没有证据显示，更安全的包装会重建对非处方类止痛药物的消费者忠诚。一些分析家预测，如果消费者对适度疼痛放弃使用药物，市场会萎缩至10亿美元以下。

强生公司仍然以快速的行动来重新包装它的药品。1982年11月4日,FDA公布了新的药物包装要求,规定在1983年2月前,"易受侵害的"药品(如胶囊)一定要包装起来。向非处方药制造商进行说明的产权协会推荐了下列选择。

- 包装薄膜。
- 泡状/条状包装,每粒药需分别撕开单独使用。
- 泡沫包装,把药品安置在一张显示卡中,并用塑料进行密封。
- 缩短密封条或封口带使其与瓶盖外包装相吻合。
- 使用必须撕开的锡质、纸质或塑料包装袋。
- 瓶装药的封条须安装在瓶盖内并横跨瓶口。
- 在盒盖和瓶盖上贴上胶条。
- 瓶盖须毁坏才能开启。
- 密封管必须打孔。
- 密封盒必须毁坏才能开启。

FDA要求执行以上至少一条的安全防范措施,此外还在药品包装上告诫消费者,如果他们怀疑药品被侵害,就不要服用。11月11日强生公司第一个执行了FDA的规定。公司举行了一个闭路电视新闻发布会议,宣告几星期后将在市场上重新推出经过三重安全密封包装的泰诺。这是可防止破坏的包装,包括:①泰诺外层包装盒上封口的黏合边;②在瓶颈处的塑料密封条;③瓶盖里面是用的强力金属箔片密封。此外,瓶子上还贴有明黄色的商标,上面标有红色警告:"如果安全封条被撕破的话,请不要使用。"新的包装成本——每瓶2.5美分——由强生公司来承担。

现场电视广播通过卫星传到了30个城市,聚集了600家媒体的代表进行报道。伯克宣布未来四星期内将启动四个广告,消费者可以用他们可能废弃的泰诺来换取2.5美元的优惠券。消费者可通过拨打免费电话来获取优惠券。这项举措背后的战略意图是给丢弃泰诺的消费者(在公司的请求下)再使用三重安全密封包装的新产品的机会,而且是没有成本的。公司执行官们认为,当务之急是重建公众对泰诺品牌的信心。公众积极回应,共分发了超过了4 000万张优惠券。

伯克的目标是在年底前完成新包装胶囊的分销。在伯克发表讲话后,来自纽约、费城、华盛顿、芝加哥和洛杉矶的记者可以通过闭路电视广播系统进行提问。

一些评论家指责公司的行动太快了。中毒事故发生不久就以如此攻势推行产品,会有引起消费者反感的风险,甚至会变得更容易再次遭受产品侵害事故。公司坚决地维护自己的行动,断定这是恢复消费者对品牌信心的最重要的工作。为了达到这个目的,戴维·科林斯说:"我们必须使泰诺回到消费者家庭中。"

到1982年11月底,调查显示泰诺重新夺回了中毒事件发生前市场份额的55%,比10月底上升了20%。这些数字仅反映了账面销售,毕竟曾占据泰诺业务量40%的胶囊在当时才刚刚重新推出。《华尔街日报》把它作为市场营销的奇迹。许多行业分析家对泰诺重返市场的速度感到惊讶,对公司处理危机的手段表示赞赏。分析家引证了两个消费者情绪迅速发生转变的主要原因。其一,公众很快明白与以前产品有关的悲剧不同,错不在泰诺。其二,据耶鲁大学的斯提芬·普马特说,"一连串的'复制猫'(copy-cat)中毒事件分散了公众集中在泰诺上的恐惧"。

中毒事件过后的一年,泰诺赢回了原来市场份额的 85%,再次成为美国全国止痛药的销售龙头。强生公司在 1983 年用了约 6 200 万美元来取得这个市场地位,比前一年上涨了近 2 000 万美元。1983 年 9 月,泰诺品牌占据了非处方类止痛药 13 亿美元市场总量的 30%。

1985 年中期,泰诺品牌仍在 16 亿美元的非处方类止痛药市场上以 35% 的零售份额居于领先地位。泰诺品牌看来是经得起考验的。

2. 泰诺的第二次中毒事件

1986 年 2 月 7 日,星期五晚,23 岁的纽约韦切斯县的居民黛安娜·埃尔斯诺思,因为头疼服了二粒强力泰诺胶囊后上床休息。12 小时后,她在房间里被发现死于氰化物中毒。验尸结果显示泰诺与氰化物"非常接近"的迹象,给官方提示有毒物质是和药物一起咽下的。

(1) 事件应对。埃尔斯诺思的死亡消息是在 2 月 10 日(星期一)的傍晚传到强生公司的。媒体质询的冲击紧随而来,公共关系人员整晚都在处理电话。

对于伯克,死亡消息带来的是似曾相识的噩梦般的感觉。"我们不相信它会再次发生。"他说道,"其他人也不会相信。"伯克的第一个行动是联系 FDA 和 FBI。几小时后,两个机构与韦切斯特县的官员取得联系,在以前曾销售过有毒胶囊的 A&P 药店为中心方圆三英里为半径的范围内,开始收集泰诺胶囊。伯克还发起了一系列消费者调查来帮助确定人们对于所有泰诺产品的恐惧、认识和紧张心理。同日,大西洋与太平洋茶叶公司从美国 26 个州内超过 1000 个商店货架上订购了所有的泰诺胶囊。

生产有毒胶囊的地点是美国华盛顿和菲律宾,有 20 万瓶。于 1985 年 8 月装船运到美国密西西比河东部的 31 个州。韦切斯特县的官员报道,在有毒药瓶内剩下的 21 粒胶囊中有三粒含有氰化物。星期一晚上,纽约市卫生部门发布电视通知,警告消费者不再使用任何类型的泰诺胶囊。所有有关泰诺的电视广告都无限期停止了。

2 月 11 日,星期二,伯克在强生公司位于新泽西州新布朗斯维克的总部举行了三场电视新闻发布会的首场直播。会上的主要声明是由韦切斯特和联邦权威机构支持的,即黛安娜·埃尔斯诺思的死亡只是一个单独的、地方性的药品掺毒事件,认为其他批量药品是在 1985 年 4 月和 5 月生产以及在 1985 年 8 月 26 日这天销售的。这批产品仅含有 24 种大小胶囊型号之一的强力胶囊。

"既然这种个别型号凑巧是我们流动性最强的产品——它的交易速度比其他产品都要快。"伯克补充,"基于这一点,我们没找到很多这个批次产品的预期。我们相信,在数学计算的基础上,本批次的大部分产品已经被公众安全消费了。"如果下毒发生在工厂,许多瓶药已被掺毒,那么近半年后才被发现似乎不可能。因为产品在很久之前就已经生产并进入销售,所以强生公司的执行官和联邦权威人士在某种程度上相信中毒只是地方性事件。媒体并不容易信服,但伯克仍坚持当前形势下并不足以构成收回全部产品的理由。他向公众保证强生公司会继续以泰诺的名字来经销产品。

同时,强生公司、FBI 和 FDA 对从韦切斯特地区商店货架撤回的胶囊继续进行测试。

对大约 2 000 000 个胶囊进行了分析。2 月 13 日,星期四下午,FBI 通知强生公司,又鉴定出一瓶泰诺胶囊中有五粒含有氰化物。第二瓶来自一家距 A&P 药店仅两个街区的伍尔斯药店,A&P 药店是第一瓶有毒胶囊被销售的地方。瓶子的型号是 AHA690,1985 年 6 月生产于波多黎各岛。在首次检查中,看起来工厂在所有三个点处的密封印仍旧完好。五粒胶囊中的氰化物与黛安娜·埃尔斯诺思致死物相吻合。在麦克尼尔的质量控制实验室所使用的氰化物被证实是不同的类型。

一接到消息,强生公司就举行了美国全国新闻发布会,敦促消费者不要使用任何类型的泰诺胶囊直至进一步的通知。而且新闻发布中陈述:"公司恳请全国的商贸行业仅将胶囊撤离货架,代之以泰诺药片和肠溶片。这将给上百万泰诺止痛药的使用者以可接受的选择。"当晚,在韦切斯特县开始收回泰诺胶囊。所有型号的泰诺胶囊的生产都被无限期地停止了。除了超强和常规强度药性的胶囊,公司还生产了胶囊形式的塞恩,一种治疗瘘的药物;药性极强的泰诺,也是治疗瘘的药物;以及迪麦辛,一种缓解痛经的药物。

第三瓶泰诺在纽约的灌木——橡树药店被确认,发现其中一粒胶囊有掺杂不明物质的迹象,官员们说这种物质绝不可能是氰化物。同日,纽约的卫生部门负责人禁止在本州销售泰诺胶囊。FDA 也宣布了它的观点:1982 年的中毒事件与目前的情况没有明确的联系。随后一天,第二场新闻发布会在强生公司举行。

在开场白中,伯克将中毒事件定为"一种恐怖主义行为"。用他的话来说,"这是一个令人无法忍受的问题","是一个我们全体社会行动起来帮助解决"的问题。伯克还对地方媒体将事态变成了一个马戏团的行为进行了谴责。他继续说道:"正与你今天看到这个问题一样,我只希望和试图解决它……当这个问题与你的朋友和家人相关时,你会问自己想做什么,因为他们处于危险中。强生公司在这里相对不重要了。社会是非常重要的。我认为当你一再地使用像恐惧和国家噩梦这样的字眼时——当你和灌木——橡树药店的店主见面时,甚至当 FDA 告诉你商店没有有毒的胶囊时——我认为这是不可容忍的。"

伯克还批评了媒体对泰诺药片和肠溶片能够安全使用的宣传不得力,而仅提及现有的竞争产品的事实。他说:我认为当你意识到泰诺是全国最受欢迎的药物之一,你就知道你未能给公众提供很好的服务,因为很多人指望你对他们要做的事提供指导。

戴维·科林斯那天早上汇报了在美国几个主要城市完成的调查结果。根据他的数据,1/3 的回答者不确定是否中毒事件只发生在纽约地区。伯克对这份低质量的报告的不确定性表示不悦。"我真正相信,其中的一些混淆产生于这样的事实,每个人都感觉有必要回到芝加哥,再三反复地重游。"他说,"我认为重访芝加哥是合理的,提醒我们自己,我们正在使全国人受到本不必要遭受的惊吓,除非我们向公众澄清这只是韦切斯特的问题。"

科林斯还报告,被调查的 78% 的泰诺使用者相信药片是安全的。他感觉这是一个"不错的数字,但还应该更高一些。正如我们都知道的,现在唯一有问题的产品和 1982 年一样,是我们的胶囊药品"。

(2) 困难抉择。回到公司总部,伯克开始感觉到从市场上撤回胶囊药品的外来压力。首先是 1986 年 2 月 14 日(星期五),他非常确信,无法让强生公司保证其胶囊药品不会被掺毒。同时,美国有 14 个州已无限期中止了泰诺胶囊的销售。第二瓶有毒泰诺胶囊被发现后的民意测验显示消费者忠诚情况在恶化。在某种程度上,伯克被维护公众对强生公司及其产品的信任的问题所困扰。他希望在 2 月 18 日前有一个确定的行动计划,因为在这一天他被安排参加菲尔·多纳希的谈话节目。他的感觉如此之糟,以至于难以继续巧妙处理从美国全国收回产品的问题。其他的担忧还有股票价格的进一步下跌以及竞争对手可能会迅速行动来占领泰诺胶囊撤出后空闲的货架。竞争者在中毒事件发生不到一星期就发起的攻击,与 1982 年事件后的松懈麻痹形成了鲜明的对比。

来自公司内部极端反对派的争论也施加了压力。麦克尼尔的负责人正在抵制强生公司最高执行层日益增长的将危机作为全国性事件来对待的感觉。他们辩驳说,撤回货物的行动太猛烈,从而将全国的注意力吸引到危机上来肯定是利大于弊。麦克尼尔的主席戴维·科林斯认为,这次说服胶囊药品的用户转而使用肠溶片,将比 1982 年使其信服去购买用强生公司引进的防掺毒包装的胶囊困难得多。

2 月 15 日和 16 日是周末,伯克和泰诺战略委员会的戴维·克莱尔,戴维·科林斯,劳伦斯·福斯特,乔治·弗莱泽和约瑟夫·奇萨苦心推敲出一个决策方案,星期日达成了一致意见。委员会得出结论是,除了放弃所有的非处方胶囊药物别无选择。但公司还没有走出困境。

2 月 17 日,星期一,股票市场因总统日而关闭一天。伯克选择这个日子在强生公司的总部安排第三次,也是最后一次新闻发布会。在挤满了媒体代表的房间里,伯克宣读了一个郑重声明,宣布强生公司将退出所有的非处方类产品市场,因为在一定程度上它不能再按照其对消费者承诺的义务标准来确保胶囊药物的安全性。他表达了"对黛安娜·埃尔斯诺思的家人及她所爱的人真心的同情"。

伯克敦促消费者转而使用泰诺肠溶片。公司还提出用肠溶片来交换消费者最近购买或丢弃的胶囊,无须购买凭证。伯克估计,用肠溶片来交换胶囊将使公司承担 1 亿～1.5 亿美元的税后成本。

泰诺退出市场的新闻成为美国全国报纸的头条。《纽约时报》推测,强生公司从胶囊药物市场的退出将耗费公司泰诺销售收入——5.25 亿美元的 6%,或每年 3 150 万美元。比强生公司年度销售总收入的 1% 的一半还要少。

弗兰克·E. 杨是 FDA 的委员,称强生公司的决定是"在艰难环境下的一个负责任的行为",但他又说,在没有获得更多完全的关于黛安娜·埃尔斯诺思死亡一事的消息前就采取进一步的行动"还为时过早"。几个主要制药公司公开对委员的观点表示诚心诚意地赞同。一些分析家建议强生公司尝试"促使"竞争对手也做出停止胶囊业务的决定。强生公司否决了这个主张,但消费者似乎反应积极。2 月 21 日强生公司报告,有超过 200 000 个消费者对公司用泰诺胶囊换取肠溶片的提议进行响应。

在接下来的日子里,许多篇赞扬强生公司在危机中的表现文章出现在全美各家报纸上。《纽约时报》称赞了伯克的领导力,叙述道"他毫无疑问是公司的领袖"。评价上均出现诸如"为强生喝彩"、"公共安全第一"和"有良知的公司"等标题。《迈阿密新闻》的汤姆·布莱克波恩写道:"企业日常的训练突然成为今日的头条,然后有泰诺制造商处理危机的方式。"布莱克波恩继续写道,"日常训练会派出一位身穿灰色格子花呢的副主管来令人信服地模仿一个一无所知的人,让他向公司的律师请教所有的问题,这些律师永远在开会而且从不回电话……强生公司是营利性企业,但它做得非常好。当情况变得棘手时,公司得到了人心,这在无情的商业世界中是有些特别的。现在无论股票市场怎么看待这件事,道德家都会持赞同态度。"

在危机结束两个星期后的白宫招待会上,里根总统说:"我们非常欣赏强生公司的詹姆斯·伯克先生。你和强生公司所表现出的崇高责任感,以及面对压力时从容不迫,让我们钦佩不已。"

2月27日,FBI扭转了它的早期看法,即在韦切斯特县含有氰化物的泰诺药瓶没有被下毒的迹象,从而免除了强生公司的所有罪责的看法。一位发言人说"使用精密的科学检查,发现了以前没有察觉的下毒迹象。"

(资料来源:孙玉红,王永,周卫民.直面危机:世界经典案例剖析.北京:中信出版社,2004;弗雷泽·西泰尔.公共关系实务.梁浤洁,译.北京:机械工业出版社,2004)

思考题:

(1) 如果公司决定不更改关于泰诺胶囊的最初声明,而且不回收产品的话,会出现什么样的结果?

(2) 在对第一次事件的回应中,强生公司在公共关系方面还有什么其他选择?

(3) 你认为强生公司再一次推出强效泰诺产品的决定明智吗?

(4) 很多公司在面对危机时常常不能迅速做出反应。你认为强生公司有必要在1986年的第二次危机中迅速替换所有的泰诺胶囊产品吗?

(5) 你认为强生公司在对这两次危机的处理中,有哪些公共关系方面的教训值得吸取?

(6) 请查看强生公司在泰诺网页上(www.tylenol.com)提供了什么样的信息?网页提供的诸如"关爱卡(Care Cards)"、"家庭电话卡(House Calls)"和"FAQ"等链接,是否体现了强生公司对消费者的关心?如果再度发生药品有关的危机,你认为强生公司应该如何利用这个网页与公众和消费者沟通?

7.3.2 情境模拟:制定公共关系危机处理方案

1. 实训目的

制定公共关系危机的处理方案,提高危机应对能力。

2. 实训时间

2课时。

3. 实训地点

教室。

4. 实训背景

假设"兴海"牌电视机在全国范围内享有一定的声誉,该产品外观漂亮、画面和音质效果都很好,产品的销售正在逐月增加,企业知名度日益扩大。这天,某"兴海"牌电视用户家中,突然发生因电视机起火而引发火灾,造成家中大部分财产损失,所幸未造成人员伤害。当地报纸和电视台都作了相关报道。

作为该生产企业的公共关系部主任,请你给出一份详细的公共关系危机处理方案。

5. 实训要求

根据所学内容以及背景材料中的描述,对案例进行细致的分析,自己查阅相关资料,借鉴成功的危机公共关系案例,独立完成《公共关系危机处理方案》的设计。字数 1 500字左右。可以做一些情况假设,使事情更加具体,同时也使自己的设计方案匠心独具。

分组课上交流方案,最后教师总结、点评。

6. 实训手记

通过训练,我的收获是: _____。

课后练习

1. 什么是公共关系危机? 它有哪些特征?
2. 从企业内外部环境分析公共关系危机的成因。
3. 公共关系危机处理的基本程序和总体策略是什么?
4. 处理公共关系危机时企业内部应采取哪些对策?
5. 如何消除危机处理中的谣言?
6. 公共关系危机处理中的新闻发布会有哪些特殊要求?
7. 公共关系危机处理过程中如何应对新闻记者的采访?
8. 你认为社会组织危机管理的关键是什么? 为什么?
9. 一家大型生产企业突发重大生产性事故,该企业公共关系部的小林被公共关系部经理指派去接待蜂拥而至的记者们,面对记者们铺天盖地的提问,小林反复强调"在调查没有完成之前,我们不做任何评论"或"无可奉告",结果引起了记者们的强烈不满。你认为小林的回答合适吗? 危机期间到底该如何回答来自媒介的询问?
10. 某商场近年来公共关系危机出现的几率明显增加,为了保证公共关系系统的良性运转,总经理专门外聘了公共关系专家对企业公共关系人员进行了培训,在培训课上,专家着重强调了危机管理过程中的沟通协调要点和技巧,你作为一名学员,听了之后认为应掌握哪些内容?
11. 一家经营食品的公司因为产品变质而出现中毒事件引发了危机。该公司采取了许多办法和措施来挽救公司面临的危机局面,取得初步成效。这时,公司领导宣布,危机已经基本结束,要求抓紧时间组织生产,夺回经济损失。请问,公司领导的行为是否正确?

他还需要做哪些工作？

12. 著名化妆品集团生产的一种名牌摩丝多次在国内化妆品评比中获奖，得到了广大消费者的认可。可是，近期却意外地出现了数宗该品牌摩丝在居民家中自爆的事件，新闻媒介对此进行报道后，引起不少消费者的恐慌，商家纷纷要求退货，这个大型跨国企业正在被变成了"定时炸弹"的产品推向崩溃的边缘。请问企业应如何处理这一危机事件？

13. 国内一家很有名的企业生产出一种新型的玻璃钢燃气灶，投放市场后受到消费者的欢迎，销售业绩不错。可是，由于多种因素所致，出现了几起燃气灶表层玻璃钢爆炸的情况，有的家庭主妇还受了轻伤。为此，受害者到当地消费者协会投诉的同时，还直接找到了厂家，提出种种要求，如果得不到满意的答复和处理，他们还将向新闻界呼吁。请你根据该企业面临的危机，为解决这一事件找到合适的办法与对策。

14. 假定你所在的公司近日有一次重要的业务活动，但由于恶劣的天气，致使该项活动不能如期开展，请你拟定一个应急方案，减少或消除不利影响。

提示：练习前同学们先设计事件背景。公司的业务活动可以是记者招待会、展览开幕式、周年庆典、免费赠送或其他公共关系活动；地点可以是本市或外地；恶劣的天气，可以是大雪、暴雨等；活动的主体可以是营利性或非营利性组织；根据具体情况，这一练习可采用书面作业形式，也可采用咨询答辩形式。

15. 举例说明组织应该如何应对网络危机。

16. 网络上的危机事件常常起源于论坛，爆发于搜索引擎，这种负面信息在互联网上可能以几何倍数迅速增长，形成负面影响，并且会持续相当长的时间，如何清除这些负面信息是必须面对的问题，你以某企业在互联网上的负面信息为例进行具体分析。

17. 如何利用因特网来使企业摆脱网络危机？

18. 案例思考题。

案例1

新加坡航空公司的危机管理

2007年1月24日9点，新加坡航空公司执飞SQ811航班的一架波音777-200飞机在起飞后不久，发现右侧发动机火灾告警器报警，机长随即决定返航。10点40分，SQ811航班返回北京首都国际机场。坏事中的好事是，这家世界上客户满意度最好、盈利能力最强的航空公司在关键时刻的表现，给其中国同行上了一小课。

13点50分，国内所有相关媒体就收到了发自新航中国区公关部的一份简短声明，声明表示："尚无确切消息表明告警器是因着火引起告警。飞机当时搭载有227名乘客和16名机组人员。新航正在协调安排，以保证乘客能够在第一时间继续成行……"

15点30分，全部滞留乘客被送往中国大饭店和国贸饭店休息。

17点20分，《商务周刊》再次收到来自新航中国区公关部的"最新声明"。这是一份更为详尽而准确的情况说明。事故的原因已然明了："由于气流干扰了隔热层，导致发动机火灾告警系统发出了错误的告警指示。"新航还阐明了此时的工作重点，即"为那些受这一事件影响的乘客安排其他航班前往新加坡，或是他们的最终目的地"。同时新航"将为那些不能在今天被转送的乘客安排住宿，费用由新航承担"。

1月25日上午10点50分,休息了一夜的滞留乘客乘坐 SQ811 航班离开北京,飞往新加坡。

短短8个小时内,新加坡航空公司,这家几乎是被公认为亚洲客户满意度最高的航空公司,完成了媒体通报、故障鉴定以及滞留乘客安排等工作。国内媒体于事故发生当日纷纷发布了关于新航飞机返航的消息,清楚地阐明"飞机并未起火,事故是由于火灾告警器出错所致",由此外界因为"飞机发动机失火"的猜测而可能对新航产生的信任危机被化解。滞留乘客被新航安排在了两家五星级酒店,并于次日清晨得以重新出发。

新加坡航空公司中国区公关部相关负责人表示,之所以在第一时间向媒体发出声明,"是为了解除不必要的误会",他希望媒体能够在第一时间了解到事件的真相。而在1月24日当天,这位负责人回复了数十个来自媒体的问询电话,向全国媒体发出了声明稿件,并在第二份声明发出前后,主动对相关媒体追加了口头解释和沟通。

这次八小时的危机管理中,新航无论在细节或战略上都体现了其"高顾客满意度"的公司理念。

(资料来源:http://www.csc.mofcom-mti.gov.cn/csweb/csc/info/Article.jsp?a_no=61221&col_no=129.)

思考讨论题:

(1) 我国民航应该从新航的危机管理中学到了什么?

(2) 本案例对你有何启示?

案例 2

该怎样对待记者

某律师在消费当地一家颇有影响的食品企业所生产的食品时,发现产品存在严重的质量问题。于是,他与企业进行了交涉。企业接待人员同意研究后给其一个答复,但此后便没了下文。无奈,律师将有质量问题的食品拿到当地一家颇有影响的报社,将情况反映给记者。该报社遂派记者到企业进行现场采访。记者们在企业拍摄到了许多违反国家食品生产规定的现场画面。企业领导发现后强行索要记者所拍资料,不成后,将记者扣留。在当地公安人员的解救下,记者们在被困1个多小时后得以安全返回。事后,该报以系列报道的形式将消费者反映的有关该企业的问题,以及记者在企业中所拍摄的材料、经历公之于众,企业经营一时陷入困境。

思考讨论题:

(1) 该企业经营陷入困境的原因是什么?

(2) 如果你是该企业的负责人,你如何处理此事?

案例 3

山西朔州毒酒假酒案

某年1月26日,山西朔州毒酒假酒案发,27人丧命。一时间,全国震惊,谈山西酒色变。

从听到毒酒闹出人命的那一瞬间起,山西汾阳杏花村汾酒集团董事长高玉文就开始担心,他感到事件对汾酒的伤害。果然,在公众舆论的推波助澜下,一场查封"山西酒"的运动波及福建、广东、内蒙古、上海等地。而且,令高玉文最不愿意看到的事情也发生了:跟假酒案本无关系的十大名酒之一的汾酒受到牵连,在许多地方也成了查封的对象。

每年春节至元宵节是白酒销售的高峰,往年汾酒能销售 1 500 吨以上,而今年仅 400 吨;二月份,汾酒只卖了 12 00 吨,而往年是 3 000 吨,直接经济损失达 800 万~1 000 万元。

2 月 28 日,《经济日报》头版刊登了广告"古井贡酒致全国消费者的一封公开信"。远在千里之外的古井贡酒人不甘为配角,他们振臂高呼:白酒当立法。并倡议:以中国老八大酒厂的名义设立"中国打击假酒专项基金",又伸出仁爱之手:向死难家属无偿捐助 20 万元抚恤金。

思考讨论题:

(1) 山西汾阳杏花村汾酒集团和古井贡集团遭遇的危机有哪些特点?

(2) 山西汾阳杏花村汾酒集团是否有效处理了危机带来的不利影响?应该进一步采取哪些措施?

(3) 对古井贡集团的广告,山西汾阳杏花村汾酒集团可以采取哪些对策?

案例 4

强生含毒门

2009 年 3 月 10 日,朱女士在网上发表了一篇《强生差点把我一岁半的女儿毁容》的帖子,并附上了女儿使用强生产品前后的照片:使用润肤霜前女儿皮肤白净光滑,而使用后的照片上,却满脸红瘤,差点把一岁半的女儿毁容。这份帖子迅速得到广泛关注,达到了近 25 万的点击量,留言中有网友反映有类似经历,以"抵制强生,保护家人"为主题的 QQ 群也在不断膨胀。

3 月 14 日,强生在美国被一家名为"安全化妆品运动"的非营利性组织检测出含有有毒物质。

3 月 24 日,强生在全国多家媒体上刊出广告宣布,强生婴儿产品经国家食品药品监督管理局和国家质检总局检验,符合中国相关的质量和安全标准。强生还采取了相应措施,在销售产品的各大超市张贴"声明",称自己的产品没有问题,并感谢广大母亲的信赖。

思考讨论题:

(1) 强生面的危机处理成功之处何在?

(2) 强生为避免类似事件的发生,应该做好哪些工作?

19. 公共关系危机处理研讨实训。

实训目的:提高公共关系危机处理能力。

实训背景:某高校连续几天陆续有同学因拉肚子到校医室输液,当地媒体闻讯到该校采访,因沟通不畅,导致媒体报道夸大其词,造成不良影响。学生对学校意见较大;家长及学校上级相关管理部门纷纷致电询问。针对此情景,该校应如何进行危机公共关系,澄清事实,化解危机,重塑形象。

实训步骤：

(1) 指导教师将本班同学分为 4～5 组，每组指定一个组长。

(2) 各组分别认真分析讨论学校面临的危机的原因是什么。

(3) 在此基础上制定出各组认为能化解此次危机的处理方案。

(4) 由各组选代表轮流展示自己的方案，组内其他同学补充。

(5) 各组对本次实训进行总结，指导教师进行点评。

实训成果：选择有典型性的方案提交讨论，方案可以是较佳的方案，也可以是存在不足的方案。

公共关系相关网站

中国公关网：http://www.chinapr.com.cn
中国国际公共关系协会：http://www.cipra.org.cn
上海公关网：http://www.chspra.com
中国公共关系协会：http://www.cpra.org.cn
管理人网：http://prm.manaren.com
新闻发言人与危机公关培训网：http://www.fayanren.com
国际公关网：http://public.iader.com
新闻公关网：http://www.easypr.com.cn
第一调查网：http://www.1diaocha.com
中国营销传播网：http://www.emkt.com.cn
中国网络营销网：http://www.1mkt.net
中国危机公关网：http://www.fbi8341.com
中国策划网：http://www.chinachw.cn
中国营销策划网：http://www.plan-china.com
中国企业形象管理网：http://www.chinaci.org.cn
中国企划网：http://www.cnqhw.com
中国国家企业网：http://www.chinabbc.net
传媒学术网：http://academic_old.mediachina.net
中华传媒网：http://chinese.mediachina.net
中国公关人才网：http://www.959g.cn
公关世界：http://www.ggsjvip.cn
中国网络公关新闻网：http://www.tomups.com/gongguanwang
21世纪品牌网：http://www.21cnpp.com
内刊网：http://www.neikanwang.com
中国企业内刊网：http://www.neikan.net
香港地区公共关系专业人员协会网：http://www.prpa.com.hk
易基网络公关、危机公关、网络营销专业公司：http://www.xxmw.cn

参 考 文 献

[1] 赛来西·阿不都拉.公共关系专题活动与经典案例[M].杭州：浙江大学出版社,2014.

[2] 中国公共关系网(17PR)编委会.最具公众影响力公共关系案例集[M].北京：企业管理出版社,2014.

[3] 刘东明.微博营销：微时代营销大革命[M].北京：清华大学出版社,2012.

[4] 胡华北,王家明.大学生公共关系指导[M].合肥：合肥工业大学出版社,2012.

[5] 孔庆新.公共关系学[M].北京：北京师范大学出版社,2012.

[6] 刘晖,刘丽君,郭宾雁.公共关系理论与实务[M].北京：机械工业出版社,2012.

[7] 刘军,李淑华.公共关系学[M].北京：机械工业出版社,2012.

[8] 黄禧祯,刘树谦.公共关系通用教程案例集[M].北京：北京理工大学出版社,2012.

[9] 文武赵.微博营销手册：企业和个人微博营销全攻略[M].合肥：黄山书社,2011.

[10] 杜子建.微力无边[M].北京：万卷出版公司,2011.

[11] 李鸿欣,冀鸿,冯春华.公共关系原理与实务[M].北京：北京大学出版社,中国农业大学出版社,2011.

[12] 谢红霞.公共关系原理与实务[M].大连：东北财经大学出版社,2011.

[13] 黄栋法.公共关系传播媒介的分类及其特点[J].新闻知识,2011(4).

[14] 中国国际公共关系协会.最佳公共关系案例[M].北京：企业管理出版社,2010.

[15] 郭文臣,等.公共关系原理与实务[M].大连：大连理工大学出版社,2000.

[16] 张静.网络2.0时代的博客公关[J].今传媒,2009(3).

[17] 赵莹.博客公关应用价值浅析[J].东南传播,2008(8).

[18] 朱权.公共关系基础与实务[M].北京：机械工业出版社,2008.

[19] 谢红霞.公共关系实训[M].大连：东北财经大学出版社,2008.

[20] 郑红,张振业.企业博客公关传播模式与运作机理探析[J].现代商业,2007(27).

[21] 徐彦.浅析博客公关的立足之本[J].商场现代化,2007(23).

[22] 赵亿,徐可.博客及在企业公关中的应用[J].理论界,2007(4).

[23] 陈靖.公共关系操作实务[M].北京：高等教育出版社,2000.

[24] 中国国际公共关系协会.最佳公共关系案例[M].北京：清华大学出版社,2007.

[25] 任焕琴.商务公共关系学[M].北京：清华大学出版社,2007.

[26] 杜创国.公共关系实用教程[M].北京：清华大学出版社,2007.

[27] 李祚,张东.公共关系学[M].北京：中国劳动社会保障出版社,2007.

[28] 王银平.现代公共关系[M].北京：高等教育出版社,2007.

[29] 黄昌年.公共关系学教程[M].杭州：浙江大学出版社,2007.

[30] 何修猛.现代公共关系学[M].上海：复旦大学出版社,2007.

[31] 单业才.企业危机管理与媒体应对[M].北京：清华大学出版社,2007.

[32] 张岩松.公共关系案例精选精析[M].北京：中国社会科学出版社,2006.

[33] 曾琳智.新编公关案例教程[M].上海：复旦大学出版社,2006.

[34] 蒋楠.公共关系原理与实务[M].北京：中国人民大学出版社,2006.

[35] 熊越强.公共关系实务[M].北京：清华大学出版社,2006.

[36] 杨俊.新型实用公共关系教程[M].北京：高等教育出版社,2008.

[37] 沈杰,方四平.公共关系与礼仪[M].北京:清华大学出版社,2006.

[38] 居延安.公共关系学[M].上海:复旦大学出版社,2006.

[39] 王冬杰.博客行销公关之道[J].首席市场官,2006(6).

[40] 谢金余.博客公关初探[J].东南传播,2006(9).

[41] 时莉.公共关系经理手册[M].北京:企业管理出版社,2000.

[42] 黄寰,谢敏.对网络公共关系的几点思考[J].北京:商业研究,2005(18).

[43] 廖为健.公共关系学[M].北京:高等教育出版社,2000.

[44] 弗雷泽 P.西泰尔.公共关系实务[M].梁浚洁,等,译.北京:机械工业出版社,2004.

[45] 赵晓兰,等.最新公共关系学教程[M].北京:经济管理出版社,2004.

[46] 劳动和社会保障部教材办公室.公共关系员:初级、中级、高级[M].北京:中国劳动和社会保障出版社,2004.

[47] 方兴东,王俊秀.博客:e 时代的盗火者[M].北京:中国方正出版社,2003.

[48] 吕维霞.网络危机的预防与处理[J].公关世界,2003(12).

[49] 李健荣,邱伟光.现代公共关系[M].上海:东方出版社,2002.

[50] 张百章,何伟祥.公共关系原理与实务[M].大连:东北财经大学出版社,2002.

[51] 李道平.公共关系学[M].北京:经济科学出版社,2002.

[52] 张岩松.公共关系学[M].青岛:青岛出版社,2002.

[53] 龙志鹤,张岩松.现代公共关系学[M].北京:经济管理出版社,2002.

[54] 杨明刚.市场营销策划[M].北京:高等教育出版社,2002.

[55] 杨丽萍.公共关系原理与实务[M].北京:高等教育出版社,2001.

[56] 斯各特·卡特里普,艾伦·森特,格伦·布鲁姆.公共关系教程[M].明安香,译.北京:华夏出版社,2001.

[57] 张岩松.企业公共关系危机管理[M].北京:经济管理出版社,2000.

[58] 李兴国.公共关系实用教程[M].北京:高等教育出版社,2000.

[59] http://61.183.207.201/lyx/index.html.

[60] http://www.gdfs.edu.cn/pr/file/kcjs2.html.